W0093924

MARY KARR
Lange Straßen,
weite Meere

MARY KARR

Lange Straßen,
weite Meere

Deutsch
von Walter Ahlers

Goldmann Verlag

Die Originalausgabe erschien 2000 unter dem Titel »Cherry«
bei Viking, New York

Die Arbeit des Übersetzers an diesem Buch wurde durch ein
Stipendium des Deutschen Übersetzerfonds e. V. gefördert.

Umwelthinweis:
Dieses Buch und der Schutzumschlag
wurden auf chlorfrei gebleichtem Papier gedruckt.
Die Einschrumpffolie (zum Schutz vor Verschmutzung)
ist aus umweltfreundlicher und recyclingfähiger PE-Folie.

1. Auflage
Copyright © der Originalausgabe 2000
by Mary Karr
Published by arrangement with Viking Penguin,
a division of Penguin Putnam Inc.
under the title »Cherry« by Mary Karr
Copyright © der deutschsprachigen Ausabe 2002
by Wilhelm Goldmann Verlag, München,
in der Verlagsgruppe Random House GmbH
Satz: Uhl + Massopust, Aalen
Druck und Bindung: Clausen & Bosse, Leck
Printed in Germany
ISBN 3-442-30967-0
www.goldmann-verlag.de

Für Bob & Nanette, Mary Ellen & Patti
und für Doonie

Und für den heiligen Judas, den Schutzpatron
in aussichtslosen Lagen

INHALT

PROLOG
Kalifornien 1972
Seite 9

TEIL EINS
*Den Kinderschuhen
entwachsen*
Seite 29

TEIL ZWEI
Auf halbem Weg
Seite 101

TEIL DREI
Auf der Schwelle
Seite 145

TEIL VIER
High
Seite 167

PROLOG
*
Kalifornien 1972

Der Fortgang der Zeit ist ein Gewebe aus Wirkungen und Ursachen, daher heißt eine noch so kleine Gnade erbitten darum bitten, ein Glied des eisernen Gewebes möge reißen, darum bitten, es möge bereits gerissen sein. Niemand verdient ein solches Wunder.

Jorge Luis Borges, *Ein Gebet*

Keine Straße ist so voller Geheimnisse wie die, auf der du den Ort deiner Geburt verlässt, zum ersten Mal aus eigenem Antrieb aufbrichst zu einer Reise, die du mit zerknitterten Dollarscheinen aus der Kaffeedose finanzierst, für die du gespart und geknausert hast, für die du Nachtschichten in einer Telefonvermittlung geschoben, auf die Rolling Stones verzichtet und duftenden, mit zerstoßenen Blüten versetzten, in luftdicht verschlossenen Plastiktüten braun gewordenen Shit verkauft hast. Überhaupt hast du, um deinen Ursprüngen den Rücken zu kehren, so ziemlich alles getan, nur deinen jungen Körper nicht verkauft.

Am besten machst du dich mit gleichaltrigen Freunden auf den Weg, dann könnt ihr euch gemeinsam von halluzinogener Schlaflosigkeit durch einen mehrtägigen, nur von gelegentlichen Pinkelpausen unterbrochenen Trip durch verbrannte Wüste tragen lassen, und gigantische Kakteen verwandeln sich (nacheinander) in einen Gitarrenkoffer schleppenden Mystiker, das Phantom eines Hitchhikers und schließlich in einen paillettenfunkelnden Matador, der auf sandigem Boden Ehrenpreis mäht. Ihr lasst diese metaphorischen Ungeheuer hinter euch, lasst euch vom Feuer und dem Wunder eurer kollektiven Sehnsucht weitertreiben, auf den erwählten Punkt zu, den schwarzen Punkt auf der Landkarte, das Ziel, auf das ihr eure jungen Körper abgeschossen habt. In diesem Fall Los Angeles.

Los Angeles. Du bist noch nie dort gewesen, noch in keiner Stadt, über die in den Nachrichten berichtet wird. Aber in den drei Monaten seit deiner Entscheidung, nach Kalifornien aufzubrechen, hast du gerne auf dem nackten Fußboden gelegen, den du mit Mutters Erlaubnis des Teppichs entkleidet und schwarz lackiert hast, und den Namen immer wieder vor dich hin gesagt, wie in einem Gebet: Los Angeles. Los Angeles. Du weißt so gut wie nichts über die Stadt, also fixierst du, während du auf den blauen Pick-up-Truck deiner Freunde wartest, der dich dorthin bringen soll, den schwarzen Punkt auf der Karte, als könntest du, wenn du nur scharf genug hinschaust, den kleinen dunklen Samen deiner Zukunft spalten und sehen, was einmal aus dir werden wird.

An so etwas glaubst du nicht wirklich. Du bist ja nicht blöd. Auch wenn du hier am frühen Morgen eines schwülwarmen Tages im schäbigen Vorgarten deines Elternhauses stehst und auf einen blauen Truck mit zweifelhafter Benzinpumpe und abgefahrenen Bremsbelägen wartest, um von hier abzuhauen. Ein für alle Mal. Du blickst die Straße hinauf. Nichts. Ein rosa Himmel und die wohl bekannte wellige Asphaltdecke, die sich in einer langen Kurve hinauf zum Stoppschild zieht. Die Landkarte, die du ordentlich gefaltet in der Fina-Tankstelle bekommen hast, bläht sich zwischen deinen Händen in einem sanften Wind.

Was kommt nicht alles aus Kalifornien, und jetzt wirst du selbst bald dort sein, am Ursprung der Dinge. Das LSD, das du *Orange Sunshine* nennst und das wie Baby-Aspirin aussieht, kommt (dem Namen nach, wenn schon nicht wirklich) aus Orange County, Kalifornien. Und es ist nur eines der Totems des Golden State, die diese Sehnsucht in dir geweckt haben.

Wenn du das Sagen hättest, würdet ihr in den Norden fahren, nach San Francisco. Nach Haight-Ashbury. (»The Hate«, wie deine rechtslastige Schwester es nennt). Aus dem Fernsehen und dem *Rolling-Stone* und Büchern wie *Electric Kool–Aid Acid Test* weißt du, dass es dort von langhaarigen Jungen, blonden, magersüchtig aussehenden Jungen, nur so wimmelt. Das sind nicht die Buletten fressenden, Autos ausweidenden, Football glotzenden Eichhörnchenkiller, vor deren speichelgehärteten Papierkugelgeschossen du ständig in Deckung gehen musstest. Diese Jungen von der Westküste essen Naturreis, schlürfen aus Tonschüsseln klare Fleischbrühe, auf der wie hauchzarte Ideogramme ein paar Algen schwimmen. Anders als die Jungen aus deiner Stadt, die (zum größten Teil jedenfalls) nichts anderes lesen als die Football-Ergebnisse und allenfalls noch (zumindest die Surfer) die Wasserstandsberichte, um die besten Brecher nicht zu verpassen, leben diese kalifornischen Jungen zwischen Wänden voller Bücher. Sie kennen die Namen der Sternbilder, wissen ihre Aszendenten und können nackte Bindfäden zu farbenprächtigen Perlengürteln verweben, die sie bei Rockkonzerten für ein paar Dollar das Stück verkaufen.

Mehr und mehr beschäftigen diese Jungen deine Gedanken. Du liegst auf dem Rollenbett von Sears, in den mexikanischen Schal gewickelt, den du von einem Surfausflug mitgebracht hast, und stellst dir ihre schmalen, nackten Oberkörper über dem niedrigen Bund ihrer Levis vor.

San Francisco hat auch noch andere Mythen zu bieten, andere Attraktionen als perlengeschmückte Jungen. Deine beiden einzigen Bücher von lebenden Dichtern sind bei City Lights Books in San Francisco erschienen – eine schmale Streitschrift von Allen Ginsberg, dazu ein Begleitband von Lawrence Ferlinghetti. Sie passen haargenau in die Pappschachtel, die du nach Los Angeles mitnehmen willst.

Inzwischen wartest du auf Courage. Du wirst eine Portion davon benötigen, wenn du hineingehen und dich von deinem

Daddy verabschieden willst, der beschlossen hat, es mit deinem endgültigen Abschied nicht anders zu halten als mit den sporadischen Abschieden der vergangenen drei Jahre. Sprich, ihn zu ignorieren. Nichts ist so traurig, dass er es nicht mit stoischer Miene an sich vorüberziehen lassen könnte. Du musst versuchen, deinen Hoffnungsgenerator auf Touren zu bringen, bevor du dich diesem Blick aussetzt – um dich sogleich wieder abzuwenden und dir sein ganzes Gewicht als Schuld auf die Schultern zu laden, an der du von nun an jeden Tag, den du von zu Hause fort bist, trägst.

Meistens baut ein Blick auf die Landkarte dich wieder auf. Du ziehst den abgekauten Daumennagel an der Route durch den Bundesstaat Texas entlang (*von Ohr zu Ohr*, wie Daddy es nennt), durch die ganze gelbe Wüste, die ihr durchqueren werdet und die abrupt vor einer weiten, königsblau eingefärbten Fläche endet. Du nennst ihn den Spezifischen Ozean und weißt, dass manch schiefe Wahrheit in solcherart verschleierten Worten steckt.

Schließlich setzt du dich mit deinem knochigen Hintern auf den Betonboden der Veranda, lässt dir den Tau der Nacht kalt in den Hosenboden deiner Jeansshorts kriechen. Ein paar Minuten vergehen in dem Versuch, die Karte wieder so zu falten, wie sie im Drahtkorb in der Fina-Tankstelle gelegen hatte. Aber in deiner Hand ist sie ein zerlegter mechanischer Vogel, und keine Lasche B, kein Schlitz C hilft dir weiter. Auch darüber willst du ein Gedicht schreiben, und dann steht es ganz falsch auf dem Lochband, das dir durch den Kopf tickert. Du hast schreckliche Angst vor dem Abschied von deinem Dad, der deine bevorstehende Abreise so konsequent totschweigt, dass selbst dein ausgeräumtes Zimmer und die Teller, die du in alten Nummern der *Leechfield Gazette* eingewickelt hast, unkommentiert geblieben sind.

Da sitzt er in seinem Kunstledersessel, aufrecht wie ein Ladestock, lauter rechte Winkel, in frischen Khakiklamotten mit geputzten schwarzen Schuhen. Sechs Uhr morgens: Er ist gestiefelt und gespornt, und nirgends ist eine offene Bar. Er raucht nicht. Nicht zu rauchen ist seine Art zu schmollen. Er isst auch nicht, wenn er beleidigt ist. Esst ihr nur, sagt er, ich hab keinen Hunger. Damit will er einem sagen, dass es ihn einen Dreck interessiert, was mit den anderen ist.

Als du dich hinabbeugst, um ihn in die Arme zu nehmen, riecht er nach Kaffee mit einem Schuss Whiskey. Seine schiere Anwesenheit in all ihrer sturen Abwesenheit bringt dich zum Weinen, die Tränen fallen dir aus dem Gesicht auf seinen Khakirücken und machen dunkle Flecken in den Stoff. Die Wand hinter ihm steht voll mit den Büchern, die das Fernweh erst in dir ausgelöst und nach vielen Jahren des Lesens und Lernens zu diesem missbilligten Aufbruch geführt haben. Gleich neben der Bücherwand hängt ein Gemälde der Meeresküste bei High Island. Deine Mutter hat es in den Fünfzigerjahren gemalt, als du noch gar nicht auf der Welt warst.

Vielleicht ist es kein Zufall, dass du genau an dieser Stelle hundert Nächte im Schlafsack unter Meekham's Pier verbracht hast, um gleich zur Stelle zu sein, wenn kurz vor Sonnenaufgang mit der Flut die schönsten Wellen anrollten. Vielleicht war es ja Mutters Gemälde, das deine Sehnsucht nach dem Meer geweckt hat, und *Moby Dick* hat sie nur vertieft.

Du legst den Handrücken an die Augen, um das majestätisch zerfurchte Profil deines Vaters vor der weißen Wand besser erkennen zu können. Er schaut in das Bild hinein wie der alte Ahab, der den Horizont nach Walen absucht, aber seine Mundwinkel sind verkniffen. Du weißt, es ist sein Standardblick und nicht persönlich gemeint, aber die Distanz, die in diesem Blick liegt, hemmt dich dennoch. Sie macht dich wortkarg, hält dich davon ab, dich nach seinem Befinden zu erkundigen oder etwas von dir preiszugeben. Die bevorstehende reale, geografische Entfernung von ihm spürst du wie ein leises Winseln im Hinterkopf.

»Warum weinst du, Pokey?«, sagt er schließlich. (Wahrscheinlich nicht ohne Zärtlichkeit, aber du hörst nur die Verärgerung heraus.) Er wühlt in den Hosentaschen nach einem Taschentuch. Du stehst mit nassem Gesicht da. Schließlich sagst du ihm, dass er dir fehlen wird.

»Wo gehst du denn hin?«, sagt er. Die Frage klingt so aufrichtig verwundert, dass du dich fragst, welche Teile seines Hirns noch nicht vom Whiskey zerfressen sein mögen.

Als du sagst: »Kalifornien«, zuckt er ungläubig zusammen.

»Wer sagt das? Wer sagt, dass du das darfst?« Als hätte es in den letzten Jahren irgendjemanden interessiert, woher du kommst oder wohin du gehst. Du musst dich schon lange nicht mehr heimlich unter der Jalousie deines Fenster hindurch aus dem Haus schleichen. Du kommst und gehst, wann du willst, während der Woche, an den Wochenenden. Jederzeit.

Das Band, das dich mit deinem Vater verbindet, erscheint dir plötzlich dünn wie Spinnenseide. Du suchst nach etwas, das ihn beeindruckt, ihm beweist, mit welch ernsthafter Kompetenz du diese Reise geplant hast. Du erzählst ihm, wie viel Geld du gespart hast. Du erwähnst zwei Jobs, die du in Aussicht hast – T-Shirts bedrucken oder beim Bau von Katamaranen aus Fiberglas helfen. Er fragt dich nicht, wo du wohnen willst, also musst du dir keine Lügen über Freunde von Freunden ausdenken, die euch vage versprochen haben, dass ihr euren Truck in ihrer Auffahrt parken dürft. Aber du lügst trotzdem.

Deine Lüge lässt ein luxuriöses Ensemble von Wohnhäusern am Strand entstehen. Mit Booten, die in der Bucht liegen, und funkelnden Limousinen auf nummerierten Abstellplätzen. Du glaubst selber nicht so recht daran, dass es so etwas gibt, außer in Fernsehserien, aber deinem Vater erzählst du davon. Und du lässt das alles dem Onkel von Beth Ann Guidrey gehören. Du entscheidest dich für sie, weil Daddy eine Schwäche für sie hat und weil er ihren geschiedenen Eltern, die deine Geschichte auffliegen lassen könnten, so gut wie nie über den Weg läuft.

Im Fernsehen läuft irgendeine alte Serie, aber dein Daddy schaut nicht hin. Er hat sich in seine Gedanken zurückgezogen, wo er, so stellst du dir vor, zwischen einsamen Reihen niedriger Erdnusssträucher oder noch an ihren Stängeln hängender Wassermelonen dahinstapft, in einer raschelnden Welt, die es seit 1920 nicht mehr gibt – damals, als er noch der Holzfällerjunge war, der sich in den langen, flachen Furchen rund um das Lager vor der Arbeit versteckte. Mit einem einzigen Streich hat er dich aus seinem Bewusstsein gewischt.

Er starrt von dir weg, als könnte er dir, wenn er nur lange genug durchhält, den Blick wieder zuwenden und das Mädchen mit den Rattenschwänzen vor sich sehen, das du einmal warst und auf dessen Teller er auch heute noch Häufchen schwarzgefleckter Erbsen und dick mit Margarine beschmiertes Roggenbrot zurechtlegt.

Schließlich sagt er zum Bildschirm: »Soll ich Frühstück machen?«

Das fragt er dich jeden Morgen. Und jeden Morgen sagst du, dass du keinen Hunger hast.

In der Ferne wirst du dir einbilden, ihm von dort aus besser ins Herz sehen zu können. Er ist müde, müde von einer generellen, alkoholgetränkten Schwere, für die niemand etwas kann. Später erfährst du, dass er eine Geliebte hat, viele Jahre jünger als er, eine Kellnerin, deren Ehemann – als er dahinter kommt – erst ihr und dann sich selbst eine Kugel in den Kopf schießt. Dein Daddy weint darüber wie ein Kind, verwünscht

17

jeden, der ihn in die Arme nehmen will, und schlägt um sich, als wollte er dir wehtun, aber du weißt, das würde er niemals tun.

Eines Tages wirst du verstehen, in welchem Dilemma er sich dir gegenüber befand. Sicher, solange er es dir nicht verbietet, unterstützt er stillschweigend deinen wahnwitzigen Plan, mit wenig mehr als hundert Dollar in ein unbekanntes Land aufzubrechen, mit einer Bande von Jungen, die als einzige Empfehlung vorweisen können, trotz eifrigster Bemühungen der Cops noch nicht gesessen zu haben. Sogar deine ältere Schwester Lecia sagt: »Was will Mary mit denen, wenn nicht mal die Justiz sie will?« Doch wenn dein Vater dir verboten hätte zu gehen, hättest du ihm das womöglich nie verziehen. Die eigentliche Wahrheit ist, dass ihr euch fremd geworden seid, aus welchem Grund auch immer. Er hat die Küste der Normandie gestürmt, fährt einen Pick-up-Truck und hängt mit anderen Männern, die Arbeitskleider tragen wie er, in der American Legion oder im Veteranenclub herum. Während du dich lieber an unberechenbarere Oberflächen wie die Meeresbrandung und Psychedelisches hältst. Die Luft zwischen euch ist getrübt. Du bist nur eine Vogelscheuche in seinem Fernrohr und vice versa.

Vielleicht erfindest du diese Sehnsucht nach ihm erst jetzt, fünfzehn Jahre nach seinem Tod, weil es einfacher zu ertragen ist abgewiesen worden zu sein als umgekehrt.

»Diese gottverdammten Lügner«, sagt dein Daddy schließlich. Und du siehst, dass er auf den Fernseher starrt. Dann sagt er: »Du musst nicht nach Kalifornien gehen.« Die Argumente, die dieser Einschätzung zu Grunde liegen, sind so alt, dass er sie nicht mehr wiederholt. Wie alle seine Ratschläge haben sie sich seit siebzehn Jahren nicht verändert. Die Rillen, die sie in deinen Kopf graviert haben, sind schon zu oft abgespielt worden. Sie bringen nur noch statisches Knacken hervor: Als er ein kleiner Junge war, haben seine Eltern ihn an Farmpächter aus Kansas vermietet. Für Feldarbeit. Du sollst dich niemals so verraten und verkauft fühlen wie er damals, und da es (seiner Meinung nach) nur zwei Gründe fürs Fortgehen gibt, Krieg oder den Gerichtsvollzieher, hast du keinen Grund.

Er sagt: »Bleib einfach hier, Garfield Road neunundvierzig-null-eins. Kalifornien ist doch nichts.«

Und damit ist die Sache für ihn erledigt. Aus dem Fernseher tönt der muntere Jingle von *Dialing for Dollars*, einer Spielshow, die er mit geradezu ehrfürchtiger Aufmerksamkeit verfolgt, bei der er absolute Ruhe fordert und niemanden telefonieren lässt, während er gebannt auf den Anruf wartet. Erst vor kurzem ist ihm aufgefallen, dass die zerschnittenen Telefonbücher, aus denen sie die Nummern ziehen, nicht nur aus Leechfield, sondern auch aus anderen Ortschaften, ja sogar aus anderen Countys stammen.

»He, das ist doch kein Ortsgespräch!«, rief er, als ihm zum ersten Mal klar wurde, dass sie mit Beaumont telefonierten.

Lecia war gerade dabei, sich das platinblonde Haar für ein Rendezvous zu toupieren. Das Spray, das sie versprühte, brannte in den Augen. »Für den Sender ist das ein Ortsgespräch«, sagte sie. Du weißt aus sicherer Quelle, dass sie anderen Leuten erzählt, deine Eltern seien nicht ihre Eltern; sie ist lieber ein Waisenkind, das unter verrückten Verwandten aufwächst, als Trägerin des verderbten Erbguts der Familie.

Deine Backen sind kühl von Tränen. Wieder einmal musst du erschrocken feststellen, wie wenig Raum du in diesem Haus einnimmst. Auf dem kleinen bläulichen Bildschirm schiebt die diesjährige Erdölkönigin ihre schlanke Hand in den Drahtkorb mit den zerschnittenen Telefonbüchern. Ihr hochgestecktes Haar ist pechschwarz gefärbt wie Elvis' Schmalztolle. Sie trägt

19

ein kleines Diadem über den Ponyfransen. Ihr Ballkleid aus Organdy raschelt, als sie Cowboy Dan dem Wettermann die Nummer des Tages aushändigt.

Jeden Tag wartet Daddy auf diesen Augenblick, wenn sie die Vorwahl nennen und klar ist, welche Stadt heute dran ist. »Verdammt, das ist ein Ferngespräch«, sagt er. »Jasper County!« Angesichts der gewissenlosen Halunken im Fernsehen strahlt er eine Rechtschaffenheit aus, die Abraham Ehre gemacht hätte.

Du bist schon wieder entlassen.

Dabei hattest du ihn längst entlassen, aber das wirst du auf Jahre hinaus nicht wahrhaben wollen. Du hast ihn abgewiesen, wenn er dich in die Arme nehmen wollte. Und mit seinem ewigen Frühstück ist er dir auf den Keks gegangen. Du kannst dir nicht eingestehen, dass du dich zuerst von ihm zurückgezogen hast. Also kehrst du die Dinge um – deine Distanz, deine Verachtung. Du machst es zu seiner, gegen dich gerichteten Haltung. In Wahrheit ist er ein Mann über sechzig, und seine zerlumpt herumlaufende Tochter will nicht mehr hören, was er sagt. Ihre Flucht vor ihm erscheint – nein, ist – ihm unvorstellbar.

Plötzlich hältst du es keine Sekunde länger mit ihm im selben Raum aus. Ein Teil von dir hofft, dass er dich zurückhält. Du stellst dir vor, wie der blaue Truck eure Auffahrt heraufgetuckert kommt, und dein Daddy steht da, langt mal eben zum Seitenfenster hinein und zieht den jungen Wellenreiter, auf den du stehst, an seiner langen Mähne heraus, um ihm den Arsch zu versohlen. Mutter hat versprochen, dass es zu so etwas nicht kommt. Aber die Saat der Furcht, dass es doch passieren könnte, birgt auch – in deinem tiefsten Innern – den Wunsch, dass Daddy dich zurückfordert. Natürlich würdest du dir eine solche Einschränkung deiner Freiheit nicht gefallen lassen, aber etwas in dir sehnt sich nach der alten Ordnung, seiner alten Autorität – gerade verpasst er die letzte Chance. Jahre des Herumziehens liegen vor dir.

In der Küche sitzt deine grauhaarige Mutter über einen kunstgeschichtlichen Wälzer gebeugt und bohrt mit einem gezackten Löffel in einer halben Pampelmuse herum. »Meinst du, er verbietet mir zu fahren?«, fragst du sie.

Sie ist gleich ganz Ohr, denn dein Ärger über Daddy spiegelt ihren eigenen, und schon dieser kurze verschwörerische Moment fühlt sich wie ein Verrat an. Sie blickt hoch und legt den Löffel hin. »Was hat er gesagt?«, fragt sie.

»Dass ich nicht fahren soll«, antwortest du.

Sie verdreht die Augen. »Was hattest du erwartet?« Und dann sagt sie: »Ich wollte, ich könnte mit dir gehen.« Sie sagt, sie käme sich vor wie eine Sünderin, zurückgelassen in diesem schwarzen, gefräßigen Sumpf, dem jeder entkommt außer ihr.

Jahre später wirst du lernen, auf die Klagen deiner Mutter über Leechfield mit dem klärenden Hinweis zu antworten, dass sie schon weg war und wieder zurückgekommen ist. Manchmal wirst du im Zorn sagen: *Dann hau doch ab, wenn's dir hier so dreckig geht.* Aber noch ist dieser Satz nicht formuliert und schon gar nicht durch lange Jahre des Grübelns so gewichtig geworden, dass du ihn aussprechen musst. An diesem Tag, im gelben Licht eurer Küche, belädt ihr Elend dich mit unaussprechlicher Schuld.

Im Wohnzimmer redet dein Daddy wieder mit dem Fernseher, diesmal mit einem Autohändler aus Sabine Pass, der in seinen Werbespots seine potthässliche Tochter auf einen Küchenhocker setzt. »Mein Gott, ist das 'ne Schreckschraube«, sagt dein Vater zum Fernseher. »Der musst du 'n Schweinskotelett um den Hals binden, damit der Hund mit ihr spielt. Wenn die sich auf die Schienen legt, nimmt der Zug den Feldweg.«

21

Du betrachtest das schöne klare Gesicht deiner Mutter unter der Pusteblume aus weißem Haar und weißt, dass sie die Nase von dieser grünen Welt gründlich voll hat und nur noch das liebt, was die Augen von einer Buchseite in sie hineinsaugen. In den kommenden Jahren wird man dir eine Mitfahrt oder einen Flug spendieren müssen, oder das Wetter muss zum Trampen gut genug sein, damit du sie zu sehen bekommst. Ein Abgrund tut sich in deiner Brust auf.

Noch scheint deine Mutter nicht begriffen zu haben, dass du sie in diesem Irrenhaus zurücklässt – obwohl sie selbst dich dazu herangezogen, dich dazu gedrängt hat.

»Daddy wird schon damit fertig«, sagt sie schließlich. »Keine Angst, er macht dir keine Szene, ich versprech's dir.« Du lässt sie schwören, und sie hakt wie ein Kind ihren kleinen Finger in deinen. Dann wendet sie sich wieder der Kunstgeschichte zu, und du ziehst dich zurück in die dunkle Wolke deines schlechten Gewissens, weil du den Ort verlässt, der sie so unglücklich macht. Du fühlst dich wie ein entlassener Strafgefangener, dessen Mithäftlinge umso verzweifelter zurückbleiben. Sie bohrt wieder in ihrer Pampelmuse, als hoffte sie, im Fruchtfleisch die erlösende Wahrheit zu finden.

»Das fehlt gerade noch«, sagst du, »dass er ausrastet und jemanden verprügelt.«

Sie sagt: »Ich hab ihm klargemacht, dass wir dich nicht halten können. Gehen würdest du sowieso, und dann wüssten wir nicht mal, wo du bist.«

Wenn es nur so wäre. In Wirklichkeit bläst dir Mutters unverhohlene Begeisterung für dieses unausgegorene Unternehmen wie ein kalter Wind entgegen. Du denkst über etwas Offenbarendes, Endgültiges nach, das du ihr sagen könntest, als die schwarze Katze auf den Küchentisch springt und an ihrer Untertasse schnüffelt.

Mutter fragt: »Wer außer uns hat eine Katze, die auf Grapefruit steht?«

Die Tür zwischen euch fällt langsam zu. Es stimmt, seit fast einem Jahr setzt du alle rhetorischen Tricks ein, die man dir im Debattierclub beigebracht hat, um deiner Mutter diese Idee zu verkaufen. (Erst als Erwachsene begreifst du, wie sehr du dir mit deiner Entschlossenheit in die Tasche gelogen hast: Du hattest Angst.)

Deine Mutter verdreht die Augen beim Anblick der Grapefruitsaft schlabbernden Katze und sagt: »Alle, die in dieses Haus kommen, sind verrückt – suchen wir sie danach aus, oder werden sie erst hier so?«

Als du deinen Surferfreund Doonie abholst, steht seine Mutter neben der silbernen Abfalltonne, einen tropfenden Müllbeutel in der Hand. Sie trägt ihr Bankkassiererinnenkleid, schwarz-weißes Hahnentrittmuster, die Brille hängt an einer goldenen Kette vor der Brust. Sie sieht den Jungen dabei zu, wie sie das Surfbrett am Dachträger festzurren und auf der Ladefläche Kartons mit Langspielplatten zurechtschieben. Ihr intelligentes Gesicht drückt Sorge aus, unverhohlene Angst, für die auch du Anlass bist, also versuchst du, sie ein wenig zu beschwichtigen.

»Ich pass schon auf die Jungs auf, Mrs. Deets«, sagst du.

Sie schüttelt den Kopf. »Und wer passt auf dich auf?« Sie lässt den Müllsack in den Eimer plumpsen, bückt sich, um den Deckel aufzuheben. Einen Augenblick lang hält sie ihn wie einen Schild in der Hand, bevor sie ihn auf die Tonne setzt.

Und dann dreht sie sich um zu dir und sagt: »Und deine Mutter lässt dich einfach so gehen?«

Solche Fragen könnten einen dazu bringen, sich etwas aus den Fingern zu saugen – Szenen elterlicher Sorge, den händeringenden Versuch deiner Mutter, dich zum Bleiben zu überreden, während dein Vater im Hintergrund tobt. Aber die Energie, andere Leute über den wahren Charakter deiner Familie zu täuschen, ist längst aufgebraucht. Du willst an einer anderen Küste, in einer anderen Stadt leben, frei von jeglicher Augenwischerei über dich und deine Familie. Du wirst diesen Ort hinter dir lassen, durch eine transformierende Öffnung in eine Welt eintreten, in der dein neues Ich golden und unveränderlich erstrahlt.

Und so sagst du zu Mrs. Deets: »Ja, Mutter lässt mich gehen«, und dieses Eingeständnis fühlt sich an wie eine persönliche Schmach. Als fiele es auf dich zurück, dass deine eigenen Eltern dich so leichten Herzens ziehen lassen.

Doonie springt von der Ladefläche und drückt seine Mutter zum Abschied so fest, wie sie es zulässt. Sie dreht das Gesicht zur Seite, sagt: »Sonst hast du überall Lippenstift.« Doonie ist mager und eckig wie eine Heuschrecke, und sie hält ihn an den Ellenbogen, küsst die Luft vor seinem Gesicht, während der Wind ihnen Doonies Locken um die Köpfe weht. Als sie sich abwendet, hat sie feuchte Augen. Du sagst: »Sie müssen sich nicht sorgen, Mrs. Deets.« Dein Gesicht sammelt sich zu fester, rechtschaffener Entschlossenheit, als wolltest du sagen: Hier stehe ich, eine aufrechte Amerikanerin. Was kann ich für Sie tun?

Aber Mrs. Deets bleibt unerschütterlich in ihrer Sorge. Sie sagt: »Mary, wenn ich deine Mutter wäre, ich würde dich am Bettpfosten festbinden, bevor ich dich zu der Bande in den Truck steigen lasse.«

Es ist nicht persönlich gemeint. Es stellt einen Sachverhalt fest.

Also zwängst du dich in den Truck, zu deinen so genannten Brüdern, und ihr räumt den letzten elterlichen Vorposten. Die Blechkiste rattert die schmale Straße hinauf zur Interstate. Die

Jungen zünden einen Abschiedsjoint an, von dem du mehr als deinen Anteil in dich hineinsaugst. Augenblicklich verwandelt dein junger Körper sich in einen frisch entzündeten Brandpfeil, auf das Ziel gerichtet, gespannt, kurz vor dem Abschuss. Du willst darüber ein Gedicht schreiben, aber mehr als ein paar windige Zeilen über flammende, auf die Sonne abgefeuerte Pfeile kommt nicht in deinem Notizbuch an.

Eines der auf dem Wagendach festgezurrten Surfbretter ist ein Stück länger und etwas dicker als die anderen. Seinen Unterboden ziert eine hässliche, rechteckige Narbe. Und tatsächlich hat es eine Operation hinter sich. Die Idee stammt aus einem Jimi-Hendrix-Film; Doonie hat ein Fenster in das Fiberglas geschnitten und den Schaum herausgeschabt. Den Hohlraum hat er mit einem backsteingroßen Stück moosgrünem Shit und ein paar Tüten pharmazeutischer Präparate vollgestopft.

Füge solchen Substanzen deine lieb gewonnene Ignoranz und dein Bedürfnis nach Geschwindigkeit hinzu, und du erhältst einen gefährlichen Cocktail.

Jemand müsste den Truck anhalten, und die Zukunft, auf die er zutuckert. Mrs. Deets macht sich Sorgen, aber im Grunde ist sie wie alle Eltern. Es fehlt ihr an Zutrauen in die eigene Kraft, euch von eurem Vorhaben abzubringen. Als ihr von ihr wegfahrt, seid ihr so voller Zuversicht, aber ehe deine sechs Gefährten noch ganz erwachsen geworden sind, werden die Drogen von mehr als einem ihren Tribut gefordert haben. Zwei nehmen sich das Leben, zwei andere wandern ins Gefängnis.

Wer hat es kommen sehen? Du gewiss nicht. Und auch nicht die Freunde, die euch bald in ihren eigenen Klapperkisten nachgefahren kommen. Um die Liste der Verluste zu verlängern. Durch die Klinge eines Springmessers, die so tief ins

Herz eindringt, dass der Junge – nach Aussage des Leichen-beschauers – bereits tot war, als er auf dem Fußboden der Bar aufschlug. Durch eine kleine Meinungsverschiedenheit mit schwer bewaffneten Drogendealern, die damit endet, dass ein Junge an einen Stuhl gefesselt und totgeschlagen wird. (Diese ersten Berichte kommentierte Doonie mit dem biblischen Satz: Wer das Schwert nimmt, der soll durchs Schwert umkom-men.)

Von den so genannten »selbst beigebrachten« Wunden gar nicht zu reden: Querschnittslähmung nach Autounfall. Hirn-schaden. Überdosen (Plural).

Kontrollpersonen der verschiedensten Art treten auf den Plan: Bewährungshelfer und Vormünder und wen das Gericht noch alles bestellt. Cops, die einen armen Teufel mit Hand-schellen an die Fenstergitter ihrer grünen Minna fesseln und so rücksichtslos in die Kurven gehen, dass er sich das Handge-lenk bricht. Cops, die Strafzettel verteilen, wenn einer auf der Straße zu stark schwankt. Methadon-Kontrolleure und Urin-tester, Haaranalytiker und Leibesvisiteure.

Mit dem AIDS-Virus kommt der Spruch auf, den du Ende der Neunzigerjahre zum ersten Mal am Telefon hörst: *Just get me high and let me die* – gefolgt von röchelndem Husten.

In Los Angeles bewirken Drogen so lange ihren transforma-tiven Zauber, bis die Stadt zum geografischen Epizentrum des Schmerzes wird, so ausgeräubert und zerstört wie Troja. Du bist weit über vierzig, aber wenn deine Angelegenheiten dich in diese Stadt bringen und du den Asphalt der Landebahn un-ter dem gleißenden Oval der Kabine dahinrollen siehst, fühlst du dich immer noch wie am falschen Ende eines Psychotrips.

Niemand macht den Versuch, dich zurückzuhalten. Viel-leicht kann es niemand. Als die blinde Seherin in der Odyssee den Verlust aller Gefährten vorhersagte, fand sie kein Gehör.

Der Kapitän hatte schon den Horizont im Blick. Das Schiff war losgemacht, die Segel blähten sich.

Du hättest nicht darauf gehört. In dem verbeulten Truck, die nackten Beinen zwischen die deiner Gefährten gezwängt, fühlst du dich noch unsterblich, und die Küste am Ende der ockerfarbenen Landkarte des reichsten Landes der Erde lockt dich mit unsichtbaren Fingern aus Haschischrauch.

TEIL EINS

*

Den Kinderschuhen
entwachsen

...Wir spüren, dass es einen Geist gibt,
    der die Vögel und die Säugetiere und die
    Ameisen liebt –
vielleicht derselbe, der dir im Schoße deiner Mutter
    das Leuchten gab.
Kann es da sein, dass du jetzt ganz und gar
    verwaist auf Erden gehst?
Du selber bist es, der sich abgewandt hat,
der beschlossen hat, allein durch das Dunkel zu gehen.
Und nun bist du verstrickt und hast vergessen,
    was du einst wusstest,
und alles, was du tust, trägt den Keim eines rätselhaften
    Scheiterns in sich.

Kabir *Das Leuchten* (15. Jahrhundert)

Ich will mit meinen Füßen Lärm machen
Ich will, dass meine Seele ihren Körper findet.

Nicanor Parra, *Piano Solo*

1

Violet Durkey hatte einen Hamster, eine Zwergschildkröte, die in einer flachen Schale unter einer Palme mit austauschbaren Plastikwedeln lebte, und seit Ostern ein weißes Kaninchen mit rosa Ohren, das Snuffles hieß. Hier soll von dem Hamster die Rede sein.

Er stahl sich eines Nachts aus seinem nachlässig zugeklinkten Käfig, trippelte über die glühend heiße Verkleidung des Gasofens und verbrannte sich die Sohlen seiner winzigen rosa Füße, dieser Füßchen, deren klitzekleine Eidechsennägel Violet so gerne mit Pearl Pink lackiert hätte. (Ach, Violet, nicht doch, sagte ihre Mom.) Der Tierarzt verschrieb einen grünlich-antibiotischen Balsam, den Violet jeden Morgen mit einem Q-tip auftragen musste. Der Balsam – Violet fand ihn eklig – schmeckte Hamsterchen so gut, dass er ihn nicht nur abschleckte, sondern sich schließlich (unfassbar) die Zehen (Finger? Krallen?) aller vier Pfoten abkaute, und als Violet nach der Schule ins Zimmer gestürmt kam, lag er mit blutigen Stummeln da, ein so herzzerreißender Anblick für alle, dass sie ihn auf der Stelle einschläfern ließen.

Violet erzählte diese Tragödie in der engen Toilette der Rollschuhbahn – ihre blauen Augen tränenverschleiert, ihr Earth-Angel-Pink geschminkter Mund bebend, während Ruth Ann, Sherry und Suzy Torvino sich um sie drängten. Die Rollschuhbahn war ein Maschendrahtkäfig mit einem braunen Zeltdach

31

und Plastikfähnchen, wie sie um das Verkaufsgelände von Gebrauchtwagenhändlern im Wind flattern. Aus den Lautsprecherboxen in den vier Ecken des Zelts sangen die Beatles, dass sie uns liebten yeah, yeah, yeah. Hinter der rosa lackierten Sperrholztür klang der Song gedämpft und verzerrt. Der wacklige Waschtisch, vor dem wir standen, lag voll mit lauter blauen Wash'n'Dry-Päckchen für das Händewaschen nach dem Pinkeln. (Da ich mir nie gezielt über die Hände pinkelte, hielt ich es auch nicht für nötig, sie mir hinterher zu waschen.)

In dem winzigen Spiegel an seinem in die Hartfaserplatte getriebenen Nagel konnte ich Violets rundes, klares Gesicht sehen, leicht gerötet unter den blassen Sommersprossen. Es war das Jahr, bevor wir alle in die Sechste kamen. Für Curl Free war Violet zu jung, hatte ihre Mutter entschieden, deshalb legte sie ihre braun gelockten Haare unter ein Handtuch, ließ sie von ihrer Schwester mit dem Dampfbügeleisen glatt bügeln und sprühte sie mit ganzen Wolken von Aqua Net ein. Doch im feuchten Mief der Toilette versagte das Spray. Aus Violets sonst so glänzendem Pagenkopf brachen winzige Löckchen aus und kräuselten sich in die Höhe, ein bisschen wie auf diesen Renaissance-Gemälden (Hans Dingsbums der Ältere), die Mutter immer für ihre Zartheit rühmte. (Dass Mutter, eine Malerin, Kunstbände herumliegen hatte, ließ unsere ganze Familie in sonderbarem Licht erscheinen.)

Kurz gesagt, Violet war schön, und alle himmelten sie an. Ihre Eltern und zwei größere Schwestern trugen sie auf Händen, und irgendwie vermochte sie es so hinzustellen, als sei das ihr gutes Recht und zugleich eine angenehme Überraschung. In ihren Rollschuhen (ihre eigenen, keine geliehenen) hatte nie ein fremder Fuß gesteckt, weshalb ihre Socken auch nicht wie Ziegenscheiße stanken. Violets Rollschuhe saßen wie angegossen. Sie waren blank geputzt, schneeweiß mit rosa Bom-

meln an den Kappen, die Bommeln passend zu der Rüschen-
borte an ihrer knielangen Hose aus Gingan, die Rüschen passend zu ihrem Oberteil. Sie und ihre Mutter hatten das Kos-
tüm erst am Vormittag nach einem Schnittmuster aus der
Simplicity zusammengenäht. Jedes Mal, wenn ich in der Schule
laut darüber jammerte, nicht genug tragbare Kleider zu besitzen (eigentlich hatte ich jede Menge, aber nur vier, die mir
nicht zu kindisch waren, also musste ich das Montagskleid
schon freitags wieder anziehen), fragte mich Violet, warum
ich mir nicht einfach etwas Neues nähte. In Sigonas Textilge-
schäft, sagte sie, stand ein Korb mit alten Modezeitschriften
für fünfzig Cents das Stück. Mehr als einmal fügte sie hinzu,
dass man für ein Kleid für mich wahrscheinlich nicht mal einen Meter Stoff brauchte.

Sie hätte mir genauso gut empfehlen können, mir ein Zebra
zu schießen und es zu häuten, so wenig hatte ich mit Nähen
am Hut.

Violet roch nach geriebener Zitronenschale und Baby-
puder. In ihrem Snoopy-Köfferchen, das aufgeklappt auf dem
Waschbeckenrand stand, hielt sie für rührselige Momente wie
diesen ein Päckchen rosa Minitaschentücher bereit. Dazu eine
schmale rosa Stielbürste und ein klitzekleines Parfümfläsch-
chen, das mich immer an die Zyankalikapseln aus *Solo für
O.N.C.E.L.* erinnerte, meiner Lieblings-Spionageserie im Fernsehen.

Ich streckte den Kopf zwischen den Ellenbogen der Mädchen hindurch in den Kreis, in dessen Mitte Violet sich mit
einem ihrer Tüchlein unter den Wimpern entlangtupfte, und
fragte sie, ob ich mir ihre Bürste ausleihen durfte. Damit hoffte ich, mir Einlass in ihren Kreis zu verschaffen, nachdem die
Stielaugen, die ich seit einer Viertelstunde machte, mir nicht
weitergeholfen hatten.

»Tut mir *schrecklich* Leid, Mary.« Violet redete manchmal in Kursivschrift mit mir, als wäre ich eine Taubstumme oder eine Ausländerin, von der man weiß, dass sie einen sonst nicht versteht. »Meine Ma hat mir *verboten*, sie herzuleihen. Sie würde mir die *Hölle* heiß machen.« Mrs. Durkey fürchtete wohl, in Violets glänzendem Haar könnte es bald vor Kopfläusen wimmeln, wenn sie ihre Bürste herumgehen ließ (eine nicht ganz unbegründete Furcht). Damit war ich entlassen. Violet zog sich in das Mitgefühl ihrer Freundinnen zurück. Ganz ohne kursiv gesetzte Worte teilte sie Ruth Ann und Sherry und Suzy Torvino mit, dass sie zur Pyjamaparty ihre Kopfkissen mitbringen sollten.

Mein Gesichtsausdruck musste sich verändert haben, denn Violets Augen im Spiegel suchten zuerst Sherrys Blick, dann Ruth Anns. Wir hatten in diesem Sommer einem zusammengewürfelten Leichtathletikteam angehört, ich als Ersatz für die Staffel, und ich hatte mir eingebildet, mir auf der gemeinsamen Fahrt zu einem Meeting in Houston Violets Gunst erworben zu haben. Aber ihr Blick – den sie jetzt senkte – belehrte mich eines Besseren.

»Ihr macht eine Pyjamaparty?«, fragte ich schließlich.

Solch unverblümtes Buhlen um Einladungen schloss mich aus dem Kreis der Mädchen aus. Es schien meine Bestimmung zu sein, in Gespräche zu stolpern, die eigentlich niemand führen wollte. Die meisten Mädchen waren klüger. Hätte Mavis Clay sich dergleichen anhören müssen, wäre sie wortlos davongerollt. Aber ich musste das Maul aufreißen, das wohl gehütete Geheimnis dieser Einladung ans Licht zerren. (*Kontraphobisch* hat es später einmal ein Psychiater genannt, wenn man unwiderstehlich zu dem hingezogen wird, was man am meisten fürchtet.)

»Weißt du, Mom hat mir nur fünf Mädchen erlaubt, und

34

Ruth Ann ist meine beste Freundin und Sherry meine zweit-
beste und Suzy meine drittbeste. Und wenn ich Joettie Bryant
nicht einlade, lädt sie mich nicht zu ihrer Trampolinparty ein.
Und wenn ich Lynda Delano nicht einlade, brüllt ihr Dad meinen Dad bei der Arbeit an. Und wenn ich Jasmine Texler nicht
einlade, darf Joettie nicht kommen, weil ihre Mom in die Mor-
monenkirche geht und meine Mom nicht kennt.« Violet war
etwas fassungslos ob meiner Begriffsstutzigkeit, was die komplexen Regeln des sozialen Tauschhandels betraf, und alle Gesichter bis auf Ruth Anns spiegelten diese Fassungslosigkeit.
(Ruth Anns stille blaue Augen sahen mich in solchen Situatio-
nen fast ein wenig mitfühlend an.)

»Das sind sechs«, sagte ich. Violet schaute verwundert, ihr
Kopf neigte sich einen Tick nach rechts. Ich hob die Hand und
zählte an den Fingern ab: »Ruth Ann, Sherry, Suzy, Jasmine,
Joettie, Lynda.« Bei Lynda streckte ich den Daumen hoch und
ließ den Mund aufklappen.

»Meinetwegen.« Sie sah mich hochnäsig an. »Dann hat
Mom mir eben nur sechs Freundinnen erlaubt.«

Das war die Logik der Ausgrenzung, wie sie mir beizeiten
von Violet Durkey beigebracht wurde, die sich, der Gerechtig-
keit halber sei es gesagt, keines anderen Verbrechens schuldig
gemacht hatte, als so anbetungswürdig zu sein, dass ich wie sie
sein wollte. Ich weiß nicht mehr genau, ob ich Violet Durkey
bereits bei dieser Gelegenheit unter die Nase rieb, dass sie eine
blöde Kuh war und ihr Hamster sich wahrscheinlich mit voller Absicht die Pfoten abgefressen hatte, weil er lieber tot sein
wollte als bei ihr. Jedenfalls ließ ich in einem Augenblick
meines sozialen Werdegangs einen solchen Kommentar vom
Stapel. Weshalb ich auch nicht zu Pyjamapartys eingeladen
wurde. Andere Mädchen aus nicht minder verrückten Familien schüttelten ihre Vergangenheit ab. Lecia wurde von be-

liebten Mädchen eingeladen. Ebenso Jasmine Texler, die in unsere Stadt gezogen war, nachdem ihre Mutter sich mit einer Flasche Waschblau vergiftet hatte. Und Jenny Raines wurde zum Cheerleader gewählt, obwohl ihre Mutter im staatlichen Irrenhaus saß.

Ohne Freundinnen war es der erste in einer Reihe von weitgehend ereignislosen Sommern, eine lange weiße Papyrusrolle, die danach schrie, beschrieben zu werden. Solange ich kein Buch fand, in dem ich mich verlieren konnte (meine Gier nach Büchern stand der eines Junkies nach Opiaten in nichts nach), herrschte lähmende Langeweile.

In dem Sommer versank ich in Büchern wie in einem tiefen Brunnen, in den keine menschliche Stimme drang. Ich fand ein Gedicht über einen ziegenfüßigen Luftballonverkäufer, das ich jeden Tag wie einen Zauberspruch rezitierte, und ein anderes über einen Pflaumendieb, der sagt, es täte ihm Leid, ohne dass es ihm wirklich Leid tut. Ich las die Tarzan-Bücher von Edgar Rice Burroughs und träumte mich nach Afrika, wo ich mir einen Affenmann suchte, mit dem ich an Lianen von Baum zu Baum schwang.

Wer die Nachtigall stört las ich dreimal in einer Woche; kaum hatte ich es zugeklappt, schlug ich es vorne wieder auf, bis die Bindung aus dem Leim ging und mit Klebeband verstärkt werden musste. In dem Buch rettet der Dorftrottel, der vor vielen Jahren seinen Vater beim Papiermännchenausschneiden mit der Schere erstochen hat, ein Mädchen in meinem Alter vor einem Wahnsinnigen, der es umbringen will. Sie nimmt diesen Boo einfach bei der Hand und freundet sich mit ihm an. Von so viel Mut und Verantwortungsbewusstsein konnte ich damals nur träumen. (Wenn unser Dorftrottel, ein unsagbar fetter Kerl namens Otis, den Gehsteig entlanggeschlurft kam und mit Flüsterstimme von Jesus und der Heiligen Jungfrau und den guten Feen dieser Welt faselte, wechselte ich immer die Straßenseite.) In der zweiten oder dritten Klasse hatte ich die Verfilmung des Buchs gesehen und mir das Gesicht der koboldhaften Scout aufgesetzt und die gemeißelte Entschlossenheit des jungen Gregory Peck, der ihren Vater spielt, für mich in Anspruch genommen. In ihrer Geschichte konnte ich mir selbst entfliehen.

Aber jedes Buch hat eine letzte Seite. Und am Ende einer solchen angelangt, hatte ich unweigerlich wieder die Seifenopern im Fernsehen vor Augen. Die melodramatisch übersteigerten Gesten der Schauspielerinnen mit ihren schwarz getuschten Wimpern machten mir die Last meiner Tage nur noch deutlicher. Sie pressten sich gequält den Handrücken an die Stirn, fassten sich schwer atmend an den Busen, warfen sich mit schwarz verschleierten Gesichtern über polierte Särge – kurz gesagt, sie durchlebten folgenschwere Dramen, wie ich mein Lebtag nicht eines würde durchstehen müssen.

Meistens hatte ich das Haus für mich. Wenn Daddy nicht auf Schicht in der Raffinerie war, versuchte er ein wenig Schlaf nachzuholen, oder er war zu geheimnisvollen Abenteuern unterwegs. Meine Schwester Lecia hatte sich mit ihren dreizehn Jahren bereits ihre eigene Rolle zugelegt, die sie von den unausgesprochenen Stigmata der Familie befreite. Ihr Busen füllte ein C-Körbchen, und sie ging mit einer Reihe von Football-Stars. Wenn sie bei einem Match mit ihren ellenlangen Beinen und in abgeschnittenen Jeans auf die Tribüne kletterte, die blonde Mähne in eine Form gesprayt, die jedem Orkan standgehalten hätte, standen die High-School-Jünglinge reihenweise von ihren Sitzen auf.

Mutter verbrachte nur einen Nachmittag in der Woche in ihrem Atelier, nicht um zu malen, sondern um einer Reihe Leechfielder Hausfrauen das Malen beizubringen. Sie hatte in der *Gazette* eine Anzeige aufgegeben, und nun kamen die Frauen an Mittwochnachmittagen dorthin und stellten ihre Staffeleien auf. Damit sie nicht bei lebendigem Leib gebacken wurden, hatte Daddy eine gebrauchte Klimaanlage installiert, aus der eiskaltes Wasser in eine Kuchenform tropfte und die ansonsten zeitlosen Nachmittage strukturierte wie ein Metronom. Ich musste zu Hause bleiben während dieser Sitzungen, für die die Damen gutes Geld bezahlten, damit Mutter mit stirnrunzelnder Skepsis, wenn nicht blankem Entsetzen, ihre Leinwände begutachtete – trübe Pfirsiche und Weintrauben, Sonnenblumen, die stocksteif in glanzlosen Vasen steckten. Am schlimmsten waren die Porträts – meist Kinder oder Kindeskinder mit klobigen, hydrozephalischen Köpfen und Silberblick. (»Das eine Auge sieht dich an, das andere hält nach dir Ausschau«, hatte Daddy zu einem dieser Meisterwerke bemerkt.)

Blubbernd mengte die Kaffeemaschine verbrannten Kaffeeduft unter den harzigen Terpentingeruch, ein berauschendes Gemisch, das mich von den endlosen, schwarz-weißen Seifenopern im einsamen Haus weglockte. Meistens saß ich gleich vor der Tür, auf der Motorhaube von Mutters gelbem Kombi in der dunklen Garage, und hörte den endlosen Klagen der Damen über ihre Ehemänner zu. Ich erinnere mich noch gut, wie eine von ihnen sagte, sie würde ihren Mann erst wieder an ihre *Brieftasche* lassen (ein Euphemismus für ihre Vagina, so viel wusste ich damals schon), wenn er ihr eine Geschirrspülmaschine gekauft hatte.

»Dann stellen Sie sich doch gleich in die Proctor Street, wenn's Ihnen nur darum geht«, sagte Mutter. Man konnte die atemlose Stille hören, und gleich darauf stürzte die beleidigte Dame zur Tür hinaus, ihre noch feuchte Leinwand in der Hand. Ein- oder zweimal stellte ich mich in die Tür und bettelte um einen eigenen Skizzenblock und Kohlestifte und einen dieser riesigen beigefarbenen Radiergummis, die ich, als ich noch kleiner war, mit großem Appetit verspeist hatte.

An den übrigen Tagen der Woche war Mutter im College und bereitete sich auf ihr Lehrerdiplom vor – damals, als kaum eine Mutter außer Haus arbeitete, eine echte Besonderheit. Aber sie wollte sich nicht mit dem ortsüblichen Lebensstandard zufrieden geben und lebte in ständiger Angst vor Verarmung. (Ironischerweise waren es ihre extravaganten Gewohnheiten, die uns immer wieder an den Rand der Armut brachten. Bei ein paar lautstarken Auseinandersetzungen über Schulden, die sie gemacht hatte, warf Daddy ihr vor, bei weitem mehr auszugeben, als sie mit ihrer Lehrertätigkeit verdiente, aber ich würde meinen Kopf nicht darauf verwetten, dass es wirklich so war.) Ihr Studium am College schien mir eine ihrer Fluchten aus der Banalität des häuslichen Lebens mit uns zu sein.

Außerdem hatte Mutter eine geheime Geschichte übereilter Eheschließungen und ebenso hastiger Trennungen. Ein Mann musste sie nur genug reizen, schon raste sie mit knirschenden Reifen von der Auffahrt. Und ein paar Tage später klopfte der Gerichtsbote an die Tür. Aber ich erzähle hier von den Sechzigerjahren, und damals wussten Lecia und ich noch nichts von ihren Abenteuern aus der Zeit vor Daddy. Insgesamt brachte sie es auf sieben Ehen, aber wir hatten nur die beiden mit Daddy miterlebt – und das kurze, kaum erwähnenswerte Intermezzo mit meinem Stiefvater. (Er war nach dem Tod meiner Großmutter aufgetaucht, nachdem Mutter vorübergehend ins Krankenhaus geschafft worden war, unter anderem wegen der Unmengen von Wodka, die sie in sich hineingeschüttet hatte.)

Solche Ereignisse bewahrten unseren Haushalt vor allzu viel Publikumsverkehr. Wenn die anderen Kinder durch die Gärten der Garfield Road tollten, machten sie um unseren einen großen Bogen wie um einen Friedhof – wahrscheinlich mehr aus Gewohnheit als aus bewusster Vermeidung, aber der Effekt war der gleiche.

Da sonst kein Leben im Haus war, entwickelte ich ein übermäßiges Interesse an den Chamäleons, die sich gelegentlich aus dem Geißblattgestrüpp durch die Schlitze der Klimaanlage zu mir ins Zimmer verirrten. Einmal verbrachte ich einen halben Vormittag vor dem Badezimmerspiegel, um eines dieser unglücklichen Echsentiere dazu zu bringen, sich in mein Ohrläppchen zu verbeißen und mir als exotischer Ohrclip zu dienen. (Wenn man sie in den zarten Nacken kniff, klappte das Maul auf wie eine Schließe.) Aber es biss immer nur eine Sekunde lang zu, bevor seine Kiefer losließen und es an meiner Bluse herunter ins Waschbecken kullerte, wo ich es wieder einfangen musste. Dabei brach schließlich der Schwanz ab, und unsere Siamkatze – damals hochschwanger – verschlang ihn mit zwei flinken Bissen.

Das Haus hielt mich in einem Dunst aus Zeitlosigkeit gefangen. Die Klimaanlage brummte. Der Kühlschrank sprang an, erstarb tuckernd. Ich verbrachte viel Zeit mit Warten, ohne zu wissen worauf. Nichts schien sich zu nähern, aus keiner Richtung. *Ich warte wie ein Ochse*, schrieb Franz Kafka, ein Satz, den Mutter in einem ihrer Kollegbücher unterstrichen hatte. Wie ein Axiom übertrug ich ihn auf einen von ungefähr einem Dutzend Big-Chief-Notizblöcken, die ich in dem Sommer gekauft und bis auf ein paar voll gekritzelte Seiten leer gelassen hatte.

Aber wenn du große Literatur im Sinn hast, sind Big-Chief-Notizblöcke zu grau und armselig, viel zu blass, um sie mit Genialem des Kalibers voll zu schreiben, dem mein Streben galt. Also klaute ich mir ein schwarzledernes Skizzenbuch aus Mutters Atelier. Um das Diebesgut zu tarnen, schmierte ich Leim auf den Deckel und bestreute ihn mit wirbelnden Spiralen aus grünem und rotem Weihnachtsflitter, die hypnotisch wirken sollten. Mutters Bleistiftzeichnungen von Fischerbooten riss ich nicht heraus, auch nicht die Notizen zur Porträtmalerei, die das Datum von 1964 tragen: »Details des Gesichts weniger wichtig als Stimmung, Charakter, Stil etc. Künstler muss das Talent besitzen, intuitiv arbeiten zu können. Freunde und Verwandte sehen Person nicht immer richtig.« Ich schrieb in barocker Kursivschrift darunter: »Ich auch nicht – Mary Karr, 1966.«

Das Buch in meiner Hand – in seiner nackten Gegenständlichkeit – ist wie ein Stück fester Boden im Treibsand der Zeit. Wenn ich es aufschlage, atme ich alte Luft.

Jedes Märchen über mein damaliges Sein fällt in sich zusammen, wenn ich meine lose verbundene Schrift von damals lese. Wir neigen dazu, die kahlen Persönlichkeiten ganz junger Menschen in unsere erwachsenen Weisheiten zu kleiden. (Als mein Sohn zur Welt kam, habe ich ihm in die blauen, staunenden Augen geblickt und die Krankenschwester im Kreißsaal gefragt, was er wohl denkt. Sie antwortete mit einer Gegenfrage: »Haben Sie schon mal nach Sendeschluss den Fernseher eingeschaltet?«)

Und so lassen die schriftlichen Dokumente aus meiner Vergangenheit mich weit weniger klug erscheinen, als ich damals zu sein glaubte. Die Gedichte holpern mühevoll dahin, mehr monotone Gebete denn Verse, Ausdruck des Wunsches, eine andere zu sein, als ich war, mich anders zu fühlen, als ich mich fühlte. Die Tagebucheinträge unterscheiden sich nicht wesentlich von denen anderer elfjähriger Mädchen, und ihr Pathos lässt mich erschrecken: »Ich bin nicht sehr erfolgreich als kleines Mädchen«, schrieb ich. »Als Erwachsene werde ich ein Wrack sein.« Familie Sharp hatte mich in dem Sommer zu zwei Erweckungsversammlungen mitgenommen, die in einem Zelt in Vidor stattfanden (einer Stadt, die vor allem für ihren Ku-Klux-Klan-Bratfisch berühmt ist). Ich mochte mich in den beiden schwülen Nächten, in denen die Menschen ihren schweißnassen Gesichtern mit Fächern Luft zufächelten, auf denen ein blau gewandeter Jesus an ein golden glänzendes Himmelsportal klopft, nicht in den Zug der weinenden Gläubigen einreihen, um dem Herren vor dem Altar mein Leben zu weihen. Aber der Schwulst blieb hängen. Hat mir den Stil verdorben. Berge stürzen ein, Flüsse trocknen aus, die ganze Palette. Nach sintflutartigen Überschwemmungen leuchten Regenbögen. Jede Wange ist rosig, jede Wolke hat eine silberne Aura. Beim Lesen dieser Seiten meint man im Hintergrund Tamburine klingeln und wogende Orgelklänge über das Baseball-Feld spülen zu hören, wenn der Priester die Menge auffordert, Zeugnis abzulegen.

Kaum zu glauben, dass ich mir schon damals den sonderbaren Weg ausmalte, den ich später wirklich einschlug, »zur Hälfte Lyrik, zur Hälfte Autobiografie« zu schreiben. Wenn ich letztlich auch keine Karriere als »Philosophin« (was immer ich darunter verstand) gemacht habe, so hatte ich doch immer eine »richtige Frau« werden wollen, »eine hart arbeitende Frau mit reiner Seele. Nicht die parfümierte, äußere Hülle einer Frau«.

Für den Helden einer Wildwestserie mit dem Titel *Geächtet*, in den ich mich ganz schrecklich verliebt hatte, schrieb ich eine ganze Reihe von Gedichten. Der Mann war austauschbar mit dem Marshal Matt Dillon aus *Rauchende Colts* und Palladin aus *Have Gun Will Travel* – Cowboys, die sich bald und auf wundersame Weise in rüstungsbewehrte Edelleute verwandelten, als ich die Rittersagen für mich entdeckte. Dieser Jason Mac-

Soundso war nach einem Gefecht im Bürgerkrieg fälschlicherweise des Verrats bezichtigt und zum Tod durch den Strick verurteilt worden, aber ihm gelang die Flucht. In den meisten Episoden der Serie galoppierte er durch den Wilden Westen, immer auf der Suche nach Leuten, die bezeugen konnten, dass er kein Feigling war, der sein Regiment im Stich gelassen hatte. Aber jedes Mal tauchte wieder jemand auf, der ihn für schuldig hielt, und er musste sich aus der Stadt fortstehlen – auf einem Wagen unter Stroh versteckt oder auf dem Trittbrett eines ausfahrenden Zuges. Und jedes Mal blieb eine verwitwete Schullehrerin oder eine Bankierstochter zurück, der er gerade den Kopf verdreht hatte. Den Elogen auf Jasons lange Leidenszeit widmete ich weit mehr als nur ein paar Seiten. (Es war weniger der Stoizismus eines Marc Aurel als der des Esels I-Ah aus *Pu der Bär*, für den ich Bewunderung hegte.) Ich sehe Jason vor mir, wie er traurig einen Becher nach dem anderen hob, um sich von Leuten zu verabschieden, die er nie wieder sehen würde. Und auf einem dieser Becher stand geschrieben: »Kamerad, noch heut' vergess ich dich, drum hebe nicht mein Glas auf mich.« So in der Preislage.

Wenn die Bleistiftmine abgenutzt und zu Schiefergrau verblasst war, zog ich manchmal los, um in unbekannten Stadtvierteln an fremde Türen zu klopfen. Wenn jemand aufmachte, behauptete ich, Weihnachtskarten zu verkaufen, ohne auch nur ein einziges Musterexemplar oder sonst einen Beweis für meine Behauptung dabeizuhaben. Wenn ich mich recht entsinne, hab ich nie ernsthaft versucht, mir Dollars zu ergaunern. (Ich hatte etwas Geld, und zu kaufen gab es ohnehin nichts.) Ich hatte einfach nichts Besseres zu tun.

Die Leute reagierten ausgesprochen freundlich. Sie überhäuften mich mit Zuckerplätzchen und Reiswaffeln in Wachspapier, Schokoküsschen in Silberfolie und Bonbons, aber nie-

mand bestellte Weihnachtskarten, obwohl ich aufs Gerate-
wohl ein paar Namen aus dem Telefonbuch abgeschrieben
hatte, um die Leute davon zu überzeugen, wie gut die Karten
sich verkauften.

Einmal blieb eine Frau mittleren Alters in einem blassblauen Hausmantel eine volle Minute lang vor mir in der Tür
stehen, dann schlug sie die Hände vor das Gesicht und fing
an zu weinen. Tränen quollen ihr zwischen den knochigen Fingern hervor, und ich dachte nur noch an Flucht. Es kam kühl
aus dem Haus, und ich zerfloss in der Hitze.

»Ist schon gut, Kleine«, murmelte sie in die feuchten, vor
den Mund gepressten Handflächen, nachdem ich ihr zum
fünfzehnten Mal versichert hatte, wie Leid sie mir tat. »Du erinnerst mich an meinen Jungen. Er ist tot…« Ein Schluchzer
ließ ihren Körper so heftig erzittern, dass ich mich fragte, ob
Menschen vor Schmerz entzwei brechen können.

Schließlich hatte sie sich wieder gefasst. Einen Herzschlag
lang sagte keine von uns etwas. Ihre Schultern entspannten
sich. »Willst du mal sehen?«, fragte sie, die Stimme kaum lauter als ein Flüstern. Sie sagte nicht, was sie mir zeigen wollte.
Und ich vergaß die eindringlichen Warnungen, dass man
nicht zu fremden Leuten ins Auto steigen oder mit ihnen ins
Haus gehen sollte. Vielleicht ist das ungewöhnlich. Zweifellos
hätte ein normaleres Kind einen Zahnarzttermin vorgeschützt
und wäre davongelaufen. Aber die Schwere ihres Schmerzes
zog mich zu ihr hin. Sie öffnete die Aluminiumtür mit dem
Fliegengitter noch einen Spalt weiter und ließ mich hindurch-
schlüpfen.

Das Wohnzimmer war kalt wie ein Gefrierfach, und es roch
nach Kohl, der zu lange auf dem Feuer gestanden hatte. Es
war fast dunkel im Raum, die Jalousien waren bis zu den Fens-
terbänken heruntergezogen. Die am häufigsten begangenen

Wege hatte sie mit Plastikläufern ausgelegt, um den Teppich zu schonen. Plastikwege führten von der Tür, in der ich stehen geblieben war, zu einem moosig aussehenden Plaidsofa und verliefen im Zickzack weiter, wahrscheinlich in die Küche, das Bad und das Schlafzimmer. Jedes freie Stück Fußboden war mit kleinen Tischchen voll gestellt, gegen die man bei völliger Dunkelheit unweigerlich mit Knien oder Schienbein gestoßen wäre und die ihrerseits bis auf den letzten Quadratzentimeter mit kleinen Porzellanfiguren voll gestellt waren. Nie hatte ich eine größere Ansammlung von nutzlosem Nippes gesehen – reifberockte Schäferinnen mit Pilgerstäben, Knaben mit gepuderten Perücken, Tischglöckchen und goldgeränderte Schnupftabaksdosen. Besonders deutlich erinnere ich mich an eine einzelne Frauenhand mit Ringen, Armreifen und rot lackierten Nägeln, die direkt aus dem gemaserten Furnier zu wachsen schien.

Eine ganze Wand war mit Bildern des toten Jungen voll gehängt. An das Gesicht habe ich fast keine Erinnerung mehr. Als kleiner Junge war er blond, später war sein Haar dunkler geworden. Im Gedächtnis geblieben sind mir von dieser unvollständigen Bilderreise durch sein kurzes Leben vor allem die Kleidungsstücke, die den Weg des Kindes zum erwachsenen Mann kennzeichnen – der Knirps in Pluderhosen, der Schuljunge mit der selbst gebastelten Geburtstagsmütze, der kleine Baseballstar in gestreiften Bundhosen, der Täufling im Taufgewand und schließlich der schlaksige Jüngling im Smoking, einen Blumenstrauß in Zellophan gewickelten Blumenstrauß in der Hand.

»Er hat sich erschossen«, sagte sie, und ihr Gesicht verriet, dass es kein Unfall war. Bis zu dem Tag sei er ein wunderbarer Junge gewesen, sagte sie. Dann hatte er auf einem Tanzfest ein Mädchen aufgefordert und einen Korb bekommen. Am Boden zerstört war er zurückgekehrt, hatte die Bibel beim dreiundzwanzigsten Psalm aufgeschlagen und sich eine Kugel in den Kopf geschossen, während seine Eltern nebenan vor dem Fernseher saßen und sich Lawrence Welks *Champagne Music Hour* anschauten.

Und dann tat sie etwas, von dem ich inzwischen weiß, dass ich die Menschen dazu ermuntere. (Seit ich aufgehört habe, mir daraus einen Vorwurf zu machen und es stattdessen als eine Art Privileg betrachte, komme ich besser damit zurecht.) Sie schob mich an den Schultern einen der Plastikwege entlang, der zu einem Kaffeetisch führte. Ich sträubte mich nicht dagegen. Auch wenn ich mich fürchtete, wollte ich sehen, was sie mir zu zeigen hatte: die abgegriffene schwarze Bibel auf der rechteckigen, furnierten Holzfläche. Ein laminiertes Kärtchen steckte als Lesezeichen zwischen den Seiten.

Es schien wie ein tröstender Zauber auf sie zu wirken, die Bibel zur Hand zu nehmen. Sie wurde seltsam ruhig, als käme sie endlich zum Kern einer Sache, um die den ganzen Tag schon ihre Gedanken gekreist hatten. Sie machte das nicht zum ersten Mal. Man sah es der Routine ihrer Bewegungen an. Zweifellos hatte schon eine Reihe von Milchmännern, Stromablesern und Kosmetikberaterinnen dort gestanden, wo ich stand, und versucht, ein leidlich normales Gesicht zu machen, wie ich es versuchte. Ich wollte nicht bedrückt erscheinen, aber ich musste auch nicht grinsen wie ein Affe. Also entschied ich mich für den Ausdruck ernster, aber erwartungsvoller Neugier.

Sie schlug die wuchtige Bibel auf und hielt sie so, dass ich sie lesen konnte. Der tiefe Graben zwischen den Seiten war dunkelbraun gefärbt wie verbrannte Schokolade. Das Papier war von Feuchtigkeit aufgeworfen. Aber die Worte waren lesbar. »Der Herr ist mein Hirte ...«, las ich leise.

Dann verabschiedete ich mich hastig, denn es war erst ein paar Jahre her, dass meine eigene, völlig durchgeknallte Mutter mit Selbstmord gedroht hatte. Ein Teil von mir glaubte, die Idee könnte ansteckend sein, ein Bazillus, der sich auf Mutter übertrug, wenn ich ihn hier aufschnappte. Ich dachte nicht bewusst darüber nach, aber der Gedanke durchzuckte mich so heftig, dass ich, eh die Frau sich's versah, wieder in der wallenden Hitze vor der Veranda stand und ihr die kalte lederne Hand schüttelte. Dann rannte ich so schnell ich konnte heimwärts, als würde dort kein leeres Haus auf mich warten. Plötzlich erschien mir die Langeweile erträglicher als der Schrecken der Häuser an meinem Weg mit ihren unbekannten Verlusten.

Irgendwann in dem Sommer hörte ich auf, um fremde Häuser herumzuschleichen, und dachte mir einen richtigen Job aus: Schuhe putzen im Friseurladen. Das war gegen Vaters Gelöbnis, keine seiner Töchter müsse für Geld arbeiten, solange sie unter seinem Dach wohnte. Ohne Rücksicht auf Daddys Schwur trug ich seinen Schuhputzkasten in den Laden und nahm meinen Platz in einem roten Kunstledersessel ein.

In dieser Woche war der Friseurladen besonders verlockend, denn mir war zu Ohren gekommen, dass am nächsten Tag John Cleary erwartet wurde, um sich seinen alljährlichen Bürstenschnitt verpassen zu lassen. In andächtigem Schweigen sah ich dabei zu, wie Johns leuchtend blonder Schopf unter Mr. DePellos Haarschneidemaschine in langsamen Streifen auf das Linoleum sank, wo bereits die kupferne Kehrschaufel wartete. Dann schwebte sein rasierter, runder Hinterkopf in Mr. DePellos Handspiegel. Um die Ohren herum war ein Streifen ungebräunter Haut zurückgeblieben, den wir seine »weißen Seitenwände« nannten. John fuhr sich mit den Händen ganz langsam über die Stoppeln, als sei dort ein großes Geheimnis verborgen. Nachts in meinem Bett musste ich an diese Geste denken, die verwunderte Zärtlichkeit, mit der er die Borsten berührt hatte.

Vielleicht hatte er im Spiegel sogar einen kurzen Blick auf mich in meinem riesigen Sessel aus glänzendem Vinyl geworfen, denn meine Ehrfurcht musste spürbar gewesen sein. Mr. DePello nahm ihm den Frisierumhang von den Schultern und schüttelte ihn aus. Haarspitzen sammelten sich auf dem Boden zu keilförmigen Mustern. *Yessir, sieht gut aus, danke,* sagte John und gab den Spiegel zurück. Zu mir sagte er: *Wir sehn uns in der Schule,* obwohl es noch Monate bis Schulbeginn waren und wir uns bis dahin praktisch täglich über den Weg laufen würden.

Die Türglocke klingelte, als er ging. Ich sah ihm nach. Auf dem Gehsteig schwang er sich auf sein Fahrrad und fuhr in einem Streifen Sonnenlicht davon. Er war schon lange fort, als ich dem Drang widerstand, mir ein paar Locken seines frisch gewaschenen blonden Haarschopfs für meine sprunghaft wachsende Sammlung von John-Cleary-Souvenirs mitzunehmen.

Wahrscheinlich zog mich diese unglaubliche Konfrontation mit seinen Haarpflegegewohnheiten auch am nächsten und übernächsten Tag in den Friseurladen. Aber er ließ sich dort nicht mehr blicken. Niemand meines Alters ließ sich dort blicken. Und Kunden hatte ich auch keine. Wenn ich auch nicht ausgesprochen faul war, so wurde ich der Dinge doch schnell überdrüssig. Das leise Rascheln beim Blättern in den Jagd- und Anglermagazinen (angeblich verschwanden die *Playboys* in der Schublade, wenn ich auftauchte) und das eintönige metallische Schnippen von Mr. DePellos schlanker Schere an den tonsuralen Haarkränzen irgendwelcher Glatzköpfe warfen mich zurück auf den gewohnten Gemütszustand Nägel beißender Melancholie.

Nachdem ich in dem Sommer *Das Lied der Bernadette* im Fernsehen gesehen hatte, malte ich ein Jesusbild in mein weihnachtsflitterbestreutes Buch. Eine Zeit lang kniete ich neben

48

dem Bett und murmelte inbrünstige Gebete – ich betete nicht um Titten oder eine Einladung von John Cleary zum Paarnachmittag auf der Rollschuhbahn, sondern um eine beste Freundin.

Es gab nur ein Mädchen mit ähnlich wilden Outlaw-Allüren, wie ich sie an den Tag legte: Clarice Fontenot, mit ihren vierzehn Jahren drei Jahre älter als ich, ein Unterschied, der zunächst nichts auszumachen schien. Einzig und allein das strenge Regiment ihres Vaters, eines orthodoxen Cajun, dem die Hausarbeiten und kapriziösen Regeln, die er sich für sie ausdachte, nicht auszugehen schienen, hinderte uns in dem Sommer daran, jede Sekunde des Tages zusammenzuhocken.

Die Fontenots lebten an der Ecke in einem selleriegrünen Haus, in dem Clarices wahnwitzige Brüder allen Raum einzunehmen schienen. Sie klatschten sich das Haar mit Pomade an den Kopf und latschten mit aufreizendem Hüftwackeln durch die Gegend. Wenn sie dich anschauten, dann von der Seite. Wie ihr Vater waren sie wortkarg und strahlten verstohlene Missbilligung aus.

Offenbar fiel Clarice in dem katholischen Haushalt die Rolle zu, ihnen zu Diensten zu sein. Während sie draußen waren, musste ihre Schwester schrubben und Wäsche aufhängen und eine Schar schwarzäugiger Cousinen hüten, deren Gesichter (wie ihres) mit Sommersprossen übersät waren. Ihr arbeitsreicher Alltag erinnerte mich an Cinderella, nur dass Clarice selten klagte. Trotzdem prägten sie diese Lebensumstände, denn ihr nervöses, spannungsgeladenes Wesen schien sich einzig und allein als Widerstand gegen ihre Stellung im Leben und die wortkarge Verdrießlichkeit ihrer Brüder gebildet zu haben.

Clarice hätte sich jeden Tag bei uns herumgetrieben, wenn nicht meiner etwas sonderbaren Gesellschaft zuliebe, dann wegen des reichlichen Essens und der Klimaanlage. Aber die Strenge ihres Vaters war stadtbekannt. Der untersetzte, eisgraue Mann war der einzige in unserem Viertel, der nicht in der Raffinerie sein Geld verdiente (soviel ich weiß, arbeitete er bei den Gaswerken), und dass er zur Arbeit eine Krawatte trug, stempelte ihn wenn nicht zum Exoten, so doch zum Außenseiter. Keiner der anderen Väter kannte seinen Dienstplan oder hatte jemals mehr als ein flüchtiges Hallo mit ihm gewechselt. Meistens durfte Clarice nur eine Stunde bei uns spielen, dann riefen die Pflichten sie wieder nach Hause. Ich tat mich schwer mit diesen Trennungen.

Wenn sie wieder daheim war, patrouillierte ich auf dem Skateboard an ihrem Haus vorbei, von den Palmettos bis zur Hundewiese und wieder zurück, um vom Fortschritt ihrer Arbeit auf den Zeitpunkt ihrer Rückkehr schließen zu können. Fensterscheibe für Fensterscheibe wurde von fettigen Streifen befreit und reflektierte wieder blauen Himmel und blitzendes Sonnenlicht, während ich vorbeirollte. Oder ich sah, wie Clarice hinter den Fenstern die Jalousien aushakte, und versuchte abzuschätzen, wie lange sie brauchen würde, um sie eine nach der anderen in die cloroxdampfende Badewanne zu tauchen, die Latten einzeln abzuwaschen, trocken zu reiben, sie wieder einzuhängen und mir hastig zuzuwinken, bevor sie die nächste holen ging.

Manchmal zitierte ihr Daddy sie völlig grundlos nach Hause. Das machte mich wütend. Sie sagte im Scherz, sein Spaßometer sei abgelaufen, ein unsichtbares Messgerät zur Einteilung und Kürzung ihrer Freizeit. Dann verbot er ihr, das Grundstück zu verlassen, und ich durfte es nicht betreten. Manchmal schritt ich eine geschlagenen Stunde lang die Gartengrenze ab, immer rauf und runter, oder ich hockte mich im Schneidersitz lesend vor ihren Zaun, während ihr geistesgestörter Schäferhund bellend herumsprang und mir die Nase abbeißen wollte. Vom Schoß aus zeigte ich dem Köter den permanenten Mittelfinger, den ich mit Hilfe eines Bleistifts aufgerichtet hielt. Manchmal leistete Clarice mir beim Dienst an der Grenze Gesellschaft, saß auf ihrer Seite des Zauns in der Hitze und blickte ständig über die Schulter, ob in einem der Fenster der stahlgraue Kopf ihres Vaters erschien oder seine heisere Stimme sie ins Haus rief.

Natürlich tat ihr Daddy das alles nur, um sie zu schützen. Viele Mädchen ihres Alters kamen »in andere Umstände«, und da draußen schlichen schließlich scharenweise dubiose Männergestalten herum, die jedes unbeaufsichtigte weibliche Wesen in ihre frisierten Blechkisten lockten und zu libidinösen Handlungen verführten. Meine eigenen Eltern zeigten so wenig Neigung, mich einzusperren (du darfst alles, für das du groß genug bist, war einer von Daddys Lieblingssprüchen), dass mir Mr. Fontenots Strenge vollkommen wahnsinnig erschien. In meinen Tagträumen hielt ich stundenlange Plädoyers gegen ihn, und am Ende wurden er und seine nutzlosen Söhne in Handschellen abgeführt, der Hammer des Richters knallte, und Clarice und ich fielen uns jauchzend in die Arme.

Clarice sträubte sich gegen die strengen Regeln, ohne jemals ernsthaft dagegen zu verstoßen. Dazu fehlte es ihr an Selbstmitleid und Zorn, von denen ich im Übermaß besaß. Ihr Lachen war laut wie ein Nebelhorn und erregte überall Aufsehen. Sie konnte auf Befehl so kräftig rülpsen, dass alte Damen in Cafés den Tisch wechselten. Ich hab das nie hinbekommen. Immerhin verdanke ich es ihr, dass ich durch die Finger pfeifen, einen Überschlag vom Sprungbrett machen, ein Rad schlagen, einen Schlipsknoten binden und wie ein Heilmagnetiseur mit den Augäpfeln zittern kann. Andere sorgten sich, was aus Clarice werden würde, falls sie sich nicht beruhigte, aber für mich besaß sie die absolute Kraft eines Menschen, der im Grunde auf alles pfiff, und genau das tat sie (abgesehen vom Gehorsam ihrem Vater gegenüber, den sie ganz unbekümmert zu leisten schien).

Meine erste Erinnerung an sie datiert aus einer Zeit lange vor diesem Sommer, kommt hereingeschwebt aus den ausgebleichten Zeiten, als wir noch nicht durch die Schultore gingen und uns nach Schuljahren klassifizieren konnten.

Eine kalte Sonne versank an einem grauen herbstlichen Himmel. Ein paar ältere Jungen spielten Football auf dem Platz, den wir jedes Wochenende mit Beschlag belegten. Schon wenige Jahre später wurden eine ganze Reihe von ihnen nach Südostasien geschickt. Und auf Karten an fast allen Küchenwänden im Lande markierte man ihre Standorte mit rot-weiß-blauen Fähnchen. An diesem Nachmittag waren sie flink wie junge Hirsche. Sie sprangen und rempelten, tauchten voreinander ab, prallten mitten in der Luft zusammen. Pässe, so scharf wie Gewehrkugeln, verbanden sie miteinander. Oder der Ball trudelte in hohen Bögen durch den frostigen Himmel von einem zum anderen. Kurz gesagt, sie waren unbekümmert, lebendig und zogen alle Kinder im Umkreis der gelben Torpfosten in ihren Bann.

Wir mussten ihnen einfach zusehen. Auch nachdem ich versehentlich in einen Ameisenhaufen getreten war und ein hübsches Muster scharlachroter Bisse meine Fesseln zierte. Auch nachdem die Straßenlaternen angegangen waren und uns der Atem geisterhaft vor den Nasen wehte und ich die Arme aus den Ärmeln meines Sweatshirts zog, um die kalten Finger unter die Achseln zu stecken und die Ärmel schlapp herunterhängen zu lassen wie ein Amputierter. Als das Spiel zu Ende war und die großen Jungen davongelaufen waren, um zu telefonieren oder Besorgungen zu machen, standen wir immer noch herum und warteten darauf, zum Abendessen gerufen zu werden. Fast glaubte ich, das Geklapper der Resopalteller hören zu können, die aus Geschirrschränken gezogen und auf geflieste Küchentheken gestellt wurden. Aber nach solch einem Match konnten wir uns von dem Anblick nicht so schnell losreißen.

Es war vor der Zeit der strengen Hierarchien. Wir ahnten etwas von den Dramen unserer Familien, aber die Geschichten, die uns formten, waren noch nicht oft genug erzählt, unser Wesen hatte sich noch nicht in ihnen verfestigt. Unsere Rivalitäten waren noch nicht beigelegt. Noch war keiner groß genug, um so hart zuzuschlagen, dass genäht werden musste, oder sich Beleidigungen auszudenken, die einem nachts so lange im Kopf kreisten, bis das Kopfkissen nass von Tränen war. Noch trieb uns keine sexuelle Neugier dazu, uns anzufassen; nur den einen oder anderen Blick auf unsere blassen Unterhosen oder Jockeyshorts stahlen wir uns unter einer Veranda oder im blauen Dunkel unter einer Treppe. Jahrelang reihten unsere Namen sich aneinander wie Perlen auf einer Kettenschnur: John und Bobby, Clarice und Cindy und Little Mary (im Unterschied zu Big Mary, denn das war Mary Ferrell). Also mussten wir uns noch nicht voreinander schützen, konnten gemeinsam im großen Müßiggang versinken – eine Hand voll unbeaufsichtigter Kinder ohne einen festen Platz.

Irgendwann an diesem Abend fand Clarice als Erste von uns heraus, wie man an einem Torpfosten hochklettert.

Dieses Bild, wie sie den gelben Pfosten hinaufkrabbelt, reißt das Gedächtnis wie auf magische Weise aus ferner Vergangenheit in dreidimensionale Gegenwart. In der ich lebendig bin. Ein früher Tau liegt auf dem Gras, und meine Ameisenbisse jucken. Clarices Gliedmaßen, um den Pfosten geschlungen, werden zu Gummi. Die Basketballschuhe hat sie abgeschüttelt, weil nackte Füße auf Metall besser haften. Flink setzt sie Fuß über Fuß, zieht sich an den Händen hinauf, rutscht mit den Füßen nach.

An der Spitze des Pfostens angekommen, richtet sie sich tänzerisch auf, biegt den Rücken durch wie eine Trapezkünstlerin. Eine Hand wirft sie in die Luft, ruft: *Ta-taa!*, als steckte sie in einem purpurroten Paillettentrikot und schwarzen Netzstrümpfen und Ballettschuhen aus Samt, und dann noch einmal: *Ta-taa!* Wir jubeln ihr zu und klatschen Beifall, gehen zurück zur Zehn-Yard-Linie, um einen besseren Blick auf sie zu haben. Dass sie so hoch über unseren Köpfen klettert, ist wie ein Wunder. Und wir verbünden uns mit den Kräften staunender Ehrfurcht, die es uns an kalten Herbstabenden erlaubt, neue Tricks zu ersinnen, wenn zu Hause nichts anderes als gebratenes Fleisch mit Soße oder lauwarmes Badewasser auf uns wartet.

Ein paar Minuten lang müht Bobby Stuart sich ab, den anderen Torpfosten zu erklimmen, aber seine Beine sind zu steif, knicken unter ihm weg, und die Arme allein können den langen, dünnen Körper nicht halten.

Dann macht Clarice etwas völlig Unerwartetes, für das man sie nie vergessen wird.

Sie steckt die Daumen in den gerafften Bund ihrer Cordhose mit den auf die Taschen gestickten Cowgirl-Lassos. Mit den Daumen zieht sie Hose und Unterhose hinunter bis auf die nackten Füße. Dann beugt sie sich vor und wackelt mit dem Hintern, wie Stripperinnen es manchmal tun, nur wusste ich das damals noch nicht. Wir grölen vor Lachen. John kippt vornüber und wälzt sich auf dem Boden wie ein Hund, zeigt nach oben, lacht über ihren nackten weißen Arsch, den nur noch ein milder Rand von der Bräune des Sommers absetzt.

Gerade hatten wir uns an den Anblick ihres Hinterns gewöhnt, da holt sie zum nächsten Streich aus. Sie wirbelt herum und zeigt uns ihr Yin, die dunkle Spalte unter dem unbehaarten Venushügel. Ihr Bauch ist rund und gewölbt wie bei einem Welpen. Längst klingt unser Kreischen wie Hyänengeheul. Und jenseits des Grabens, der Grenze zum Reich erwachsener Zivilisation, taucht aus dem dicken Qualm eines Grabenfeuers mit schnellen Schritten die Gestalt von Mrs. Carter auf. In der Hand hält sie die Kelle, mit der sie uns und ganz besonders Clarice den Arsch versohlen will.

Aber Mrs. Carter ist eine Erwachsene. Auf der rutschigen Böschung werden ihre Schritte vorsichtiger. Sie zögert, bevor sie springt, weil sie sich die Schuhe nicht mit Matsch versauen will. Diesen Moment nutzt Clarice, gleitet an dem gelben Pfosten herunter und flitzt wie der Blitz davon. Und wir anderen flüchten wie ein Rudel wilder Hunde.

Jahrzehnte später hab ich Clarice auf den Kopf zu gefragt, warum sie das getan hat. Wir waren beide über vierzig, lebten zweitausend Meilen voneinander entfernt und unterhielten uns – seltsamerweise – über unsere Autotelefone miteinander. Sie war erkältet, ihre Stimme klang rau wie Sandpapier, aber den Anflug plötzlicher Belustigung hörte man heraus. Wir hatten uns nur noch alle zwei, drei Jahre gesehen, manchmal in den Ferien, bei Daddys Begräbnis und nach Mutters Bypass-Operation, als sie mit mir zusammen am Bett wachte. Trotzdem wäre niemand weniger in der Lage, mir eine platte Lüge zu erzählen. Untermalt von statischem Knistern fragte ich sie, warum sie damals ihre Hose heruntergezogen hatte, ob sie von jemandem dazu ermuntert worden war und ich es nur vergessen hatte.

Mit ihrer Antwort blieb sie sich treu, und weil sie so war, war sie damals so wichtig für mich gewesen. »Ich glaube, weil ich es machen konnte«, sagte sie. »Es war niemand da, der mich zurückgehalten hätte.«

2

Mutters alte Energie sprudelte in diesem endlosen Sommer wieder in ihr hoch wie seit Jahren nicht mehr. Sie stürzte sich mit einem solchen Feuereifer in die Ausbildung, dass sie beinahe einen Kondensstreifen hinter sich herzuziehen schien. Sie saugte Bücher in sich auf wie durstige Menschen Wasser. Selbst wenn sie in einem Topf Senfkohl herumstocherte, hatte sie neben sich auf der nassen Küchentheke ein aufgeschlagenes Taschenbuch über die Russische Revolution liegen. Wenn ich vor Sonnenaufgang aus dem Bett gestolpert kam, saß sie nicht selten wie ein strahlender, unwirklicher Buddha in einer Wolke aus Kool-Zigarettenqualm am Küchentisch und studierte Differentialrechnung.

»Das ist eine Sprache«, sagte sie eines Morgens, meinte die Mathematik und tippte mit der Spitze ihres Drehbleistifts auf den Notizblock. »Das war mir bis jetzt nicht klar. Es ist eine Sprache, die einen bestimmten Stoff verdammt präzise beschreibt.« Ich hatte mir den Schlaf noch nicht aus den Augen gerieben, da plapperte sie bereits über irgendeinen alten Griechen namens Zeno, der einen Pfeil auf ein Ziel abgeschossen hatte. Zu allem Überfluss hatte der Kerl auch noch versucht, die verzwackte Flugbahn des Pfeils zu berechnen. Zu diesem Zweck hatte er die Linie zwischen dem Bogen und dem Ziel aufgeteilt – zuerst in Fuß, dann in Zoll, halbe Zoll, viertel Zoll und so fort, bis das ganze, unendlich kleine Universum sich in diesem Streifen Luft entfaltete, vervielfältigte. Mir kam das nicht wie eine Sprache vor, derer sich ein vernünftiger Mensch bedienen würde. Wenn du willst, dass ich dir die Butter reiche, redest du nicht vom Bogenschießen. Etwas in der Art hab ich ihr wohl geantwortet.

Aber Mutter war besessen von der Idee. Ihre grünen Augen leuchteten, sie strich sich mit der Hand durch das dichte Haar und hinterließ kurzlebige Furchen in den neuen weißen Strähnen. »Aber wenn du versuchst, diese Linie abzuschätzen.«

»Warum sagst du nicht einfach, es ist eine Linie, und sie ist so und so lang?«

»Weil die Sache damit nicht vollständig beschrieben ist. Die Veränderungsrate. Es ist eine Sprache für Bewegung, Geschwindigkeit. Wie in diesen Pollock-Gemälden. Bewegung.« Ihre Hand zerteilte Bögen in der Luft. Die Zahl der Abschnitte, in die Zeno die Linie unterteilt hatte, ging gegen Unendlich, die Länge der Abschnitte ging gegen Null. Ob ich die Schönheit dessen nicht erkannte? Ich erkannte sie nicht. Ich dachte darüber nach, ob im Waffeleisen noch der Dreck von gestern klebte, und wie viel Interesse ich noch vortäuschen musste, damit sie endlich anfing, den Waffelteig anzurühren.

»Man nennt das Annäherung an die Grenzen. Wenn x gegen Null und n gegen Unendlich geht. Verstehst du? Das eine wächst bis in alle Ewigkeit, das andere schrumpft bis in alle Ewigkeit.« Ich verstand nur Bahnhof. Ihre Worte rauschten an mir vorbei wie die eines x-beliebigen Mathelehrers oder das Tuten einer Bassposaune. (Jahre später auf dem College nahm ein Mathematiktutor den fallen gelassenen Faden wieder auf, und ich musste laut lachen, als hätte ich mit zehn Jahren Verspätung einen Witz kapiert.)

Gleich nach ihrem Examen in Differentialrechnung kaufte sie sich Rollschuhe, wie ich welche hatte, die eisernen, die man an den Schuhen festschraubte, um mit mir Rollschuhlaufen zu gehen. Sie erhob sich auf wackligen Beinen und klammerte sich an mir fest. Als sie mir den Schlüssel an einem braunen Schnürsenkel um den Hals hängte, war ich sogar kurz ein bisschen stolz.

Während Mutter und ich auf dem Gehsteig unser Gleichgewicht suchten, stand Lecia hinter der Fliegentür und drohte, sich im Badezimmer zu verstecken, damit bloß niemand sie mit diesem bescheuerten Unternehmen in Verbindung brachte. »Du bist nicht meine Schwester«, rief sie und wich ein Stück in die Dunkelheit des Hauses zurück. »Ich meine es ernst. Darauf könnt ihr Gift nehmen.« Sie legte sich den ausgestreckten Finger übers Herz. «Ich schwör's euch, wenn ihr so da rausgeht, bist du für mich gestorben.«

Lecia ist gerade mal dreizehn und kommt in die Achte, aber sie hält es zu Hause kaum noch aus, weil hier jeder jeden Quatsch sagt oder tut, der ihm gerade in den Kopf kommt. Einmal hat Daddy einen ihrer breitschultrigen Verehrer gefragt: »Haben Sie einen fahren lassen, junger Mann?« Der Junge hieß Gaylord oder Ray oder Daryl, und als ihm Daddys Frage endlich in ihrer ganzen Bedeutung aufgegangen war, klappte ihm der Kiefer herunter.

»Äh, nein, Sir!«, stieß Gaylord/Ray/Daryl hervor.

»Also, irgendjemand hat hier einen Furz gelassen«, sagte Daddy. Seine Augen verengten sich. »Einen Schleicher, aber tödlich. Und ich war's nicht.« Er drehte sich zu mir um. »Warst du das etwa, Pokey?«

»No, Sir.«

»Also, öffnen Sie Ihren Hintern gefälligst nur zu den Geschäftszeiten«, wandte er sich mit knappem Kopfnicken wieder an den Jungen. Ich blickte versteinert wie eine Gipsmaske.

Aus solchen Gründen fühlte Lecia sich ständig wie auf dem

Präsentierteller, und deshalb schleuderte sie an dem Tag, als Mutter und ich Rollschuhlaufen gingen, unsichtbare Wurfmesser auf mich. Sie kam sich in unserem Haus verloren vor wie in einem schlechten Flüchtlingsfilm, von ihrer Familie verlassen und in die Hände von Wilden gefallen.

»Fertig?«, fragte Mutter. Ich war bereit. Obwohl ich alt genug war und keine Hilfe brauchte, ergriff sie meine Hand, und die Berührung lief mir wie warmer Sirup durch den Arm. Auf solche Weise verbunden rollten wir den holprigen Gehsteig hinunter auf die Straße zu. Mir zitterten die Füße bis hinauf zu den Knien. Meine Zähne klapperten wie die Scherzgebisse, die man auf den Rückseiten der Comichefte bestellen konnte. Auf der frisch geteerten Straße flogen wir förmlich davon. Meine Haare flatterten wie Flügel im Wind. Kinder blieben am Straßenrand stehen, denn eine Rollschuh laufende Mutter bekam man nicht alle Tage zu sehen. Sie breitete die Arme aus wie eine Ballerina. Es dämmerte schon. Die Abgase, die die Raffinerie in die Atmosphäre pumpte, bescherten uns psychedelische Sonnenuntergänge: die Sonne als Neonkugel in einem giftigen Himmel.

Als es an diesem Abend Zeit zum Schlafengehen wurde, kam ich aus meinem Zimmer gewatschelt und fragte Lecia, ob sie nicht ins Bett kommen wolle. Sie saß schmollend auf der Tweedcouch und las. Das lavendelfarbene Schlafzimmer, in dem sie schlief, war eigentlich mein Zimmer. Und normalerweise taute sie dort wieder auf, egal, welch monumentale Ausmaße unsere Streitereien während des Tages angenommen hatten, und wir rollten von zwei Seiten in dieselbe Kuhle in unserer Matratze.

Lecia lag schweigend da, Sally, die Siamkatze streckte sich auf ihrem Brustbein, schob die tintenbekleksten Pfoten zwischen die riesigen Titten. Das schien mir ein besonderer

59

Verrat zu sein, denn eigentlich gehörte Sally mir. (Ein Irrtum, dem viele Katzenbesitzer unterliegen.) Ich konnte diese Katze in ein Kinderlätzchen schnüren, ohne dass sie mich ein einziges Mal kratzte oder biss. Natürlich wehrte sie sich. Ich fühlte, wie ihre Sehnen sich strafften. Aber die Geduld verlor sie nur ein einziges Mal. Als ich sie mit einem kunstvollen Gespinst aus Weihnachtsschnur in meinem Puppenwagen festgezurrt hatte, kaute sie ihre Fesseln durch, flüchtete unter eine Azalee und fauchte unter ihrer weißen Haube hervor.

Lecia hob den Blick nicht einmal von ihrem Kriminalmagazin, um mir zu sagen, dass kein Mensch eine Mutter hatte, die Rollschuh lief.

»Ach, komm. Wen interessiert schon, was jemand hat oder nicht?« Wenn es um Konventionen ging, konnten sie mich alle mal, auch damals schon.

»Es wird dich schon interessieren, wenn du in die Junior-High kommst und die neue Becky Smedley wirst.« Jetzt regte sich erste Besorgnis in mir, denn den Vergleich hörte ich nicht zum ersten Mal. Ein Junge mit Zahnruinen im Mund und Flechtengrind an den Armen hatte mich mit Becky verglichen, als ich ihn morgens die Mathehausaufgaben nicht abschreiben ließ. Sie war sicher nicht magerer als ich, und ich hatte sie in der Cafeteria vor ihren gewürfelten Karotten sitzen sehen, mutterseelenallein im Hagel der aus diversen Strohhalmen auf sie abgeschossenen Erbsen.

Womit sie das verdient hatte, war ein Geheimnis. Sicher, sie war ein bisschen vertrottelt und auch einen guten Kopf größer als die meisten Jungen, von ein paar Sitzenbleibern abgesehen.

Womit sie ihre Peiniger ermutigte, lag dagegen auf der Hand: Sie ließ sich alles gefallen – jeden abgeschossenen Papierkrampen, jede Geste hinter ihrem Rücken, jeden in den Gang gestellten Fuß, über den sie stolperte, dass ihr das avocadogrüne Tablett aus den Händen segelte und ganze Steaks und Pfirsichhälften und Milchtüten mit den rot-weißen Präsidentengesichtern, die wir uns nicht merken konnten, durch die Luft flogen. Becky stürzte von einem solchen Schlamassel in den nächsten. Und sie wehrte sich nicht. Ihr Fatalismus angesichts solcher Anschläge wirkte anziehend. Selbst Zweit- und Drittklässler liefen blökend wie böse Ziegen hinter ihr her. Im Lauf der Jahre krümmte ihre stockähnliche Gestalt sich immer mehr zusammen, jeder Tag beugte ihren Kopf einen Millimeter weiter herunter, schob die Schultern ein Stück weiter nach vorn, bis der ganze Körper wie ein lebendes Fragezeichen aussah, das passende Satzzeichen hinter jedem unserer bösen Sprüche.

»Eine Bohnenstange wie Becky Smedley kann nicht Rollschuh laufen«, sagte ich. Die Katze seufzte und guckte traurig. Im Zimmer unserer Eltern plärrte der Fernseher.

»Nein, aber wenn sie es könnte, würde sie ihre Mutter mitnehmen. Und sie würden sich an den Händen halten.« Ich blickte hinunter auf Lecia. Ihr Haar steckte sicher nicht den ganzen Tag in Lockenwicklern, aber so habe ich sie in Erinnerung – mit riesigen Lockenwicklern unter einem Netz aus Spitze. Sie ließ ihr Haar so lange in diesem Zustand, dass sie von den kleinen rosa Spießen, die die Lockenwickler am Verrutschen hinderten, dauerhafte Dellen im Kopf zurückbehalten hat.

»Was ist schon dabei? Ist doch nichts dabei.«

»Wenn du's nicht selber weißt, ist dir nicht zu helfen«, sagte Lecia. Ihre Stimme klang tonlos. Die Katze stupste ihr mit der Nase gegen das Kinn und neigte den dreieckigen Kopf, um sich das Gesicht daran zu reiben.

»Du weißt auch nicht alles«, sagte ich. Dabei war ich mir gar nicht so sicher.

»Nein, aber das weiß ich. Darauf kannst du Gift nehmen.«
Seit ich dort stand, waren unsere Blicke sich noch nicht begegnet.

»Kommst du jetzt ins Bett?«, fragte ich sie schließlich. Meine Einladung klang wie eine Entschuldigung.

»Ich schlafe hier draußen«, sagte sie.

Sie wollte mir meine Irrtümer vor Augen führen, sie letztlich korrigieren – um mich vor mir selber zu schützen, mich vor dem Schicksal einer Becky Smedley und ihresgleichen zu bewahren. Aber dass sie auf dem Sofa schlafen wollte, hatte ich nun doch nicht verdient.

Nicht alle, die mit Andersartigkeit geschlagen waren, erlitten Beckys Schicksal. Die Stadt tolerierte Gebrechen mit größerer Nachsicht als die meisten anderen Städte, in denen ich gelebt habe. Was blieb ihr auch übrig, denn in unserer Bevölkerung wimmelte es nur so von chemischen und genetischen Mutationen. Ich vermute, die vergiftete Luft war eine wesentliche Zutat zum menschlichen Eintopf. Und es gab jede Menge Inzucht. Die Leute hielten nichts von Ehen zwischen Cousins und Cousinen ersten Grades, aber geschlossen wurden sie trotzdem, und wenigstens einer der Jungen, die ich kannte, soll seine Schwester geschwängert haben. In meiner Grundschulklasse erkrankten drei Kinder an Leukämie und Knochenkrebs und starben daran. (Wie hoch war das Risiko?) Bevor wir uns für beträufelte Zuckerwürfel in Pappbechern anstellten, zirkulierte der Poliovirus, denn es mangelte nicht an stehenden Gewässern, und wir scheuten nicht davor zurück, nach schweren Regenfällen in Gräben herumzustapfen und nach Flusskrebsen zu suchen, und die Eier der Enzephalitis übertragenden Mücken schwammen an der Oberfläche.

Lecias beste Freundin, Caroline Foreman, hatte in einer

der berüchtigten Eisernen Lungen gelegen, von denen wir im *Life*-Magazin Fotos gesehen hatten. Ihre dünnen Beine steckten in Stützschienen, damit sie unter dem Körpergewicht nicht einknickten, und sie benutzte stählerne Krücken mit doppelten Armkörben, mit denen ich mich von Zimmer zu Zimmer schwang, wenn sie mal bei uns schlief.

Addierte man zu den Kinderlähmungsopfern die Jagdunfälle – ein Junge verlor das Bein unterhalb des Knies –, die Stürze aus größerer Höhe, die nicht genähten Platzwunden, die nicht einmal diagnostizierten Knochenbrüche, die notdürftige zahnärztliche Betreuung (Kieferorthopädie war für uns ein Fremdwort), dann ergab das unter dem Strich eine so verstümmelte, verkrüppelte, überbeißende und krumm gewachsene Bevölkerung, dass wir uns gegenseitig Knüffe und Schläge beibringen mussten, weil viele von uns auf engeren Körperkontakt nicht hoffen durften.

Noch viel verheerender als körperliche Gebrechen waren bestimmte Formen sozialer Defizite. Die Symptome waren versteckter. Gewissheit kam schleichend. Bei mir fing es damit an, dass mir meine körperlichen Makel bewusster wurden.

Natürlich fühlte ich mich nicht ständig so. Die meiste Zeit war ich erfüllt von der unbekümmerten Freude eines Mädchens, das den Schläger schwingen und Bogenbälle fangen konnte. Und die Tatsache, dass mein Vater es mir beigebracht hatte, war ein Triumph. Die meisten Mädchen bekamen ihre Väter kaum zu sehen, und meiner war so vernarrt in mich, dass manche Nachbarn schon die Nase rümpften.

Und mochte meine Mutter auch seltsam sein, sie war eine Schönheit, und ich war begeistert von ihr, aber als mein Körper immer eckiger wurde und meine Haut aufblühte wie ein Streuselkuchen, wurde ihre Schönheit zur indirekten Anklage. Sie wollte mir Mut machen, erzählte mir ständig, wie bezaubernd ich sei, aber angesichts der augenscheinlichen Realität fragte ich mich, ob sie mich überhaupt sah.

Ich erinnere mich, wie ich bei meinem ersten richtigen Pickel zu ihr an die Frisierkommode gerannt kam. Ein paar kleinere hatte ich vorher schon gehabt. Aber dieser prangte mitten auf der Stirn. Mr. O'Malley, der Leiter der Badeanstalt, der eines Tages die aussichtslose Aufgabe haben sollte, mir Algebra beizubringen, hatte mich vernehmlich darauf hingewiesen. »Da hat dich wohl der Indianer erwischt«, hatte er gerufen und mit sonnengebräuntem Ex-Jockey-Grinsen zu mir heruntergefeixt wie einer, der es gewöhnt war, dass bei seinen Siegen Federbüsche geschwenkt wurden. Zweifellos hatte jedes Kind in der Warteschlange vor dem Sprungbrett ihn gehört. Ich fasste mir mit der Hand zwischen die Augen und berührte die schmerzende Stelle, die ich noch gar nicht bemerkt hatte.

Mutter wischte sich gerade mit Creme das Make-up aus dem Gesicht, als ich damit auftauchte. Zu O'Malleys Kommentar meinte sie nur: »Der Kerl ist 'n Arschloch. Unter dem Pony sieht man ihn gar nicht.« Wie Zuckerguss glänzte die silberne Creme auf ihren Backen.

Aber im Schwimmbad waren die Ponyfransen nass gewesen und hatten am Kopf geklebt, weil Clarice und ich eine Art Wasserballett aufgeführt hatten, bei dem man den Hintern in die Höhe streckte und so weit nach unten tauchte, dass es in den Ohren zu puckern begann. Dann schoss man zurück an die Oberfläche, mit dem Kopf voran, und das Haar klebte einem am Schädel wie das Fell eines Fischotters.

»Lass mal sehen«, sagte sie. Mutter drückte mit dem Daumen auf den Rand der schmerzenden Stelle. Ihre Hände rochen nach Eukalyptus. Die Sonne sei ihm nicht gut bekommen und das viele Chlor auch nicht, meinte sie. »Er ist schon viel kleiner als gestern.«

»Der war gestern auch schon da?«, rief ich. Mir sprang der Unterkiefer aus dem Scharnier. Ich spürte, wie die schwarze Welt draußen vorm Fenster sich zu drehen begann, während ich die Bedeutung ihrer Aussage abzuschätzen versuchte. Und warum hatte Mutter es mir nicht gesagt? Wenn sie zum College loslief und der Rocksaum steckte hinten in ihrem Gürtel, dann machte ich sie doch verdammt noch mal auch darauf aufmerksam. Wofür hat man eine Familie, wenn sie einen nicht einmal daran hindert, sich auf der Straße zum Idioten zu machen? Bis man irgendwann herumgestoßen und angespuckt wird wie die arme Becky Smedley.

Während Mutter sich das Noxzema vom Gesicht tupfte, rief ich mir den gestrigen Tag ins Gedächtnis. Hatte ich Fischotter gespielt? Nein. Das spielte ich nur mit Clarice, und ihre Großmutter aus Louisiana war zu Besuch; Clarice hatte also gestern Erbsenschoten geknackt und neue Kartoffeln fürs Abendessen geschält.

Der gedankliche Eiertanz um die Kontrolle über mein öffentliches Erscheinungsbild begann im Nichts, als ich krampfhaft versuchte, mich an gestern zu erinnern. Aber langsam entfalten sich aus einem einfachen Bild Ereignisse und setzen sich zu ganzen Tagen zusammen, wenn man nur mit genügend Besorgnis über sie nachdenkt. Ich hatte einen Reiterkampf ausgefochten, ausgerechnet gegen John Cleary. Von meinem Platz auf Carol Sharps Rücken aus hatte ich mit meinen mageren Händchen John Clearys muskulöse braune Arme im Klammergriff gehalten, während Carols vom Wasser schrumpeligen Hände meine Knie festhielten. Irgendwann gegen Ende des Kampfes hatte John mir von hinten ins Haar gegriffen. Ich war lachend untergetaucht, das Chlorwasser hatte mir in den Nasengängen gebrannt. Kaum hatte ich mir diesen Augenblick vergegenwärtigt, klappte in meinem verunsicherten Selbstgefühl die nächste Falltür auf. Meine Pony-fransen waren auf die Seite gerutscht, und mitten auf meiner Stirn, direkt vor John Clearys Augen, musste dieses riesige Furunkel aufgeblüht sein. Womöglich hatte er mein Herz darin pulsieren sehen.

Solche Aufwallungen körperlicher Scham überkamen mich im Sommer vor der sechsten Klasse immer häufiger, weil meine einst so vergebliche Schwärmerei für John Cleary heftiger geworden war. Meine Souvenirsammlung – vor einem Jahr noch spärlich – füllte inzwischen jedes Abteil in meiner Schmuckkassette, der lackierte Deckel mit dem Kirschbaum ließ sich schon nicht mehr ganz schließen.

Also klappen wir ihn auf: Eine schlanke Ballerina mit pink-farbener Krinoline dreht sich vor einem rechteckigen Spiegel, der nicht größer ist als ein Päckchen Kaugummi. Obendrauf liegt John Clearys Schulfoto, etwa doppelt so groß wie eine Briefmarke. Das dichte blonde Haar hat er sich in einer wilden Tolle auf eine Seite geklatscht, ein sonderbares dreieckiges Strohdach, das jeden Moment abzuheben droht. Auf die Rückseite hat er unfeierlich, in geneigter Schrift, die ich heute noch kopieren könnte, seinen Namen geschrieben: »John Keith Cleary«. Dass jeder in Miss Boudreuxs Klasse dasselbe Bild bekommen hatte, machte es für mich nicht weniger wert-voll. Im Ringabteil liegen kleine Fetzen Seidenstoff, herausgerissen aus den Rückenpartien von Johns Smokinghemden – Fruchtringe haben wir sie genannt. Schließlich liegt da noch der grüne Infanterist, das Gewehr auf Sandsäcke gelagert, den Kolben in ewiger Erwartung der Invasion unsichtbarer Angreifer auf die Schmuckkassette an die Schulter gedrückt. Aus einem der Heere unzähliger solcher Soldaten, die John in seinem Zimmer zu Schlachtordnungen aufstellte, hatte ich ihn mir herausgepickt und in die Tasche gesteckt. Am sorgsamsten aber hütete ich die wenigen Trinkhalme aus den verschiedensten im Drugstore konsumierten Milchmixgetränken, in Bonbonfarben gestreifte Papierröhrchen, die ich mit den Lippen umschließen konnte, um John ungespürte Küsse zu geben.

Mit sechs Jahren und nicht ohne eine gewisse Raffinesse habe ich John zum ersten Mal meine Liebe erklärt: Ich bin auf der Straße vor seinem Haus auf und ab gegangen, in einem T-Shirt, auf das ich mit schwarzem Markierstift ICH LIEBE JOHN CLEARY geschrieben hatte.

Noch im selben Jahr überreichte John mir sein allererstes Liebesbriefchen. Als ich die dick linierte Seite auseinander faltete, stand dort: *Wenn du Schweinkram mit mir machst, hab ich dich ein Jahr lang gern.* Der Trick war so plump, dass ich nicht einmal beleidigt war. Obendrein hatte der Zettel schon Fettflecken und Eselsohren. Andere Hände hatten ihn vor mir geöffnet. Mit kalter, aus Verachtung geborener Wut legte ich ihm den Zettel heimlich in seine Superman-Schulbrotschachtel, wo ihn seine Mutter nach der Schule zwischen Wachspapierresten und einem abgekauten Apfelgehäuse hervorzog. Noch am selben Abend machte John mit dem Rindsledergürtel seines Vaters Bekanntschaft.

Da John ein Junge war, sah die Welt ihm solche eklatanten Rückfälle in kindliche Unreife nach, aber meistens war er richtig süß. Wenn ich auf Carol Sharp losging, weil sie mich unter dem Basketballkorb gerempelt hatte, stellte er sich dazwischen. *Sie hat's nicht so gemeint,* sagte er zu ihr und hakte sich hinter meinem Rücken bei mir ein. Der stramme Ball, von John aus Brusthöhe auf meine brennenden Hände abgeschossen, gab mir Gewissheit: Ich gehörte dazu, und überhaupt, wenn man es gleich morgens bedachte, bevor es richtig heiß wurde, waren sie eigentlich alle ganz in Ordnung.

Wir anderen in unserem Viertel waren noch ungeformt, unsere Persönlichkeiten noch nicht fest umrissen. Unsere Allianzen unterlagen einem Gezeitenwechsel, den wir weder vorhersagen noch hinterher einordnen konnten. Wir schworen bei allen Heiligen, Geheimnisse zu bewahren, und plauderten sie aus. Wir gelobten Freundinnen Treue und nutzten sie als Ziele für prall gefüllte Wassertüten. Auf John war mehr Verlass. Wenn er während des Kriegsrats beim Football einen Spielzug auf der Handfläche entwarf, drängte ich mich nach vorne, um ihm nah zu sein. Und so machten es alle.

Außerdem sah er verflucht gut aus. In die hübsche Lücke zwischen seinen Schneidezähnen konnte man das angespitzte Ende eines Bleistifts stecken. Johns blaue Augen und sein im Sommer von der Sonne fast weiß gebleichtes Haar stachen in einer Stadt, in deren Telefonbuch die Namen von Mexikanern und Cajuns überwogen, aus der vorwiegend schwarzäugigen Bevölkerung hervor. Er war blond genug für Sommersprossen und katholisch genug, um unter diesen Sommersprossen zu erröten, wenn eins der Mädchen, die ihn auf der Rollschuhbahn umschwärmten, zum Paarnachmittag einlud.

Er fand allgemeine Bewunderung, und in diesem Sommer war er auf eine Art und Weise nett zu mir, die ich als ritterlich empfand. In einem wilden Spiel, das wir Versteck-den-Schläger nannten, hatte er sogar die Grundlinie verlassen, um das räuberische »Es« (der Junge, der den Schläger schwang) von mir fortzulocken, damit ich mich unbehelligt in Sicherheit bringen konnte. Kurz davor waren unsere Blicke sich begegnet. Er hatte ein wortloses »Pass auf« zu mir herübergefunkt. Aber ich schrieb diesem Blick viel größere Bedeutung zu. Er bildete eine reißfeste Verbindung zwischen uns. Ein unsichtbarer Seidenfaden schien sich in der Sommerluft von ihm zu mir zu spinnen. Ich stellte mir vor, dass ein silberner Anker an seinem Ende – für niemand anderen zu sehen – mir in die

Brust flog, sich in mein Herz einhakte, mich für immer an ihn band. In meinen Phantasien, die sich aus den König-Artur-Sagen speisten, die ich verschlang, wurde John Cleary zum Ritter Lancelot, der meine Ehre gegen die Barbaren verteidigte. In seiner Nähe schossen mir Worte wie *Vorsehung* und *Unvergänglichkeit* durch den Kopf. Ich tuschte seinen Namen in kunstvollen Schnörkeln auf jeden Schnipsel Papier – sogar auf meine Handflächen und Fußsohlen.

So macht es die erste Liebe mit einem. Aber weil sie kaum einmal wirkliche Konsequenzen hat (wer heiratet schon seinen Schwarm aus der sechsten Klasse?), tendieren die Menschen dazu, sie klein zu machen. Sie lebt nur noch in den Klischees schlechter Countrysongs, zur Gattung verkommen, sandgestrahlt, von allen Eigenarten befreit. Unsere eigenen Besonderheiten sind in der Jugend noch nicht ausgeprägt. In mancher Hinsicht existieren wir noch gar nicht. Also machen wir uns lustig darüber, dass wir unser Herz so schnell verschenken, und geben unseren ersten Geliebten keinen Raum.

Ich glaube nicht, dass das ihrer wahren Bedeutung gerecht wird, denn erst aus einer solchen Liebe hat sich mein inneres Erleben richtig entwickelt. Ich habe gelernt, mir um sein Gesicht herum etwas vorzustellen. Vor dieser Verzauberung existieren nur die Gesichter der Eltern und anderer naher Verwandter. Sie werden uns vorgesetzt, sind in gewisser Hinsicht *wir*. Während die ersten Geliebten *andere* sind. Indem wir sie erwählen, erfinden wir uns selber.

Die Pickel-Episode zwang mich zu einer ganz neuen, schmerzhaften Wachsamkeit mir selbst gegenüber. Von jetzt an musste ich auf John Cleary vorbereitet sein. Ich musste ein Junior-High-Mädchen werden wie Lecia, die einen Jungen mit einem Blick zum Verstummen bringen konnte.

Ich brauchte unter allen Umständen einen BH; vielleicht

konnte ein BH meinen Oberkörper dazu überreden, sich Titten wachsen zu lassen. In Signonas Textilladen stand einer dieser terrassenförmigen Altäre mit Playtex-BHs, und ich schielte heimlich danach. Aber erst musste ich Daddy um Geld bitten. Und er wollte natürlich wissen, wozu ich es brauchte. Als ich es ihm sagte, grinste er. Ich erinnere mich, dass er eines Abends sagte: »Pokey, du willst einen BH, also kauf ich dir einen kleinen BH.« Wir knackten Pekannüsse, und ich musste den Nussknacker mit beiden Händen zusammendrücken, um die Nuss zu knacken, und dann spritzten die Schalen in alle Richtungen davon.

»Verdammt, Daddy, ich will nicht bloß einen BH.«

»Gib her, Pokey, lass mich das machen«, sagte er. Ein kurzer Druck auf den Nussknacker, und die Schale fiel in großen, sauberen Stücken in die Schüssel.

Ich hielt den Kopf gesenkt. Mit dem Fingernagel kratzte ich das Bittere aus den schmalen Furchen der Nuss. Was ich denn noch wolle, außer einem BH, fragte er.

Ich hatte den Satz längst im Kopf, bevor ich ihn einen langen Augenblick später aussprach: »Verdammt, Daddy, ich will Titten. Nicht bloß einen BH.«

Angesichts dieser Ungeheuerlichkeit wurden seine Augen langsam größer. »Du willst Titten?« Er warf den Kopf in den Nacken und brüllte vor Lachen, wie ein Wolf heulte er die staubige Deckenlampe an.

Ich schmetterte eine Hand voll Pekannüsse in die Schüssel und stand auf. Mutter kam herein, im Morgenrock, und cremte sich die Hände ein. »Was ist hier denn los?«, fragte sie. Sie hatte sich ein Handtuch um den Kopf gewickelt wie ein hinduistischer Mönch seinen Turban.

Ich rannte in mein Zimmer, knallte die Tür zu, dass das Fensterglas erzitterte, und warf mich zwischen die Lavendelblüten der Tagesdecke. Irgendwie ahnte ich, dass ich mich auf einem Gebiet bewegte, dessen Grenzen er nicht überschritt und nie überschreiten würde.

Die Verhaltensregeln für Mädchen kannte ich instinktiv, aber noch weigerte ich mich, den Hals in dieses Joch zu legen, weil es mich zu viele Freiheiten gekostet hätte. Eines Tages saß ich auf unserer Veranda und lutschte die langen Ohren meines Bugs-Bunny-Eises herunter bis auf eine weiße, geschmacklose Tüte, als eine Meute Jungen meines Alters auf Fahrrädern in Sicht kam. In rasanter Lässigkeit radelten sie mit nackten Oberkörpern die Straße hinunter.

Ein blonder Junge namens Corey, der Cousin von jemandem, war für die Sommerferien aus Houston zu Besuch gekommen. Er war schlank, braun gebrannt und ausdruckslos auf eine Weise, die es mir erlaubte, ihm komplexeste Gedankengänge in den Kopf zu legen. (War es Tschechow oder Tolstoi, der darüber geklagt hatte, dass wir dazu neigen, hinter »einem nichtigen kleinen Gesicht« die tiefgründigsten Persönlichkeiten zu errichten?) Seine Surfertolle hing ihm wie ein großer Flügel in die Stirn. Auf der ganzen Strecke an unserem Haus vorbei stand er stocksteif in den Pedalen wie die Galionsfigur am Bug eines Schiffs, und beim Anblick seiner gedankenlosen Schönheit regte sich so etwas wie Begehren in mir. Er hatte den zartgliedrigen Körper eines Windhundes. Vielleicht entfachte sein sausendes Tempo genug kühlenden Wind, jedenfalls schien er nicht unter der Hitze zu leiden, die mich beinah erdrückte.

Es war kein Begehren, wie ich es später kennen lernte. Noch nicht. Das kühle Feuer kreiste mehr im Bauch als zwischen den Beinen, unbestimmt und rauchgrau. Ich stellte mir nicht vor, dass mich ein Junge in den Arm nahm, nicht einmal John Cleary. Mochte Nabokovs Humbert gedacht haben, was er wollte, ich kannte kein einziges Mädchen in dem Alter, das sich allen

Ernstes danach gesehnt hätte, gebumst zu werden. Aber irgendwo in meiner Mitte brannte dieses mächtige Licht. John Cleary oder Corey oder ein anderer Junge sollte es sehen, es bewundern, aber nicht seine eigene Lust daran stillen. Wenn ich nachts die Augen schloss, stellte ich mir keine ineinander verschlungenen nackten Körper vor. Meistens mochte ich mich nicht einmal auf Küsse einlassen. Meine Phantasien hatten eher einen ritterlichen Anstrich. Ich stellte mir vor, wie John Cleary/Corey mir zum Paarlauf auf der Rollschuhbahn die Hand reichte, wie wir im Scheinwerferlicht langsam eine Runde liefen, wie sein Blick mich in den Augen derer, die an uns vorüberrollten, zu einem neuen Menschen machte.

Aber der Anblick der Fahrrad fahrenden Jungen machte mich auch neidisch. Solange ich John Cleary nicht mit femininen Reizen locken konnte, wollte ich mich derselben körperlichen Unbekümmertheit erfreuen, der Freiheiten, die mir – ich spürte es instinktiv – nach und nach aus den Händen glitten. (Ich weiß, die Psychoanalyse würde es Penisneid nennen und mir dafür eins auf die Nase geben. Soll sie. Mit leibhaftigen Schwänzen hatte ich noch nichts im Sinn. Mir ging es um Privilegien.) Jungen mussten nicht wie traurige Skulpturen allein auf der Veranda sitzen. Sie wurden, bevor die Eintönigkeit dem Tag jeglichen Schwung genommen hatte, vom Elan ihrer Kameraden aufgehoben und mitgerissen.

Ein böser Gedanke setzte sich mir hartnäckig wie ein Kieselstein in den Kopf. Ich ging in die klimatisierte Küche, um mir bei Mutter Rat zu holen. Sie schüttete gerade den Teig für ein Maisbrot aus einer Porzellanschüssel in die gusseiserne Kasserolle. Das kalte Gemisch gab in der Pfanne mit zerlassenem Speck ein lautes Zischen von sich. Auf dem Herd musste ein Topf Chili con Carne geblubbert haben wie ein Vulkan, denn wenn ich mich recht erinnere, zogen sich mir bei den Gerüchen nach angebratenem Fleisch und Kümmel und vier Sorten Pfeffer die Geschmacksknospen zusammen.

Ob Mutter fand, dass ich in meinem Alter nicht mehr ohne Hemd auf die Straße gehen durfte? Nein, das fand sie nicht.

Die Schüssel wanderte wieder auf die Anrichte, und ich wischte mir einen Zeigefinger voll des körnigen Teigs heraus (nicht süß wie das Maisbrot der Yankees, sondern deftig mit Salz und Schmalz). Es war reine Formsache, Mutter solche Fragen zu stellen, denn sie fand selten einen Grund, etwas nicht zu tun, was man sich ausgedacht hatte.

Also zog ich mir mit meinen elf Jahren das T-shirt aus, schwang mich auf mein Fahrrad mit den rosa Streifen und radelte mit nichts als roten Shorts am Körper den austernförmigen Ring der Taylor Avenue ab.

Schon als ich auf der ersten Veranda ein paar ältere Damen in einer Reihe auf Schaukelstühlen sitzen und Eistee schlürfen sah, wusste ich, dass ich einen schrecklichen Fehler gemacht hatte. Mit großen Augen schauten sie sich an, dann wieder mich, als steckten ihre Köpfe auf Stielen. Ich spürte ihre Blicke noch im Rücken, als ich schon um die Ecke war. Ein anderes Kind wäre auf kürzestem Weg zurück in die Garage gefahren. Um sich erst wieder hervorzuwagen, wenn ein schwerer Autounfall oder ein Stadtteilfest dem Klatsch andere Themen geboten hätte. Aber ich kehrte nun einmal nicht gerne um. Ich musste ja nur eine Runde um den Block fahren, dann war ich wieder zu Hause.

An der nächsten Ecke steckte Mr. Hebert bis zu den Ellenbogen im Motor seines Trucks. Sein Sohn Gerald Lee hielt ihm die vergitterte Arbeitsleuchte. Behände hob der schwere Oberkörper des Mannes sich aus den Eingeweiden des Autos. Er rief etwas ins Haus. Eine grüne Fliegentür flog auf, und Mrs. Hebert stand da, ein schockiertes Schachtelteufelchen mit Lockenwicklern, der Mund eine kugelrunde Null. Gerald legte die Leuchte aus der Hand und rannte mir nach, um andere Kinder zu alarmieren, lief quer durch Ferrells Garten, um mir den Weg abzuschneiden. Er schwang sich über den Zaun, machte einen Bogen um den angeketteten Köter und war nicht mehr zu sehen.

Das Haus der Clearys war die letzte Station meines Spießrutenlaufs. Und gleichzeitig der Höllenstrudel, aus dem das härteste Urteil mich treffen konnte. Natürlich saßen ausgerechnet heute unter der Sumpfeiche alle Frauen aus der Nachbarschaft auf niedrigen, grünen Klappstühlen, bei einer Arbeit, für die sie sich große silberne Töpfe auf den Schoß gestellt hatten. Von dort war es nur noch ein Katzensprung bis zu unserem Garten.

Ich spürte das leuchtende Weiß meiner Brust, die seit meinem dritten oder vierten Lebensjahr völlig unberührt von Sonnenstrahlen geblieben war – ganz anders als die schlanken, sonnengebräunten Oberkörper der Jungen. Leuchtend weißes Fleisch kündete wie ein Fanal von meinem Fehler.

Mrs. Sharp streckte ein dünnes Ärmchen aus und berührte Mrs. Clearys Ellenbogen. Ich segelte gerade vorbei, als Mrs. Clearys Hände vor den Mund flogen. Hinter dem Zaun kam Gerald Lee mit seinen Schlachtenbummlern angerannt, eine Schar kleiner Bürschchen mit frechen Gesichtern, die sich nicht scheuten, mit Fingern auf meine halb nackte Wenigkeit zu zeigen und lauthals loszugrölen. Jemand rief meinen Namen. Das Fahrrad fiel ins Gras, und mit ihm ein Teil von mir, während ich in zwei Sätzen die fünf Stufen zur Veranda hinaufflog.

3

Mutter war verschwunden, und ich starrte zur hinteren Fliegentür hinaus ihrer Abwesenheit nach. Dunstschwaden geisterten an den Backsteinen des Innenhofs hinauf und verwandelten die rostigen, nie benutzten Gartenmöbel in Skelette. Mutters Aktzeichenklasse vom örtlichen College war schon vor Stunden gegangen. Jetzt versuchte ich sie mir vorzustellen, irgendwo da draußen in dem Spinnennetz von Straßen um unsere Wohnschachtel herum.

Vielleicht stand ihr Verschwinden im Zusammenhang mit dem Streit, mit dem meine Eltern mich letztes Wochenende in aller Herrgottsfrühe geweckt hatten. Schon lange war es nicht mehr so laut zwischen ihnen zugegangen, man mochte kaum glauben, dass es wirklich ihre Stimmen waren. Ganz verdattert war ich aus dem Bett geglitten und auf Zehenspitzen ins Esszimmer geschlichen, hatte mich an dem nur in Umrissen sichtbaren Bücherregal festgehalten.

Mutter hatte gesagt: »Es muss ja nicht gleich so sein wie bei Grandpa, um eine Nachfrage zu rechtfertigen. Immerhin ist das *I Ching*...« Sie hielt im Satz inne, als hätte sie es sich anders überlegt. »Ach, leck mich doch am Arsch«, sagte sie schließlich und schoss von unten, etwa aus Hüfthöhe, beide Mittelfinger auf ihn ab.

Daddy sah sie an. »Du weißt, im Staate Texas ist ein ›Leck mich am Arsch‹ gleichbedeutend mit ›Hau mir eine rein‹.«

75

Sie schob den Unterkiefer nach vorn. »Nur zu! Mach's doch. Hau mir doch eine rein, du unkultivierter Drecksack.« Doch stattdessen nahm Daddy seinen Autoschlüssel und sagte, sie sei es nicht wert.

Als ich zu meiner Schwester unter die Decke schlüpfte, knirschten die Räder seines Trucks über den Kies. »Bist du die ganze Zeit wach gewesen?«, fragte ich sie.

»Wer kann bei dem Krach schlafen? Meine Fresse. Der dritte Weltkrieg«, sagte sie. Mutter knallte die Schlafzimmertür. Der Kompressor der Klimaanlage sprang an, und das Verandalicht strahlte wie ein Leuchtfeuer, das einem fernen Schiff den Weg in den Hafen weist.

»Hast du manchmal Angst, Mutter könnte wieder zu trinken anfangen?«, fragte ich nach einer Weile.

»Die ist bis oben hin abgefüllt mit Pillen, die braucht keinen Alkohol.« Tatsächlich war ihr Nachttisch ein Wald von Arznei-röhrchen, und so manches Verfallsdatum reichte zurück bis in Kennedys Amtszeit. Das Motorengeräusch von Daddys Truck war längst in der Ferne verhallt, aber ich lauschte weiter in die Stille hinein. Die Klimaanlage tuckerte wie ein kaputter Diesel. Im hinteren Schlafzimmer legte Mutter Mozarts *Requiem* auf. »Toll«, sagte Lecia. »Totenmusik. Wiegenlied für eine be-schissene Nacht.«

Wir lagen da und lauschten himmlischen Engelschören, bis bombastische Marschklänge sie ablösten – die Höllenhunde brachen los, um Mr. Mozart in sein Grab zu hetzen.

»Wo Daddy wohl immer hingeht?«, fragte ich nach einer Weile. »Ich meine, um die Zeit hat doch nichts mehr offen. Der Schnapsladen hat zu. Der Veteranenclub hat zu. Du kannst ja nicht mal mehr tanken.«

»Wer weiß das schon?«, sagte Lecia, und ich antwortete, Mutter wird's wissen. »Mutter weiß einen Dreck«, sagte Lecia mit Überzeugung. Bis dahin hatte ich immer geglaubt, dass Mutter Daddy deckte, was seine geheimnisvollen Ausflüge betraf.

»Hast du sie mal gefragt?« Ich hegte noch einen Funken Hoffnung, Lecia könnte nur vermuten, dass Mutter es nicht wusste.

»Und ob. Sie sagt, wenn er wollte, dass sie es weiß, würde er es uns erzählen, und sonst würde er eben einfach lügen.« Inzwischen zeigten die roten Ziffern auf dem Leuchtwecker Mitternacht an, und Lecia atmete tief und regelmäßig.

Daddy war so weit fort damals, er war nicht einmal da, wenn er anwesend war. Wo ich mich im Haus breit machte, huschte er nur durch. Kürzlich hatte ich mal auf ihn gewartet. Als es spät wurde, holte ich mir ein Kopfkissen und wickelte mich in eine Wolldecke. Kaum lag mein Kopf so weich gebettet, war ich auch schon eingeschlafen. Einen Augenblick später hob Daddy mich von meinem Lager.

»Du stinkst nach Tennessee-Whiskey«, sagte ich. »Wo warst du?«

»Unterwegs«, erwiderte er. Ich schmiegte mich an seine Brust, spürte die kalten Druckknöpfe seines Hemds. Im ganzen Haus war es dunkel. Unser Spiegelbild geisterte über glänzende Fensterscheiben. Ich fragte, wie spät es war, und er sagte: »Höchste Zeit, deinen kleinen Hintern ins Bett zu legen. Morgen ist Schule.« Ich rollte aus seinen Armen, plumpste wie ein Mehlsack auf die Matratze. »Du bist groß geworden, Pokey«, stellte er fest. Ich fragte ihn, wann ich wohl zu alt wäre, um von ihm auf den Arm genommen zu werden, und er sagte, nicht solange er auf zwei Beinen stehen könne.

Erst eine Woche war seitdem vergangen, und jetzt wartete ich wieder hinter derselben Tür, starrte in dieselbe Dunkelheit hinaus, doch diesmal hielt ich Ausschau nach Mutter. Die

Hölle, das ist die Eintönigkeit, hat mal jemand gesagt, und dieser Hinterhof blieb immer gleich. Hier herrschte Ödnis. Außer einer gelegentlichen Kakerlake regte sich nichts, es sei denn der Wind raschelte durch die Blätter.

Die Siamkatze rieb sich die Schnauze an meinem Knöchel. Ich stieß die Fliegentür auf, und sie schlängelte sich hinaus. Bei dem Geräusch musste Daddy hochgeschreckt sein, denn ich hörte am Ende des schmalen Flurs sein Bett knarren. »Bist du das, Joe?«, fragte er, meinte Mutter, und es schwang ein Anflug von Freude in seiner Stimme mit, den außer ihr niemand hervorlocken konnte. Nachdem ich gesagt hatte, dass ich es bin, schwieg er. Ich blieb bestimmt eine Minute lang in seiner Tür stehen, bevor ich ihn fragte, ob er wach genug für eine Partie Rommé sei. Seine Silhouette sank zurück auf das Laken. »Geh wieder ins Bett, Pokey«, sagte er. »Sie kommt sicher bald.«

Sein schwarzes Haar auf dem weißen Kopfkissen sah aus wie ein Krähenflügel. Vor den Fenstern schwebten zwei Scheinwerfer vorbei. Ich erkannte sein Vogelprofil – der in die Ferne blickende Indianer auf den alten Fünfcentstücken. (Wir haben nie herausgefunden, von welchem Stamm seine Mutter war.) Keine Krise, und mochte sie noch so entsetzlich sein, konnte Vater den Schlaf rauben, schon gar nicht, wenn er zwei Doppelschichten in der Raffinerie hinter sich hatte. Ich stand vor Mutters Seite des Ehebetts. Er schlug immer noch nicht die Augen auf.

»Und wenn sie tot ist?«, fragte ich.

»Dann bleibt sie tot«, sagte er. »Dann ist sie morgen früh auch noch tot.« Dazu faltete er die Hände vor der Brust, als wäre er selber ein Leichnam. (Als ich in späteren Jahren ein Gedicht von Bill Knott las, sah ich ihn wieder in dieser Haltung vor mir: »So werden sie mir die Hände hinlegen / Es wird aussehen, als wollte ich in mich hineinfliegen.«)

»Ihr passiert schon nichts«, sagte Daddy schließlich. Ich war mir da nicht so sicher. Auf ihrem Nachttisch klebten noch die Ränder vieler Gläser Wodka, Monde in verschiedenen Stadien der Verdunklung, die sich auf dem lackiertem Holz überlagerten. In einem von ihnen funkelte etwas, ein Zehncentstück, wie ich zuerst meinte.

Doch dann hielt ich einen Ring zwischen Daumen und Zeigefinger, den Platinring mit dem Saphirstern, den Daddy ihr zu Weihnachten in einer Schachtel aus Samt überreicht hatte. Noch Monate nach ihrer Rückkehr von einer Kurzehe mit unserem Stiefvater hatte sie am Ende jedes Einkaufsbummels mit Lecia und mir einen Abstecher zum Juwelierladen gemacht und verliebte Blicke auf diesen Ring geworfen. Der moosige, dunkelblaue Stein, geschliffen zu einem sechszackigen Stern, der wie aus den Tiefen des Ozeans auf der ovalen Oberfläche aufzutauchen scheint, hatte Daddy einen ganzen Monatslohn gekostet. Am Weihnachtsmorgen hatte Mutter den Deckel der Schachtel aufspringen lassen und geseufzt, als sei ihr eine schwere Last von der Seele genommen. Sie hatte geschworen, sich nicht von diesem Ring zu trennen, bis dass der Tod sie scheide, und es war kein gutes Zeichen, dass sie ihn vom Finger gezogen hatte.

Damit Daddy ihn nicht sah, versteckte ich ihn im Standaschenbecher – einem bronzenen Wikingerschiff, das über den Rand der Welt zu segeln schien – unter einem Päckchen Zigaretten.

Mutter hatte nach ihrer ersten Rückkehr zu Daddy und uns eine Stelle angenommen, bei der sie mechanische Zeichnungen für Reparaturanleitungen anfertigen musste, Explosionsdiagramme von Geschirrspülmaschinen, Außenbordmotoren oder Zauberstäben, und jedes dieser aufgeschraubten Geräte schwebte in einer lavendelfarbenen Wolke. Manchmal, in Augenblicken der Angst, kam ich mir auf ähnliche Weise zusammengeschraubt vor. Je realer die Bedrohung ihrer Abwesenheit wurde, desto stärker wurde das Gefühl, dass alle Schrauben und Muttern, die mich zusammenhielten, sich zu lösen begannen.

»Ich fahre im Buchladen am College vorbei«, hatte sie am Nachmittag gesagt, die Schlüssel schon in der Hand. »Braucht jemand etwas?« Lecia bestellte sich eins ihrer Kriminalmagazine. Mit vierzehn war sie alt genug für solche Wünsche.

Da es grundsätzlich nicht auszuschließen war, dass ich Mutter vertrieben hatte, ließ ich den Vormittag im Waschsalon Revue passieren. Während sie riesige Flächen nasser Laken in den Trockner stopfte, spielte ich am Flipper. Unter mir klingelten Glocken und blitzten Lichter. Die silberne Kugel flitzte im Zickzack, fiel in Löcher, sprang heraus, flog wie ein Geschoss nach oben, wenn ich sie im richtigen Sekundenbruchteil traf, prallte entweder zwischen Kontakten hin und her und rüttelte unverdiente Punkte zusammen oder rollte glücklos durch die Lücke zwischen den vergeblich gestreckten Flippern. Die gewünschte Punktzahl schaffte ich nie. Die Blondine auf der Glasscheibe mit ihren Wassermelonentitten blickte mit einem mir höhnisch erscheinenden Lächeln auf den mechanischen Parcours meines Scheiterns herunter. Hinter mir lief eine Reihe Waschmaschinen. In dem Trockner an der Wand klapperten die Druckknöpfe meiner Jeans. Der Geruch nach gebleichter Baumwolle lag in der Luft.

Mutter stand am großen Schaufenster und blickte auf Leechfields menschenleere Hauptstraße hinaus. Über der schwarzen Caprihose trug sie eins von Daddys riesengroßen weißen Hemden, von dem sie einfach die Ärmel abgetrennt hatte. Ihre Füße steckten in braunen schlammverkrusteten Cowboystiefeln mit schiefen Absätzen.

»Was meinst du, wie weit müssen wir fahren, um etwas Provolone zu ergattern?«, fragte sie. »Ich fürchte, ganz bis Houston.« Sie ging an den Resopaltisch und fing an, Daddys Banlon-Socken zu sortieren. Mir fiel nicht gleich ein, was Provolone war.

»Du erinnerst dich doch an diese langen Sandwiches, die wir in Colorado immer gekauft haben«, sagte sie. »Gleich gegenüber vom Hotel.« (Ich erinnerte mich.) »Ich meine den weißen Käse, den sie da reingelegt haben, dünn wie Papier.« Sie spähte durch das große rote O des Wortes WASCHSALON hinaus auf die Straße und sagte: »Ich würde sterben für ein Stück Provolone.«

Mir hatte der Käse nicht besonders geschmeckt, und ich sagte es ihr.

»Und ob er dir geschmeckt hat.« Sie ließ das rosa Laken sinken, das sie sich wie einen Schleier vors Gesicht gehalten hatte. Ich fummelte gerade in einem kühlen Geldrückgabefach nach eventuell vergessenen Münzen. Auf einmal wurden die vielen Geldrückgabefächer zur Verheißung, und es standen immerhin zwei Reihen Waschmaschinen dort.

Sie sagte: »In dem Scheißkaff hier kriegst du keinen Käse außer Velveta.« Sie beugte sich über den Tisch, um nach den Ecken des Lakens zu greifen, und ich konnte durch die ausgefransten Ärmellöcher ihren BH sehen. So etwas störte Mutter nicht im Geringsten.

»Parmesan«, fiel mir schließlich ein. »Bei Speir's kriegt man welchen. Von *Chef Boy-Ar-Dee*. Steht gleich neben dem Pizza-Mix.«

»In der Dose«, sagte sie. »Und das ist *parmigiano* – dieser steinharte Käse, den sie in Rädern anliefern und den du nur mit der Axt zerkleinern kannst. Der ist zum Reiben. Das Zeug, das man in der Dose kriegt, schmeckt wie Fußpuder.« Das Auto des Sheriffs rollte die Straße hinunter. Ich blickte auf Mutters

81

muskulöse Arme, die aus dem fransigen Ärmelloch schauten, in dem immer noch ihr Playtex Cross-Your-Heart zu sehen war – und eine halbe karamellfarbene Brustwarze.

»Wann hast du das letzte Mal Fußpuder gegessen?«, fragte ich.

»Du würdest noch die Rinde vom Baum nagen, weißt du das?«, sagte sie.

»Nein, mal ganz ehrlich, seit wann bist du Expertin für den Geschmack von Fußpuder?«

»Das schmeckt so wie es riecht. Jetzt komm mir bloß nicht philosophisch«, sagte sie. Sie suchte auf der Fensterbank zwischen den Zetteln mit Gebrauchtwagenangeboten nach Streichhölzern. Eine nicht angezündete Salem hing ihr von der Unterlippe.

Als sie in derselben Nacht verschwand, fragte ich mich, ob ihr Vormittag besser gewesen wäre und ich jetzt nicht in die Leere starren müsste, die ihr Verschwinden hinterlassen hatte, wenn ich ihr geholfen hätte, Daddys Banlon-Socken zu sortieren oder nach Wisk duftende Handtücher zusammenzulegen oder wenn ich mit ihr zusammen auf Käse in Dosen geschimpft hätte, statt seine völlig ungewissen Vorzüge zu preisen. Aber ich hatte nun mal geheime Gelüste nach dem Käse, über den Mutter sich entrüstete. Geschmolzener Velveta mit klein gehackten Jalapeños ließ sich wunderbar auf Toastscheiben schmieren, ein herrlich knuspriger, salziger und zugleich pfeffriger Genuss. Mutters Zorn auf Velveta spiegelte ihren Zorn auf Leechfield im Allgemeinen und auf Daddy im Besonderen, und der hatte sie schon ein Jahr zuvor dazu gebracht, von uns fortzulaufen.

Der Flecken Himmel zwischen unserem Seifenbaum und dem Garagendach hatte sich gedreht, der Bogenschütze, den Daddy aus den Punkten der Sterne zusammensetzte, hatte seinen Bogen für diese Nacht zurückgezogen. Daddy konnte das Sternbild des Orion noch so oft mit dem Zeigefinger nachzeichnen, ich erkannte es nicht. Meine Augen sahen nur eine formlose Wolke aus Schrotkugeln. Und in meinem Denken gab es da oben hinter dem schwarzen Zeltstoff keinen Gott, der die Dinge lenkte. Von solcherlei Illusionen war ich längst kuriert. Statt auf einen bärtigen Riesen im Himmel, der die Nagelköpfe der Sterne zurechtschob, richtete ich meinen fragilen Glauben lieber auf die Kraft des menschlichen Willens.

An dieser Stelle kam Lecia ins Spiel. Mit ihren vierzehn Jahren war sie Fleisch gewordener Wille. Wenn ich etwas bewunderte in dieser Zeit, dann war es ihre mit allen Wassern gewaschene Intelligenz. Sie würde Mutter finden, wenn ich es nicht konnte.

Es war drei Uhr morgens, als ich mich über ihre schlafende, kurvenreiche Gestalt beugte, ihr gekrümmter Körper unter der Chenille-Decke erinnerte an die Königstochter in dem Film *Dornröschen*. Zu allem Überfluss warfen die Geißblattzweige vor unseren Fenstern auch noch verschlungene Schatten auf die lavendelfarbene Schlafdecke, wie die Dornenranken, die der Prinz auf der Leinwand durchschlagen musste, nachdem die böse Königin sich in einen schuppigen, Flammenblitze speienden Drachen verwandelt hatte. *Lecia*, sagte ich. Mit einem Wort bekam ich sie natürlich nicht wach. Sie hatte es gelernt, fest zu schlafen, wie Daddy. Ich setzte mich auf die Matratze, und ihre zusammengerollte Gestalt neigte sich um zehn Grad näher an mich heran.

Ich legte ihr die Hand auf die Schulter. Und obwohl sie sonst wie eine Tote schlief, musste sie ihr Gehirn wohl auf Empfang gestellt haben, denn sie schoss hoch und war gleich mit Verwünschungen bei der Hand: *Was denn, verfluchte Scheiße! Was ist los?* Etwa in dem Tonfall.

Der Vorschlag, dass wir losfahren und Mutter suchen sollten, kam von ihr. Sie nahm Daddys Autoschlüssel vom Haken neben dem Kühlschrank, dann schlichen wir auf bloßen Füßen zurück in unser Zimmer, um die Jalousie aufzuhaken und leise hinauszuklettern.

Über das Betreten und Verlassen eines dunklen Hauses durch ein Fenster ließe sich vieles erzählen. Es ist eine Art Heimlichkeit, die im Erwachsenenleben nur noch wenige Äquivalente findet. Vielleicht verschafft einem ein Einbruch vergleichbaren Nervenkitzel oder Ehebruch. Aber nur wer jemals mit seinen Kinderdaumen die Aluminiumlatten einer Jalousie aus ihren Schienen gehoben hat, kennt die echte anarchische Freude am Ausreißen. Der Machtbereich deiner Eltern hat definitive Grenzen, die sich überschreiten lassen.

Der untere Teil des Fliegengitters ließ sich nach außen klappen. Wir lagen auf dem Bauch und blickten zum Nachbarhaus hinüber. Peggy Lawrence saß am braunen Klavier ihrer Eltern und klimperte eine Filmmelodie, die von Bergen handelte, in denen überall Musik erklang. Auf der Fensterbank zerfielen ein paar graue Mottenkörper zu Staub. Ich drehte mich um, streckte die Füße zuerst durch den Spalt und schlängelte mich rückwärts hinaus. Die Fensterbank scheuerte an meinem Bauch, aber schließlich stand ich im knöcheltiefen feuchten Gras, meinem eigenen Zimmer entwachsen wie ein Dieb. Lecia landete neben mir, zerklatschte eine Mücke auf ihrer Wade und lief auf das erleuchtete Fenster zu. Peggys Freund wendete mit langen Fingern ein Notenblatt. Peggys Hintern im weiten Rock ihres blauen Ginankleids nahm beinahe die ganze Bank ein. Die beiden seien der lebende Beweis, dass sich für jedes hässliche Mädchen ein Mann findet, flüsterte ich. Das sei mein Glück, gab Lecia mir zurück.

Der Kühlergrill des Pick-up-Trucks in der dunklen Garage erinnerte an gefletschte Fangzähne. Ich hatte zwei Lexika und *Sämtliche Werke von William Shakespeare* in einem Band in ein Kopfkissen gesteckt, um sie Lecia hinter das Gesäß zu stopfen, damit sie die Fußpedale besser erreichte. Daddy stellte sich schrecklich an mit seinem Truck, und es wäre ihm womöglich aufgefallen, wenn der Sitz im falschen Nut gesessen hätte. Und da er auch den Kilometerzähler peinlich genau überwachte, um jederzeit mit dem sparsamem Verbrauch seines Gefährts prahlen zu können, hatte ich mir einen Schraubenzieher in die Gesäßtasche gesteckt. Damit wollte ich das Glas über dem Armaturenbrett abschrauben, um die Ziffern zurückdrehen zu können.

Die Fahrertür knarrte so laut, dass wir vor Schreck herumhüpften und mit den Armen schlugen. Lecia zeigte mir den Mittelfinger, und ich zischte sie an. Danach blieben wir volle drei Minuten regungslos stehen und lauschten in die Stille. Anscheinend hatte Daddy durchgeschnarcht, denn es knirschten keine Schritte über den Kiesweg.

Ich musste den Truck rückwärts aus der Garage lenken, während Lecia sich gegen die vordere Stoßstange stemmte und schob. Ich stopfte mir das Kopfkissen mit den Büchern in den Rücken und erreichte die Kupplung so gerade eben mit den Zehenspitzen. Der Schaltknüppel sprang in Leerlaufstellung – *der Querstrich eines H's*, hatte Daddy mir erklärt. Im Rückspiegel fixierte ich die Taylor Avenue, die größer und größer aus dem rechteckigen Spiegel rollte, während sich Lecia gegen die Motorhaube stemmte. Ein heftiger Stoß, einmal scharf einschlagen, und der Wagen rollte auf der abschüssigen Straße schneller als ich dachte. »Auf die Bremse treten«, rief Lecia mir mit Flüsterstimme zu. Schließlich kam der Wagen zum Stehen, das eine Hinterrad keinen halben Meter vor einem heimtückischen Graben.

Ein niedriger Nebel lag über der Straße. Unsere Scheinwerfer tauchten hinein, während wir von Gang zu Gang hoppelten.

»Ich bin schon sanfter gefahren worden«, sagte ich.

»Kannst ja aussteigen und zu Fuß gehen«, entgegnete sie.

In schmollendem Schweigen passierten wir ein paar Seitenstraßen. Stoppschilder ragten auf, und wir tasteten uns vorsichtig an die leeren Kreuzungen heran. An der Fina-Tankstelle schoss in einem langen purpurroten Neonschild ein psychedelischer Blitz nach unten – Zong! James Browns Schnapsladen hatte längst zu, aber auf dem Parkplatz stand ein rundes, kürbisförmiges Vehikel, dessen bernsteinfarbene Parkleuchten brannten und aus dessen Heckfenster zwei sockenlose, in Turnschuhen steckende Füße ragten. Es war Adam Phaelens Auto, neben dem wir auf dem Schotter aus Austernschalen mit knirschenden Reifen ausrollten.

Er schreckte blinzelnd hoch, mit erhobenen Händen, als wären wir Polizisten. Ich sprang aus dem Wagen, vorgeblich, um nach Mutter zu fragen. In Wahrheit aber, weil er sich das blassblaue Hemd aufgeknöpft hatte und ich mir den schmalen Streifen lockiger Behaarung auf seiner ansonsten glatten braunen Brust näher ansehen wollte, denn Adam Phaelen war mein Elvis. Er trug auf Leechfields ansonsten grauen Boulevards eines der hübschesten Gesichter der Christenheit vor sich her. Er hatte schwarzes Lockenhaar und porzellanblaue Augen, die lustige Fältchen bekamen, wenn er sein Ich-weiß-was-von-dir-das-niemand-wissen-darf-Grinsen grinste. Bei seinen raren Auftritten bei einem Footballmatch oder im städtischen Schwimmbad ließ ich es mir nicht nehmen, mich durch den Schwarm junger Mädchen zu drängen, von denen er ständig umkreist wurde. Als Eau de Cologne legte er English Leather auf. Ich hatte ihn das Fläschchen mit dem hölzernen Stöpsel mal aus dem Handschuhfach nehmen sehen.

Dieser silbrige Duft wehte mir jetzt aus dem kürbisförmigen Gefährt entgegen. Adam blinzelte mich an, nahm die Hände vom Gesicht, verharrte einen Moment, um einen Blick auf Lecia zu werfen, die hinter dem Lenkrad von Daddys tuckerndem Truck sitzen geblieben war.

»He, du Floh, was sucht ihr um diese Zeit auf der Straße?«, fragte er. Ich sagte es ihm, während er aus der grün-weißen Packung in seiner Brusttasche eine Kool fingerte. »Du kriegst die Krätze«, sagte er. »Die letzte. Ihr raucht ja nicht, oder?« Ich schüttelte den Kopf und dachte ernsthaft darüber nach, damit anzufangen. Auf die absurde Hoffnung hin, dass Adam Phaelen mich mal um eine Kool anhauen und ich mit elegantem Schwung eine hervorzaubern könnte.

Natürlich hatte er Mutter nicht gesehen. Er war mit ein paar Freunden bei einer zwei Tage dauernden Pokerpartie versackt und konnte sich dunkel erinnern, losgefahren zu sein, um Glimmstängel zu kaufen. Wie er auf den Parkplatz des verrammelten Schnapsladens gekommen war, wusste er nicht mehr. Er beugte sich über den Fahrersitz und dachte laut darüber nach, welches gottverfluchte Arschloch mit seinen Autoschlüsseln durchgebrannt sein mochte. »Sorry, Baby«, entschuldigte er sich für den Fluch. Beim Wort »Baby« flossen sämtliche Moleküle meines Körpers zu ihm hinüber, aber er lag schon wieder auf dem Rücken, sagte, daran sei nun auch nichts mehr zu ändern, und wollte sich bis zum Morgen, wenn seine Mutter aufgestanden wäre, noch mal lang machen. Ich stand da und sah zu, wie seine schweren Augenlider mich langsam ausblendeten und die feinsehnigen Füße in den Turnschuhen ihren Platz im offenen Fenster wieder einnahmen.

Zurück im Truck fühlte sich mein Körper noch sanft erleuchtet von dem kurzen Abstecher in Adams Nähe an. Ich stellte mir Adam vor, wie er im himmelblauen Smoking auf dem Betonfußboden unserer Veranda stand, in der Hand eine durchsichtige Plastikschachtel mit einer Orchidee von der Größe meines Kopfes. Und ich stand hinter der Tür, im raschelnden schwarzen Taftkleid, ein Diamantcollier um den Hals, das Haar in die phantastischsten Formen gesprüht.

In der rauen Wirklichkeit aber lenkte Lecia uns auf den Highway, der zu Mutters College führte. Straßenlaternen zerhackten die Nacht in rhythmisches Stakkato, helle Flecken flackerten Lecia übers Gesicht. Sie hatte die Stirn in Falten gelegt und den Unterkiefer nach vorn geschoben.

»Findest du Adam Phaelen hübsch?«, fragte ich sie schließlich.

»Der und hübsch«, sagte sie halb abwesend. »Ausgerechnet.«

Seine vollen Lippen gingen mir nicht aus dem Sinn. Nachts im Bett küsste ich den Ballen unter meinem Daumen. So übte ich für den echten Kuss, den Adam Phaelen mir zweifellos geben würde, wenn er den Kopf mal aus seiner Eau-de-Cologne-Wolke steckte und die innere Schönheit erblickte, die mir nach Mutters Überzeugung aus den feuchten braunen Augen leuchtete.

Über einer Kreuzung schwankte eine rote Ampel im Wind. Lecia ließ den Wagen ohne Ruck ausrollen und schaltete herunter in den ersten Gang. »Warum, zum Henker, hängen die in einer Stadt ohne Autos so viele Verkehrsampeln auf?«, sagte sie.

»Hier gibt es genug Autos«, antwortete ich, »aber nicht nachts, wenn es dunkel ist.« Ich tastete mich vorsichtig an die große, alles entscheidende Frage heran. Die Ampel sprang auf Grün, und Lecia rollte in die Kreuzung. Langsam hatte sie den Dreh raus.

Ich nahm meinen Mut zusammen. »Würdest du sie Adam Phaelen opfern?«

»Wovon redest du?«

»Du weißt genau, wovon ich rede. Ob du sie für Adam Phaelen opfern würdest«, sagte ich.

»Du spinnst ja«, rief sie. Ich schaute auf ihr sanftes Profil im Licht der Armaturen, die riesige Kuppel des schwarzen Haarnetzes blähte ihren Kopf über die Maßen auf.

»Heißt das ja oder nein?«

»Du sollst aufhören zu spinnen, heißt das. Also wirklich! Adam Phaelen ist einundzwanzig.«

Er war sogar schon zweiundzwanzig. Ich war ihm an seinem Geburtstag zufällig bei einem Football-Spiel über den Weg gelaufen, als ich mal pinkeln gehen musste. Er stolperte unter der Tribüne herum, im schwarzen Gabardine-Anzug, die Krawatte lose um den Hals. Aus der scharlachroten Weste zog er einen Flachmann mit Cherry Brandy. An seinem Hals über dem Hemdkragen prangte ein Knutschfleck von der Größe eines halben Dollars. *Kleine Schwester,* hatte er mich genannt, und der Klang seiner rauen Stimme ließ die Sterne erzittern.

»Dazu braucht man einen Jungen mit Erfahrung«, sagte ich schließlich. »Sonst tun sie dir weh.«

»Weh tun sie dir in jedem Fall«, sagte Lecia. »Beim ersten Mal sowieso. Mit oder ohne Erfahrung.«

Ich hatte Lecia und Nickie Babin nachts durch den Heizungsschacht dabei belauscht, wie sie sich über die Mysterien der Entjungferung unterhielten. So redeten sie darüber. Etwas, das einem gehört, wird einem geraubt, etwas Wertvolles wird zerstört. Man bekommt es nicht zurück. Und als Folge stürzt dein Marktwert als weibliche Einheit in den Keller. (Solche Gespräche legten eine kratzige Schicht über meine eigenen hauchzarten sexuellen Gedanken, denn seit einem Abend vor langer Zeit fürchtete ich um den Zustand meiner eigenen Unschuld.) Durch die Windschutzscheibe von Daddys Truck sah ich eine Telefonleitung in tiefem Bogen zwischen zwei Masten baumeln.

»Ich kann dich beruhigen«, sagte Lecia. »Adam Phaelen würde dich nicht mal mit einem Gummischwanz bumsen.« Dann fragte sie: »Warum redest du so ein Zeug?«

»Ich mach mir Gedanken«, sagte ich. Wir hielten ruckartig vor dem Brathähnchen-Imbiss. Ein armes Neonhühnchen musste hier die ganze Nacht hindurch seine Runden drehen. Warum schalteten sie das Ding nicht aus, wenn sie das GESCHLOSSEN-Schild an die Glastür hängten?

»Hör bloß auf«, sagte Lecia. »Das fehlt noch, dass du deine Unschuld verlierst.«

»Eigentlich hab ich eher an dich gedacht«, sagte ich.

»Ich bin doch nicht wahnsinnig. Und schon gar nicht an einen Typen wie Adam Phaelen. O Mann! Wer hat dir bloß ins Hirn geschissen?«

»Man fragt sich halt. Das ist unsere Natur, sagt Mutter.«

»Sagt Mutter, sagt Mutter«, äffte sie mich nach. Und fügte nach längerem Schweigen hinzu: »Werd endlich erwachsen. Du kommst bald in die Junior High, Himmelarsch.«

Danach mussten wir meist schweigend gefahren sein. Die graue Straße flog uns in Segmenten aus den Nebelschwaden entgegen. Schleier legten sich über unsere Windschutzscheibe und wurden zerrissen. Aber nirgends sahen wir Mutters gelben Kombi am Straßenrand stehen. Als wir den Parkplatz des College erreichten, stand dort kein einziges Auto.

Während der Fahrt hatte sich das anfängliche Entsetzen über Mutters Verschwinden ein wenig gelegt. Vielleicht hatte es an der feuchten Luft gelegen oder an der Begegnung mit Adam Phaelen. Aber als der Truck leise in die Garage zurückrollte (Lecia hatte den Motor und die Scheinwerfer ausgestellt), kam die Angst umso heftiger zurück. (»Wie ein Stich in eine Stichwunde«, hat der Dichter Thomas Lux geschrieben.)

Lecia schien weniger besorgt als der ganzen Aktion überdrüssig zu sein. Ihre Hände formten einen soliden Steigbügel, von dem aus ich unseren Fensterspalt erreichte, dann stemmte sie das Kopfkissen mit den Büchern hinauf. Erst als ich wieder klimatisierte Luft atmete, aus der Geißblatt, Glyzinien und gelb blühender Jasmin herausgefiltert waren, wurde mir klar, wie gut die Nacht gerochen hatte. Das Haus roch nach Schimmel und dem Schweiß meiner Schwester. Sie schlief auf der Stelle ein. Ich saß mit Daddys Taschenlampe im Bett und blätterte in den Shakespeare-Sonetten nach welchen zum Auswendiglernen.

Als ich klein war, hatten sie das Buch als Notsitz für mich verwendet, damit ich den Sperrholztisch erreichte. Der Einband war aus verblichenem marineblauem Leinen und hatte einen großen Wasserflecken auf der Vorderseite. Pappe spähte durch die Ecken. Bei jedem Stück Sprache, das ich daraus gelernt hatte, war Mutter in andächtigem Zuhören versunken – ein seltener Zustand bei ihr. Mit einem Bettlaken über der Schulter und einem Lorbeerkranz aus gebogenem Blumendraht hatte ich einen schauderhaften Marcus Antonius abgegeben.

Ich balancierte das Buch auf dem Schambein und klemmte mir die Taschenlampe unters Kinn. Zuerst konnte ich nicht richtig lesen, weil ich immer wieder an Mutter dachte. Aber das bloße Gewicht erfüllte mich auf wunderbare Weise mit Trost. Ich blätterte in den Dünndruckseiten und sah mir nur die Bilder an. Ich fand ein Trio wundersamer Schwestern über einen Kessel gebeugt. Ich fand einen Zwerg mit Froschgesicht.

Die Reiche waren mit Ungeheuern bevölkert, und trotzdem ging ein wundersamer Trost von ihnen aus. In den Wäldern und Burgen und auf den Schlachtfeldern schienen verlässliche Verhaltensregeln vorzuherrschen, Bestimmungen, nach denen jedermann sich richtete. Bis auf Könige, Königinnen und Adelsleute schien jeder an seinem Platz zu bleiben.

Ehe ich mich's versah, blätterte ich langsamer, begann mit einer blinden Suche, durchsuchte Absatz für Absatz mit der gebannten Aufmerksamkeit des Zauberers über einem Buch mit Zaubersprüchen. Ich suchte Zugang zu diesen Domänen, eine Sprache, um zu sagen, was ich nicht sagen konnte.

Ich weiß nicht, ob ich in dieser Nacht oder in einer anderen auf den Monolog aus *König Richard II.* stieß. Ich weiß nur, dass diese Entdeckung mich über die Klippen in einen richtiggehenden Flug hineinsegeln ließ:

> *… von Troste rede niemand,*
> *Von Gräbern sprecht, von Würmern, Leichensteinen!*
> *Macht zum Papier den Staub, und auf den Busen*
> *Der Erde schreib' ein feuchtes Auge Jammer.*

Zweifellos eine dunkle Passage. Aber in meiner magischen Gedankenwelt diente der Pessimismus als Schutzwall gegen Katastrophen. Du musst dir nur das Allerschlimmste vorstellen, dann trifft es schon nicht ein.

Ich las die Passage immer wieder, legte die Hand über die Verse und überprüfte Zeile für Zeile, was ich behalten hatte. Neben mir sägte mein Schwesterherz die metaphorischen Zahnstocher. Im Zimmer am Ende des Flurs war mein Cowboy-Daddy nicht weniger frei von Gedanken. Nur ich war wach, denn ich war auf dem Weg, eine Weltmeisterin in Schlaflosigkeit zu werden, eine Schwarzseherin – die Zieloptik auf Kummer eingestellt, wie eine Freundin es später einmal nannte.

4

Schlaftrunken, mit verklebten Augen kam ich aus dem Bett, und Mutter saß seelenruhig am Sperrholztisch, über einen Skizzenblock gebeugt, den Kohlestift in ihrer Hand schräg über die raue Oberfläche des Papiers geneigt. Sie streckte mir die Arme entgegen, hüllte mich in ihre Wärme und besänftigte die trommelnde Angst, mit der ich erwacht war.

Daddy schlurfte in der Küche hin und her, packte sein Essgeschirr und die Thermoskanne für die Kantine zusammen, während Mutter mir und Lecia die Kurzversion der nächtlichen Ereignisse erzählte – ein Mann hatte sie auf der Wendeschleife an der Schnellstraße überfallen und in ihrem eigenen Auto entführt. Ich habe nie ganz verstanden, warum Daddy bestimmte Geschichten nur in verkürzter Form zu hören bekam, aber als wir alle schweigend am Tisch saßen, bis er uns zum Abschied geküsst und die Autoschlüssel vom Haken genommen hatte, wusste ich, dass die vollständige Version nicht lange auf sich warten lassen würde. Sobald der Motor ansprang, langte Mutter nach ihren Zigaretten, und es sprudelte aus ihr hervor.

»Er ist plötzlich aus dem Graben aufgetaucht«, sagte sie. Sie hatte auf der Wendeschleife gestanden, den vorüberfahrenden Scheinwerfern zugesehen, als die Wagentür aufgerissen worden war und er sie niedergedrückt hatte. Er hatte ihr sein fettes Knie in den Unterleib gestemmt und ihr so hart ins Gesicht geschlagen, dass der esslöffelgroße blaue Fleck auf dem

93

linken Wangenknochen noch zu sehen war. Darüber war eine kleine, halbmondförmige Stelle, von der Mutter behauptete, dass sie genau zu dem Hufeisenring passte, den er getragen hatte. (Daddy hätte einen Kerl mit so einem Ring als Protz bezeichnet.) Dann hatte der Mann ihr die mit Blümchen bedruckte Bluse aufgerissen und ihr als Zugabe noch einmal ins Gesicht geschlagen.

Das alles war kaum vorstellbar, und Mutters unterkühlter, gleichgültiger Tonfall ließ es nicht gerade glaubhafter klingen. Sie blickte unbeteiligt wie eine Schildkröte, als wäre hinter ihren Regenbogenhäuten ein Rollo heruntergelassen worden. Die ganze Geschichte kam so emotionslos herüber wie eine Buchrezension.

Ich zog die Knie an und spannte das T-Shirt darüber. Durch den gedehnten Halsausschnitt sah ich meine tittenlose Brust. Ungehindert ging der Blick bis zum elastischen Bund meiner Unterhose. Schnell setzte ich die nackten Füße wieder auf das kühle Linoleum.

»Er hat mir die Hände um den Hals gelegt«, sagte Mutter. Ihre kräftigen Finger gingen zum Hals. Die Kette aus roten Druckstellen sah eher nach Knutschflecken als nach Fingerabdrücken aus.

»Ich hätte wahnsinnige Angst gehabt«, sagte Lecia in ihrem Erwachsenentonfall, vertraulich, aber gelassen. (Überhaupt redete Mutter mit ihr immer öfter wie mit einer gleichaltrigen Schwester, und genauso antwortete Lecia ihr.)

»Ich hab mich mit Händen und Klauen gewehrt«, sagte sie. »Er hatte so ein feistes Pausbackengesicht. Sehr deutsch, irgendwie. Sein fetter Bierbauch hat mir die Luft abgedrückt. ›Ich mag es, wenn ihr euch wehrt‹, hat er gesagt.« Mutter schaute zur Seite, als wartete sie auf den Einspruch eines unsichtbaren Zuschauers.

Er hatte sie zur Seite gestoßen und war hinters Lenkrad gerutscht. Dutch hatte er sich genannt. Auf dem rechten Unterarm prangte die Tätowierung eines Zahnrads mit großen, kantigen Zähnen. Dutch war eine Plaudertasche. Er konnte gar nicht aufhören, sich über all die hübschen Dinge auszulassen, die er mit Mutter anstellen wollte.

»Was, zum Beispiel?«, fragte ich. Zur offenen Hintertür kam der Lärm eines Sommergewitters herein. Alle Pflanzen tanzten im Regen und glänzten.

»Na, was wohl?«, sagte Lecia. Aber ich war scharf auf morbide Einzelheiten, das musste an den *Sergeant-Rock*-Comics liegen, die ich nachts unter der Bettdecke las und in denen es von zerschundenen, verstümmelten und – wie der Sergeant es ausdrückte – in Fetzen gerissenen Soldaten nur so wimmelte.

»Sei nicht so blöd«, sagte Lecia. Ein Blitz ließ den Hinterhof in sämtlichen Dschungelfarben erstrahlen, bevor er wieder im Regen ergraute. Lecia stand auf einem Bein wie ein Kranich, den freien Fuß auf das andere Knie gelegt.

»Er hat gesagt, bei ihm sei schon manche Frau tot im Graben liegen geblieben«, sagte Mutter. Draußen donnerte es, und ich spürte, wie meine Stirn diesen Gedanken festhielt – *Frauen tot im Graben.*

»Ich wäre rausgesprungen«, sagte ich. »Aus dem Auto gesprungen, abgerollt und weggerannt.« Der Auftritt eines Batgirls, und ich vollführte ihn in meiner Phantasie mit katzengleicher Eleganz, das Cape flatterte hinter mir im Wind, als ich den Highway entlang auf die Limousine zueilte, die ich dort hingezaubert hatte.

»Quatsch«, sagte Lecia. Sie zog eine noch nicht angerissene Rolle Salzcracker hervor und fragte, ob jemand einen wollte. Niemand wollte einen.

»Er fuhr auf der Überholspur, sonst hätte ich es gemacht«, sagte Mutter.

Lecia riss das Wachspapier auf und fing an, die ganze Rolle Cracker in eine Steingutschale zu krümeln.

»Ich wusste ja, was er wollte«, sagte Mutter. »Eine ›turbogeile Fickmaschine‹ hat er sich genannt. Das war sein Ausdruck.« Lecia schüttete Buttermilch auf das Gekrümel und zermatschte es mit einem Löffel.

Bis zu diesem Augenblick hatte ich den sexuellen Charakter des Überfalls ausgeblendet. Ich hatte die Geschichte als Bericht über einen geistesgestörten Killer gehört. Das Verlangen, meiner Mutter die Luft abzudrehen, erschien mir akzeptabler als die Vorstellung, dass so ein fettes Schwein sie vergewaltigen wollte.

Wieder flammte ein Blitz auf. »Das war knapp«, sagte Lecia. Sie zählte laut, um herauszubekommen, ob das Gewitter näher kam oder sich entfernte. *Eins Mississippi, zwei Mississippi...*

Ich fragte Mutter, warum sie dem Kerl nicht einfach in die Eier getreten hatte. Die allseits empfohlene Vorgehensweise bei Vergewaltigungen. Mit dem Knie eins auf den Punkt. Gesehen hatte ich so etwas noch nicht, aber bei einem Baseball-Spiel der Nachwuchsliga hatte mal jemand einen scharf geschlagenen Ball in den Unterleib bekommen und sich wie ein Wurm am Boden gewunden.

»Wie hätte ich an seine Eier rankommen sollen?«, sagte Mutter. »Ich hab mir vor Angst in die Hose gemacht. Was der alles mit mir anstellen wollte.« Schließlich hatte sie ihm vorgemacht, sie wäre scharf auf ihn, und er hatte es ihr abgekauft.

Das war vielleicht der haarigste Teil der ganzen Geschichte. Wie überzeugt man einen Mann, der sich Zahnräder auf die Arme tätowieren lässt, davon, dass man scharf auf ihn ist, nachdem er einem die Bluse zerrissen und den Mund blutig geschlagen hat? Mutter machte eine Handbewegung, als wollte sie ein Insekt verscheuchen. »Er war nicht gerade eine Leuchte«, sagte sie. Sie hatte ihn aufgefordert, beim Schnapsladen anzuhalten, sie habe noch ein paar Dollar für eine Flasche im Geldbeutel. Als er anhielt, sprang sie aus dem Wagen und fing an zu schreien, und er rannte in der anderen Richtung davon, auf die Reisfelder zu. Der Mann im Schnapsladen schnappte sich seine Schrotflinte und lief ihm nach. Mutter brachte sich hinterm Tresen in Sicherheit, und die Frau des Schnapshändlers rief die Polizei an.

Dutch musste ganz schön flink gewesen sein für so einen Fettsack. Der Schnapshändler hatte die Waffe noch nicht geschultert, da sah er Dutchs Gestalt auf der anderen Seite des Stacheldrahts über eine der Eindämmungen des Reisfelds krabbeln. Wie eine Kakerlake, hatte der Schnapshändler gesagt. So weit war er schon gelaufen.

Durch das Fenster sah ich das knotige Geißblatt und die breiten Blätter der Bananenpflanze, besprenkelt mit dicken Regentropfen. Ein wolkenbruchartiger Regen war vom Golf hereingeweht, um alle Blätter der Welt zum Tanzen zu bringen. Es war beunruhigend. Unser Haus hatte kein richtiges Fundament. Wie alle Häuser, die ich kannte, wurde es bei Hochwasser lediglich von vier stämmigen Säulen aus Backsteinen auf Abstand zum morastigen Untergrund gehalten. Wahrscheinlich zitterten die Stützpfeiler nicht wirklich bei jedem Donnerschlag, aber ich habe es so in Erinnerung: Fensterscheiben ratterten in ihren Füllungen, und die Asbestverkleidungen, die alles zusammenhielten, fingen an zu zittern.

»Zum Glück haben sie ihn geschnappt«, sagte Mutter. Auf ihrem Gesicht lag das entrückte Halblächeln einer gerade eben Verstorbenen. (Im Nachhinein frage ich mich, ob Mutter vielleicht doch noch unter Schock stand, auch wenn solche plumpen Täuschungen zu ihrem Standardrepertoire gehörten.)

»Jetzt kann unser kleines Busenwunder nachts wieder ruhig schlafen«, sagte Lecia. Sie ließ keine Gelegenheit zu Seitenhieben auf meine Überängstlichkeit und meine Flachbrüstigkeit aus. Ich bat sie, die Klappe zu halten. »Konnte er dich bei der Gegenüberstellung sehen?«, fragte Lecia, denn in den vielen Folgen von *Polizeibericht*, die wir gesehen hatten, mussten die Verdächtigen sich vor blendenden Scheinwerfern aufstellen, wenn das Opfer, in einen Teich von Dunkelheit getaucht, unter Tränen mit dem Finger auf sie zeigte.

»Das war nicht wie im Fernsehen«, sagte Mutter. »Eine richtige Gegenüberstellung haben sie gar nicht gemacht.« Sie hatte in irgendeinem pfefferminzfarbenen Büro gesessen und Pulverkaffee aus Styroporbechern getrunken. Dann war Dutch von einem Polizisten hereingeführt worden, ohne Handschellen.

»Er war grauenhaft zugerichtet«, sagte Mutter. »Als hätten sie ihn mit dem Reifenheber bearbeitet. Das Komische war, dass er sich die ganze Zeit bemühte, gelangweilt in die Gegend zu gucken. Als wäre er ganz woanders.« Ihre Mundwinkel zuckten nach unten, bildeten zwei Klammern. »Ich könnte schwören, dass er verlegen war«, sagte Mutter. »Wie ein kleiner Junge, wenn er zum Tanzen aufgefordert wird.«

»Daddy hätte ihn noch ganz anders zugerichtet«, sagte Lecia. Und es stimmte, nach Barschlägereien bluteten Daddy höchstens mal die Knöchel, wenn er wieder einem armen Teufel die Zähne eingeschlagen hatte.

»Mein Gott, wenn Pete ihn in die Finger gekriegt hätte«, sagte Mutter. Ihr Kopf wackelte hin und her, dann neigte er sich, als hätte ein neuer Gedanke ihn aus dem Gleichgewicht gebracht. Sie sagte: »Wenn es eine von euch beiden gewesen wäre, hätten ihm nicht einmal mehr die Cops helfen können.«

Diese letzte Bemerkung erschien mir seltsam, denn während Lecia mit ihrer Figur in der Öffentlichkeit ständig Blicke auf sich zog, war der Gedanke, ich könnte sexuelles Interesse wecken – und sei es in einem abartigen Typen wie Dutch – vollkommen neu. Eine solche Möglichkeit stieß die Tür zu Lecias und Mutters geheimnisvoller Kumpanei ein Stück weit auf. So gesehen war es eine Art pervertierter Schmeichelei und ein echter Aufstieg zur Weiblichkeit, wenn man es wert war, vergewaltigt zu werden. Es hatte fast einen verqueren Reiz.

Aber noch ein anderes Bild stellte sich ein. Meine gefürchtete, lang verstorbene Großmutter hatte mich einmal zur Samstagsmatinee ins Kino gebracht und mir warnend mit auf den Weg gegeben, mir bloß nicht von fremden Männern unter den Rock fassen zu lassen. *Warum sollte jemand das tun?* hatte ich mich gefragt. Ich war damals sechs oder sieben. Die Vorstellung, eine versaute Männerhand könnte sich in der Nähe meiner Unterhose solche Freiheiten nehmen, ängstigte mich. Den ganzen Film über (*Schrei, wenn der Tingler kommt*) hatte ich stocksteif dagesessen, den Rock straff unter den Po gesteckt. Ich war nicht ein einziges Mal von meinem Platz aufgestanden, nicht, um pinkeln zu gehen und auch nicht, als ein Popcorn nach dem anderen mich am Hinterkopf traf.

Mutter nahm ihr Päckchen Salem zur Hand. Der nächste Donnerschlag. Diesmal flackerten die Lampen. Für einen Augenblick stand sie im zitternden Licht, dann sagte sie, wir sollten in Zukunft auf der Straße die Augen offen halten. Damit legte sie die Episode zu den Akten, ging den Flur entlang in ihr Bett, wo sie, wie ich vermutete, tagelang wach liegen und Valium mit Fresca herunterspülen würde. Mir sollte es recht sein. So lange ich sie innerhalb der Koordinaten unseres Hauses wusste, war ich zufrieden.

TEIL ZWEI

*

Auf halbem Weg

War das möglich, dass sie dort dort waren und nicht von Alpträumen gequält wurden? Nein, nicht möglich, un- wahrscheinlich, ich weiß, ich war nicht der Einzige. Wo sind sie jetzt? (Wo bin ich jetzt?) Ich stand ihnen so nahe, wie ich konnte, ohne wirklich einer von ihnen zu sein, und dann trat ich so weit zurück, wie ich konnte, ohne den Planeten zu verlassen.

Michael Herr *Dispatches*

Lieben, wenn es keine Hoffnung mehr gibt: nur das ist Liebe.

Eine neue Radiosonde starten, wenn zehn schon heruntergefallen sind, zweihundert Kaninchen vornehmen, wenn hundert schon draufgegangen sind: nur das ist Wissenschaft.

Ihr fragt nach dem Geheimnis. Es hat nur einen Namen: Nochmals.

Miroslav Holub, *Ode an die Freude*

5

Ich hocke in der Astgabel von diesem kratzigen Scheißbaum, und meine Füße baumeln schon so lange herunter, dass sie sich wie Betonklötze anfühlen. Raufgeklettert bin ich, um John Cleary unter den Massen von Feuerwerkszuschauern zu entdecken, die seit dem Sonnenuntergang im Park eintrudeln. Sie kommen zu Fuß, beladen mit gestreiften Liegestühlen und Kühltaschen und Körben mit Stricksachen. Sie breiten Decken über das stachlige Gras, damit die Babys sich nicht an Disteln stechen und zu brüllen anfangen. Ich suche das Gewimmel mit Blicken ab und finde so ziemlich jeden meiner Mitbürger außer John Cleary.

Endlich entdecke ich im Meer der Köpfe seine Stoppelfrisur, weiß gebleicht zu einem platten, ausgefransten Glorienschein. Er sitzt auf dem Bananensattel seines Fahrrads, einen Fuß auf den Boden gestützt, und wartet auf den Moskitowagen, dem er mit seinen Freunden hinterherfahren will. Es gibt einen Cowboysong von Geisterreitern, die mit staubbedeckten Gesichtern über die Wolken reiten. Der fällt mir ein, als ich John Cleary mit pumpenden Oberschenkeln, tief über den Motorradlenker gebeugt, hinter dem Wagen herstrampeln sehe.

John Cleary ist mein Huckleberry, würde Daddy sagen (wobei John noch nichts weiß von seinem Glück). Ich kann mich so vertiefen in seinen Anblick, dass ich alles andere vergesse.

Weshalb es auf einmal dunkel um mich herum geworden ist und ich immer noch hier oben sitze und meine Füße wie wild pochen und sich so schwer anfühlen wie die Elefantenfüße im Lehrbuch der medizinischen Anomalien, für das ich mich manchmal hinter das NUR-FÜR-ERWACHSENE-Schild schleiche, wenn der Bibliotheksaufseher im Treppenhaus eine Zigarette rauchen geht.

John Cleary ist längst wieder in der Menge untergetaucht, genau wie Clarice, die heute bei uns übernachtet.

Erst als die letzten Funken verglüht sind, die Leute ihre Wolldecken einsammeln und die Liegestühle zusammenklappen, sehe ich die beiden drüben beim Karussell, mit Bobbie Stuart und Davie Ray Hawks. Sie kauern um einen Flecken Dreck herum, lassen die Arme zwischen den Knien baumeln wie die Eingeborenen auf den Fotos im *National Geographic*. Vielleicht hat jemand eine von diesen Aschenraupen angezündet, die es in Moaks Feuerwerksladen draußen an der Hogaboom Road zu kaufen gibt. Ich kaufe keine Feuerwerkskörper, aber nachts spreche ich oft »Hogaboom Road« vor mich hin, um auszuprobieren, wie schnell ich es sagen kann, ohne mich zu verheddern: *Hogaboom Road Hogaboom Road Hogaboom Road.*

Clarice macht nie so etwas, und wenn sie bei uns schläft und mich in mich hineinmurmeln hört, dreht sie sich um, stützt sich auf den Ellenbogen auf und sagt mir ins Gesicht: »Deshalb finden dich alle so sonderbar. Nicht wegen deiner Mutter oder wegen Pete oder wegen den Nackten an euren Wänden oder weil deine Eltern geschieden waren und wieder zusammen sind. Sondern weil du mit dir selber redest wie eine Wüstenmaus, statt einfach zu schlafen.« Dabei könnte ich ihretwegen Hogaboom Road vor mich hin brabbeln, bis in der Früh der Kaffeekessel pfeift. »Du bist mir ein Rätsel«, sagt sie gern, schüttelt den Kopf und zieht missbilligend einen Mundwinkel nach unten. Aber sie sieht mich an, als müsste man sich um mich Gedanken machen, und nie lacht sie über meine Witze.

John und Bobbie fechten mit Wunderkerzen, Ausfall und Parade, während Davie Ray Hawks, der Schwachkopf, seine Wunderkerze mit einem »Punk« anzünden will, so einem kleinen braunen Strohhalm mit einem Stück Kohle an der Spitze, mit dem man vielleicht die Lunte von einem Kanonenschlag anstecken kann, aber ganz bestimmt keine Wunderkerze. Ich habe die Nase so voll davon, noch länger mit meinen Meinungen hinterm Berg halten zu müssen, dass ich zu ihnen herüberbrülle, und sie kommen vom Rand der Wiese herbeigelaufen, ein flinkes Rudel.

Clarice stemmt die Hände in die Hüften, als ob ich etwas angestellt hätte. »Da versteckst du dich also«, sagt sie.

»Helft mir mal hier runter«, sage ich. »Mir sind die Beine eingeschlafen.«

»Warum sollten wir?«, fragt Davie Ray Hawks. Er ist der Einzige, der sich die Ponyfransen in die Stirn hängen lässt wie ein Surfer.

»Weil wir dich dann in unseren Club aufnehmen«, sage ich.

»Was denn für 'n Club?«, will Bobbie wissen. Seine Wunderkerze hatte einen feuchten Fleck und ist zischend erloschen, und jetzt hält er einen gebogenen Silberdraht in der Hand wie eine Blume mit ausgezupften Blütenblättern.

»Ein Sex-Club«, rutscht es Clarice heraus. Die Jungen kriegen einen Kicheranfall und schlagen sich gegenseitig auf die Schultern.

Nur Davie Ray Hawks zweifelt. »Ihr habt doch nie und nimmer einen Sex-Club.«

»Nicht gegründet«, erklärt Clarice, »aber wir sind in einem drin. Das geht von der Junior High aus.« Ich warte nur darauf, dass sie losprustet, aber die Jungen glauben ihr offensichtlich jedes Wort.

John tut so, als sei er in seine Wunderkerze vertieft, aber wenn er ein Hund wäre, hätte er die Ohren aufgestellt. Er fragt: »Wer macht sonst noch mit bei dem Club?«

Clarice nennt Larry Miller, den Bademeister, dem wir im Schwimmbad immer von unten in die Shorts zu gucken versuchen. Ich will, dass sie die Klappe hält, weil ich im Schwimmbad stundenlang neben seinem Hochsitz herumturne, und wenn diese Pisspottschwenker erst mal seinen Namen durch den Dreck ziehen, redet er womöglich nicht mehr mit mir.

»Nie und nimmer!«, sagt Davie Ray mit mehr Nachdruck als nötig. »Der ist bei einer Studentenverbindung. Meine Cousine Janie war mal mit ihm Tanzen.«

»Der wird sich gerade mit euch abgeben«, meint Bobbie.

»Behauptet ja keiner«, sagt Clarice. »Das ist streng nach Klassen getrennt.«

»Jetzt helft mir hier endlich runter«, sage ich schließlich, denn was Clarice da unten anleiert, das will ich auf keinen Fall hier oben auf meinem Ast versäumen. John und Bobbie kommen unter den Baum und strecken mir ihre Arme entgegen. Ich schiebe mir die Handballen unter den Hintern und lasse mich vorsichtig herunter, bis jeder der beiden ein Bein zu fassen kriegt. Zuerst komme ich mir vor wie eine Prinzessin, der von zwei Pagen aus der Kutsche geholfen wird. Doch als ihre Hände meine Schenkel umfassen, durchfährt es mich wie ein Stromschlag. Das Gefühl schießt mir bis hoch unter die Rippen, wo es sich festsetzt und gegen mein wild klopfendes Herz drängt.

Es ist seltsam. Wir kennen uns, seit wir als Babys mit nackten Ärschen im selben Becken geplanscht haben. Wir haben uns gegenseitig an Seilen auf Baumhäuser gezogen, uns bei Reiterkämpfen huckepack getragen und in den Schwitzkasten genommen. Aber dies ist eine andere Berührung. Diese kräftigen Hände an meinen Beinen erschrecken mich auf einmal. Ganz plötzlich sind die beiden Jungen anders als ich.

Sie müssen es auch gespürt haben, denn sie lassen praktisch gleichzeitig los, als hätten sie an einen Elektrozaun gefasst. Sie treten zurück, blicken in verschiedene Richtungen, als sei nichts geschehen.

Clarice erklärt gerade die einzelnen Stufen des Sex-Clubs und dass in unserer Stufe französische Küsse und langsames Tanzen geübt werden. Davie Ray Hawks behauptet, längst zu wissen, wie Zungenküsse gehen; ich höre das Wort zum ersten Mal, und irgendwie beschreibt es mir die Sache zu drastisch. Mir schießt ein Bild von früher durch den Kopf, eine Zeichnung, die ich beschriften und mit Buntstiften ausmalen musste – Speiseröhre und Nebenhöhlen und Mandeln, die in einem hohlen Mann herumschwammen, dessen Existenz einzig und allein den Zweck hatte, Kindern Körperteile zu erklären, auf die sie viel lieber heimliche Blicke werfen würden. So wie auch ich Clarices Bruder neuerdings gerne dabei zusehe, wie er seine Freundin Peg auf der Couch vor dem Fernseher französisch küsst, wenn sie denken, wir schlafen. Spätestens bei Sendeschluss haben sie die Münder eindeutig offen. Nur kann ich nicht erkennen, ob ihre Zungen da drinnen die ganze Zeit zugange sind und aneinander herumschlecken oder ob einfach nur ihre Lippen aufeinander liegen und sich nur hin und wieder ihre Zungenspitzen berühren.

Kein Sex-Club ohne Initiationsriten, ein Thema, das uns alle fasziniert. Clarice und ich stecken die Köpfe zusammen und lassen uns ein paar hübsche Tests einfallen, die es zu bestehen gilt, bevor man mit Clarice und mir das Küssen üben darf. Hier ein paar Beispiele:

1. Schütte dir Feuerzeugbenzin auf die Hand und halte ein Streichholz dran.

2. Schmiere einen Kanonenschlag mit Erdnusscreme voll, klebe ein paar Luftgewehrkugeln darauf und wirf das Ganze angezündet in den Briefkasten an der Main Street, um zu sehen, ob das Ding in die Luft fliegt.

3. Lege Direktor Briggs, dem Leiter der Junior-High-School, eine Scheißbombe (vollgeschissene Papiertüte) vor die Haustür. Zünde die Tüte mit einem Streichholz an und versteck dich im Graben, während er das Ding auszutreten versucht.

4. Verbinde Davie Ray Hawks die Augen und mach ihm weis, er würde seinen Finger in einen Arsch schieben, dabei ist es in Wirklichkeit in eine Suppendose gestopftes nasses Brot.

Wir stehen am Feldrand, schlagen Mücken tot und wissen nicht wohin mit uns. Von überall her, von anderen Wiesen, aus anderen Vierteln, hört man das scharfe Krachen von Feuerwerkskörpern wie entferntes Gewehrfeuer. Kinder toben durch die Gegend, und Huey Ladette wird von seiner Mama hereingerufen, weil es verdammt noch mal spät ist und sie ihm den Arsch aufreißt, wenn er nicht endlich kommt.

Irgendwie landen wir nach einigem ziellosen Herumschlendern vor unserer Garage. Ich weiß, wo der Schlüssel für das Vorhängeschloss an der Tür zu Mutters Atelier ist. Wir machen kein Licht, aus Angst, meine Eltern könnten aus dem Fenster schauen und misstrauisch werden. Etwas wird geschehen, und wir wissen es und tun immer noch so, als wären wir füreinander nichts anderes als Schatten in den Farbdünsten des Ateliers. Wenn ich die Augen zumache, glaube ich die Bergkiefern spüren zu können, die diesen Duft ausströmen. Die Luft hängt schwer wie Gaze zwischen uns. Draußen haben Myriaden von Grillen zu zirpen begonnen, jede mit ihrem eigenen Sopran. Die Kröten antworten mit ihrem Alt, und sie sind schlechter als jeder Chor, in dem ich je gesungen habe, nimmt man die Harmonielehre zum Maß. Aber irgendwie passt es doch zusammen, es ist eine Art Flickenteppich aus Klängen, und die Knallkörper machen *puff, puff, puff,* und die Raketen in den Flaschen stoßen einen Funkenregen aus und zischen los.

Als meine Augen sich an die Dunkelheit gewöhnt haben, erkenne ich Johns Bürstenschnitt. Er steht vor einer Leinwand, die in einen Flecken Mondlicht ragt, ein alter Akt, den Mutter nie gerahmt hat. »Seht euch das an!«, sagt er. Schuhsohlen schlurfen, als Bobbie und Davie Ray und Clarice sich vor dem Bild versammeln.

»Jetzt guck sich einer diese Titten an«, sagt Davie Ray, und wir flüstern ihm zu, dass er verdammt noch mal die Klappe halten soll.

»Mann, das sind vielleicht zwei Scheinwerfer«, flüstert Bobbie.

»Ich wette, Lecia hat dafür Modell gestanden«, sagt Davie Ray, und die Jungen kichern leise. Der unausgesprochene Vergleich mit meinem flachen, wie mit elastischer Binde umwickelten Brustkorb sticht wie eine Nadel.

»Ihr seid eklig«, sagt Clarice, und John sagt: »Das ist doch ihre Schwester, ihr Idioten.« Worauf er, damit bloß keiner auf den Gedanken kommt, er wäre ein Arschkriecher oder zu sehr auf Seiten der Mädchen, an einer der gemalten Brüste herumfummelt und »kille, kille, kille« sagt.

Jemand stellt irgendwelche Regeln für einen Küsswettbewerb

auf, aber im Prinzip küssen Clarice und ich je einen der Jungen, und einer muss aussetzen. Dann wird gewechselt. Wenn es nach mir ginge, könnte Davie Ray Hawks gleich abhauen, und ich würde John küssen und Clarice Bobbie. Aber der Sinn des Spiels ist es ja, unter standardisierten Bedingungen herauszubekommen, wie jeder Einzelne küsst, und so hat jeder Einzelne denselben Wert, auch wenn die Meinungen, wenn es ums Küssen geht, ziemlich weit auseinander gehen. Nur wenn man die Ausgangslage auf diese Weise nivelliert, wird der Kuss als Tätigkeit möglich.

Zuerst küsse ich Bobbie, und er klammert sich an meinen Ellenbogen fest, als hätte er Angst, wir könnten uns wie Brummkreisel durch das Dunkel drehen. Seine Lippen sind spröde und trocken wie Pergament und schmecken süß. Dann kommt das Kommando zum Wechseln und schon hat Davie Ray Hawks mich am Wickel. Seine Lippen sind fleischig und nass. Er legt mir eine Hand in den Nacken und beugt sich über mich. Aber nicht so, als wollte er mit mir tanzen, und als er mich richtig weit nach hinten gebogen hat, drückt etwas, und es kann nur sein Schwanz sein, hart wie ein Schraubenschlüssel gegen mein Bein. Die bloße Tatsache ekelt mich und überhaupt wird das Ganze mir zu grob und zu schlüpfrig.

»Wechseln«, sagt Bobbies Stimme, und als John Cleary mich an sich heranzieht, wogt eine Welle durch mich, und ich weiß nicht, von wo sie kommt.

Ich halte den Atem an, um bloß nichts falsch zu machen. Mir fällt der Hot Dog mit Senf ein, den ich vorhin gegessen habe, und am liebsten würde ich mich losreißen, aus dem Atelier rennen, die Hintertreppe hinauf ins Badezimmer, um mir die Zähne zu putzen, den Mund zu spülen, auszuspucken, mit Lecias Odol nachzuspülen und mich wie ein Dschinn zurück in Johns Arme zu blinzeln.

Natürlich tue ich nichts dergleichen. Ich halte den Atem an und zähle wie bei einem Gewitter: *eins Mississippi, zwei Mississippi*.

Im Fernsehen gibt es einen Werbespot für ein dickflüssiges grünes Shampoo, in das sie eine Perle fallen lassen, um zu zeigen, wie reichhaltig und dickflüssig es ist, und sie versinkt ganz, ganz langsam in diesem zähen grünen Glibber. Nach diesem Shampoo riecht John. Es heißt Prell. Alles gemähte Gras dieser Welt haben sie in eine Flasche Prell gestopft. Und die Zeit, auf die wir uns zubewegen, ist die langsam versinkende Unterwasser-Shampoo-Zeit. John hält sich nicht an meinen Ellenbogen fest, als hätte er Angst, mir zu nah zu kommen. Er bildet mit den Armen einen Käfig, in den ich ohne Umstände eintrete (ein Fohlen im Korral, denke ich). Er neigt den Kopf, und sein Atem riecht nach Juicy Fruit, als er mich fragt: »Ist es okay für dich, wenn ich dich küsse?« Bevor ich Ja sagen kann, klicken unsere Zähne kurz gegeneinander, und er bläst mir seinen Juicy-Fruit-Atem direkt in die Nase, während unsere Lippen sich näher kommen und sich weich aneinander fügen.

Johns Zunge ist nicht hart und spitz wie die von Davie Ray oder gar nicht vorhanden wie Bobbies. Behutsam, wie um die Wassertemperatur zu prüfen, teilt sie meine Lippen. Ich begreife schnell, dass meine Zunge nicht einfach nur daliegen, sich tot stellen oder sich zurückziehen kann. Ganz vorsichtig, um nicht so zu stochern wie Davie Ray bei mir, tastet sie sich vor. Ich schmecke das kupfrige Fleisch seiner weichen Zunge. Mir stockt wieder der Atem. Und ich hebe die Hände, stemme sie flach gegen seine Brust, weil ein Teil von mir befürchtet, in ihm zu versinken, wenn er mich nicht gleich loslässt. Auf der Brusttasche seines Hemds senkt ein gesticktes Seepferdchen den Kopf und rollt den Schwanz ein – das vollkommene Abbild meiner plötzlichen Scheu. Auch Johns Herz schlägt jetzt heftiger durch den Baumwollstoff.

Ich will mich zwingen, wieder normal zu atmen, aber der Atem kommt stoßweise und ruckartig. Ich spüre den Schmutz in meiner Armbeuge, die Falten an meinem Hals, und am Rückgrat entlang läuft mir ein dicker Schweißtropfen ins Kreuz. Johns Hände auf meinem Rücken fangen an zu zittern, und ich will ihn mit der Zunge vor dem Zittern bewahren, und es ist, als würden wir voneinander trinken.

Plötzlich verstehe ich vieles, was ich vorher nicht verstanden habe. Was es mit den Wellen und den Querströmungen auf sich hat und wohin die Quallen treiben und warum Flüsse in den Golf fließen. Ich verstehe, warum der Stechrochen in *Abenteuer unter Wasser* schwänzelt und warum der Hai so feste Vordermuskeln hat. Und obwohl ich in der Kirche nicht stiller sein könnte als in der plüschigen Wärme von John Clearys Mund, fängt mein ganzer Körper zu schnurren an. Ich lasse mich von ihm einatmen und sein Atem schmeckt nach Holzasche.

Draußen klappt eine Fliegentür. Vielleicht lassen sie den Kater raus. Die Tür klickt leise ins Schloss zurück. Das hört sich nach Daddy an. In der Ferne heult eine Flaschenrakete, schleudert ihren Funkenregen über ein Feld. Dann ist es still.

Erst als Schritte über den Kies knirschen, bekommen wir es mit der Angst. Alle fahren auseinander, formen Worte mit den Mündern, die ich nicht verstehen kann. Clarice klemmt die Beine zusammen, als müsste sie pinkeln. Sie schlägt mit den Händen wie ein Vogel, der sich aus dem Sturzflug hochreißen will. Davie Ray Hawks schleicht zum Vorhang hinüber und späht hinaus. Als er sich wieder umdreht, in einem Flecken Mondlicht, quellen seine Augen aus den Höhlen, und er streckt die Hände von sich, ein Bild wie aus *Frankenstein*, der

112

Moment, als dem Monster der Blitz in den Kopf schießt. Daddy kommt barfuß den Kiesweg neben der Garage entlang, immer näher, dann quietscht die Tür auf der anderen Seite des Ateliers in ihren rostigen Angeln.

Mehr als einmal hat er gedroht, jeden, der es wagt, mich oder Lecia anzurühren, mit dem Rasiermesser zu massakrieren. Der Tatbestand des Anrührens war zweifellos erfüllt. Auf das Messer würde er bei den Jungen vielleicht verzichten, aber auf eine ordentliche Abreibung dürften sie sich gefasst machen. Aber was ist eine Abreibung gegen den Sturzbach der Scham, der auf mich herniederprasselt bei dem Gedanken, er könnte dahinter kommen, dass ich mit Jungen im Dunkeln herumstehe und mir ihre Zungen in den Mund stecken lasse? Das ist so ziemlich das Letzte, was er von mir erwarten würde.

In der heißen Dunkelheit leuchten John Clearys Augen blau wie Streichholzflämmchen. Er hat den Hals eingezogen wie eine Schildkröte und sich den Hemdkragen über die Nase gespannt wie Pud in den *Bazooka-Joe*-Comics. Ich suche verzweifelt nach Ausreden.

Wolfsmann, könnte ich zu Daddy sagen. *Wir spielen Wolfsmann.* Oder, besser noch: *Wir proben ein Stück über eine Mumie, und der Blitz hat die Sicherung rausgeschlagen, kurz bevor die Mumie hereingestolpert kommt…*

Daddy ist jetzt in der Garage und lehnt die Tür vorsichtig an. Als ich seine Stimme höre, denke ich zuerst, er redet mit uns. Sein zuckersüßer Tonfall klingt wie eine versteckte Drohung. »Armer kleiner Kerl«, sagt er. Dann maunzt der schwarze Kater, den Daddy als seinen ansieht. So maunzt er nur, wenn man ihn unterm Bauch fasst und aufhebt. Das heißt, wir sind sicher. Daddy kommt hier nicht rein. Das können die anderen nicht wissen, aber schon das leiseste Flüstern von mir könnte Daddys Indianerohren auf uns aufmerksam machen. Immerhin lasse ich die angehaltene Luft langsam zurück in den Raum strömen.

Wir stehen wie die Salzsäulen im Dunkeln und horchen nach nebenan. »Hat niemand den alten Roy lieb«, sagt Daddy. Clarice muss ein Kichern unterdrücken. Davie Ray fuchtelt mit den Armen, sie soll bloß still sein, und John zieht ein imaginäres Taschentuch aus der Brusttasche und wischt sich damit über die Stirn.

Derweil redet mein leiblicher Vater laut mit diesem schwarz glänzenden Kater. »Ein hartes Brot, ein Kater zu sein«, sagt er. »Mir musst du nichts erzählen. Keiner krault einem das Kinn. Und dafür fängt man den ganzen Tag Mäuse. Und hält die Schnurrhaare geschmeidig.« Daddy zieht die Wagentür auf und klappt sie zu. Die Whiskeyflasche klirrt gegen den Einstellriegel, als er sie unter dem Fahrersitz hervorzieht. Ich stelle mir das zerrissene Papiersiegel und den goldenen Drehverschluss vor, Daddys Whiskey gurgelnde Kehle unter der Innenleuchte.

In keiner Familie wird so viel getrunken wie in meiner. John Clearys Daddy hat schon so lange dieselbe Kiste Lone Star in der Garage stehen, dass sie von Spinnweben eingesponnen ist. Wir sind anders, und bei dem Gedanken fühle ich mich plötzlich mutterseelenallein in dem Atelier, dabei war ich noch vor einem Augenblick in Johns Armen so geborgen wie nie zuvor. Jetzt trennt Daddys Trinkerei mich von den anderen. Er schüttet Whiskey in sich hinein und redet mit einer Katze: »Dem alten Pete kannst es ruhig erzählen.« Und vielleicht erzählt Roy es ihm ja, denn der Raum ist ein Grab aus grauem Samt, in dem wir begraben sind und lauschen. Nach einer langen Weile sagt Daddy: »Soll sie doch alle der Teufel holen.«

Dann öffnet sich die Tür, seine Schritte entfernen sich knirschend, und unsere Erleichterungsseufzer sind so laut, dass ich die Haustür gar nicht zuklappen höre.

114

Die Nacht draußen ist exponentiell gewachsen. Die Straßen zum Horizont scheinen länger geworden zu sein. Wir sind klein unter der Himmelskuppel. Nebelschwaden wehen uns um die Fesseln, der Mond steht niedrig. An den Stellen, wo John mich gehalten hat, zittere ich noch immer wie ein Kaninchen. Ich mag ihn gar nicht ansehen, weil ich weiß, dass er diesen weichen Mund hat, der so gut zu meinem passt. Wie kann man so etwas von einem Menschen wissen und sich nicht danach sehnen? Ich gehe in die Hocke, tue so, als würde ich im Kies am Straßenrand nach Quarzbrocken suchen, bis ich den Blick seiner blauen Augen auf der Wölbung meines Halses zu spüren meine, aber als ich hinüberspähe, sehe ich, dass er zu Bobbies Haus rüberschaut. Bobbie sagt: »Ein verdammt harter Knochen, der alte Pete.«

John sagt: »Dem möchte ich nicht im Dunkeln begegnen.«

Davie Ray schlägt ein Kreuz und fügt hinzu: »Wir waren dem Tod verflucht nahe.« Es macht mich ein wenig stolz, dass sie so beeindruckt von meinem Daddy sind. Clarice sagt gar nichts. Bestimmt ist sie noch genauso verwundert wie ich, dass so viel Weichheit in diesen sonst so krätzigen Jungen steckt. Aber auch sie weiß, dass diese ganze Sex-Club-Idee verpufft und das Intermezzo in der Garage Geschichte ist. Wir sitzen wieder isoliert auf unseren Inseln. Niemand dürfte das Wort Sex-Club auch nur in den Mund nehmen, geschweige denn den Rest erzählen, ohne für völlig abartig gehalten zu werden.

Bobbie sagt: »Komm, wir gehen zu mir, da können wir uns Popcorn machen und *Thriller* angucken.« Und so schlurfen sie davon, ohne ein Wort des Abschieds. Lösen sich praktisch vor unseren Augen in Luft auf.

Als sie weit genug weg sind, fragt mich Clarice, ob mir vorhin im Atelier auch so heiß geworden ist. »Und damit meine ich nicht die Temperatur«, sagt sie. »Und ob«, antworte ich.

115

Wir stehen einen Augenblick da, unfähig, mehr dazu zu sagen oder das Gefühl loszulassen.

Schließlich sagt Clarice, sie hat auch Lust auf Popcorn, aber ich mag noch nicht nach Hause gehen. Allein schon der Anblick von Mutter und Daddy würde das Gefühl verscheuchen. Solange sie nicht in der Nähe sind, schließe ich einfach die Augen und schmecke John Clearys Juicy Fruit und spüre wieder sein Gewicht.

Mutter predigt mir ständig, dass Sex und sogar Selbstbefriedigung das Normalste von der Welt sind. Ihre einzige Sorge ist es, dass mich, wie sie es nennt, die Lust packt und einer mich dick macht. Wenn ich will, darf ich jederzeit in ihrem Buch über erotische Kunst blättern, wo ineinander verschlungene Körper wie die Wiesel herumrollen. In letzter Zeit juckt es mich fast täglich, aber ich warte damit lieber, bis sie und Daddy aus dem Haus sind.

Mutter und Daddy müssen mir nur durch den Kopf spuken, schon ist das Mädchen, das John Cleary eben noch im Arm hielt, wie ausgelöscht. Sie ist fort, verschwunden, und stattdessen steht da wieder das viel zu magere Kind. Ich will nicht nach Hause, ums Verrecken nicht.

Also schlage ich vor, wir sollten zu Bobbie gehen und die Jungs fragen, ob wir etwas von ihrem Popcorn abbekommen. Clarice sagt, das ist so ziemlich der durchsichtigste Vorwand, den sie je gehört hat. Wenn wir uns jetzt dort blicken lassen, verdienen wir es nicht besser, sagt sie. Weil die Jungs uns geküsst haben, sagt sie, haben sie jetzt unter Garantie blaue Eier, und dann muss man auf alles gefasst sein. Ihre Brüder haben ihr erklärt, dass nicht abgeführtes Sperma die Hoden anschwellen lässt, und das Ganze staut sich dann irgendwie bis ins Gehirn. »Sie sind nicht zurechnungsfähig, wenn sie blaue Eier haben«, sagt Clarice.

Und weil mein Körper immer noch auf vollen Touren summt, als hätten John Clearys Küsse ihn an eine geheimnisvolle Steckdose angeschlossen, frage ich Clarice, was wir Mädchen anstelle von blauen Eiern haben.

»Einen Scheißdreck haben wir«, sagt Clarice. Oder du handelst dir einen schlechten Ruf ein. Wenn du dir von Jungen Knutschflecken an den Hals saugen lässt oder wie Marilyn Fruget auf der Rollschuhbahn herumtanzt, dass die Titten fliegen, dann erzählen sich die Jungs, während sie Pennys gegen die Wand hinter der Rennbahn werfen, dass sie dir die Finger in die Pflaume gesteckt haben und die ganze Hand hinterher wie 'ne Dose Fisch gestunken hat. Clarice kommt übernächstes Jahr auf die High School, und sie will es im Leben noch weit bringen. Sie spricht jeden Abend eine Novene, um Titten zu kriegen, und wenn das endlich Früchte trägt, ist ein schlechter Ruf so ziemlich das Letzte, was sie gebrauchen kann.

»Und du kannst auch keinen brauchen, wenn im Herbst die Junior-High-School anfängt«, warnt sie mich. Ich sage ihr, dass ich mir im Moment nicht so sicher bin.

Mutter hat mir mal eine Zeile aus einem Buch über ein paar arme Teufel vorgelesen, die ihre tote Mama quer durch Mississippi oder Alabama oder sonst irgendeine gottverlassene Gegend schleppen. »Ich bin wie ein feuchtes Samenkorn in heißer, blinder Erde«, sagt das Mädchen. Und ich wusste plötzlich, wie wenig ich darüber wusste, was es heißt, ein Mädchen zu sein. Aber jetzt, seit ich John Clearys Wärme und seinen Atem gespürt habe und sein Mund mit dem meinen verschmolzen ist, weiß ich es. Und zwar *so richtig richtig*, wie Clarice sagen würde, *und nicht nur in deinem Kopf.*

6

Die siebte Klasse fängt für mich schon eine Woche vor Schulbeginn an, als Mutter mit mir zu Payless fährt, wo potthässliches Schuhwerk in endlosen Reihen auf einer Betonfläche von der Größe eines Football-Felds ausgestellt ist. Hier sind nicht einmal zwei Paar für fünf Dollar ein Schnäppchen. Die Fünfunddreißiger sind allesamt grauenhaft kindisch – eine Phalanx schräg stehender Mary Janes mit runden Kappen und rutschfesten Sohlen. Die Riemen steif wie Sattelleder. Weil die Löcher für die Schnalle nicht ordentlich ausgestanzt sind, stochert man mit dem winzigen Dorn in billigem Plastik herum. Wenn du in das Kunstleder Kratzer machst, kriegst du sie nie wieder weg. Jedes Modell, das ich anprobiere, zieht mein Selbstwertgefühl ein Stück weiter nach unten. In einem Paar nach dem anderen stampfe ich mit schlappenden Riemen über den Betonfußboden.

Zu guter Letzt gehen wir doch ins Kaufhaus, aber die preisgünstigen Exemplare, die schließlich in meinem Schrank landen, sind kaum weniger kindisch als die von Payless. An diese kleinen Größen verschwenden sie kein teures Design. Ein Blick auf die Schuhe, die vom Boden des Wandschranks wie zwei gefechtsbereite Kanonenboote auf mich zielen, und ich weiß alles über das Leben, das ich in ihnen führen werde. So beginnt das siebte Schuljahr.

Lecia hat angefangen, sich mit Jungen von der High-School

herumzutreiben, also muss ich jeden Tag allein nach Hause laufen, vorbei an den Football-Plätzen. Ich tue so, als würde ich die Jungen nicht sehen, halte den Blick auf den Boden gerichtet, während ich jeder Pusteblume am Wegesrand eine Glatze trete. Jeden Tag fühle ich mich mehr wie ein Matador, der blutend aus der Arena humpelt, oder wie ein General nach einer endlos langen Schlacht. Mutter hat mir einmal erzählt, dass Napoleon in der Verbannung stundenlang in der Badewanne gelegen hat. Genauso fühle ich mich. Wie Napoleon, und eine Horde von Barbaren hat mir mein Reich weggenommen und mein Pferd. Ich will meine Rüstung ablegen und in der Badewanne einweichen, bis die Finger schrumpeln, und dann wickle ich mich in dicke Decken und verschlafe den Rest meines Lebens.

Mittlerweile sind die krachenden Trainingseinheiten um mich herum kaum noch zu ignorieren – muskelbepackte Körper auf Kollisionskurs. So kurz nach der Schule gibt es kein Gedränge, nur Gruppen von dick gepolsterten Spielern in weißen Schützern und Trainingshelmen, die Übungen machen, die keinen anderen Zweck haben können, als sie zu quälen. Sie laufen zu dritt oder viert Kurzsprints bis zu den Pfosten. Wenn einer ausschert, um sich an der Seitenlinie auszukotzen, kommen zwei seiner Kameraden herbeigelaufen und brüllen auf ihn ein. Da krümmt er sich und reihert seine Makkaroni heraus, und die eigenen Kameraden scheißen ihn zusammen wie die Kasernenhofschleifer, weil er so eine Memme ist. Mir wird klar, dass die Vorteile, ein Junge zu sein – abends lange wegbleiben dürfen, die Kleider gewaschen und das Essen auf den Tisch gestellt zu bekommen –, allein schon dadurch aufgehoben werden, dass sie Football spielen müssen. (Sie müssen auch Hühnern den Hals durchschneiden und bei Autos das Öl wechseln, aber solches Elend verblasst neben der Realität des Football-Trainings.)

Eines Tages, als ich fast schon den Graben hinter Smiths Haus erreicht habe, kommt so ein Monster in Übungsschützern hinter mir hergepoltert – und dann ist es John Cleary, fest verschnürt in seine weiße Trainingsuniform, und er ruft: »He, warte mal.«

Johns Gesicht ist meinen Gedanken nie ganz fern, aber dass es jetzt so plötzlich vor meinem auftaucht, hat etwas von einem Überfall. Ich weiß, dass John in meinen Pupillen nicht sein Gesicht schwimmen sehen kann, umrahmt von roten, mit Filzstift gemalten Herzen, aber als sich der reale John jetzt so unvermittelt vor den Jungen meiner Träume schiebt, wird mein glühendstes Geheimnis aus seiner innersten Höhle ins gleißende Sonnenlicht gezerrt. Ich gebe mir alle Mühe, diesem Ansturm der Schönheit standzuhalten, nicht vor ihr zu weichen. (Gleichzeitig spule ich in Windeseile den Film zurück, denn irgendetwas Dämliches hab ich auf dem Weg übers Spielfeld bestimmt gemacht. Gut, ich würde im Angesicht des versammelten Football-Teams nicht gerade in der Nase bohren, aber vielleicht bin ich gehüpft wie ein kleines Kind oder habe ein albernes Lied vor mich hin geträllert.)

John Cleary. Das Gesicht hinter dem Schutzgitter ist rot unter seinen Sommersprossen, und der Himmel wirkt blass im Vergleich mit seinen kobaltblauen Augen, mit denen er mich aus dem Fenster seines Helms anschaut wie Lancelot aus seinem Visier. »Hast du kapiert, was Miss Pickett uns aufgegeben hat?«, fragt er, denn eine glückliche Fügung hat dafür gesorgt, dass er mir in der Englischstunde schräg gegenüber sitzt.

»Den Aufsatz meinst du? Klar. Ich hab ihn schon in der Schule geschrieben.« Ich trete einen Schritt zurück, weil ich sicher bin, dass ich nicht besonders gut rieche. Aber vielleicht riecht sein Football-Schweiß ja noch schlimmer als mein Heimwegschweiß. Keine Ahnung, warum ich an John Cleary immer nur den Geruch nach frisch gemähtem Gras und Ivory-Seife wahrzunehmen glaube.

»Hättest du Zeit, mir bei meinem zu helfen? Nicht jetzt gleich, natürlich.« Er blickt sich entschuldigend um, als könnte mir entgangen sein, dass er beim Football-Training ist. Auf den Knien seiner Bundhosen prangen zwei fast identische Grasflecken, die das Weiß noch heller leuchten lassen. »Vielleicht nach dem Abendbrot? Ich meine, nur wenn du nicht zu viel Arbeit hast.« Ich verstumme, denn die Aussicht auf eine solche Verabredung erscheint mir so ungeheuerlich, so außerhalb alles Vorstellbaren, dass sie nur langsam zu mir durchdringt. John Cleary. Lädt mich zu sich nach Hause ein. Nach Sonnenuntergang. Um mit ihm Hausaufgaben zu machen. Die Nacht in Mutters Atelier schießt mir durch den Kopf. Ich frage mich, ob er jemals daran denkt, wie sachte unsere Zungenspitzen sich aus den Höhlen unserer Münder aufeinander zubewegt haben.

Ein krächzendes »Klar« ist der einzige Laut, den mein stockender Atem hervorbringt. Ich stehe da, und das Herz zappelt mir im Brustkorb wie ein Fisch am Haken. Er sagt nur danke und läuft zurück zu den Jungs, die sich von Liegestützen erholen. Sein trabender Körper ist der weißeste auf dem Spielfeld – schmalhüftig, mit muskulösen Beinen, der Rücken so breit wie der eines Gladiators.

Und bist du in der Schule auch noch so in Not, ein Abend mit John Cleary bringt alles ins Lot, dichte ich aus dem Stegreif. Ich will nach Hause rennen, aber der Kopf schlackert mir auf den Schultern, und ich muss langsamer laufen.

Zu Hause fällt mir der Liebeszauber ein, den unsere Voodoo-Nachbarin mir für John Cleary gegeben hat. LaFaree wohnt hinter uns, und manchmal holt sie für Lecia und mich das Ouija-Brett hervor oder liest uns die Tarotkarten. Für den Zauber muss ich mir Haarsträhnen von John Cleary und Schnipsel seiner Fingernägel verschaffen, um sie in einer Kerze zu verbrennen. Deshalb stecke ich mir einen Gefrierbeutel ein, bevor ich zu ihm hinübergehe. Und vorsichtshalber nehme ich auch das Messekärtchen des heiligen Judas mit, das LaFaree mir gegeben hat. Er ist der Schutzheilige der aussichtslosen Dinge, der vergebenen Liebesmüh, hat unsere Nachbarin mir erklärt.

Der Rasensprenger in Clearys Garten macht *flapp flapp flapp* und wirft ein riesiges silbernes Spinnenetz in die Abenddämmerung. Einen Moment lang scheint mir das Plastikkärtchen in meiner Hosentasche das einzig Glatte in einer Welt aus Sandpapier zu sein.

Kaum klopfe ich, steht Mrs. Cleary auch schon vor mir, ein Geschirrtuch in der Hand und um den Bauch eine blaue Kattunschürze, die genau zu ihrer Augenfarbe passt. Ihr breites Lächeln ist John wie aus dem Gesicht geschnitten. Sie wischt sich die Hände trocken. »Meine kleine Mary«, sagt sie, als wäre mein Erscheinen ihr größtes Glück. Sie stößt die Fliegentür auf.

Seit der fünften Klasse, als John, Bobbie und ich uns Spielkarten in die Fahrradspeichen geklemmt haben, um Motorradgang zu spielen, war ich nicht mehr in Clearys Haus. Es ist nicht so groß wie unseres. Die Zimmerdecken sind niedriger, die Räume kleiner, ein Maßstab, der mir weniger beengend als gemütlich erscheint. Es riecht stark nach Schokolade. »Ich hab gerade einen Teller Karamellcreme kalt gestellt, Mary Marlene«, sagt sie. »Und den verflixten Abwasch muss ich auch noch machen.« Es ist typisch für die Clearys, dass man hier keinen zünftigen Fluch zu hören bekommt. Hier heißt es *verflixt* oder *bescheiden* statt *verdammt* und *beschissen*. Ich biete ihr an, abzutrocknen und das Geschirr wegzustellen, etwas, das mir zu Hause nicht in den Sinn käme, aber das sich, wie ich gelernt habe, für jedes Mädchen gehört, wenn es nicht stinkfaul ist.

Mr. Cleary ruft mich ins Wohnzimmer, wo er vor den Nachrichten sitzt. Er schaut hoch und sagt: »Große böse Mary. Komm, lass dich in die Arme nehmen.« John liegt ausgestreckt auf dem kürbisfarbenen Zottelteppich vor dem Fernseher, und ich muss über ihn hinwegsteigen. Er hat sich ein Sofakissen unters Kinn gelegt und kritzelt ein paar letzte Zahlen auf ein Blatt Vervielfältigungspapier.

Dann rollt er sich auf den Rücken, bedankt sich für mein Kommen, und als ich ihn in voller Länge vor mir liegen sehe, scheint er mir in seinem blonden Körper hell genug zu leuchten, um nachts im Bett ohne Taschenlampe lesen zu können.

Mr. Cleary scheucht uns hinaus, und wir gehen auf die hintere Veranda, die rundherum mit Fliegendraht und Plexiglas eingefasst ist. Bei starkem Wind schlagen die Paneele knatternd gegen das Fliegengitter. Wir setzen uns auf die alte Verandaschaukel in der Ecke. Stoßen uns mit den Füßen ab. Der Wind rüttelt an den Paneelen und übertönt den Fernseher im Wohnzimmer.

John hat sein Ringbuch auf dem Schoß aufgeschlagen. Er ist längst nicht so aufgeschmissen, wie er behauptet hat, aber ich helfe ihm trotzdem, so viel es nur geht. Er sagt Dinge, auf die ich Dinge erwidere, und irgendwie klingt es ganz gut. Aber die Wörter und Sätze sind nur die Kulisse zu dem Drama seiner Nähe. Hauptsächlich atme ich den Sauerstoff, den er abgibt. Und ich betrachte ihn. Ich sehe, wie seine fleischige Hand den blauen Bic-Stift über das blau liniierte Papier bewegt. Seine Buchstaben neigen sich so weit nach vorn, dass man fürchtet, ganze Wörter könnten vornüber kippen und über den Rand purzeln. Für einen kurzen Moment blickt John hinter seinen Sommersprossen mit solchem Ernst auf das Blatt Papier, dass ich losheulen könnte. So nah bei ihm ist die Zeit in die Länge gezogen, beinahe meint man die alte Standuhr nach jedem Ticken kurz innehalten zu hören.

Der Aufsatz wird fertig und klingt nicht schlecht, aber ich werde immer weiter aus dem Abend, von der Veranda fortgeschaukelt. Die Sterne scheinen in ihren Fassungen festgefroren. Der Mond hat Halt gemacht auf seiner Bahn. Im Licht der Lampe beugt John sich über die Seite. Er setzt den letzten Punkt und sagt, dass er es ins Reine schreiben will, während er das Spiel anschaut, und ob ich nicht noch ein bisschen bleiben mag.

Im Wohnzimmer streckt John sich aus, um seinen Aufsatz abzuschreiben, und mir fällt ein, das ich ja noch die Sachen für meinen Liebeszauber brauche, also laufe ich ins Badezimmer. Die Borsten der schwarzen Bürste auf dem rosa gefliesten Waschtisch stecken voller geringelter blonder Haare, von denen einige kurz genug sind, um von John zu stammen. Aber welches davon wirklich auf seinem Skalp gewachsen ist, lässt sich unmöglich sagen. Wenn ich den falschen Cleary verzaubere, kommt womöglich sein bocksfüßiger großer Bruder (ein Ausdruck, den ich bei einem von mir verehrten Dichter geklaut und mit dem ich bei ungezählten Schulhof-Schimpftiraden um mich werfe, als wäre er von mir) im Liebesrausch hinter mir hergetrampelt.

Ich öffne den Arzneischrank, als könnte er die Antwort enthalten. Und, mein Gott, welch eine Ordnung, welch eindrucksvolles Zeugnis der Haushaltstipps, die Leechfielder Hausfrauen aus der *Gazette* ausschneiden und sich mit Wäscheklammern gegenseitig an die Briefkästen heften Bei uns im Badezimmerschrank stehen die verschreibungspflichtigen Medikamente in drei Reihen hintereinander. Bei manchen Flaschen ist der Deckel so verkrustet, dass man ihn nur mit der Rohrzange aufbekommt. Und um die anderen Vorratsräume im Haus ist es kaum besser bestellt. Die Böden der Wandschränke sind ein Morast aus partnerlosen Schuhen und von Drahtbügeln gerutschten Blusen und Hosen. Die Kommoden sind so voll gestopft, dass man die Schubladen nicht mehr aufkriegt. Und wenn du im Kühlschrank nach einer Orange suchst, findest du stattdessen den Würfelbecher, den Daddy hineingestellt hat, als er spät nachts heimgekommen ist, oder ein Streichholzheftchen, das dich auffordert, in Heimarbeit gut bezahlte Kindergeschichten zu schreiben.

In Clearys Schrank steht nur das Allernötigste, in einfacher Ausführung – Aspirin, Heftpflaster, ein winziges Fläschchen orangefarbene Methiolade mit einer Pipette im blanken schwarzen Deckel, mit der man sich das brennende Zeug auf seine Wehwehchen tupfen kann. Sogar die Zahnpastatube ist ordentlich um den Bodenfalz herum aufgerollt. Der Deckel ist fest verschraubt, kein Tropfen quillt wie Lehm zur Seite heraus.

Das einzige Medikament im Schrank ist Hustensaft. Ich studiere das Etikett. Im März hat Mr. Cleary ihn verschrieben bekommen, und die Flasche klebt nicht einmal. Jemand hat die Tropfen abgewischt, bevor sie antrocknen konnten. Die Flasche ist glatt wie mein Hintern. Ich schraube den Deckel ab und schnüffle hinein – angeblich Traubengeschmack. Ich mache es wie Mutter und nehme vorsichtshalber einen kräftigen Schluck, um die Nerven zu beruhigen. Man kann nie wissen.

Mit dem fein gezinkten Kamm kämme ich sämtliche Haare aus der Bürste, zwirble sie zu einem Zopf zusammen, stecke sie in den Gefrierbeutel und schiebe ihn in meine Hosentasche. Dann werden sie eben alle zusammen verbrannt. Soll doch die ganze Cleary-Sippe nach mir verrückt werden, Hauptsache, John ist dabei.

Beim Hinausgehen bemerke ich einen kleinen Aschenbecher mit winzigen Halbmonden darin, abgeschnittene Nägel, so wie es aussieht. Ich strecke schon die Hand aus, um sie einzusammeln, da beschleicht mich ein komisches Gefühl. Auf einmal sehe ich Daddy vor mir, wie er zu mir sagt: »Hast du nicht mehr alle Tassen im Schrank?« Ich spüre eine seltsame Empfindung in der Brust – das ist wohl Stolz, und ich denke gar nicht daran, fremder Leute Fußnägel mit nach Hause zu nehmen. Irgendwo muss man die Grenze ziehen.

Im Wohnzimmer wuseln die Dallas-Cowboys über den Bildschirm. Mr. Cleary schaut zu, als wäre es die Apokalypse, während Mrs. Cleary aus babyblauer Wolle eine Socke häkelt. John zankt mit seiner Schwester Jana, die im Schneidersitz auf dem Teppich hockt, den Rock über die Knie gezogen, auf dem Schoß ein aufgeschlagenes Physiologielehrbuch. John sagt: »Komm bitte, meine Beine bringen mich um.« Nein, sie muss noch die ganzen Muskeln für den Test lernen. »Mr. Lyons lässt freitags immer einen Test schreiben«, sagt sie.

John kontert, dass sie schließlich Cheerleader an unserer Schule gewesen sei. »Du tust etwas fürs Team«, sagt er.

»Frag doch Mary«, schlägt Mr. Cleary vor. Er spuckt Tabak in eine leere Dose Folgers – eine Angewohnheit, die Mrs. Cleary zusammenzucken lässt. Die Häkelnadel verharrt eine Sekunde, bevor sie die nächste Masche aufnimmt.

Noch wähne ich mich in einem Zustand seelischen Gleichgewichts. John reckt den Hals nach mir und fragt: »Ginge das?«

»Er braucht jemanden, der ihm die Beine massiert«, erklärt Mrs. Cleary.

Mr. Cleary fügt hinzu: »Dieser Schwachkopf von einem Trainer lässt sie nicht ordentlich dehnen.«

»Ich hab das immer bei Lecia gemacht, als sie noch gelaufen ist«, behaupte ich. Und so kommt es, dass ich mich neben Johns braune Beine mit den leuchtend hellen Härchen knien darf. Mein Herz macht einen Satz, als ich ihm die Hände um die harte Wade lege. Ich drücke ein bisschen daran herum, höre wieder auf. »Mach ruhig noch fester«, sagt er. Eine Minute lang knete ich die Mitte der Wade, bis das Fleisch sich unter meinen Fingern zu lockern beginnt. Jana erklärt mir, dass ich gerade seinen Gastrocnemius in der Mache habe. Mr. Cleary, der so ziemlich in jeder Sportart Trainer gewesen ist, sagt, ich muss den Muskel in die Länge ziehen. Also beginne ich an der Ferse und führe die Finger um den herzförmigen Wadenmuskel herum. John stöhnt und murmelt: »Das tut gut.« Einer der Cowboys legt sich mächtig ins Zeug. Ich habe John Clearys herrlichen Körper in seiner ganzen Pracht vor mir liegen und denke: *John Cleary unter meinen Händen.*

»Der andere ist sein Soleus«, sagt Jana. »Welcher?«, frage ich in der Hoffnung, dass er weiter oben liegt, aber sie sagt: »Da unten bei der Achillessehne.« Der Muskel ist kleiner, und John beklagt sich, dass es zwickt, also versuche ich wieder, die Wade in die Länge zu ziehen.

Das könnte ich den ganzen Tag machen, denke ich. In meinem Bauch breitet sich eine Flüssigkeit aus, und ich habe Mühe, ruhig zu atmen. Ich schaue eine Weile auf den Bildschirm und gebe einen düsteren Kommentar zum Spielstand ab. John beugt den Kopf nach vorn und nuschelt etwas ins Sofakissen. »Was ist?«, frage ich.

»Hinten an den Schenkeln«, sagt er. »Da tut's sauweh.«

Mrs. Cleary steht auf und verkündet, dass sie ins Bett geht. »Aber dass ihr mir bloß nicht die halbe Nacht aufbleibt, wenn es Verlängerung gibt.« Sie gibt jedem einen Kuss, mir einen auf die Stirn, und sagt, es sei schön, mal ein zweites Mädchen im Haus zu haben. Jetzt fühle ich mich doppelt schuldig, dass ich ihren nichts ahnenden Sohn verzaubern will.

Ich warte, dass jemand auf Johns Schenkel zurückkommt. Es

soll nicht so aussehen, als könnte ich es nicht erwarten weiterzumachen. Aber erst einmal müssen sie sich über eine Strafe aufregen, die gerade verhängt wurde. Das Spiel wogt hin und her.

Als Halbzeit ist, sagt Mr. Cleary: *Verdammt,* und Jana sagt: *Daddy.* Dann sagt Mr. Cleary, ohne dass ihn jemand aufgefordert hätte: »Mary, mach mit den Sehnen weiter. Wenn wir sie so straff gespannt lassen, kriegt er's im Rücken.«

Meine Hände fahren ihm am Bein hinauf, und während sie das tun, fängt mein ganzer Körper von innen an zu sirren wie eine Grille tief im Gras. Ich wage es nicht, jemanden anzusehen, aus Angst, das Zittern könnte nach außen durchscheinen. Ich lege eine Hand wieder in Johns Kniekehle. Die beiden Sehnen sind straff wie ein Flitzebogen.

»Setz dich einfach drauf«, sagt John zum Fernseher. »Auf die Beine, mein ich. Mit beiden Händen kommst du besser hin.«

Als ich klein war, hatte ich eine Zeit lang ein Pferd, das trug mich durch Wiesen mit hohen Gräsern und purpurfarbenem Felberich, der ihm bis zu den Steigbügeln wuchs. Es streckte sich im Galopp, dass meine Haare im Wind flatterten und die Berge vor einem orangeroten Himmel zerflossen. Eines Tages kam es an einen Graben, vielleicht auch ein trockenes Bachbett, das ich nicht rechtzeitig gesehen hatte, und obwohl es kein großer Springer war, setzte es hinüber. Für mich kam der Sprung unerwartet, und für eine Sekunde sackte alles in meinem Bauch nach unten. Ich flog so lange durch blaue Luft, dass ich später glaubte, ihm müssten in Blitzesschnelle Flügel an den Beinen gewachsen sein, und ein unsichtbares Segel hätte uns emporgehoben.

Als ich mich rittlings auf Johns Waden setze, ist es, als säße ich wieder auf dem Pferd, beinahe glaube ich, die Felberichstängel an den Fesseln zu spüren. Ich lege den Daumen gegen den inneren Oberschenkelmuskel. Jana nennt ihn gleich beim Namen. Ich gebe etwas Druck auf den Daumen, führe ihn an dem langen Muskel entlang nach oben, auf der Innennaht seiner Jeans, wenn er welche anhätte. Aber es ist Fleisch, und es fügt sich mir.

Plötzlich bin ich sicher, dass auch John etwas spürt. Seine Haut wird lebendig unter meiner Hand. Er selber liegt absolut still, aber die blonden Härchen auf seinen Schenkeln sind erwacht. Mein Daumen gleitet weiter hinauf, ich spüre, wie sich tief in ihm etwas regt. In meinem Bauch zieht sich ein Knoten zusammen. Ich lasse den Daumen an die Stelle gleiten, wo seine abgeschnittenen Jeans enden. Dann kehre ich zurück zum Knie und fange von vorn an, streiche langsam und mit festem Druck den Muskel entlang. Wieder muss ich an das Pferd denken. Wie ich es mit den Fersen angetrieben habe. Wie es freiwillig in gestreckten Galopp fallen konnte, dass die Blütenstauden, die wir streiften, völlig kahl gefegt wurden.

Als das Spiel zu Ende ist, springt John auf und läuft in sein Zimmer, um sich fürs Zubettgehen fertig zu machen, und ehe ich mich's versehe, stehe ich draußen im Dunkeln auf der Treppe. Mr. Cleary hat mich hinausgebracht. Er steckt sich eine Zigarette an, steht auf dem Gehsteig und schaut mir nach, wie ich zu unserem Haus hinüberlaufe. Erst als ich ihm von der Veranda aus zuwinke, geht er hinein.

In dieser Nacht bin ich vielleicht zum ersten Mal froh darüber, dass Lecia nicht da ist. Ich schiebe die Hand zwischen die Beine und fühle die durchnässte Unterhose. Es gibt viele ekelhafte Witze darüber, was da unten so alles aus einem herausfließen kann (Darlene Smith hat mal gesagt: »Nach einem Rendezvous musst du deinen Slip gegen die Wand werfen. Wenn er kleben bleibt, hast du deinen Spaß gehabt.«) Ich will nicht daran denken und schließe die Augen, denn unter meiner Hand brennt ein Feuer, das sich kühl wie Menthol anfühlt. Aus irgendeinem Grund stelle ich mir nicht Johns Körper vor, der auf mir liegt, oder unter mir, auch nicht die festen Muskeln seiner Schenkel unter meiner Hand. All das scheint zu körperlich, zu fleischlich für dieses gleißende Leuchten in mir. Stattdessen lasse ich mich von John unter den flirrenden Reflexen einer Spiegelkugel zu langsamer Musik über die Tanzfläche führen. Er dreht mich vorbei an Paaren, die so gebannt von unserer Schönheit sind, dass sie stehen bleiben und zu tanzen vergessen. Und plötzlich ist John bei mir, nimmt mich vorsichtig in die Arme, bläst mir seinen Juicy-Fruit-Atem ins Gesicht. Und dann setzt das Pferd zwischen meinen Schenkeln zum Sprung an, und ich fliege wieder wie damals, und alles löst sich auf.

Ich weiß noch, wie ich mich am nächsten Morgen – zumindest bilde ich es mir ein – im Bett rekelte wie meine eigene Braut. Vielleicht war es auch ein anderer Morgen, aber so habe ich es in Erinnerung. Eine kleine, kompakte Sonne glühte in meinem Solarplexus. Die ganze Nacht hatte ich mich schlafend in ihrer Wärme gesuhlt.

Erst als ich die Gefriertüte in meiner Hosentasche fand, schoss mir das Blut ins Gesicht. Es war nichts dabei, sich selber zu berühren. Mutter sagte, alle machen es, sogar die, die Stein und Bein und bei ihrem Herrgott schwören, dass sie es nicht tun. Nein, ich schämte mich für den Plastikbeutel, dafür, dass eine Liebe, die so rein war wie meine, diesen Betrug nötig hatte. Ich trug den Beutel im strömenden Regen nach draußen, schüttete die Haarbüschel in das reißende Wasser im Rinnstein und warf die leere Gefriertüte hinterher.

7

Irgendwann in der achten Klasse beschließt Clarice, dass ich nicht mehr ihre beste Freundin bin. Wenn sie es mir ins Gesicht gesagt hätte, könnte ich sie verfluchen und schmollen. Stattdessen kommt sie einfach nicht mehr. Kein Streit, kein gar nichts. Eines Sonntagabends – wir haben den ganzen Nachmittag Domino gespielt – schlendert sie über den Rasen nach Hause und lässt sich nicht wieder blicken. Und niemand kann behaupten, ich hätte sie nicht gebeten.

Ich habe sie gebeten und gebeten und noch mal ganz lieb gebeten. Je öfter ich sie bitte, desto hanebüchener werden ihre Ausreden. An einem Tag muss sie ihrer Mutter im Doughnut-Laden helfen. Am nächsten ist es die Gartenarbeit, oder sie muss das Haus putzen. Oder ihre kleinen Cousinen kommen zu Besuch, und sie muss ihnen für die Messe am nächsten Tag das Haar waschen. Wenn ich ihr anbiete, ihr zu helfen, windet sie sich und erfindet in aller Eile noch mehr Quatsch. Dass ihre Großmutter aus Louisiana kommt und ihre Mutter will, dass die Familie unter sich bleibt. Oder sie hat Hausarrest, weil sie die Gartenarbeit nicht gemacht hat, und darf auch keinen Besuch haben.

Als ich es Lecia erzähle, fragt sie mich, wie viele Winke mit dem Zaunpfahl ich denn noch brauche. Aber wann muss Lecia schon mal einen ganzen Samstag mit sich selber verbringen und zwei Bücher am Stück lesen? Mutter hockt ständig in der Bibliothek und Vater treibt sich wer weiß wo herum. Also blättere ich allein in Lexika, neben mir Sally, die Siamkatze, oder der schlanke schwarze Roy, bis Lecia von ihrem Freund wieder zu Hause abgeliefert wird.

Deshalb kann ich es nicht einfach hinnehmen, dass Clarice ohne eine Erklärung aus meinen Zeitplänen herausfällt. Ich ertrage so ziemlich niemand anderen in meinem Alter und meistens ist die Abneigung gegenseitig. Jeden Samstag rufe ich Clarice an, bis eines Morgens ihr Bruder Jeff am Apparat ist.

»Sie ist nicht da«, nuschelt er.

»Jeffrey?« Es entsteht eine Pause. Am anderen Ende fängt im Fernsehen der Roadrunner zu piepen an und jagt dann mit zischendem Getöse davon. Jeff hat seine Aufmerksamkeit offenbar längst wieder dem alten Wile E. Coyote zugewandt, der – gemessen an der Explosion, die zu hören ist – gerade in ein Dynamit-Sandwich gebissen hat und jetzt mit einer Krone aus kreisenden Sternchen und weit hervorquellenden Augen irgendwo in der Wüste liegt. »Hör mal, Jeff!«, sage ich schließlich.

»Was?«

»Ist das auch die Wahrheit? Das mit deiner Schwester?«

»Sie ist nicht da. Ehrenwort«, sagt er. Was ich jetzt höre, muss ein Amboss aus der ACME Ambossfabrik sein, der mit Pfeifen und Dröhnen über eine Felskante in den Abgrund saust.

»Und warum hab ich dann das Gefühl, dass du mich anflunkerst?«

»Ich flunker nicht. Ganz ehrlich.« Aus ihrem Fernseher ertönen jetzt die Vaudeville-Klänge des Abspanns. Das erhöht meine Chancen, etwas aus Jeffrey herauszubekommen.

»Hattest du schon deine Erste Kommunion?«, frage ich ihn. Eine Fangfrage.

»Diese Ostern!«, sagt er. Clarice und ich hatten ihm die Katechismus-Fragen so gründlich eingebläut, dass sie mir nachts manchmal immer noch durch den Kopf spulen: »Wer hat die Welt erschaffen?« »Gott hat sie erschaffen.«

»Also, Jeff, wir wissen beide, und unter Garantie weiß es auch Gott der Allmächtige, dass du lügst wie gedruckt. Die lassen doch einen Knirps wie dich, der gerade erst die Kommunion hinter sich hat, nicht allein im Haus, und deine Mama hab ich gerade eben erst im Laden Doughnuts glasieren sehen.« Der letzte Teil ist frei erfunden, aber das kann er ja nicht wissen.

Er deckt die Hand über den Hörer und murmelt jemandem etwas zu, und jemand murmelt etwas zurück. Ich stelle mir seine kleine Hand vor – die Fingernägel mit den Trauerrändern, die grindigen Knöchel.

Als er wieder dran ist, tönt im Hintergrund der Werbespot für den *Easy-Bake*-Herd. Jeff sagt: »Clarice ist im Krankenhaus.« Er sagt es mit der unerschütterlichen Festigkeit eines Erweckungspredigers.

»Jeff, wenn du dir ausdenkst, dass jemand krank im Krankenhaus liegt, dann hört dich Gott und denkt, dass du betest, und dann schickt er dieser Person etwas so Schreckliches, dass sie noch kränker wird, als du es dir ausgedacht hast…«

»Sie ist wirklich im Krankenhaus, ich schwöre es dir, Mary Karr! Gleich nach der *Königin für einen Tag* hat Stevie sie in Peggys Auto hingefahren«, sagt er.

»Gott hasst die Lügner, Jeffrey.« Ich höre, wie sein Atem schneller geht und zu rasseln anfängt. »Und wenn du deinen kleinen sündigen Hintern nicht auf der Stelle in den Beichtstuhl bewegst und dem Pater von dieser miesen Todsünde erzählst, dann landest du im tiefsten Graben der Hölle, wo die Lügner vor sich hin faulen, und es juckt sie am ganzen Körper, und sie kratzen sich die Haut von den Armen und Schienbeinen, als würden sie einen Karpfen abschuppen…«

»Sie ist hingefahren, weil sie da arbeitet, und außerdem kann sie dich sowieso nicht mehr leiden.« Jetzt hechelt er regelrecht, und sein Daddy greift sich den Hörer und fragt, wer dran ist, und ich lege auf.

Am Abend gehe ich hinüber zu Clarices Haus und spähe durch das Seitenfenster. Nirgends eine Spur von ihr.

Vielleicht hilft sie ihrer Mutter, den Laden abzusperren. Ich ducke mich in den Graben neben der Einfahrt, damit die Leute, die vorbeifahren, mich nicht sehen, wie ich dahocke und warte. Bei einem Gewitter rauscht das Wasser wie die Niagarafälle durch den Graben bis hinten zum großen Abflusskanal. Ich stecke den Kopf in die Röhre, aber außer einer einbeinigen Babypuppe gibt es dort nichts zu entdecken. Dann mache ich es mir bequem und warte. Die Sonne ist untergegangen, und der Himmel leuchtet in allen Farben. Ein paar Straßen weiter blinkt das rote Licht des Sendemasts.

Nach einer Weile kommt Mrs. Fontenots Buick die Einfahrt herauf. Die Scheinwerfer streichen haarscharf über meinen Kopf hinweg.

Aber als Mrs. Fontenot aussteigt, scheint das gelbe Licht der Innenleuchte auf eine weite blaue Mondlandschaft aus Plastikpolstern, und von Clarice ist nichts zu sehen. Das bringt mich aus dem Konzept, denn ihr Daddy würde Clarice nach Einbruch der Dunkelheit um nichts in der Welt alleine durch die Gegend laufen lassen.

Mrs. Fontenot trägt die weiße Gebäckschachtel hinein, die sie jeden Tag mit heimbringt. Es ist dunkel, deshalb sieht sie mich nicht, obwohl ich ganz in ihrer Nähe kauere. Ein paar Mücken schweben vor meiner Nase herum. Ich wedele sie weg, aber einen Herzschlag später hängen sie wieder da, wie Marionetten an ihren Schnüren. Manchmal habe ich das Gefühl, auch an solchen Schnüren zu hängen, mein Kopf ein Klotz,

134

meine Füße große, klobige Holzpantinen. Ich liege in dem stachligen Gras des Grabens und grüble darüber nach, wo Clarice um diese Zeit noch stecken könnte.

Dann flitze ich kurz zu uns nach Hause, ein paar Comichefte und eine Taschenlampe holen, damit ich beim Warten wenigstens was zu lesen habe. Die Taschenlampenbatterien sind leer, also nehme ich die Sturmlaterne vom Nagel in der Waschküche. Daddy braucht sie nur bei Gewitter, wenn der Strom ausfällt, oder beim Camping. Mit der Lampe kann ich so tun, als würde ich zu Abraham Lincolns Zeiten leben und müsste meine Rechnungen bei Kerzenlicht auf ein Spatenblatt kratzen und das alles.

Drinnen im Haus läuft Lecia mit nassen Haaren herum, die Kommodenschublade mit ihrem Sortiment an Lockenwicklern vor sich hertragend wie die Zigarettenmädchen in alten Filmen ihren Bauchladen. Es riecht nach dem rosa Gel, das sie sich ins feuchte Haar schmiert, bevor sie es eindreht. Sie trägt eine Unterhose und ein T-Shirt, das sie im Kunstunterricht gemacht hat; »Superhirn« steht da gedruckt, und darunter ist ein knubbelköpfiges Wesen mit einem nach unten gewölbten Bauchnabel abgebildet. Sie sieht die Sturmlampe und sagt: »Wanderst du mal wieder nach Afrika aus?«

Bevor ich sie auffordern kann, mir den Rosaroten zu küssen, kommt Mutter anspaziert, das Wochenend-Kreuzworträtsel der *New York Times* in der Hand, die Lesebrille auf der Nasenspitze.

»Ein Wort für *Potentat* mit acht Buchstaben.«

»Monarch?«, schlägt Lecia vor. Mit der schmalen Rundbürste teilt sie eine Strähne vom Scheitel ab und klatscht noch etwas Gel drauf, bevor sie das Ende in einen Bürstenwickler dreht.

»Das sind sieben Buchstaben, du taube Nuss«, sage ich.

Ich ziehe die Schublade am Beistelltisch auf, um mir Streichhölzer zu holen, und beim Anblick all dieser Heftchen aus hundert verschiedenen Läden und Lokalen durchfährt mich der Schmerz über den Verlust von Clarices Freundschaft wie ein Speerstich. Wir hatten ein Spiel, bei dem wir abwechselnd und mit geschlossenen Augen ein Heftchen aus der Schublade ziehen mussten. Mit ein bisschen gutem Willen lässt sich daraus die Zukunft ablesen, denn auf den meisten werden Jobs angeboten, bei denen man angeblich hunderte von Dollars im Monat verdient, wenn man nur einen einzigen Dollar an ein Ausbildungsinstitut für Kosmetikerinnen oder Dreher überweist.

Heute Abend wäre ich im Stande, aus jeder Aufschrift eine Horrorvision zu basteln, dabei steht auf dem Päckchen, das ich in die Finger bekomme, nichts weiter als das Wort »Mobil«, wie an den Tankstellen. Dazu das rote Pferd mit Flügeln an den Hufen, mit denen es über den weißen Hintergrund fliegen kann. Zuerst denke ich an Mobile, Alabama, aber dann beschließe ich, das Wort als gutes Omen zu deuten. *Mobil*, denke ich mir. *Dann werd ich eben mobil. Warum auch nicht.*

Mutter schiebt sich mit der Brille das Haar aus der Stirn und schaut auf die Laterne in meiner Hand. »Die ist noch von meiner Mutter«, sagt sie.

Lecia sagt: »Ein hoffnungsloser Fall, unsere arme kleine Mary Marlene.« Ich reagiere nicht, aber sie ist nicht mehr zu bremsen. »Ich habe es versucht«, sagt sie und legt das Gesicht in resignierte Falten. »Ich habe es weiß Gott versucht.« Sie zieht eine Haarsträhne hoch und kramt mit der anderen Hand nach einem Lockenwickler, der groß genug ist. Den ganzen Sommer habe ich dieses lange, verrückte Gedicht über eine Frau gelesen, die ihr Haar zu Violinsaiten spannt, und daran muss ich denken, als ich Lecia mit ihrer hochgezogenen Haarsträhne sehe.

»Jeden Tag, auf jede nur erdenkliche Weise, hab ich versucht, ihr ein Vorbild zu sein, sie zu einem besseren Menschen zu machen. Aber nein. Sie ist ja viel zu gescheit für die dumme Lecia…«

Mutters Blick kehrt zu der Laterne zurück, die bleiern an meiner Seite hängt. »Was willst du damit?«

»Rausgehen und lesen.«

»Wozu?«

Und schon legt Lecia wieder los. »O unerforschlicher Ratschluss«, ruft sie. »In der Garfield Road nach einem rechtschaffenen Mann zu suchen.«

»Mach Mamas alte Lampe bloß nicht kaputt«, sagt Mutter und entschwindet. Bevor auch ich gehe, sage ich noch zu Lecia, dass sie sich statt dem Scheißdreck genauso gut Tapetenkleister auf den Kopf klatschen könnte. Die rosa Haarbürste in ihrer Hand ist federleicht; als sie gegen die Tür prallt, die ich hinter mir zuknalle, ist kaum ein Klicken zu hören.

Drüben bei Clarice gehe ich ums Haus herum in den Garten, weil ich in dem alten Taubenschlag ihres Bruders warten will. Er hat den Käfig aus Holzabfällen und Hühnerdraht zusammengezimmert, und seit alle Tauben gestorben oder fortgeflogen sind, steht das Ding nutzlos herum.

Ich halte ein Streichholz an den Lampendocht, setze das Glas wieder drauf, und kaum ist die Flamme hochgestiegen, wird der Zylinder schwarz. Das größte Wunder an der *Wonderwoman* in meinem Comic ist nicht die Geschicklichkeit, mit der sie das Seil wirft und an Hausfassaden emporklettert, sondern wie sie es immer wieder schafft, dass ihr die Riesentitten nicht aus den Körbchen ihres knallroten trägerlosen Oberteils hüpfen.

Scheinwerfer wischen über den Rasen, zeichnen die Waben des Hühnerdrahts für einen Moment auf mein Gesicht, bevor die Lichtkegel in Mary Ferrells Einfahrt einschwenken. Mrs. Ferrell öffnet die Wagentür und steigt aus. Sie trägt ihre Schwesterntracht. Auf der anderen Seite faltet die langgliedrige Mary Ferrell sich aus der Beifahrertür wie ein zarter Kranich. Und hinten springt Clarice heraus. »Bis morgen«, sagt sie, »und danke fürs Mitnehmen.«

Ich warte, bis die Ferrells im Haus sind und die Austernschalen auf der Auffahrt ihres Vaters unter Clarices Schritten knirschen, dann sage ich »Hallo«.

»Hallo«, ruft sie zurück. Sie beugt sich vor und blinzelt in das Licht der Lampe, während ich mich aus dem Taubenschlag zwänge. »Was machst du da drinnen?« Sie geht gleich quer über den nassen Rasen. »Was hast du mit der altmodischen Funzel vor?«, will sie wissen. Der Schatten auf ihrem Gesicht halbiert ihr Lächeln wie einen abgeschnittenen Mond. Und weil ihre Stimme wie immer klingt, denke ich, vielleicht hab ich mich geirrt, vielleicht war es gar keine böse Absicht von ihr.

»Ich beschatte dich«, sage ich. Und dann: »Dein Haar gefällt mir.« Es ist im Nacken kurz geschnitten, hochgekämmt und mit Spray zu einer Kuppel geformt.

»Ich muss eine Spange reinstecken, damit die Fransen mir nicht in die Augen fallen. Aber die Cheerleader machen es ja auch so.«

»Hast du es von Mrs. Torvino schneiden lassen?«, frage ich. *Torvinos Castle of Beauty* ist der einzige Friseurladen im ganzen County, wo einem die Haare nicht von einem Mann geschnitten werden.

»Von Mary Ferrells Mutter«, antwortet sie. Ich hebe die Lampe hoch, sage noch mal, dass es mir gefällt, und denke dabei: *Mary Ferrells Mutter ist 'ne dumme Kuh.* Denn dass Clarice zu den Ferrells rüberschleicht und sich klammheimlich den kurzen Pferdeschwanz abschneiden lässt, den wir beide den Sommer über getragen haben, ist ein Verrat der allerschlimmsten Sorte.

Mary Ferrell, du miese, gemeine, beste-Freundinnen-weg-schnappende Zicke, denke ich, und die Lampe in meiner Hand wird immer schwerer. Aber ohne sie würde ich mich noch wehrloser fühlen. Zwischen mir und Clarice hat es einen Kampf gegeben, und ich habe unsichtbare Treffer kassiert. Irgendwie verankert mich das Gewicht der Lampe im Hier und Jetzt.

Unter Clarices Regenmantel schaut ein Namensschild hervor, und es steckt an einem bonbonrot und weiß gestreiften Kittel, der Tracht der freiwilligen Helferinnen im Krankenhaus. »Haben sie dich eingezogen, oder was?«, frage ich, denn dass sie aus Clarice eine Lutschstange gemacht haben, ist ein Schlag, den ich erst verdauen muss. Ich fühle mich plötzlich so einsam, dass ich ganz starr werde. Nicht einmal gesagt hat sie es mir! Die Nacht kühlt ab. Vom Golf tönt fernes Donnergrollen herüber – der Teufel spielt Bowling, sagen die Leute. In der regenschwangeren Luft stehen Clarice und ich uns gegenüber wie zwei Revolvermänner.

Schließlich zieht sie den Regenmantel über der Brust zusammen, damit Uniform und Namensschild nicht mehr zu sehen sind. »Ich wusste, dass du so sein würdest.«

»Wie denn?«

»So eben!« Sie schnaubt leise. »Wie du eben bist. So bist du doch bei allem.«

Ich überlege fieberhaft, wie ich meine Art zu sein verteidigen könnte. Über die ich mir nicht einmal im Klaren bin. Ich sage: »Jeder ist, wie er ist. Bei allem. Das ist doch nicht verboten.«

»Immer tust du so, als ob du klüger wärst als andere. Du bist die Kluge, und alle anderen sind dumm.«

139

Ich dringe nicht bis auf den Grund dieser Wahrheit, aber eine Ahnung schwebt mir vor Augen. »Wann hab ich so getan? Nenn mir ein einziges Beispiel.«

Sie tritt von einem Fuß auf den anderen. »Ich muss gehen«, sagt sie.

»Ach komm«, sage ich und hoffe, dass es beherzt klingt. »Wie bin ich denn?« Ich stelle die Sturmlaterne ab und reibe mir die Finger, wo der Drahtbügel hineingeschnitten hat. »Ich will es wirklich wissen. Wer soll es mir sagen, wenn nicht du?«

»Du machst dich über alles lustig«, sagt sie.

»Ach, und du wohl nicht«, erwidere ich. Mein Ton ist sarkastisch, aber in Wahrheit zieht sich mir die Kehle zusammen. Sie dreht sich zum Haus um, aber niemand kommt und errettet sie vor diesem Gespräch.

»Nicht so wie du«, sagt sie. Sie kaut eine Weile auf der Unterlippe. »Du machst dich über die Kirche lustig«, sagt sie schließlich.

»Wann hab ich mich über die Kirche lustig gemacht?«

»Du sagst, der Papst trägt Frauenkleider. Und dass die Leute in der Messe niederknien, um Puppen anzubeten.«

»Ich hab gesagt, Carol Sharp sagt, dass ihr Vater das sagt. Und es waren nicht Puppen. Es waren Götzenbilder.« Ich merke, dass meine Stimme lauter wird. Und trotzdem brülle ich jetzt noch lauter: »Knie nieder. Oder lass es bleiben. Mein Gott, das hier ist ein freies Land. Mach doch, was du willst.« Anscheinend ist die Stille, in die ich hineinbrülle, aus Blech. Die Luft scheppert noch, als ich schon wieder schweige. Dann füge ich noch hinzu: »Und trägt der Papst etwa keine Frauenkleider?«

»Und wenn ich Sekretärin spielen will, sagst du ...« Sie fuchtelt in der Luft herum, als wollte sie ein unsichtbares Wesen beschwören und zugleich verscheuchen. Mir wird klar, dass sie schon eine ganze Weile über diese Dinge grübelt. Und, noch schlimmer, dass sie sich nicht getraut hat, mit mir darüber zu reden.

»Als du letztes Mal da warst, hab ich mit dir Sekretärin gespielt, verflucht!«

»Halt ein einziges Mal die Klappe und hör zu!«

»Ich habe gern Sekretärin gespielt...!« Was nicht stimmt. Aber immerhin habe ich versucht, mir die Tastatur der Schreibmaschine einzuprägen, weil ich dachte, dass das nützlich sein könnte, wenn das mit der Dichterin nichts wird und ich doch Journalistin werden muss. »Ich kann sogar meinen Namen in Steno schreiben!«

»Halt die Klappe!«, brüllt sie und reckt ängstlich den Hals, um ins Haus zu schauen, aber wahrscheinlich läuft drinnen die Klimaanlage auf Hochtouren. Aus der Lampe kringelt sich Rauch, als ich sie wieder zur Hand nehme.

»Okay«, sage ich. Die Worte schmecken angebrannt in meinem Mund. »In Ordnung.«

Sie knickt die Hüfte heraus und reckt den Zeigefinger hoch – der erste Posten einer Aufzählung. »Du weißt, dass ich in der Schule den Sekretärinnenkurs besuche, aber du sagst: – (sie biegt den Zeigefinger zurück) – ›Ich will Dichterin werden‹, – (sie biegt den Mittelfinger zurück) – oder: ›Ich will Chefredakteurin bei einer Zeitung werden‹, oder: – (sie biegt den Ringfinger nach hinten) – ›Wer will schon für eine von diesen Anzug tragenden Arschgeigen den Rücken krumm machen?‹« (Den kleinen Finger biegt sie so weit nach hinten, dass er aus dem Gelenk zu brechen droht.)

Plötzlich sehe ich sie dastehen wie am falschen Ende eines Tunnels. Wie klein und ängstlich sie hier in ihrem Garten wirkt, zwischen dem verlassenen Taubenschlag und einem leeren Hundezwinger. Ihre bonbonrot gestreifte Uniform ist aus zweiter Hand, von einer Vorgängerin abgelegt, und wahrscheinlich hat es eine halbe Stunde gedauert, sie zu bügeln und zu stärken. Wie oft hab ich sie beschworen, dass sie nicht in diesem gottverlassenen Nest bleiben, sondern auf ein College gehen soll – wohl gemeinte Ratschläge, wie ich bisher dachte –, aber nun auf einmal bekommen sie einen ganz neuen Beiklang, denn der Wunsch, einen anderen mit aller Gewalt umkrempeln zu wollen, kann ja gar nicht wohl gemeint sein. Es war nicht Fürsorge, die mich dazu getrieben hat, sondern einzig und allein Geringschätzung ihrer Person und ihrer Ziele im Leben.

Die bittere Wahrheit ist, dass ich diejenige bin, die eine Generalüberholung braucht. Wenn ich je laut aussprechen würde, wie viele Gedanken ich mir zum Thema parallele Satzkonstruktionen und dem Gebrauch des Semikolons mache, hätte ich die nächste Ladung Minuspunkte weg.

Clarice sieht aus, als würde sie gleich losheulen. In den Lidern unter ihren runden braunen Augen sammeln sich schmale quecksilberne Halbmonde.

Als sie wieder spricht, scheint ihre Stimme unbemerkt einer fernen arktischen Region in ihrem Inneren entkommen zu sein. »Was ist so Schreckliches daran, wenn man seinem Chef einen Kaffee bringt?«, will sie wissen. »Es ist nett. Oder wenn man schnell tippen kann. Entweder das oder Krankenschwester, und Krankenschwester sein geht auf die Füße, sagt Moselle Ferrell, und wir haben katastrophale Füße in unserer Familie.« Ich erinnere mich dunkel an ein Gespräch mit ihrem Großvater über so genannte »Hammerzehen« und mein Entsetzen, als er nach dem Abendessen Schuhe und Socken auszog und eine Reihe winziger Hämmer an den Fußspitzen entblößte.

Scheinbar aus dem Nichts strömen die angestauten Tränen aus mir heraus und laufen an beiden Backen herunter. Und als ich etwas sagen will, steckt mir ein Kloß im Hals, und die Worte kommen nur mühsam daran vorbei. »Ich wollte nächste Woche in den Junior-High-Sekretärinnen-Club eintreten«, sage ich. Das ist eine glatte Lüge. Mutter sagt, eine Sekretärin ist man nicht, eine Sekretärin hat man.

»Du kannst eintreten, wo du willst, Mary Karr, deswegen kannst du trotzdem nicht aus deiner Haut.« Ihr sind die Tränen offenbar in den Kopf zurückgeflossen, als sie meine gesehen hat. Sie fasst nach meinem Arm, ich ziehe ihn weg. Die Laterne knallt mir gegen das Schienbein, ich sage *Scheiße*, sie dreht sich zum Haus um und sagt *psst*. Ich reibe mir mit dem Handballen die Augen, aber mein ganzes Gesicht ist überströmt, als wäre in mir ein Wasserrohr geplatzt. »Du fändest es grauenhaft, im Krankenhaus zu arbeiten. Aber mir macht es Spaß. Wirklich. Man bringt Leuten Blumen, und sie freuen sich, einen zu sehen, und man darf ihnen das Fieber und den Puls messen.«

»Ich will doch nur nicht, dass du…« Noch einmal versuche ich ihr begreiflich zu machen, warum sie auf die Uni gehen muss statt auf die Sekretärinnenschule. »Ich will nur nicht, dass du so… begrenzt…« Ich wähle extra dieses nichts sagende Wort, um sie nicht noch mehr zu verärgern. Aber es trifft sie wie ein Brandpfeil.

»Begrenzt! Begrenzt! Jenny Raines hat ganz Recht. Du hältst dich wirklich für klüger als alle anderen.«

Dass es überhaupt je zur Debatte stehen konnte, ob ich klüger als alle anderen bin, ist ein Schock, der den Tränenfluss jäh unterbricht. Natürlich bin ich klüger als alle anderen, das ist eine Überzeugung, die meine Eltern mir mein Leben lang eingetrichtert haben.

»Mein Daddy ruft mich«, sagt sie und dreht sich auf dem Absatz um.

Ich stehe da, stumm wie ein Fisch. Ich müsste etwas sagen. Die Worte »Es tut mir Leid« schießen mir durch den Kopf, aber ich könnte sie niemals laut sagen. Clarice reißt die Seitentür auf und verschwindet im Haus.

Mir ist nicht mehr nach Weinen zu Mute, als ich nach Hause gehe. Irgendwie sind alle Tränen versiegt. Aus dem Zylinder der Sturmlaterne steigt schwarzer Ruß wie aus einer Öffnung in der Erde. Genau dieser Petroleumgeruch, denke ich, muss in den Verließen der Hölle herrschen.

Zu Hause brennt nur das Küchenlicht. Aus dem Schlafzimmer meiner Eltern klingt das dumpfe Murmeln des Fernsehers. Ich gehe ins Bett, ohne mir die Zähne zu putzen oder das Kreosot von den Füßen zu waschen. Ein paar Minuten versuche ich noch zu weinen, aber es kommen keine Tränen mehr.

TEIL DREI

*

Auf der Schwelle

Wenn der Sinn haftet an einem Grashalm,
wird ein Ameisenbein dich retten.

Ezra Pound *Canto LXXXIII*

8

Du musstest erst in deinem Englischbuch für das achte Schuljahr die Geschichte von dem Priester lesen, der die Welt durch einen schwarzen Schleier sieht, um zu erkennen, dass sich über alles, was du siehst, eine dünne Rußschicht gelegt hat.

Deine Gliedmaßen fühlen sich an, als wären sie mit Sand oder Bleikugeln gefüllt. Du fühlst dich schwer, bleischwer, und dabei isst du kaum etwas. Für Lecia bist du der Prototyp der Frau ohne Hintern. Mutter sagt, sie wünschte, sie könnte dir zehn von ihren Pfunden abgeben. Daddy hält dir jeden Abend den dampfenden Teller mit den drei Abteilen hin – weit von sich gestreckt, um die Schnapsfahne nicht in schwarzäugige Erbsen und Maisbrot sickern zu lassen – und sagt, um Gottes willen, nun iss endlich.

Nachts liegst du in deinem Bett auf dem Bauch und schreibst Gedichte in kalligrafischer Schrift ab, die so schön ist, dass der Sinn der Worte zurücktritt und den Formen der Buchstaben das Feld überlässt. Sie werden zu Strichzeichnungen von Vögeln auf blauen Drähten oder Ballett-Eleven an der Barre. Ein Teil von dir verlangt nach solcher Ordnung. Ein anderer Teil spürt, dass jeder deiner Schritte vorherbestimmt ist und du dich hin und her bewegst wie eine Schachfigur.

Du bist nicht wirklich verrückt. Es erscheinen dir keine ungebetenen Butzemänner oder Kobolde. Aber irgendwie ist dein Denken wirr. Du hast das Gefühl, eine Schlüsselszene ist dir entgangen und lässt sich nicht rekonstruieren.

Vielleicht hat es angefangen, als John Cleary auf dem Jahrmarkt mit einer drallen Schwarzhaarigen an der Hand aus dem Karussell geklettert ist. Wahrscheinlich hat sie 'n Schimpansengesicht, hast du gedacht. Aber dann hat er ihr das Haar hinters Ohr geschoben, und dahinter kam ein blauäugiges Antlitz wie das der jungen Liz Taylor in *Kleines Mädchen, großes Herz* zum Vorschein. Mein Gott, hast du gedacht, der kannst du nicht das Wasser reichen.

Du denkst nicht etwa pausenlos daran. Du hast es weitgehend aus deinem Bewusstsein gelöscht, dass der Traum von John Cleary ausgeträumt und Clarice nicht mehr da ist. Auch die Lebensfremdheit deiner Familie ist nur Schein, jeder von ihnen ein ferner Schatten.

Aber bei der geringsten Enttäuschung kullern Tränen dir über das sonst ausdruckslose Gesicht. In der Achten ist es ein lächerlicher Leichtathletikpreis; du hast alle Kriterien erfüllt, und trotzdem gehst du bei der Preisverleihung in der Aula leer aus. Deine Bemühungen darum – wochenlange Kurzsprints, bis die Füße schmerzten – sind der einzige richtige Einsatz in diesem Jahr. Eigentlich hat der Preis keinerlei Bedeutung, aber er ist nicht leicht zu gewinnen, auch wenn Lecia ihn in der Siebten mühelos gewonnen hat – eine Tatsache, an die sie dich und jeden anderen unaufgefordert erinnert.

Und so erscheint die Junior-High-School wie eine Reihe von Missgeschicken; ohne es zu wollen springst du von einem Schlammloch ins nächste, und jedes Mal landest du tiefer im Dreck.

Plötzlich bist du in der Neunten. Du findest dich in Schulleiter Briggs Büro wieder, die Tür ist geschlossen, du stehst vor seinem Schreibtisch und musst daran denken, dass du das

Wort »Direktor« aus einem Schulbuch gelernt hast: Der Direktor ist dein bester Freund, lautete der Satz. Briggs öffnet in aller Ruhe seine Post und lässt dich warten. Dieselbe Übung müssen alle über sich ergehen lassen, die zum wiederholten Male zu ihm zitiert worden sind – er schlitzt die Umschläge mit einem silbernen Brieföffner auf und bläst hinein, um die Briefbögen besser entnehmen zu können. Mit diesem Intermezzo will er dich zermürben, als könnte er dich noch mehr demütigen. Du stehst da und wartest auf deinen Verweis, weil du es sinnlos findest, noch ein Jahr lang Algebra lernen zu müssen.

Er nimmt die Benjamin-Franklin-Brille von der Nasenspitze. Unter dem grauen Bürstenschnitt erkennst du die Narbe über dem Ohr, wo sie ihm eine Silberplatte in den Kopf gesetzt haben. Er sagt, dass du die Mathematik nötiger hast, als du glaubst.

Du antwortest: »Eigentlich wollte ich Lyrikerin werden, Sir.«

»Was?«, fragt er.

»Lyrikerin«, sagst du. Im Nebenzimmer schießt eine elektrische Schreibmaschine eine Schnellfeuersalve ab und verstummt wieder. Offenbar wartet er, bis der Wagen klingelt und das Geratter von vorne losgeht.

Dann fragt er: »Und wie funktioniert das genau?«

»Das ist jemand, der Gedichte schreibt.«

»Das weiß ich, aber wie willst du die Leute dazu bringen, dich dafür zu bezahlen?«

Für einen Moment bist du sprachlos. Dann sagst du: »Ich verkaufe meine Bücher.« Vor ihm auf dem Schreibtisch steht ein goldener Football, mit goldenen Stiften schräg in einem Granitsockel verankert. Hinter Briggs Bürstenschädel hängen gerahmte Fotografien ehemaliger Football-Teams.

»Was meinst du, wie viel das bringt?«, fragt er.

»Ich verstehe nicht, Sir?«

»Lass es mich anders ausdrücken«, sagt er schließlich. »Was meinst du, wie viele Gedichtbände im Bücherschrank eines normalen amerikanischen Haushalts stehen?«

Du begreifst, worauf er hinauswill, und sattelst vorsichtshalber kräftig drauf auf die Zahl. »Bei uns zu Hause? Vielleicht dreißig oder vierzig, Sir.«

»Und ihr seid ein normaler Haushalt«, sagt er.

Unbehagen beschleicht dich, denn niemand würde dein Zuhause normal nennen. Du presst das Wort »ja« hervor und erstickst beinahe daran.

»Ich glaube nicht, dass euer Haushalt ein normaler Haushalt ist, Miss Karr.« (Das Wort »Miss« klingt wie ein Zischen.) »Vielleicht steht in jedem zweiten Haus ein Gedichtband«, sagt er. »Gut, seien wir großzügig und sagen: ein Gedichtband in jedem Haus.«

Einen Augenblick lang bist du sprachlos. Du willst sagen, dass es unfair ist. Aber die Unfairness lässt sich nicht richtig greifen. Er weiß genau, dass du nicht einfach sagen kannst, die Leute in Leechfield seien Holzköpfe und als deine Leserschaft nicht geeignet (abgesehen davon, dass du später deine Ansicht darüber ändern wirst). Das würde ihn einschließen und wäre eine Beleidigung. Vorsichtig löst du einen schweißnassen Oberschenkel vom Kunstlederbezug des Sessels und ziehst den Rock herunter.

»Und das ist dann dein Buch«, sagt er. »Dieser eine Gedichtband, den sich jede Familie kauft, der ist von Mary Karr und nicht von ... na, sagen wir, Mr. Longfellow.« Bei der plötzlichen Nennung dieses Namens galoppieren dir die ersten Zeilen von »Hiawatha« auf einem vom Pentameter getriebenen Pferd durch den Kopf. Er ist nicht der Erste, der darauf hinweist, dass Dichter keine Großverdiener sind, aber deinen Eltern liegen solche Sorgen völlig fern. »Ach, Pokey, du kannst machen, was dir Spaß macht«, würde Daddy sagen (eine Rücken-deckung, die so allgemein wie wirkungslos ist), während Mutter einfach nur erklären würde, dass diese Idioten Lyrik nicht von Ameisen unterscheiden können.

Briggs winkt ab und sagt:«Lassen wir das mit der Poesie. Wenden wir uns handfesteren Dingen wie der Mathematik zu. Zum Gedichteschreiben brauchst du sie natürlich nicht. Aber alles andere erfordert ein solides Grundwissen in Mathematik. Vor allem heutzutage, im Zeitalter der Raumfahrt.«

Das verblüfft dich. Du meinst es nicht klugscheißerisch, als du sagst: »Zum Beispiel?«

Auf das Stichwort hat er gewartet. Er sagt: »Du musst rechnen können, um die Zutaten zu einem Rezept auszuwiegen. Stell dir vor, dein Mann will eine Dinner-Party geben. Dann musst du alle Angaben im Kochbuch verdoppeln oder verdreifachen. Du musst die Mengen multiplizieren können, und zwar nicht nur drei Eier oder vier Tassen, sondern auch Hälften und Drittel. Da hast du deine Algebra!« (Er zielt mit dem Zeigefinger auf seinen Terminkalender und stößt so hart zu, dass du hinschaust, ob dort eine Kakerlake gesessen hat. Hat aber nicht.)

Du denkst nicht daran, ihm Einblick in die verschiedenen Lebensentwürfe zu gewähren, die du dir zurechtgelegt hast – ein Apartment in New York, eine Schilfhütte am Meer, eine viktorianische Villa in einem Labyrinthgarten. Dein Schweigen bringt dich an den Rand der Tränen. Ein einziges Wort kann die Schleusen öffnen.

Seinen Abschiedsspruch verpasst er dir in der offenen Tür, damit das gesamte Büropersonal mithören kann: »Ich garantiere dir, dass du ohne Mathematik als gewöhnliche Prostituierte enden wirst.« (Später erfährst du, dass er fast allen Mädchen den Käse mit der *gewöhnlichen Prostituierten* aufgetischt hat, und die Jungen ließ er als *gewöhnliche Verbrecher* enden.)

Etwas später im selben Jahr: Du gehst eine Woche lang jeden Tag mit Wally Ray Gans nach Hause, in der Hoffnung, dass er dich zur Heuwagenfahrt bei Demolay mitnimmt, die am Freitag stattfindet. (Der Orden der DeMolay ist für Jungen, was die Masons für Mädchen sind.) Wally Ray ist ein John Cleary für Backfische, blond und blauäugig, nur eben schüchtern, der Letzte, der im Unterricht die Hand hebt, auch wenn er als Erster die Antwort weiß. Du findest, dass er – wie Mutter es ausdrücken würde – Seele hat. Er sagt, er ruft dich vielleicht an, wegen der Heuwagenfahrt, und du bist überzeugt, kurz vor deinem ersten Rendezvous zu stehen.

Der Anruf kommt, während du auf der Veranda darauf lauerst, dass Wally Ray vorüberschlendert. Lecia, die in Erwartung der Anrufe ihrer eigenen Freier das Telefon nicht aus den Augen lässt, fängt ihn ab und sagt für dich zu, damit der Anrufer möglichst schnell wieder aus der Leitung geht. Als du gegen sechs wieder reinkommst, verschwitzt und ohne Hoffnung, Wally Ray noch zu Gesicht zu bekommen, sagt sie, dein kleiner Freund habe angerufen und sei um sieben hier.

Aber als es genau um zwei Minuten vor sieben klopft und du die Tür aufstößt, fällt dein Blick nicht auf das gelassene, ruhig lächelnde Gesicht von Wally Ray Gans. Das Schicksal spielt ein besonders grausames Zuckerbrot-und-Peitsche-Spiel mit dir: Die Veranda rahmt niemand anderen als Mortimer G. Beauregard – einen Mormonenjungen aus Mississippi, der so herzhaft grinst, als er dich sieht, dass du dich zwingen musst, ihm die Tür nicht vor der Nase zuzuschlagen. Mortimer sagt: »Deine Schwester hat gesagt, du wärst fertig, und zieh dich bloß nicht zu fein an.«

Mortimer ist berüchtigt für religiösen Eifer und zu kurze Karottenhosen, wenn überlange Bell Bottoms angesagt sind. Er trägt weiße Socken und wichst sich die schweren Schuhe mit Speichel blank. Sein Hemdkragen ist so steif gestärkt, dass der dünne Hals sich aus der weitläufigen Peripherie herauszuschlängeln scheint.

Mortimers Bruder bringt euch zur Heuwagenfahrt, in einem Auto, in dem die Rostlöcher im Boden mit Pappkartons abgedeckt sind. Aber bevor du an Mortimers Arm aus besagtem Auto steigen musst, tritt ein Glücksfall ein, eine göttliche Fügung, wie du es später nennst: Vom Golf weht ein Gewitter herein, schwärzt den Himmel, droht mit Tornados, und die Heuwagenfahrt wird abgesagt. Mortimer und sein Bruder kommen im Laufschritt von der Hütte zurück zum Auto, auf dessen Rücksitz du in volle Deckung gegangen bist. »Es fällt aus«, sagt der Bruder, und Mortimer rutscht neben dich, sagt: »Verdammt!« und schnippt wütend mit den Fingern.

Dir geht es gleich viel besser. Auf der Rückfahrt zu deinem Haus fühlst du dich, als hätte man das straffe Seil gekappt, das dich an Mortimers Seite ins gesellschaftliche Nirgendwo gezogen hätte. Dein fröhliches Geplapper scheint ihn noch bedrückter zu machen.

Irgendwann schlägt Mortimers Enttäuschung auf deine Erleichterung zurück. Als ihr in eure Einfahrt biegt, sitzt er so niedergeschlagen, so kümmerlich und mager unter der Innenleuchte im Dodge seines Bruders, die Haare nass auf die Seite gekämmt wie ein trauriger kleiner Hahn, dass du dich fragen hörst, ob er nicht Lust hätte, mit dir eine Cola trinken zu gehen.

Und so kommst du doch noch zu deinem ersten Rendezvous. Seine Hose endet weit oben auf den weißen Schienbeinen, und er sitzt vornübergebeugt, redet mit der ernsten Inbrunst eines verzweifelten Staubsaugervertreters auf dich ein. Fast den ganzen Abend lang feilscht er um deine verlorene, nicht-mormonische Seele. (Du findest nicht den Mut, ihm zu sagen, dass du nicht einmal getauft bist, eine gottlose Heidin, eine presbyterianische Möchtegern-Buddhistin.) Er erklärt dir, warum in seiner Kirche selbst der Himmel geteilt ist: »Die Farbigen wollen gar nicht in unseren Himmel« – und das, obwohl er behauptet, es sei ein höherer, Gott und Jesus näherer Himmel.

Gegen zehn Uhr hat jegliches Mitleid mit Mortimer sich in blanke Verachtung verwandelt. Er steht auf deiner Türschwelle und macht einen letzten Versuch, dich zu überreden, nächstes Wochenende in der mormonischen Erdnussbutterfabrik zu arbeiten. Obwohl dich nie jemand irgendwohin einlädt und du deiner Schwester ständig vorjammerst, du würdest sogar zum Hundekampf gehen, nur um mal aus dem Haus zu kommen, sagst du: »Nein, nein, danke, Mortimer«, und kannst es kaum erwarten, die Tür für immer vor ihm zufallen zu sehen. Dein letzter Handschlag kommt so schnell, dass er (zumindest in deiner Erinnerung) dem Ziehen eines Revolvers ähnelt.

Am Montag findest du auf deinem Spind eine Nummer der *Joseph Smith Legacy*. Darunter liegt ein akkurat zusammengefalteter Zettel, auf dem, unsigniert, ein mit Schreibmaschine für dich oder einen namenlosen anderen geschriebenes Gedicht steht:

> *Hab dich heut auf deinem Pferd gesehen,*
> *deine Augen wie Eier, deine Haare wie Heu.*

Als du später in die Rhetorikstunde kommst, ruft Mortimers Nebelhornstimme dir mit dem forcierten Enthusiasmus eines Discjockeys entgegen, es sei ein tolles Rendezvous mit dir gewesen. Natürlich wiederholt sich das Wort »Rendezvous« nicht in immer größer werdenden Neonbuchstaben – rendezvous Rendezvous RENDEZVOUS – bis in einen fernen grünen Horizont hinein. Natürlich dreht sich nicht der ganze Raum wie auf Befehl um und glotzt auf deine erstarrte Gestalt in der Tür. Du kannst Mortimers Behauptung weder widersprechen noch auf ihre Perfidie hinweisen, ohne größere Aufmerksamkeit auf die Geschichte zu lenken. Aber irgendwann erreicht ihn die Eiseskälte, die von dir ausgeht, und er schweigt und schrumpft zusammen wie ein mit Salz bestreuter Blutegel.

Es ist Sommer geworden. Deine Mutter hat ihren Abschluss mit Auszeichnung gemacht und den Malkurs an einer örtlichen Junior-High-School abgeschlossen. Eigentlich sollte der Sommer ihr Erleichterung bringen, Zeit, auf dem Weg zur angestrebten Promotion ein paar Kurse in Kunstgeschichte zu absolvieren. Aber sie findet die Ruhe nicht. Nahezu pausenlos dreht sich der gepeitschte Blues von Big Brother and The Holding Company auf dem Plattenteller. Während Lecia das Haus für den kurzen Auftritt ihres neuesten Verehrers putzt, über dessen geistige Beschränktheit Mutter sich unweigerlich lustig machen wird, krächzt die junge Janis Joplin, die aus dem nahen Port Arthur stammt:

I'm just like a turtle, baby,
Hiding underneath my horny shell…

An einem Wochenende geht Daddy auf einen Angeltrip, und noch in derselben Nacht verschwindet Mutter wieder. Diesmal liegt keine Nachricht auf dem Sperrholztisch. Und sie scheint auch keinem ihrer Kollegen oder Freunde auf dem College über den Weg gelaufen zu sein – jedenfalls keinem, dessen Telefonnummer aufzutreiben war. Und so tun sich an diesem Abend reihenweise innere Felsschluchten auf, in die du nacheinander hineinstürzt.

155

Und wenn sie sich noch so oft aus dem Staub macht, du wirst dich nie daran gewöhnen. Kaum sitzt du mit einer Dose Birnen vor dem Fernseher, um dir die *Laugh-In-Show* anzugucken, entzündet ihre Abwesenheit einen Feuersturm in dir, und die Figuren auf dem Bildschirm bewegen nur noch tonlos die Münder. Du gibst auf, stellst den Apparat aus und sitzt unruhig herum, bis Lecia von ihrem Rendezvous nach Hause kommt.

Sie macht sich über deine Angst lustig, aber während ihr beide im Schneidersitz neben dem Telefon hockt, lesend, kaut sie ihre bereits angenagten Nägel bis aufs blutige Fleisch herunter. Gegen Mitternacht fahrt ihr in Daddys grünem Truck kreuz und quer durch das County. In der Hoffnung, Mutters Auto irgendwo zu sichten, steuert Lecia jede Kneipe, jeden Schnapsladen an.

Wieder daheim, sitzt ihr die halbe Nacht in den geflochtenen Liegestühlen unter dem tröpfelnden Seifenbaum herum. Ihr wartet auf das Klingeln des Telefons oder darauf, dass Mutters Wagen in die Einfahrt gerumpelt kommt. Weil ihr im Geiste alle leichteren Katastrophen durchgespielt habt, die Mutter zugestoßen sein könnten, und weil zum Schluss nur noch Tragödien übrig bleiben, zu denen flirrende Rotlichter auf Streifenwagen gehören, fangt ihr an zu streiten.

Wessen Fehlverhalten könnte Mutter diesmal aus dem Haus getrieben haben? Lecia sagt, deine düstere Übellaunigkeit würde – wie sie es ausdrückt – selbst Jesus dazu treiben, Seifenwasser zu saufen. Du behauptest, Mutter würde sich wegen Lecias analphabetischem Freund ernsthafte Sorgen um ihre Zukunft als Großmutter machen – vor allem hinsichtlich der Frage, ob Kinder aus solchen Ehen mit gegenständigen Daumen geboren werden oder nicht. So geht es hin und her. Manchmal bringt ein heranrauschendes Auto euch zum Schweigen, gleitet vorüber, nimmt das Schweigen mit sich.

156

Bei Sonnenaufgang plärrt das Telefon, und Lecia reißt den Hörer von der Gabel. Mutter ist im Holiday Inn, mit einem solchen Kater, dass sie unmöglich selber fahren kann. Lecia soll mit Daddys Truck kommen. Ihre Schrottkiste könnten wir später abholen. Ob es Mutters Vorschlag war, dass du zu Hause bleiben sollst, oder ob es Lecia einfällt, als ihr rückwärts aus der Garage setzt – du fühlst dich plötzlich wie ein Kind, das dem Seilende nachschaut, wie es in der Sperrholztür zum Baumhaus verschwindet.

Schließlich kommt der Truck zurück in die Garage geschnauft. Lecia läuft um den Wagen herum, um die Beifahrertür aufzuziehen. Die Tür knarrt in ihren rostigen Angeln wie ein Seeungeheuer. Mutter rutscht heraus, unsicher auf den Beinen wie ein Fohlen, aber Lecia stützt sie.

Mutter liegt im Bett und wimmert leise vor sich hin. Hin und wieder brandet eine Welle in ihr hoch, steigert das Wimmern zu stoßweisem Schluchzen. Währenddessen läuft Lecia geschäftig wie eine Stabskrankenschwester herum. Woher kennt sie bloß all die richtigen Heilmittel? Ein mit Eis gefülltes Handtuch für Mutters Stirn. Ein Glas lauwarmes Ingwerbier für den Magen. Ein Kopfkissen, warm aus dem Wäschetrockner. Auf solche Wohltaten wärst du im Leben nicht gekommen. Du schaust Lecia beim Bemuttern zu, bis ihr Schützling endlich schläft, auf ihrer Seite des riesigen Bettes eingerollt wie eine Versteinerung, die du in einem ausgetrockneten Flussbett gefunden hast.

Lecia sagt nur, das Hotelzimmer habe katastrophal ausgesehen. Im Lauf der Stunden rückt sie mit weiteren Einzelheiten heraus. Mutter hat sich auf dem Flur und im Badezimmer übergeben und die Seite des Autos voll gekotzt. Ihre Kreditkarte ist irgendwo verloren gegangen. Lecia musste das Zimmer mit ihrem eigenen Geld bezahlen und mit dem Kleingeld, das sie aus den Tiefen von Mutters Portemonnaie und vom Boden des Autos zu Tage förderte.

Es wird schon dunkel, als Mutter die Augen wieder aufschlägt. Sie greift mit zitternden Händen nach einer Zigarette, und du hilfst ihr, sie anzuzünden. Die Zigarette ist ihre Rettung, sagt sie. Lecia bietet ihr Hühnersuppe an, und sie sagt Ja.

Aber der Dosenöffner ist noch nicht um den Rand der Dose herumgesummt, da rennt Mutter ins Badezimmer. Lecia dreht am Türknopf. Abgeschlossen. Erst nach längerem Schweigen antwortet Mutter. Sie behauptet, Daddys 45er Colt bei sich zu haben und sich damit umbringen zu wollen.

Und das ist das Szenario bei Sonnenuntergang: Lecia steht auf dem Flur, kerzengerade im Kreuz wie ein Feldwebel, aber ihre Stimme, mit der sie durch die geschlossene Tür spricht, klingt leise, beinahe traurig. Sie redet auf Mutter ein und macht dir Zeichen, dass du die Klappe halten sollst. Du kritzelst ihr Ratschläge auf einen Zettel – eigentlich deine erste richtige Handlung, seit Mutter sich eingesperrt hat: *Wir müssen die Polizei rufen!* Oder: *Lass uns hinters Haus gehen und das Fenster einschlagen!* Lecia winkt ab. Manchmal stockt das Gespräch. Dann wird das Schweigen hinter der Tür fast spürbar, kräuselt die Luft in dem mit Linoleum ausgelegten Flur.

Der Mond ist schon ein Stück am Himmel hinaufgeklettert, als dir plötzlich klar wird, wie ungerecht das alles ist. Ehe du dich's versiehst, brüllst du durch den ganzen Flur zu der geschlossenen Tür, vor der Lecia steht, als wollte sie deinen Worten den Zutritt verwehren: *Na los, tu's doch, verdammt. Ich mag nicht mehr warten. Erschieß dich, wenn du den Mut hast…*

Lecia fuchtelt mit den Armen, damit du ruhig bist. Schließlich schiebt sie dich aus dem Flur, sagt: »Hau ab hier, wenn du das nicht aushältst.« Eine Gegenströmung spült die Grausamkeit deiner Worte über dich hinweg, du rennst in dein Zimmer und wirfst dich aufs Bett, ziehst dir das Kissen über den schwirrenden Kopf und wartest auf den Schuss, der nicht fällt und nicht fällt. Dann fängst du bitterlich zu weinen an, nicht über Mutter oder Lecia oder deinen armen Daddy, der wahrscheinlich gerade angesäuselt und frei von Sünde mit seinen Kumpeln unter sternklarem Himmel Barsche grillt. Nein, du weinst über dich selber. Bis dein unerlöstes Selbstmitleid dich in einen steinernen Schlaf fallen lässt.

Kurz vor Sonnenaufgang hörst du ein klirrendes, splitterndes Geräusch – Stein auf Stein, vielleicht, oder Metall auf Stein. Rhythmisch, zu langsam, um zielbewusst zu klingen, aber laut und nah genug, dich aus dem tiefen Dinosaurierdröhnen der Klimaanlage zu reißen.

Deine nackten Füße frieren auf der Gartenveranda. Lecia sitzt mit dem Rücken zu dir auf der obersten Stufe. Sie trägt ein übergroßes Football-Hemd. Sie sitzt weit vorgebeugt, das Kinn berührt beinah die Knie.

Schließlich fragst du, was das für ein Scheißlärm hier draußen ist.

»Ich hämmere ein bisschen«, sagt Lecia. Du beugst dich über ihre Schulter und siehst den Kugelhammer, mit dem sie die Kanten der Klinkerstufen abschlägt.

»Wenn Daddy das sieht, reißt er dir den Kopf ab«, sagt du. Lecia reagiert nicht darauf, sucht sich die nächste scharfe Kante und fängt an, sie abzuschlagen. Die Luft steht still. Der Nebel im Garten scheint alle Geräusche bis auf Lecias scharfes *Klink* (Pause) *Klank Klank* zu schlucken. In der Waschküche rumpelt der Trockner. Du sagst ihr, dass sie total verrückt geworden sein muss. »Er wird wissen, dass du es warst.« Und warum sie ihn auch noch verärgern muss, ob es nicht reicht, dass Mutter eine Schnapsleiche ist.

»Es ist mir scheißegal, was er denkt«, sagt Lecia.

159

Im Nachbargarten wuchtet jemand Säcke mit schwerem Inhalt, vielleicht Zement oder Sand oder Kalk, auf die Ladefläche von Mr. Lawrences Truck. Wenn es Aaron ist, der schwarze Zimmermann, und wenn Daddy hier wäre, würden sie bald bei den Abfalltonnen stehen und den Flachmann über den Maschendrahtzaun hin und her gehen lassen.

Lecia sieht dich eine volle Minute lang an. Sie muss sich im Schlaf das Gesicht gerieben haben. Ihre Augen sind verschmiert von Wimperntusche. »Die haben nicht einen Funken Verstand«, sagt sie. »Hast du das noch nicht kapiert, Mary? Jeder Ziege hat Gott mehr Verstand gegeben.«

»Was redest du da?«, fragst du.

Es wird schon wieder heiß. Die Siamkatze hat sich auf den warmen Fliesen zusammengerollt.

Lecia dreht sich zu dir um, gereizt. Sie sagt: »Das hast du noch gar nicht kapiert, stimmt's?« In diesem Moment sieht deine mächtige Schwester so klein aus, ihr brauner Körper ist so tief in sich zusammengesunken, dass du beinahe meinst, sie wie eine Puppe in den Arm nehmen zu können. Als hätte sie dich nicht bei jeder Gelegenheit beiseite geschoben.

»Du redest von Ma und Daddy?«, sagst du schließlich. Im Seifenbaum flötet ein Vogel eine zweisilbige Melodie, die nach einer Frage klingt: *Bob White? Bob White?*

Lecia sagt: »Keiner von beiden hat für fünf Cents Verstand. Je eher du das kapierst, desto besser für dich. Ich lass mich von denen nicht mehr verarschen.«

Und dann ist der Sommer fast schon wieder vorbei. Aus dieser langweiligen Zeit gibt es keine längeren Episoden mehr. Keine vergessenen Intrigen, keine verwickelten Dramen. Nur Erinnerungsschnipsel, Ausschnitte, Schnappschüsse, kleine Dokumente deines kläglichen Auftretens. Das letzte Zeugnis fällt dir ein, in dem vermerkt war, dass du siebenundvierzig Tage in der Schule gefehlt hast. In Kunst hattest du ein D. Dir fällt der brütend heiße Tag ein, an dem du in der Hängematte aus grünem Zeltstoff gelegen und dich mit einem Besenstiel geschaukelt hast, in der Ferne der Lärm planschender Kinder im Schwimmbad, auf deinem Schoß eine abgegriffene Taschenbuchausgabe von *Große Erwartungen*, einen ganzen Nachmittag lang auf derselben Seite aufgeschlagen. Dich interessieren keine Romane und schon gar keine Erzählungen mehr, nur noch Gedichte.

O ja, in deiner trüben Existenz zimmerst du dir eine Arena der Finsternis. Gedichte, die den Selbstmord verklären, sammelst du in deinem Kopf wie gerichtsverwertbare Beweise. Vielleicht hat Keats dich als Erster ergriffen: »Ich horch ins Dunkel; oft schon, halb verliebt, / Hab ich mich nach dem sanften Tod gesehnt…« Du lernst das Gedicht auswendig, ebenso Hamlets händeringende Selbstmordrede und eine ganze Reihe von Sylvia Plaths bösen kleinen Stücken. Du liest Camus' Drama *Caligula*, in dem der verrückte Kaiser seine Senatoren so lange quält, bis sie ihm ins Gesicht stechen, während er ausruft: »Noch lebe ich.« Auf dem unbenutzten schwarzen Klavier lernst du Noten lesen, eine nach der anderen, nur um immer wieder dasselbe morbide Chopin-Preludium zu spielen, bis jeder im Haus mit Auszug droht, wenn du nicht aufhörst.

Die Hoffnung wedelst du fort wie eine aufdringliche Wespe.

Du sitzt in deinem Zimmer auf dem Boden und ziehst den nächsten abgegriffenen Roman aus dem Regal: Ein blitzgescheites Mädchen deines Alters phantasiert sich in einer Irrenanstalt eine Zauberwelt aus Göttern und Ungeheuern zurecht. Und immer wieder schneidet sie sich die Pulsadern auf. Du weißt, dass du nie an dir selber herumschnippeln könntest. Du kannst dir nicht einmal eine Nadel in den Finger stechen, niemals würdest du zur Rasierklinge greifen. Und trotzdem hat der Gedanke etwas Verführerisches, hüllt dich in ein Gefühl wie Seide.

Du brauchst die ganze Nacht, um einen umfangreichen Abschiedsbrief zu formulieren, in dem du minutiös jeden kleinen Tadel, jede Benachteiligung auflistest. Lecia, wegen dem Chicken Pot Pie hättest du mich nicht schlagen dürfen. Clarice, ich war dir eine Freundin, und du warst eine Sau. John Cleary, keine grinsende Troddelschleuder mit noch so großen Titten fördert so hochsinnige Weisheiten ans Licht wie ich. Und die Verleiher von Leichtathletikpreisen. Und die Designer von Kinderschuhen. Bald wirst du so sein wie deine Eltern, blind für den Bratenspieß, auf dem du steckst. Schon beim Gedanken daran, wie schlecht es ihnen geht, wenn sie diesen Brief lesen, fängst du zu weinen an, aber du schreibst weiter, lässt die dicken Tränen auf das Blatt kullern, denn sie sollen wissen, wie dir zu Mute ist.

Du zählst hundert Anacin aus einem nagelneuen Fläschchen ab – »einhundert bittere Wünsche« wird später einmal der Dichter Craig Raine über ein anderes Mädchen schreiben.

So vorbereitet, steigst du in das einzige schwarze Kleid im Schrank – einen winzigen Fummel – und ziehst es an den Beinen hinauf bis zur Hüfte. Es ist aus samtweichem Crêpe und fließt dir wie Wasser über die Haut, aber es ist zu klein, und du hast Mühe mit dem Reißverschluss. Es ist kaum länger als ein Oberhemd, und deine Hände baumeln aus zu kurzen Ärmeln wie bei einem Schimpansen im Zirkus.

Du spülst drei bis vier Tabletten auf einmal herunter, aber du kommst nur bis zur zehnten oder zwölften, dann wird der bittere Geschmack der aufgelösten Pillen unerträglich. Also zerdrückst du welche mit dem Teelöffel, löst die Krümel in Orangensaft auf, hältst dir beim Schlucken die Nase zu. Es ist immer noch so bitter, dass du würgen musst. Und da Unannehmlichkeiten nicht deine Sache sind (und niemals sein werden, und da du dich weniger nach dem Tod als nach der Aufmerksamkeit deiner Familie sehnst), findest du, dass du – mager, wie du bist – genug Pillen geschluckt hast.

Du hast dich ausgeweint, bist jetzt ruhig, legst dich ins Bett, faltest die Hände über der Brust, nachdem du den Rock heruntergezogen hast, damit dein Slip nicht jedem gleich ins Auge springt. In dieser Pose wartest du auf den Tod.

Dann kommt der erste Funken Angst, ein scharfes, grelles Brennen bei der Aussicht zu verrecken. Wer verkündet deine großartigen Einsichten, wenn du nicht mehr bist, wer schreibt die großen Gedichte, die du im Kopf entworfen und noch nicht zu Papier gebracht hast? Du liegst da und hörst den Nachbarhund winseln, Autos rauschen vorbei.

Mr. Lawrence gräbt in seinem Garten. »Ist das tief genug?«, ruft er zu seiner Frau hinein, und sie sagt: »Tiefer, es sind Rosenbüsche.« Der Spaten fährt knirschend in feuchten Boden, und eine Ladung Erde und Steine landet auf der Schubkarre. »Du willst das Fenster aufstoßen und hinunterbrüllen: »Ein bisschen mehr Respekt, wenn ich bitten darf! Ich mache gerade meinem Leben ein Ende.« Aber sie plappern ungerührt weiter über Farben und Blütenfülle.

Sokrates musste sich nicht solchen belanglosen Käse anhören, nachdem er den Schierlingsbecher geleert hatte. Irgendwie hörte es sich trauriger an, als er beschrieb, wie die Kälte langsam an den Schienbeinen heraufkroch. Aber Sokrates hatte ja auch Crito, der sich weinend über ihn beugte und fragte: *Hast du uns nicht noch etwas zu sagen?* Der gute alte Crito. Wo ist er, wenn man ihn braucht? Dir bleibt nur der gleichgültige Blick der schielenden Siamkatze und das nervenaufreibende Geplapper der beiden Schwachsinnigen da unten. Du bist weit entfernt vom Tode – auch wenn dir so gotterbärmlich schlecht ist wie damals beim Tiefseetauchen – als unten jemand die Rasensprenganlage anstellt und ein falscher Regen in Abständen gegen dein Fenster prasselt.

Auf der Suche nach einem Publikum tappst du durch das Haus, dann durch lodernde Hitze hinüber zum Atelier, wo du durch das Fenster spähst und siehst, dass Mutter für irgendein Spiel in ihrer Schule eine riesige Giraffe aus Pappmaché gebastelt hat. Wie kann es angehen, dass diese knallgelbe Missgeburt ein Heim in dieser Schlangengrube findet und du nicht? Allein der Anblick ist eine Schmach.

Als deine Mutter keine Stunde später hereinspaziert kommt, kniest du auf den kühlen Bodenfliesen deines Zimmers und leerst die Leere deines Magens in die kleine weiße Leere des Papierkorbs. Mutter hilft dir ins Badezimmer, macht einen Waschlappen nass und legt ihn dir um den Hals. »Meine arme kleine Ente«, sagt sie und rubbelt dir den Rücken. »Hast du was Schlechtes gegessen? Ich werfe den alten Kartoffelsalat weg und die Krabben, die dein Daddy mitgebracht hat.«

Vornübergebeugt, sterbenselend und zu Tode beschämt, fühlst du dich wie eine komplette Vollidiotin.

Als der Brechreiz nachgelassen hat, setzt Mutter sich in den ebenhölzernen Schaukelstuhl und hebt sich deine knochige Gestalt auf den Schoß. Deine Füße baumeln über ihrem Arm. »Meine arme kleine Maus«, sagt sie. Dein Kopf hängt über ihrer Schulter, die Nase ganz nah an der Quelle der Wolke aus Shalimar, von der sie eingehüllt ist – ein süßer Duft nach Rosenöl. »Um geschaukelt zu werden, ist man nie zu alt«, sagt sie, »aber du nimmst es mir sicher nicht übel, wenn ich auf das Wiegenlied verzichte.« Später, als du kurz zu dir kommst, fragt sie, warum du das alte Kleid angezogen hast, und du sagst, du wolltest sehen, ob es noch passt. Und sie sagt: »Das wäre allerdings schlimm.«

Noch später zieht sie es dir aus, steckt deine Arme durch ein Baumwollnachthemd und zieht es dir über den Kopf. In dieser Hülle liegst du auf der Couch, dein Kopf neben ihrem auf dem Kopfkissen, während sie dir mit den Fingern durch die Haare streicht.

Als Daddy heimkommt, trägt er dich ins Bett. »Hast du auf etwas Appetit, Pokey. Auf irgendetwas?«

Das Einzige, was du dir in den Mund stecken könntest, wäre eine Pflaume, eine Pflaume mit richtig fester Haut und von Zahnfleisch schockierender Weichheit innen. Er diskutiert mit Mutter, wo man so etwas um diese Jahreszeit noch bekommen könnte. »Was weiß ich«, sagt Mutter. »Weiter nördlich, nehm ich an.«

Am nächsten Morgen erwachst du in deinem Bett und setzt dich auf. »Pete, ich glaube, sie ist wach«, hörst du Mutter sagen. Er ruft von draußen: »Kommst du zum Frühstück, Pokey?« Dann kommt er herein, grinsend, noch in den Arbeitsklamotten von der Spätschicht. Er hält einen Bauernkorb in der Hand. Die Pflaumen, die er über deinem Bett auskippt, kullern durch die Falten der Bettdecke auf dich zu. Auf einem Haufen würden sie die größte Kiste im Piggly Wiggly füllen.

»Der Teufel soll mich holen, wenn ich letzte Nacht nicht plötzlich Lust gekriegt hab, nach Arkansas zu fahren«, sagt er.

Mutter steht hinter ihm und sagt: «Er hat einen totalen Knall.«

»Fort Smith, Arkansas. Hab dort einen Stand an der Straße gefunden, wo einer Pflaumen verkauft hat. Ich sag zu ihm: ›He, Kumpel, ich hab da unten in Texas 'n krankes kleines Mädchen. Die ist verrückt nach Pflaumen, und mit was anderem muss ich ihr gar nicht erst kommen.‹«

Durch das Fenster siehst du den neuen Rosenbusch der Lawrences, der in Sackleinen gewickelte Stamm ragt aus frischer roter Erde. Die weißen Knospen sind noch fest verschlossen. Als deine Zähne im Fleisch der Pflaume versinken, legst du ein Gelübde ab. Die Haut ist noch warm von der Fahrt in Daddys Pick-up-Truck, und der Saft läuft dir übers Kinn.

Und dir gehen die Augen auf. Oder sie werden dir geöffnet. Nie wieder wirst du Hand an dich legen, nicht solange es Pflaumen gibt und jemanden – irgendjemanden –, der sich genug aus dir macht, um sie für dich herbeizuschaffen. Nicht so lange du noch einen Krümel Liebe für irgendein anderes Wesen in dieser dunklen Welt verspürst, auch wenn die Liebe keine kleinen Portionen kennt. Es gibt sie nicht in Krümeln oder Prisen, nur in kullerndem Überfluss. Und so holst du dir den Willen zum Überleben, den du in den kommenden Jahren dringend brauchen wirst. Du verdienst ihn dir nicht. Du bekommst ihn geschenkt.

TEIL VIER
*
High

»Hast du mich getötet oder habe ich dich getötet? Ich erinnere mich nicht mehr, hier sind wir beisammen wie früher.«

»Jetzt weiß ich, dass du mir wirklich vergeben hast«, sagte Kain, »denn vergessen ist vergeben. Auch ich werde zu vergessen suchen.«

Jorge Luis Borges, *Legende*

Die, die hier leben, liegen in Ketten; die, die gehen, müssen zurückkehren.

Fluch des Häuptlings der Karankawa, eines Stammes aus der Golfküstenregion, bevor Jean Lafittes Piraten seinen Kopf abschlugen und ins Meer warfen.

9

Wenn es in den Siebzigerjahren einen Ort gab, der das Weglaufen lohnte, dann war es Leechfield mit seiner bedrücken-
den Atmosphäre der Eintönigkeit. In deinem Zimmer hattest
du oft das Gefühl, dass die Stadt sich ebenso unentrinnbar um
dich herum ausbreitete wie der Geruch, den sie absonderte.
Manchmal hast du dir eingebildet, die Verkehrsampel über
der verlassenen Main Street blinken zu hören. Die Zeit trottete
dahin wie ein Maultier auf staubigen Feldwegen. Du musstest auf sie einschlagen, sie überreden, wenigstens ein paar
Schritte zu tun, damit die Erdkugel dich zum nächsten trüben
Sonnenaufgang beförderte.

Mit Drogen war es auszuhalten. Fragezeichen. Vielleicht.
Chemie macht das Leben leichter lautete ein eingängiger (unfrei-
willig ironischer) Werbeslogan. Das erste Jahr auf der High-
School war dein letztes als pharmazeutische Jungfrau.

Natürlich hatte man dich gewarnt, dass Drogen dich auf
verschlungenen Pfaden hinab in die Verderbnis wenn nicht
den Tod führen. Das war Teil ihrer Faszination. In den Fünfzigerjahren rebellierten Jugendliche mit Mutproben in frisierten Autos gegen die Langeweile dieser Stadt. Der erste feste
Freund deiner Schwester war ein Halbstarker mit seltsam lat-
schigem Gang, der sein fahrerisches Können an Samstagaben-
den gerne mit anderen maß; sie bretterten mit Vollgas aufeinander zu, bis der andere (zumindest behauptete der Typ,

169

dass es jedes Mal der andere war) die Nerven verlor und im letzten Moment das Lenkrad herumriss. Die pharmazeutischen Vabanque-Spiele deiner Generation unterschieden sich nicht einen Deut von solchen Geschichten. Die Kunst war es, im rechten Moment das Lenkrad herumzureißen. So weit zu fahren, wie es ging, bevor man aus dem Spiel aussteigen musste. Natürlich gab es auch die Möglichkeit, wie ein Rammbock, mit dem Schädel voran, durch die Windschutzscheibe zu fliegen. Das war Teil des Nervenkitzels.

In der ersten Woche auf der High-School steht ein Drogenfilm auf dem Programm. Du trottest in deiner neuen Herde den Seitengang des Auditoriums hinunter und willst vor allem nicht auffallen. Und mehr oder weniger gelingt es dir. Die weißen Gänseblümchen auf deinem Kleid fügen sich in das Meer aus Blumenmustern, das um dich herumschwappt, auch wenn der schwarze Untergrund es zu einem der dunkleren Gewänder zwischen leuchtendem Orangerot und Neonrosa macht. Den Saum hast du – dem Kleiderkodex folgend – zwei Handbreit über deine knochigen Knie gelegt; die eilige Naht mit weißem Faden provoziert hämische Kommentare von Seiten der Hauswirtschaftslehrerinnen (die ihr hinter ihrem Rücken Clementinen nennt).

Der Drogenfilm erscheint zwecklos in einer Schule, die noch tief in den Fünfzigern verharrt. Du kennst niemanden, der Shit raucht, und bezweifelst, dass es das Zeug in eurem County überhaupt gibt. In dem Film heißt es, Marihuana sieht aus wie Oregano und stinkt wie ein brennender Misthaufen, aber das mit dem Mist haben sie sich garantiert nur ausgedacht, um die Kids abzuschrecken. Das ist in allen Lehrfilmen so – Bier schmeckt wie Kuhpisse, und Jungen, mit denen du ins Bett gehst, rufen nie wieder an. (In Wirklichkeit ist es genau umgekehrt: Die Mädchen, die sich flachlegen lassen – und

170

die bei euch Schlampen und Flittchen heißen –, sind die großen Renner.)

Das Mädchen neben mir im grünen Paisleykleid gebärdet sich – was Shit betrifft – wie eine schmallippige Baptistin. Mit laut schallender Autorität verkündet sie, dass unsere Brüder in Vietnam Marihuana rauchen. Walter Cronkite hat das behauptet.

»Quatsch, mein Bruder bestimmt nicht«, sagt ein Cowgirl hinter mir. Sie ist eins von diesen kurz gewachsenen Bauerntrampeln, die, auch wenn sie nicht viel reden, die Handfestigkeit von Menschen ausstrahlen, die körperlich arbeiten, und mit denen man sich deshalb lieber nicht anlegt.

Die im grünen Paisley sagt: »In den Nachrichten im Fernsehen haben sie letzten Sonntag gesagt...«

Der Bauerntrampel meint: »Fernsehen ist für'n Arsch. Mein Bruder ist als Christ gestorben, du dampfender Sack Pferdeäpfel.«

Du drängelst weiter, bloß weg von dem Streit. Eine Stimme in dir möchte den beiden Mädchen ins Gesicht brüllen: Es ist doch bloß Shit und kein Heroin, ihr blöden Gänse, meine eigene Mutter hat es in einem New Yorker Jazzclub geraucht und ist auch nicht mit dem Schießeisen in Schnapsläden gestürmt, um sich Kohle für das Zeug zu verschaffen. Stattdessen fragst du dich, ob wohl eine von den hier Anwesenden zu Hause eine Mutter hat, die sich wie ein Teenager damit brüstet, einmal high gewesen zu sein. Oder die ihre Tochter fragt, ob sie weiß, wo man sich das Zeug beschaffen kann. Vielleicht Jane Maculroys Mutter. Aber die schraubt samstagabends auch eine rote Glühbirne über die Tür ihres Wohnwagens, und man erzählt sich, sie habe sich ihre Dienste von einem Trucker mit einer ganzen Palette Dosenschinken vergüten lassen.

Am Ende des Films erfährt man alles über LSD, und dass

man davon schizophren wird. Auf der Leinwand steht ein Zeichentrick-Hippie auf dem schmalen Sims eines Hochhauses, um in die Tiefe zu springen. Und du denkst, in dem Scheißnest gibt es nicht mal ein Haus, das hoch genug wäre, um sich in den Tod zu stürzen – beim Sprung von einem Scheunendach oder einer Garage bricht man sich nicht mal den Knöchel, geschweige denn den Hals. Wenn man wenigstens einen kleinen Bruder mit einer Baumfestung hätte. Der Hippie verzerrt das Gesicht zum Schrei, während tief unten die rasenden Autos zu Skorpionen und Spinnen und Insekten aller Art mutieren. Natürlich zeigen sie nicht, wie er auf dem Boden aufklatscht. Typisch. Nur eine Staubwolke zeigt, dass er gesprungen ist.

Das war die eine Botschaft – Drogen bringen dich um. Auf der anderen Seite versorgten viele Eltern sich bis zum Exzess mit absolut legalen Substanzen. Die wenigen Martini-Schlürfer und Pillenschlucker in den Country Clubs des County konnten es vielleicht auf die Aktienkurse oder den Arbeitsstress schieben. Dem durchschnittlichen Raffineriearbeiter wurden solche Luxuswehwehchen nicht zugestanden, und auch die Seelen zerfressenden Brutalitäten, die er im Zweiten Weltkrieg oder in Korea miterleben musste, rechnete ihm kein Mensch an. Die Männer jammerten auch nicht ständig über die zermürbende Eintönigkeit, die zum Job dazugehörte – in langen Reihen mehr oder weniger identischer, leise vor sich hin tuckernder Pick-up-Trucks vor dem massiven Eisentor warten, bis man der Stechuhr ins ungerührte Antlitz blickte. Karte rein, Karte raus. Und dazwischen Wurstbrote, bis die Glocke zum Schichtende schrillte.

Die langen Stunden der Monotonie wurden unterbrochen von hektischen Perioden barbarisch harter Arbeit, die tödlich enden konnte. Da gab es die berühmte Anekdote von der Sickergrube für verbrauchte Chemikalien, in die, weil man sie versehentlich nicht eingezäunt hatte, ein Neuer hineingefallen und als Skelett wieder herausgefischt worden war. Vielleicht Wahrheit, vielleicht nur Legende. Trotzdem, jeder kannte irgendjemanden, dessen Vater oder Onkel oder Cousin von einem Turm gestürzt oder von einem kochend heißen Dampfstrahl verbrüht worden war. Es gab kaum jemanden, der nicht eine Schauergeschichte von einem Besuch bei einem Nachbarn, Freund oder Verwandten auf der berüchtigten Station für Brandverletzungen am Klinikum in Galveston zu erzählen wusste. Und alle Jahre wieder öffnete irgendein armer Teufel das falsche Ventil und *pffft!* Verdampft. Er und jeder in seiner Nähe. In der Zeitung war mal ein Foto von einer Eisenleiter an einem explodierten Tank. Auf den Sprossen waren in genau gleichen Abständen vier Paar Arbeitsstiefel mit Stahlkappen festgeschmolzen. Das war der Anschauungsunterricht, der einen Mann lehrte, was sein Leben hier wert war.

Die Einkommen waren immerhin so hoch, dass Männer aus der Generation und vom sozialem Status deines Vaters in der Bar das große Wort führten. Daddys Vater war Holzarbeiter gewesen und hatte kaum etwas auf die Hand bekommen, weil er den Inhalt der Lohntüte meistens schon dem Laden der Holzgesellschaft schuldig war. Andere Männer aus der Gegend waren in ein Leben als Hunger leidende Farmpächter oder Krabbenfischer oder Seeleute geboren geworden. Mit einem Tariflohn konnte man die Hypothek abzahlen, die Kinder zum Arzt schicken und zwei Autos (die meiste Zeit) mobil halten. Und wenn ein paar Kollegen sich zusammentaten, konnten sie sich eine Hütte unten am Village Creek kaufen, oder einen kleinen Wohnanhänger, mit dem sie zum Angeln hinausfuhren, oder sogar ein Boot mit einem Evinrude-Außenbordmotor, um auf Barschfang zu gehen. Solche unvorstellbaren

Luxusgüter verurteilten die Männer aus der Generation deines Daddys dazu, tagaus, tagein die Schutzhelme aufzusetzen. Lebenslänglich, wie Daddy zu sagen pflegte. Bei guter Führung gab's nicht weniger. (Seine goldene Anstecknadel zur Pensionierung würde einmal zweiundvierzig Arbeitsjahre dokumentieren: vier Diamanten und zwei Rubine – keiner größer als das Auge einer Kakerlake.)

Ergebnis? Wenn du morgens um acht in den Veteranenclub gehst, sitzen dort auf Zwischenstopp nach der Nachtschicht lauter Väter auf den roten Kunstlederhockern, um sich einen oder auch zwei oder vier Bourbon hinter die Binde zu kippen. (Nicht alle, natürlich. Es war eine trockene Gegend, an Abstinenzlern herrschte kein Mangel.) Nach ein paar Drinks fiel das Einschlafen leichter, da konnten die verfluchten, undankbaren Kids noch so laut die Türen knallen und einem mit der Fernsehkiste die Ohren zudröhnen.

Außerdem stand im durchschnittlichen häuslichen Medizinschrank eine Armee von Pillenfläschchen bereit, ein wahres Füllhorn für Pantoffeljunkies. Sehr oft Valium und mindestens eine Sorte Schlaftabletten. (Deine Mutter hatte zwei oder drei Sorten von unterschiedlicher Stärke.) Diätpillen brachten die normal verkaterte oder leicht depressive Hausfrau wieder auf Touren, powerten sie durch den Tagestatterich, bis sie sich um fünf den ersten Drink mixte. Und auch dem Ehegatten konnte nach einer Doppelschicht ein bisschen Speed nicht schaden. Ritalin in milder Dosierung, den vielen hyperaktiven kleinen Brüdern stibitzt, waren die ersten Tabletten, die mit dem Hämmerchen zerstoßen und geschnupft wurden.

Wenn dein Daddy einen schlimmen Rücken hatte oder dein Bruder im Football-Team spielte, konntest du dir Opiatersatz beschaffen – die fetten weißen Pillen, in deren kalkigweiße

174

Oberfläche eckige Ziffern – von eins bis vier – graviert waren. Für Nachschub war gesorgt.

Bittere Ironie: Die Namen vieler deiner Freunde würden eines Tages in ähnlich eckiger Schrift auf den Grabsteinen des Greenlawn Cemetery prangen. Aber noch war es nicht so weit.

In diesem Herbst betrittst du die glanzvollen Hallen der High-School unbefleckt von irgendwelchen Chemikalien, abgesehen von den Unmengen an Fluor, das jeder mit dem Trinkwasser in sich hineinsoff. Noch suchst du das Heil nicht in Drogen. Noch glaubst du, wie von Zauberhand in eines dieser knusprigen, adrett gekleideten Mädchen verwandelt zu werden, neben deren Namen man bei Schülerwahlen ganz automatisch sein Kreuz macht, und nur das Jahrbuch aufschlagen zu müssen, um dein Konterfei mit der Tiara ganzseitig und in Farbe gleich neben dem von John Cleary abgebildet zu sehen. Aber die Zulassungsregeln zu diesem gehobenen Status sind nicht eindeutig definiert und erreichen dich stets in negativer Form, als Verbote, Dinge, die du AUF KEINEN FALL tun darfst. Manche hast du so verinnerlicht, dass sie noch Jahre später nachwirken. Du darfst AUF KEINEN FALL:

- so klug daherreden, dass man dich zum Direktor schickt, oder in der Öffentlichkeit fluchen (gilt nur für Mädchen)

- den Anschein erwecken, du würdest dich mit Körperflüssigkeiten (vom Ejakulat bis zum Nasenschleim bei Erkältungen) auskennen

- an öffentlichen Orten in Tränen ausbrechen, nicht einmal, wenn dein Hund überfahren wurde oder die Leute deine Periode auf dem Hosenboden bewundern können und alle sagen: Na, wer würde da nicht weinen, ist schon in Ordnung, lass es raus

- jemanden schlagen, es sei denn, es lässt sich als Unfall tarnen (wenn du z. B. jemandem während eines Gedränges beim Pushball in die Nieren trittst)

- jemanden so oft grüßen, bis er sich ermutigt fühlt, sich dir kumpelhaft zu nähern (denke immer an Mortimer G. Beauregard)

- zwei Karomuster gleichzeitig, Rot an Donnerstagen (bedeutet, dass du schwul bist) oder sonst irgendwelche Klamotten tragen, die man sich nicht an einem Cheerleader vorstellen kann. In einer Woche zweimal dasselbe Kleidungsstück tragen (Socken ausgenommen)

Aber zuallererst und vor allem anderen darfst du dich nicht dazu hinreißen lassen, denjenigen die verzweifelte Leidenschaft der Ungeliebten vorzuführen, die nicht die geringste Neigung zeigen, deine Liebe zu erwidern. Den wenigen Erwählten scheinen solche Verhaltensstandards von Natur gegeben, während sie von deinesgleichen bewusste Anstrengungen und viel Aufmerksamkeit erfordern.

Im Grunde hoffst du, eine neue Haltung, ein ganz neues Wesen hervorzubringen, eine andere Art und Weise, durch die Korridore zu gehen, mit dem Ergebnis, weniger psychosoziale Prügel zu beziehen als noch in der Junior-High-School.

Jeden Morgen klappen die Schulbustüren mit ihren Gummidämpfern zusammen wie ein luftdichter Verschluss, der sich vor der Schule von selber wieder öffnet und ohne Umstände den Schleier von der Person reißt, die du in diesem Moment (an diesem Tag, in dieser Woche – manche hielten länger vor als andere) darzustellen gedenkst. An einem Tag trägst du weinroten Samt und hast schmalen Lidstrich aufgelegt, weil du die erstarrte Rätselhaftigkeit der *Vogue*-Models ausstrahlen willst, denen Nonchalance die sicherste Rüstung für ihre zarten Gottesanbeterinnen-Körper zu sein scheint. An einem anderen Tag versuchst du es mit der ängstlichen Schüchternheit der glattgesichtigen, mit Sommersprossen übersäten Blondköpfchen aus der Clearasil-Werbung, denen die Jungen geduldig Botschaften zustecken, auf deren Beantwortung sie ebenso geduldig warten. (Später, auf dem College, lernst du eines dieser Mädchen kennen. Sie durchleidet dort ein zweites Studienjahr am Abgrund zur Psychose, für dich Beweis genug, wie anstrengend es ist, Tag für Tag als makellose Unschuld durch die Welt zu gehen.) Menschen, die dich kannten, interpretierten die Pose als Schmollen, nicht als Schüchternheit.

Trotz alledem, ein paar Triumphe stoßen Türen zu sozialen Räumen auf, die es auf der Junior-High-School schlichtweg nicht gab. Für einen Artikel in der Schülerzeitung gewinnst du einen Journalistenpreis. Du rennst in der Leichtathletikgruppe mit, zwar nicht schnell genug für einen Platz in der Schulstaffel, aber immerhin.

In dem Frühling bewirbst du dich, und zwar erfolgreich, um einen Platz im exklusiven, für seine hohen Beinwürfe berühmten Drill Team, einer straff organisierten Tanztruppe, in die nur wenige Neulinge (schon gar aus deinem Stadtviertel) Aufnahme finden, und eigentlich hätte dieser Erfolg deinem kümmerlichen Selbstbewusstsein in der Football verrückten Hierarchie dieser Schule auf die Sprünge helfen müssen. Clarice, die besser tanzen und die Beine höher werfen kann, war nicht aufgenommen worden und zerdrückt trotzdem ein paar

177

kleine Tränen des Triumphes, als sie dir gratuliert, als hättest du es stellvertretend für das ganze Viertel geschafft. (Irgendwann konntet ihr wieder freundlich miteinander umgehen, ohne ständig zusammenhocken zu müssen. Ihr wart nach wie vor Bewohner verschiedener Sphären.)

Natürlich gelingt es dir spielend, dir Zweifel daran einzureden, dass es bei deiner Aufnahme in das Drill Team mit rechten Dingen zugegangen ist. Ein verrückter Zufall wollte, dass Lecia, die bereits in der Abschlussklasse war, eine Affäre mit dem Exfreund der Sportlehrerin hatte, die das Drill Team leitete. Die Frau, eine Exbewerberin um den Titel der »Miss Texas«, galt zurecht als freundlich und integer, also konntest du dir einreden, sie hätte dich nur genommen, weil sie Lecia gegenüber nicht rachsüchtig erscheinen wollte.

Und so hatten auch diese kleinen Siege ihren bitteren Nachgeschmack. Entweder kamen sie zu spät oder sie waren zu teuer erkauft. Kaum warst du aufgenommen in den Kreis der Heulsusen vom Drill Team, die sich die Arme um die Hüften legten und mit dem Po wackelten, wenn sie ihren Erkennungssong (»My Best to You«) zum Besten gaben, kamst du dir wie eine Idiotin vor. Du hattest dir auf der Junior-High-School viel zu oft eingeredet, wie bescheuert du solche Cliquen findest, um den sauren Tropfen der Enttäuschung jetzt noch daran hindern zu können, dir die Leber zu zerfressen, weil du die Musik so grauenhaft fandest. Wenn die Mädchen die albernen Texte mehrstimmig sangen (»Mögen deine Träume sich erfüllen / Möge Altvater Zeit / Dir allzeit gesonnen sein ...«), wiederholte in deinem Kopf eine schrille Falsettstimme die Verse, um bloß keine rührseligen Gefühle aufkommen zu lassen. Die anderen Mädchen mit ihren feuchten Augen und den Puppengesichtern mochten hier am rechten Platz sein. Aber du musstest in diesem Kreis deinen Sinn für Ironie entdecken.

Und dein Blick suchte schon das orangerote Leuchtschild über dem Ausgang.

Jeden Tag nach der Schule liegst du, erschöpft vom falschen Pathos der Proben und Auftritte, vor dem Fernseher und beruhigst dich mit Wiederholungen von Sitcoms aus den Fünfzigern. »Wie war's heut in der Schule, Schatz?«, sagt die Ohrringe tragende Fernsehmutter und rührt im Kuchenteig, dunklen Lippenstift wie Lack über alle Lippenlinien gelegt, obwohl ihr Kükenmündchen kaum Fläche dafür bietet. Als lebender Kontrast kommt deine müde Mutter vom Kunstunterricht in ihrer achten Klasse nach Hause – ihr Lohn für lange Jahre des Studiums –, zieht sich aus, klettert ins Bett und sagt: »Sprich mich nicht an, Mary, noch nicht. Meine Nerven gehen auf dem Zahnfleisch.«

10

Deine Mutter, die an einer öffentlichen Lehranstalt unterrich-
tet, hätte nichts dagegen einzuwenden, wenn Verhütungsmit-
tel ins Trinkwasser gemischt würden, deshalb findet sie auch
nichts dabei, dir vor deinem fünfzehnten Geburtstag die Pille
verschreiben zu lassen. Schon beim Wort »Verhütung« hätten
die meisten Mütter zu flammenden Brandreden angesetzt
oder Kerzen angezündet und Novenen vor sich hin gemurmelt. Deine Mutter dagegen lässt sich laut und ausführlich
über alle genitalen Themen aus, und Tabus scheint sie dabei
nicht zu kennen. Du sitzt an der Küchentheke, würgst dein
Müsli in dich hinein, und sie fragt dich aus heiterem Himmel:
»Weißt du eigentlich, was das heißt, jemandem einen blasen?«
Oder: »Ich hoffe, es macht dir Spaß, dich da unten zu strei-
cheln, Schatz.« Am liebsten würdest du deine Mahlzeiten nur
noch mit dem Kopf unter der Bettdecke einnehmen.

Auf die Sache mit der Pille lässt du dich ein, weil du irgendwo gelesen hast, dass Östrogen den Busen wachsen lässt
und man davon schneller die Periode bekommt. Deine Mutter macht einen Termin bei einem Gynäkologen in einer
anderen Stadt – »deinetwegen, weil… mir wär's scheißegal.«
Sie holt dich aus der Schule und meldet sich selber krank, um
dich zu begleiten, und du ärgerst dich ein bisschen darüber,
weil sie dich für eine von den Heulsusen aus dem Drill Team
zu halten scheint.

Du hast eine Fahrerlaubnis für Anfänger, und in der Garage fragst du sie, ob du fahren darfst. Sie sagt: »Es regnet noch, und nach dem vielen Wasser letzte Nacht sind die Straßen spiegelglatt. Außerdem ist es nah bei Houston, und dort ist zu viel Verkehr.«

Du willst nicht weiter auf der Sache herumreiten und fragst dich, wie Lecia es fertig gebracht hat, schon mit dreizehn allein fahren zu dürfen, aber so lange es nach Mutter geht, gibt es für dich keine idealen Straßenverhältnisse. Es ist schon seltsam, fürs Autofahren bist du zu klein, aber die Pille sollst du nehmen.

Als der gelbe Kombi auf die Asphaltstraße rollt, machst du sie darauf aufmerksam, dass alle anderen Autos Scheibenwischer und Scheinwerfer eingeschaltet haben.

»Ach, Schatz«, sagt sie, »durch die kleinen Regentröpfchen sehe ich besser als durch klappernde Scheibenwischer, und ich fahre sowieso lieber nach Gefühl.« Sie kurbelt ihr Fenster ein paar Zentimeter herunter, um den Rauch ihrer Kool zum Spalt hinauszuwedeln, aber den zieht es in die andere Richtung, wo er dir sein brennendes Menthol in die Augen weht.

Du rollst dich im Sitz zusammen, liest und denkst über deine Angelegenheiten nach, da bringt sie das Gespräch auf das Thema, das ihr unter den Nägeln brennt, und das du lieber totgeschwiegen hättest. Aus heiterem Himmel.

»Ich hab zu viele Mädchen schwanger werden sehen, Mary«, sagt sie. »Und zu viele wasserköpfige Dreikäsehochs, die ihre Mütter nach der Schule an ihren Laufgeschirren durch die Gegend zerren. Kleine Mädchen, die noch nicht einmal mit der Junior-High-School fertig sind, haben weiß Gott anderes zu tun, als Kinder zu kriegen.«

»Mutter, wie soll ich schwanger werden, wenn nicht mal jemand mit mir ausgeht. Bis auf das eine Mal. Ich meine...«

»Einmal reicht, meine Liebe«, sagt sie. Sie redet noch, als du schon längst angefangen hast, Telefonmasten zu zählen und Reklametafeln zu lesen. Lebende Köder! Blutwurst! Fat Boys! Hot Dogs! Dann wieder weite Flächen Grasland. An einem Stoppschild vor einer Kreuzung blickst du einem schmutzig aussehenden, perlmuttfarbenen alten Stier in die Augen und willst schon das Fenster runterkurbeln und ihn anbrüllen: Was glotzt du so blöd?

Nach längerem Schweigen wendest du dich wieder Mutter zu, und sie sagt ohne jeden Übergang: »Wenn du mit einem Jungen schlafen willst, von mir aus. Aber werd mir bloß nicht schwanger.«

»Mutter!«, sagst du mit aller jungfräulichen Empörung, die du aufbringen kannst in Anbetracht der Tatsache, dass du heimlich Henry Miller liest. Du hattest noch keinen festen Freund. Es hat noch nicht einmal jemand versucht, an dir herumzufummeln. Als ein Mädchen aus deiner Volleyball-Mannschaft davon erzählt, wie sie mit ihrem Freund »trockene Liebe« macht, ist das der erste authentische Bericht über Petting, der je an dein Ohr gedrungen ist. Selbst Clarice, seit über einem Jahr in festen Händen, begnügt sich mit Zungenküssen und verpasst ihrem Freund höchstens mal einen Knutschfleck, den er zu Hause unter einem Pflaster versteckt und im Kreise seiner Freunde wie einen Orden herumzeigt.

Mutter sagt: »Man kann auch Abtreibungen machen lassen, Mary, glaub mir. Sogar in Jefferson City und von richtigen Ärzten. Ich kenne da ein paar Leute aus meiner Zeit bei der Zeitung.«

»Mutter, du tust beinahe so, als hätte ich die Beine breit gemacht und mir einen Braten in die Röhre schieben lassen, wie 'ne dämliche Stretch-Top-Tus...«

»Es gibt ganz hübsche Stretch Tops«, sagt sie.

»…dabei hab ich noch nicht mal einen Freund.«

»Der Kleine von der Heuwagenfahrt war doch ganz verrückt nach dir…«

»Mutter, ich schwöre dir, wenn du noch einmal von Mortimer G. Beauregard redest, als wäre er meine einzige und größte Hoffnung, dann…« (An der Stelle gerätst du ins Stocken, denn so leicht findet sich nichts, mit dem du Mutter in Rage bringen könntest, es sei denn, du gehst zu den Republikanern, und Lecia ist auf dem besten Wege dazu.)

»Dann?«, sagt sie.

»Schmier ich mir blauen Lidschatten auf die Augen.«

»Ach, Mary, du bist so umwerfend komisch.«

»Warum zwingst du Miss Elchtitte nicht dazu?«

»Deine Schwester? Mach dir wegen der keine Sorgen.«

»Aber sie hat Titten bis zum Nordpol, und die Typen schwärmen in Sechserreihen um sie herum. Wenn ich du wäre, würde ich mit ihr auf Verhütungs-Expedition gehen.«

Noch während du das sagst, ahnst du intuitiv, dass Lecia trotz all der Freier eines Tages die älteste noch lebende Jungfrau von ganz Texas sein wird. Sie weiß, dass deine Muschi nur bis zu der Nacht, in der du sie hergibst, ein begehrter Luxusartikel ist. Danach wird sie – und du mit ihr – zum Gebrauchsgegenstand, so alltäglich wie tief gekühlter Orangensaft oder Schweinebauch. Erst wenn du sie wieder für dich behältst, kehrst du zurück zu alter Größe. (Später tröstete man dich nach der Trennung von einem Mann mit dem Hinweis: Vergiss nicht, deine Muschi nimmst du mit.)

Der Gynäkologe schickt deine Mutter hinaus auf den Flur, und du bist ihm dankbar dafür, denn man weiß nie, was sie bei solchen Gelegenheiten alles vom Stapel lässt. Aber als du dann allein vor ihm liegst, rücklings auf dem ausgerollten Papier, die Fußsohlen in die kalten stählernen Steigbügel gedrückt, und du seine Finger in dir spürst, sagt er, er erwartet von seiner eigenen Tochter, die im College-Alter ist, dass sie bis zur Ehe »intakt« bleibt, wie er es ausdrückt. Und ob du dich nicht schämst, in deinem Alter? Ob man dich in deiner Kirche nicht eines Besseren belehrt hat?

Als Erwachsene erwägst du, diesem grün bemäntelten Wurm von einem Arzt einen Brief zu schicken. Ihm zu schreiben, wie nackt du dich in dem Papiernachthemd gefühlt hast. Ihn zu fragen, wer ihn zum Gott gemacht hat. Ihn an den Eid zu erinnern, den jeder Arzt ablegen muss: *Füge niemandem Leid zu.*

Die industriell hergestellten Hormone der Pille scheinen ein kleines Wunder zu bewirken. Im Frühling deines zweiten Jahres auf der High-School findet Mutter, dass deine Haut leuchtet. Und deine vorher nicht existenten Titten füllen inzwischen Körbchen der Größe C. Lecia muss aufhören, dich flachbrüstig zu nennen, und Clarice (dank himmlischem Beistand hat sie Körbchengröße D – so gut ist keine andere Frau in ihrer Familie ausgestattet) fragt dich, ob du etwa auch zu beten angefangen hast.

Nach einem Tanzabend sitzt John Cleary noch bei dir auf der Veranda, in der Hoffnung, du könntest ihm etwas von dem weitererzählen und dechiffrieren, was die Mädchen in den Diskos sich so alles über ihn zuflüstern. Die Schlote vor dem schwarzen nördlichen Himmel leuchten aquamarin. Es ist Frühling – warm genug, um barfuß zu laufen, aber du ziehst dir ein rotes Sweatshirt über den Pyjama und vergräbst die Hände tief in den Beuteltaschen, damit du nicht frierst. Aschfarbene Motten umschwirren die gelbe Lampenkugel.

Beim heutigen Tanzabend waren John und seine nagelneue Cheerleader-Freundin (für deinen Geschmack ein besonders widerwärtiger kleiner Dämon) zu den »hinreißendsten Menschenkindern des Universums« oder so was Ähnlichem ge-

184

krönt worden. Alle bis auf ihn hatten mit dieser Ehrung gerechnet. Verlegen, fast versehentlich neigt er den Kopf, als du ihm gratulierst. Und irgendwann sagt er, dass du »eigentlich ganz hübsch« geworden bist.

»War ich vorher nicht hübsch?«, fragst du und fährst unsichtbare Fühler aus, ob sich nicht wenigstens ein Funken jener leidenschaftlichen Gefühle bei ihm entdecken lässt, die du für ihn hattest.

»Nicht übermäßig«, sagt er. Dann ist der Augenblick vorbei und er geht quer über den nassen Rasen nach Hause.

Um die Macht deines neuen Körpers zu testen, fragst du einen beliebten Cajun-Jungen, ob er in der Sadie-Hawkins-Woche mit dir ausgeht, und zu deiner Verwunderung sagt er begeistert zu. Zusammen mit einem anderen Paar fahrt ihr ins Autokino. Du sitzt im Auto des Jungen auf dem Vordersitz. Ihr habt noch keine zehn Sätze gewechselt, aber was als sanfter Kuss beginnt – beinahe lächerlich, wenn man sah, wie schnell das andere Paar ineinander verschlungen war –, nimmt konkretere Formen an, noch bevor tanzende Popcornschachteln und Hotdogs mit lachenden Gesichtern die Leinwand einem wenig beachteten Film überlassen.

Du bist so fasziniert von den vollen Lippen des Jungen, dass jeder andere Aspekt der Nacht erlischt. Die ferne Leinwand, auf der sich Gestalten bewegen, die Reihen kauernder, an Lautsprechersäulen befestigter Autos und das andere Paar, das sich auf dem Rücksitz amüsiert, sind wie weggewischt aus deinem Bewusstsein. Nicht einmal das anerzogene schlechte Gewissen meldet sich, abgesehen davon, dass der Junge seine Hände ganz gut im Zaum hat. So gesehen sind eure Küsse unschuldig. Du bist nicht einmal richtig verknallt in ihn, hast ihn aus einer Laune heraus gefragt, weil du sehen wolltest, ob er anbeißt. Aber du kannst deinen Mund nicht von seinem lösen, auch wenn du spürst, dass ihr über das Stadium unbekümmerten Flirtens beim ersten Rendezvous längst hinaus seid. Ein noch namenloses Leuchten schießt dir mit flirrenden Sternennebeln in den Unterleib, und wenn du deinen Mund von seinem lösen würdest, wäre das Glitzern verloschen und du müsstest bitterlich frieren.

In dieser Nacht in deinem Bett machst du dich vorsichtig an dir zu schaffen. Du denkst noch nicht in konkreten Begriffen wie »Schwanz« oder »sein Mund auf meiner Brust«. Solche Worte und Vorstellungen sind Jungen vorbehalten. Dir bleibt nur, den Luxus dieser leisen Küsse noch einmal zu durchleben, bis ein Ozean durch dich hindurchrauscht, und als du erwachst, hängst du schräg über der Bettkante, ein Kissen unter den Bauch geklemmt.

Aber der Morgen bringt einen Riss. Das Gesicht, das dir aus dem aufgeklappten Badezimmerspiegel entgegenblickt, stimmt nicht mit deinem neuen Selbstbild der vergangenen Nacht überein. Die Ränder sind nicht deckungsgleich – etwas ist mit dir geschehen. Dein wahres Gesicht ist zu schlicht für den wilden Luxus dieser Küsse. Du schreckst innerlich zusammen vor dieser Kluft zwischen deinem Bild von dir und der Wirklichkeit. Wie bist du dazu gekommen, letzte Nacht stundenlang diesen Jungen zu küssen und kaum ein Wort dabei zu sprechen?

(Unterströmung: Ein Junge macht sich über deinen sieben Jahre alten Körper her. Später, an der Seite des Hauses, klebrige Schenkel. Wasser sprudelt aus einem Hahn. War es das Blut der verlorenen Unschuld, das du abgewaschen hast? Hattest du es selber herbeigeführt, irgendein noch so unbewusstes Signal ausgesandt, dass du es so wolltest? Oder hat man dich einfach hergenommen wie ein Tier?)

Als Lecia sich darüber lustig macht, dass du noch nach dem

Haaröl des Jungen riechst, ekelt es dich vor dieser Wahrheit, und du bist froh, dass er nicht anruft.

Montagmittag auf dem Schulhof kommt er mit einem Freund herangeschlendert, und seit den Fang-und-Kuss-Spielen deiner Kindheit hast du den Drang wegzulaufen nicht mehr so heftig verspürt. Du versteckst dich in einer Türnische, schlank und kerzengerade stehst du da, das Algebra-Buch und die halb leer gegessene Tüte mit Chips gegen die Brust gepresst. Aber kaum rückt sein Profil – die schwarze Tolle seines geölten Haars – ins Blickfeld, musst du weiterlaufen. Der Schulhof verwandelt sich in einen komplexen Parcours aus freien Sichtfeldern und Hindernissen, die Deckung bieten. Einer Gruppe von Mädchen aus der Pfingstgemeinde mit hochtoupierten Turmfrisuren musst du ausweichen, bevor du in gedrosseltem Laufschritt die Stufen hinaufspringst und an einem schimpfenden Lehrer vorbei in die Bibliothek stürmst.

Irgendwie scheint die Faktorisierung von Polynomen eine reinigende Wirkung zu haben, wie ein Taufritual. (Abstraktion in starken Dosen hungert Sehnsucht aus.) Auf den gekippten Fenstern stehen Sonnenstrahlen. Autos rasen die Straße entlang. Und du kannst beinahe vergessen, dass der zärtliche Mund des Jungen deine Magengrube Freitagnacht in eine Zentrifuge verwandelt hat. Für kurze Zeit, so lange er außer Sichtweite ist, bist du vor deinen Leidenschaften sicher.

11

In einem aufgegebenen Lagerhaus am Stadtrand von Leechfield, dort, wo die Sümpfe anfangen, hat ein Tanzschuppen auf-
gemacht. In dem Eck, wo drei Countys aneinander stoßen, ist
es der einzige Treffpunkt für gelangweilte, lustlose Teenager,
unter denen sich doch wohl (ach, bitte, lieber Gott) ein einziger Gefährte für dein Herz finden lässt. Sie nennen es »Towne
House«, mit angehängtem kleinen »e«, wohl um einem Haus
ein bisschen Klasse zu verleihen, in dem früher billige Ersatz-
teile für Autos verkauft worden waren und auf dessen Parkplatz
so viel Löwenzahn durch Risse im Beton wächst, dass er von weitem wie eine Wiese aussieht.

Für dich ist das Towne House vor allem eine ganz neue
Bühne mit einem ganz anderen Publikum, das eher bereit zu
sein scheint, die plötzlichen Veränderungen deiner Kleidung
und deines Verhaltens zu akzeptieren. In der Schule erregt
jede Abweichung von der Norm oder der eigenen Vergangenheit Missfallen. Gegen die gängigen Vorstellungen verstoßen-
des Verhalten wird als großspurig, jede ausgewachsene Andersartigkeit als Frontalangriff auf die herrschende Ordnung
angesehen. Und wer will sich schon der Hochnäsigkeit be-
schuldigen lassen? *Für wen hältst du dich?*, lautet die gängige
Kriegserklärung des sich bedroht fühlenden Leechfielder Bür-
gers. (Zu übersetzen mit: Wofür hältst du mich?)

Nicht jeder Junge, der sich im Sommer das Haar über den

Hemdkragen wachsen ließ, musste vom Lehrer zum Friseur geschickt werden; manchem wurde für seine Tollkühnheit schon auf dem Parkplatz vor der Schule von den lieben Mitschülern in den Hintern getreten. Und auch die Mädchen fassten sich nicht mit Samthandschuhen an. Auf den Fluren konnte man Sätze hören wie: »Becky, du hast gestern Abend auch ohne den Hut wie eine Vogelscheuche ausgesehen.« Und deine eigenen zaghaften Experimente, wenn du zum Beispiel in schwarzen Crêpe gehüllt zur Schule gegangen bist, veranlassten unter Garantie irgendein Mädchen aus der Nachbarschaft zu dämlichen Kommentaren: »Wer ist denn gestorben, Morticia?« Und wenn du in dem afrikanischen Dashiki aufgekreuzt bist, den du deiner Mutter auf dem Straßenbasar in Houston aus dem Kreuz geleiert hattest, riefen sie dich (wechselweise) Jigaboo oder Sheena das Buschkaninchen.

Manchmal willst du bestimmten Leuten – zum Beispiel Clarice – weismachen, dein altes Selbst habe ausgedient, sei als Maske entlarvt, und du hättest erst jetzt den Mut, deine wahre Persönlichkeit zu offenbaren. Du erinnerst sie an das farbige Mädchen mit der hellen Haut, das sich auf dem Leichtathletik-Meeting so lange als Weiße ausgegeben hatte, bis ihre Schwester mit dem Auto angebrummt kam. Für sie – wie früher für dich – klaffte ein Abgrund zwischen dem wahrem Selbst und der Fassade, sagst du. Solche Abgründe rücken Selbstverleugnung in die Nähe des Selbstmords.

Als Reaktion auf deinen Sermon schaut Clarice dich ein bisschen ratlos an, dann sagt sie: »Von mir aus kannst du rumlaufen, wie du willst, ich mag dich trotzdem, aber alle finden, dass du dich seltsam aufführst.«

Du weißt, dass auf diesem riesigen Planeten Gleichgesinnte existieren, ein paar Wesen wenigstens, die sich hier genauso fremd fühlen wie du. Bücher sind der Beweis – Gestalten wie

Holden Caulfield, der zwischen all den »Täuschern« auf seiner Privatschule herumläuft. Die Worte und Sätze, die du aus deinen Büchern holst und in dich aufnimmst, sind mindestens so heilig und so heilsam wie die Kommunion. Und du bist sicher, dass wenigstens ein solcher Mensch in deinem Postzustellbezirk wohnt.

Dein Daddy fährt dich in seinem Truck zum Towne House, und du blickst zum Fenster hinaus und stellst dir vor, dass in einem dieser Siedlungshäuser zwischen Steppengras und der industriellen Skyline aus verbogenem Stahl ein Junge wohnt, der auch gerade zum Tanzen unterwegs ist und sich vorstellt, er würde in einem russischen Pferdeschlitten über verschneite Felder gefahren. Oder dass im Führerhaus eines anderen Pickup-Trucks ein Mädchen deines Alters sitzt, im *Fänger im Roggen* blättert und fest daran glaubt, dass im Towne House unter dem Ausgangs-Schild Holden Caulfield in all seiner verbitterten zynischen Brillanz steht und auf sie wartet. Und dass noch am selben Abend die Gespräche wie mit einem Feuerstein entzündet werden und das endlose Dunkel der Einsamkeit erhellen.

Aber wie soll ein solcher Mensch dich finden, wenn du dich nicht auf dich aufmerksam machst?

Während die anderen Mädchen sich in blassblaue Kirchenkleider oder pastellfarbenes Leinen hüllen, exponierst du dich modisch, schlüpfst in ein braunes Lederkleid mit quadratischen Knöpfen. Dein Daddy hält vor dem Eingang, und nach einem Blick auf den Boden seines Trucks stellt er fest, dass deine gelben Mary Janes mit der viereckigen Kappe ihn verdammt an Clownsschuhe erinnern.

Jerry Lee Lewis tritt regelmäßig im Towne House auf und ein paar Rockbands, die später einmal zu Ruhm kommen werden, ZZ Top und eine psychedelische Band mit Namen Fever

Tree. Auch Johnny und Edgar Winter machen hier Zwischenstation auf dem Weg in das nahe Beaumont, wo sie aufgewachsen sind. Eintritt: ein Dollar – doppelt so teuer wie eine Kinokarte. Du kriegst einen Stempel auf die Hand, der unter ultraviolettem Licht leuchtet und sich tagelang nicht abwaschen lässt.

Die Band (du nennst sie nur die Top) wirkt im ersten Moment zwergenhaft neben der pulsierenden Lightshow auf der Rückwand der Bühne – kunterbunte Amöben, hergestellt aus einem schaurigen Elixier: Salatöl und Lebensmittelfarben zwischen zwei Glasscheiben gepresst. An dem Overhead-Projektor, der die bunten Bläschen auf die Wand wirft, klebt der Aufkleber der städtischen Bibliothek Leechfield. Sonderbar.

Die Band unterscheidet sich von allen, die du bisher gesehen hast; sie tragen keine kobaltblauen Anzüge mit Rüschenhemden wie die Boogie Kings. Auch keine spitzen, auf Hochglanz polierten Schuhe, wie James Brown und seine Famous Flames sie auf einem College-Konzert trugen, zu dem dein Daddy dich mitgenommen hatte und wo dir inmitten schwarzer Gesichter deine unvermischte weiße Hautfarbe zum ersten Mal richtig bewusst geworden ist.

Die Top tragen ausgefranste Jeans mit Flicken, lederne Cowboywesten über T-Shirts. Billy Gibbons' Vollbart erinnert an alte Goldgräber. Mit stoischen Gesichtern, wie die Zureiter, die du mal bei einem Rodeo gesehen hast, versuchen Billy und Dusty Hill die bockigen Rhythmen der Gitarre und des Basses (in dieser Reihenfolge) zu zähmen. Noch weißt du nicht, dass sie sich ihre Riffs bei Mr. John Lee Hooker ausgeborgt haben. Aber der Beat, der aus den schwarzen Lautsprecherboxen donnert, fährt dir wie von selbst in die Knochen. Er passt genau zu den Tanzschritten, die du dir entweder bei Lecia (die auf der anderen Seite des Flusses in Louisiana Tanzlokale wie

191

das Lou Ann's oder The Big Oaks besucht) oder mit geradezu sklavischer Ergebenheit im Fernsehen bei *Soul Train* abgeschaut hast. Sogar die Kids, die eigentlich auf das Go-Go-Zeug aus *American Bandstand* und *Hullabaloo* stehen – man wedelt mit den Armen und hampelt dazu herum wie ein Vollidiot –, bitten dich gelegentlich, ihnen den Cold Sweat oder den Harlem Shuffle vorzutanzen. Musik kriegt einen ganz neuen Kick, wenn sie in dir arbeitet.

Auf der Bühne steht ein fluoreszierendes Skelett, das ein schauriges Schild mit der Aufschrift *Speed Kills* in den Händen hält. Von der Band erklärt euch keiner, dass »Speed« für Amphetamine steht. Dass sogar Hippies von dem Zeug süchtig werden, es in Pillenform schlucken, als Pulver schnupfen oder sich in die Venen schießen und wochenlang nichts essen, bis sie nur noch Haut und Knochen sind und Herzanfälle kriegen, obwohl sie noch keine Zwanzig sind. (Was wusstest du damals von Geschwindigkeit, von Tagen und Wochen, die das Rasen deines eigenen Gehirns einfach verdampfen lässt wie Wassertropfen auf einer glühenden Eisenpfanne? In deiner Stadt war es schon eine Kunst, auch nur eine Nacht zu überstehen, ohne im Klärschlamm der eigenen Gedanken stecken zu bleiben.)

Und dann reden plötzlich und unaufgefordert sogar die Bauerntrampel in ihren kitschigen bunt getupften Kleidern mit der vorgetäuschten Nonchalance alter Hasen über Speed, als wäre ein unsichtbarer Blitz in sämtliche Teenagerhirne des County gefahren und hätte ihnen diesen gemeinsamen Jargon eingebrannt. Tatsächlich ist richtiger Drogenkonsum jedweder Art ferner als Vietnam. Aber (wie im Fall Vietnam) infizieren in einem kollektiven Moment Teile des Jargons die Umgangssprache. Vielleicht habt ihr alle denselben *Weekly Reader* aus der Schule mitgebracht oder denselben Fernsehfilm über

Drogenabhängige gesehen. Vielleicht ist es auch die harte, stampfende Bassline der Top, die euch den Drogenslang wortlos in die Schädel hämmert.

Dein Lederkleid ist eine Hülle, die keine Luft durchlässt, und so saugst du Woche für Woche deinen eigenen Schweiß auf, aber du findest kein anderes Outfit, das zu dem Menschen passen würde, der du werden willst. Irgendwann wiegst du deinen Körper plötzlich in den Armen eines Jungen aus Houston, dessen eisernes Surferkreuz im Rhythmus der Musik gegen die quadratischen Knöpfe deines Kleides klickt.

Clarice hat dir mal erzählt, man müsste einen Jungen nur am Hals kitzeln, knapp unterhalb des Kragens, um ihn zur sexuellen Raserei zu treiben und ihn sich gefügig zu machen wie einen Hund. Zuerst zögerst du, es bei dem Surferboy auszuprobieren; zwar käme dir die Energie, die eine solche Reaktion erzeugt, ganz recht, aber wie ein Flittchen willst du auch wieder nicht dastehen. Mit der Vorsicht einer Katze, die Wasser prüft, berührst du ganz zart seinen Hals und ziehst die Hand gleich wieder zurück, weil du befürchtest, er könnte deine Finger mit einem Maikäfer verwechseln und draufhauen. Aber deine minimale Geste zeigt ohne Zweifel Wirkung. Er zieht dich näher an sich heran. Du machst einen zweiten Versuch, und er atmet schneller. Gegen Ende des Songs schreibst du ihm mit der Fingerspitze deine Initialen auf den Hals wie ein Brandzeichen.

Später sitzt ihr in den einklappbaren Kirchenstühlen entlang der Saalwände. Er legt dir einen Arm so um die Schulter, dass seine Hand Zentimeter über deiner Brust schwebt, ohne sie auch nur zu streifen – eine kleine Meisterleistung. (Worüber habt ihr gesprochen? War Sprechen gestattet, oder hättet ihr den Rausch des Entsetzens darüber, dass eure Körper sich berührten, anders gar nicht ausgehalten?) Du fragst ihn –

um etwas zu sagen, nicht weil es dich interessiert hätte –, warum seine Kleider nach verbrannten Erdnüssen riechen, und er verrät dir, dass er zwischen zwei Sets mit seiner Schwester einen Joint geraucht hat.

Du zuckst nicht mit der Wimper, als du das hörst. Aber plötzlich ist er dir fremd. Obwohl du schon den ganzen Abend schmachtend in seinen Armen hängst und auf einen Kuss wartest, bist du schließlich froh darüber, dass es nur einmal dazu kommt, während des letzten Songs. Sein Mund ist spröde und riecht säuerlich. Bei der zögerlichen Berührung seiner Zunge versteifst du dich in Angst, die sich als Erregung tarnt und für eine flüchtige Sekunde sogar den Abend mit John Cleary heraufbeschwört. Noch Jahre später verwechselst du diese Angst mit sexueller Erregung. Ob es dein individueller Irrtum ist oder ob alle, die neue körperliche Erfahrungen machen, damit geplagt sind, wirst du nie herausbekommen. Aber die Gefühle sind sich wohl gesonnen, Schweiß läuft dir über die Rippen, dein Atem geht schneller, die Hautoberfläche wird hypersensibel. Bei aller Abneigung gegen den schweren Körper, den säuerlichen Kuss des Jungen, registrierst du verwundert das Gefühl, wieder von innen zu leuchten wie damals bei deinem Sadie-Hawkins-Rendezvous.

Du ziehst dich aus seiner Umarmung zurück, gibst vor, durch das hintere Fenster den Truck deines Vaters erspäht zu haben. Von draußen beobachtest du den Jungen heimlich beim Poolbillard im Spielzimmer. Und als er am nächsten Tag anruft, weil ihr unverbindlich für den Strand verabredet seid, kommst du nicht ans Telefon.

Vielleicht braucht es die vielen Monate dürrer Einsamkeit, die lange Kette seelischer Belastungen, wie du sie in den Jahren auf der Junior-High-School aushalten musstest, bis ein richtiger Freund oder eine Freundin auftauchen kann, weil erst der Verlust geliebter Menschen dich dazu zwingt, jemand Fremdem dein Bedürfnis nach Freundschaft zu offenbaren.

Während der ersten Monate auf der High-School ist es kein Problem, dass du keine Freunde hast. Du hast zu viel damit zu tun, die Schockwellen zu absorbieren, die deine eigene neue Fremdartigkeit auslöst. Gelegentliche Anfälle von Einsamkeit offenbaren sich als zielgerichtete Sehnsucht – quälend wie Durst – nach Clarice oder John Cleary. Doch inzwischen wird dein Umgang mit den beiden durch Widrigkeiten ganz neuer Art erschwert.

Clarice ist inzwischen mit einem orthodoxen Cajun-Jungen aus der rivalisierenden High-School am anderen Ende der Stadt zusammen. Er lässt sie nicht aus den Augen, und es gibt eine ganze Liste von Dingen, die er ihr nicht gestattet. So darf sie zum Beispiel nicht fluchen und nachts nicht ohne ihn auf die Straße gehen. Sie nimmt einen Job beim Chicken Shack an, und ungeachtet der Regeln ihres Freundes bringt sie so manchen Kunden aus der Fassung, indem sie ihm Sätze zuzwitschert wie »Fick dich selber, und dann komm wieder«, allerdings so schnell, dass die Worte fast (aber eben nur fast) unverständlich sind. Und manchmal sitzt du spätabends unterm Sternenhimmel, wenn John Cleary von einer Verabredung nach Hause kommt, und dann schaut er noch kurz herüber – nach Rasierwasser stinkend –, um dem Kätzchen das Kinn zu kraulen, aber es ist inzwischen eine Leere zwischen euch entstanden.

Ein Rettungsanker ist die Schauspiellehrerin. Vielleicht zieht es dich zu ihr, damit sie dir hilft, deinem neuen Selbst auf der Bühne Gestalt zu geben. Aber für die lesehungrigen Menschen dieser Stadt haben Schauspiellehrerinnen noch eine ganz andere Bedeutung – sie sind in der Schule die einzige Bezugsquelle für zeitgenössische Dramen und Gedichte. Ansonsten bindet dich der Lehrplan an vergangene Jahrhunderte – *Ivanhoe* und Tennyson und Dickens bis zum Erbrechen. Du entwickelst sogar gegen Melville einen Widerwillen, bis du anfängst, ihn richtig zu lesen.

Leider haben die zeitgenössischen Stücke, die Miss Baird gerne aufführen lässt, eine gewisse Patina und könnten ebenso gut aus dem letzten Jahrhundert stammen. Sie gibt Themen mit patriotischem oder religiösem Unterton den Vorzug oder Stücken mit grob gestrickten Figuren – Meerschaumpfeifen rauchenden Onkeln und Kopftuch tragenden »Mammis«. Am laufenden Band zitiert sie Edgar Lee Masters' von dir so verachtete *Spoon-River Anthologie*. Für den Lyrikwettbewerb schlägst du Edward Arlington Robinsons *Richard Cory* vor, dessen Titelfigur im letzten Vers nach Hause geht und sich eine Kugel in den Kopf schießt. Als du den Namen aussprichst, zuckt sie hinter ihrem Pult zusammen. Dann kommt sie quer über die Bühne zu dir hergelaufen und wedelt mit den Händen vor deinem Gesicht herum, als hinge das anstößige Bild in der Luft und ließe sich wie Kreide wegwischen.

Mögen ihre literarischen Neigungen noch so seltsam sein, sie muss mit euch an Rhetorik- und Schauspielwettbewerben teilnehmen. Und wie die Tanzabende im Towne House erweitern diese Ausflüge das Territorium deiner Suche nach gleich gesinnten Seelen. Gelbe Schulbusse spucken Kids aus anderen Städten und Schulen aus, und du schielst auf die Bücher, die sie unterm Arm tragen, hältst nach dem einen Ausschau, das subversiv genug ist, um seinen Leser als potenziellen Freund auszuweisen.

Die Schule ist aus, und Miss Baird, klein, stämmig und gerade mal eins vierundfünfzig groß, steht vor dem Schauspielclub, das flammend rote Haar zu einer steifen Männertolle gesprayt. In abgehackten Silben verliest sie das Aufgebot der

Kandidaten, die an der Universität von Houston dieses Wochenende für unsere Schule streiten sollen. (Miss Baird hat euch Zungenübungen machen, Worte wie *Mutters Butter* und *Spielzeugboot* tausendmal wiederholen lassen.) Die Kleiderordnung der Schule zwingt sie dazu, Röcke zu tragen, aber sie macht beim Gehen Riesenschritte und steht mit weit gespreizten Beinen da; wer in der ersten Reihe sitzt, kann sehen, dass die Seitennähte zu platzen drohen.

Auch während der Lagebesprechung vor dem Theatertreffen läuft sie vor euch auf und ab, und ihre Schritte sind langsam, federnd, als hätte sie ein Holzbein. (Wenn du später an Miss Baird denkst, stellst du dir automatisch eine Reitpeitsche vor, mit der sie sich auf die in Breeches gezwängten Waden schlägt.) »Es gibt jemanden, der außerordentlich *hart* für dieses Treffen gearbeitet hat, jemand, dem ganz *besonderes* Lob gebührt. Ein *besonderer* Dank.« Miss Baird tendiert dazu, betonte Worte mit englischem Akzent auszusprechen, ein falscher Zungenschlag, der dir normalerweise auf den Geist geht. Aber gerade am Wort ganz »besonderer« entzündet sich eine leise Hoffnung. Ein steifes Lächeln gräbt sich in dein Gesicht, bis dir einfällt, dass Mortimer G. Beauregards Züge zu ähnlicher Maulstarre geronnen waren.

Miss Baird wirbelt herum in die andere Richtung. »Es ist eigentlich nicht meine Art, die Arbeit Einzelner herauszuheben. Wir sind ein Team. Wir steigen als Team auf…« – (sie hebt die Hand wie ein Chordirigent, der das Potenzial der Altstimmen abruft) – »… und als Team gehen wir unter.« Dieselbe Hand schießt herab wie ein Kamikazebomber. »Aber *diese* junge Dame war so *unermüdlich*, so *brillant*. Ihr Talent grenzt an *Genie*…«

Du legst die Hand auf den Mund und versuchst, als Kontrastprogramm zu Mortimers blödem Grinsen den Ausdruck teilnahmsloser Unverbindlichkeit auf dein Gesicht zu zaubern, während deine Mitschüler sich im Raum umsehen, wer so hohes Lob verdient haben könnte.

»Es *bricht* mir das Herz, dass sie heute Nachmittag nicht hier sein kann. Sie ist *neu* an unserer Schule. Die Rede ist, por supuesto – das ist Spanisch und bedeutet *natürlich* – von niemand anderem als *Meredith Bright*, die gerade aus dem *vortrefflichen* Staate Mississippi zu uns gekommen ist.« Miss Baird bleibt mitten im Raum stehen, nimmt die Brille ab und reibt sich die Nasenwurzel, als hätte sie starke Kopfschmerzen. »Wenn jemand ein zünftiges indianisches *Kriegsgeheul* als Begrüßung verdient hat, dann *Meredith*. Am Samstag im Bus wollen wir ihr zeigen, was für ein *Geist* an unserer Schule herrscht. Lasst es uns einmal ausprobieren.«

Und schon fängt Miss Baird zu heulen an, klopft sich mit der Hand auf den wie ein O geformten Mund, an dem noch Reste mandarinroten Lippenstifts kleben. Die anderen Schüler stimmen ein, und von den Plätzen um dich herum erhebt sich Geheul. Normalerweise hast du bei so einem Kriegsgeheul das Gefühl, es hätte dich in eine Horde Gorillas verschlagen. Aber im Moment lässt sich damit das Grinsen verdecken, das dir schon wieder die Oberlippe kräuseln will.

Nachts in deinem Bett bist du fest davon überzeugt, dass Meredith wie eins dieser zickigen Mädchen von der Honor Society aussieht, denen ihre Hässlichkeit und ihre strähnigen Haare heilig sind, weil sie sie als Bescheidenheit verstehen. (Du bist in die Honor Society berufen und nach einem Jahr wieder hinausgeworfen worden, aber inzwischen warst du abgebrüht genug, um zur Leiterin zu sagen: »Ach, verflixt, sagen Sie bloß, ich muss jetzt meine Anstecknadel wieder abgeben?«)

Am Samstag des Theatertreffens sagt Mutter in erstaunli-

198

cher Hellsicht über Meredith Bright: »Vielleicht magst du sie ja ganz gern.« Sie kommt gerade aus der Dusche, klatscht sich Talkum-Puder auf den Rücken, hinterlässt mit jedem Schlag eine frostige Chrysantheme auf bleicher Haut. Ihr Vorschlag, dass ich mich der Konkurrenz mit anderen Mädchen stellen soll, ist eine Herausforderung, ein hingeworfener Fehdehandschuh: »Du musst einfach klüger sein als die, die hübscher sind, und hübscher als die, die klüger sind.«

Zum ersten Mal siehst du Meredith bei dem gefürchteten Begrüßungsgeheul im Autobus. Mit beeindruckender Gelassenheit steht sie da, einen beigefarbenen Schnellhefter in der Hand. Eine wie sie ist dir noch nie unter die Augen gekommen. Zum einen hat sie sich das honigfarbene Haar in Korkenzieherlocken gelegt wie einst die junge Shirley Temple. Es ist die Zeit glatter Haare. Viele weiße Mädchen besorgen sich die Chemikalien, mit denen sich die Schwarzen ihre Krausen aus dem Haar brennen.

Außerdem ist Meredith stämmig – nicht fett, aber ihre grobknochige Gestalt ist rundherum gut gepolstert. Und das lässt alles an ihr rund erscheinen – ihr Gesicht ist rund und rosa glänzend, ihre pfefferminzfarbenen Augen sind rund mit schweren Lidern. Nach Mutters Maßstäben für weiblichen Erfolg erscheint sie dir hübscher als die klugen und klüger als die hübschen Mädchen. An einem Lederband um den Hals trägt sie eine orangerote Tonscheibe, fast so groß wie eine Untertasse. In ihrem Zentrum leuchtet in Avocadogrün das Wort POT. Noch während des Kriegsgeheuls (bei dem du nicht mitheulen magst) zieht sie sich – lächelnd, aber mit vornehmer Gelassenheit – in die hinterste Ecke des Busses zurück. Und du lässt sie unbehelligt dort sitzen, nur kurz schießt dir ein Bild durch den Kopf: Meredith, auf eine schräg gestellte Strohscheibe geschnallt, während du einen Pfeil aus dem Köcher ziehst.

Sie betritt das Auditorium, als du gerade »Auf Flanderns Feldern« rezitierst:

Wir sind die Toten. Noch vor wenigen Tagen lebten wir,
Wir lebten, fühlten den Abend, sahen den Morgen glühn
Wir liebten und wurden geliebt, und jetzt liegen wir
Auf Flanderns Feldern...

Miss Baird hat dich mit einem Repertoire an weit ausladenden Handbewegungen ausgestattet. Mit steifen Armen rudernd, simulierst du den Flug der Lerche; später senkst du die Arme und spreizt die Handflächen nach oben ab, eine Pose, die du für jesusmäßig hältst. Die Worte »Wir sind die Toten« intonierst du in bester Boris-Karloff-Manier, als hättest du Watte im Mund. (Jahre später siehst du auf dem Asphalt einer Landebahn eine Replik dieser Geste: Ein Mann in einem cremefarbenen Overall dirigiert mit zwei Signallampen ein Flugzeug an seinen Platz, und dir schießt durch den Kopf, dass auf Flanderns Feldern der Klatschmohn blüht.)

Meredith schleicht wieder hinaus, bevor ein Junge, dessen Kopf an seinem langen Gänsehals ständig hin und her wackelt, seine hysterische Version vom »Angriff der Brigade des Lichts« zum Besten geben kann: »Rechts von mir Kanonen / Kanonen links von mir ...« Bei der Preisverleihung bekommst du ein rotes Band verliehen. Das einzige blaue Band für eure Schule gewinnt Meredith. Sie erhält es für eine Kurzgeschichte von Shirley Jackson.

Auf der Heimfahrt schmettern die Schüler Lieder, zu denen beharrlich in die Hände geklatscht und mit den Füßen getrampelt wird. Meredith sitzt immer noch mit unbewegter Miene hinten, den gelockten Löwenkopf über Dostojewskis *Idiot* gebeugt, eine Seltenheit, denn russische Bücher veranlassen manchen Lehrer, dir ein paar strenge Fragen über den Kommunismus zu stellen. Sie liest ein ausländisches Buch, also nimmst du deinen Mut zusammen.

»Sitzt da schon jemand?«, fragst du, während du dich an den gebogenen Rückenlehnen der Eisensitze nach hinten hangelst.

»Nein«, sagt sie. Obwohl ihr Gesicht beinahe lächelt, scheint sie weit fort zu sein, als würde sie in Gedanken über einen spiegelglatten See gleiten.

Ihr Schweigen ist beunruhigend. Nach ein paar Minuten wird dir klar, dass sie so lange wie eine Sphinx dort sitzen bleibt, bis du sie wieder ansprichst. Du probierst es mit einer provokativen Eröffnung. »Hab gehört, du sollst ein Genie sein.«

Du wartest darauf, dass sie mit großem Ernst ihren Lockenkopf schüttelt, damit du das Dementi auf seine Aufrichtigkeit überprüfen kannst. Stattdessen nickt sie, weise, wie du findest. Und sie sagt: »Stimmt.«

So viel Selbstsicherheit bringt dich aus der Fassung. Schließlich ist *sie* die Neue, und ein bisschen grobschlächtig ist sie auch und äußerst sonderbar gekleidet. Sie sollte dankbar sein, wenn eine Alteingesessene sich herablässt, mit ihr zu reden. Aber statt willfähriger Dankbarkeit zeigt sie eine Reaktion, die du später ihre Kaiserin-von-China-Pose nennen wirst.

»Ich bin auch verdammt klug«, sagst du (und zuckst ob deiner Dreistigkeit die Schultern, als wolltest du den schweren Mantel deiner Klugheit nicht länger tragen). »Hast du wohl schon gehört.«

»Nein«, sagt sie. »Hab ich nicht.

»Macht nichts«, sagst du. »Jedenfalls sollten wir Freundinnen sein. Die anderen sind alle Idioten.«

Sie nickt und sagt: »Auch wieder wahr.«

201

Du fragst sie nach ihrer Religion, und als sie antwortet, sie sei Baptistin, sagst du: »Für eine Baptistin bist du viel zu klug. Du musst Buddhistin werden wie ich und meine Mutter.« Darüber kichert sie und sagt: »Ich werd's mir überlegen.«

Der Bus holpert weiter, und du hängst der Frage nach, wieso sie nichts davon gehört hat, dass du klug bist.

Du sagst: »Hat dir niemand erzählt, dass ich in der vierten Klasse ein Buch mit Gedichten herausgebracht habe?«

»Nein«, sagt sie. Ein paar Herzschläge lang denkt sie nach. Dann sagt sie: »Vierte Klasse ist ganz schön jung.«

Du spürst einen Anflug von Missbilligung in ihrer Stimme. Du hattest dir immer eingebildet, dass Jugend dein Talent einzigartiger und deine Langzeitperspektive sicherer erscheinen lässt. Du hast Geschichten über junge Schriftsteller gesammelt, um dir selber Mut zu machen. Du erinnerst sie daran, dass Arthur Rimbaud mit vierzehn große Lyrik geschrieben hat.

»Ist der nicht schon mit zwanzig gestorben?«, antwortet Meredith. »Faulbrand im Bein oder so was Ähnliches. In Afrika.«

»Ja, jetzt wo du's sagst, erinnere ich mich.« (Du hattest keine Ahnung.)

»Milton hat geglaubt, dass er erst alles lesen musste, bevor er gebildet genug war, um Gedichte zu schreiben«, sagt Meredith.

Du überlegst angestrengt, was dir zu diesem Namen einfällt, Milton, über den du in der Lyrikanthologie deiner Mutter hinweggelesen hast. Du weißt nicht einmal genau, ob Milton sein Vor- oder Nachname ist. Bei Dante hast du schon einmal daneben gelegen, weil das der Nachname von einem Dichter und von einem anderen der Vorname war. Seit einer ganzen Weile hast du nichts mehr gelesen, was vor Elvis' Zeit geschrieben wurde, weil sich von ferneren Ausdrucksformen nicht so gut abkupfern lässt.

»Milton?«, fragst du schließlich. »War das der Zwerg?«

»Nein, das war Pope. Milton war der Blinde. *Paradise Lost*. Seine Töchter mussten seine Sachen für ihn aufschreiben.«

»Na ja, egal«, sagst du. Du blickst aus dem Fenster auf ein Reisfeld mit seinen geneigten grünen Rispen. Du siehst sie, und dir fällt ein Gedicht ein, von dem du überzeugt bist, dass sie es nicht kennt. Du hast es von einem standardisierten Test auswendig gelernt, auf dem der Name des Dichters nicht genannt war, um den Testteilnehmern keinen Fingerzeig zu geben.

> *…Und mittags lagen Sturmfenster im Gras,*
> *randvoll mit Regen, durch Wasser und Glas,*
> *sah ich die flachgedrückten Halme, fließend in Linien*
> *wie Tang in der ablaufenden Welle,*
> *wie Weizenfelder im Wind.*

Du stockst, suchst nach den nächsten Versen. Du versetzt dich zurück in die Cafeteria, wo der Test stattgefunden hatte, denkst daran, wie du aufgehört hast, die leeren Kästen voll zu schreiben, wie du den ganzen Test abgebrochen hast, um die Verse auswendig zu lernen – weil ein zeitgenössisches Gedicht etwas so Außergewöhnliches war. Obwohl in dem Testlokal absolute Ruhe herrschte, hast du dir mit den Fingern die Ohren zugestopft, weil schon das Klicken der Absätze der Aufsicht führenden Lehrerin dich störte.

Und diesmal stopfst du dir wieder die Ohren zu – gegen den Lärm im Bus, um das Meeresmuschelrauschen des Augenblicks, in dem du das Gedicht entdeckt hast, wieder hören zu können. Mitten im Rauschen zupft Meredith dich am Ärmel. Du öffnest die Ohren dem Lärm der Welt und hörst sie sagen:

Das Schwappen und Rippeln auf verschwommenem Glas,
flüsterte mir im Vorübergehen etwas zu,
etwas, das ich dir gerne gesagt hätte, etwas...
das Gras trocken, gebeugt unter Glas...
etwas von...

Jetzt kommt Meredith ins Stocken, und nach kurzer innerer Suche fallen dir die Schlussverse ein:

... schwankender Klarheit blindes Echo
des einsamen Nachmittags der Erinnerung
und nicht erfüllter Wünsche, während Winterregen
(unaussprechlich, wie fern das alles!)
an den stehenden Fenstern herabläuft.

Der Bus schaukelt euch über holprige Straßen durch das östliche Texas. Aber eine nicht rückgängig zu machende Veränderung hat die Luft um euch herum verwandelt. Zungenfertige Spitzfindigkeiten sind nicht mehr möglich. Deine Lust, die Muskeln spielen zu lassen, wurde in dem Moment ausgelöscht, als ihr zusammen rezitiert habt. Merediths runde Augen sind noch runder geworden.

»Nemerov«, sagt sie. »Howard Nemerov.«

»Hat der das geschrieben?«, fragst du. Das ist Information der wertvollsten Art. Mit einem Namen kannst du Mutter bitten, seine Gedichte in der College-Bibliothek für dich auszuleihen.

(Und das tut Mutter. Du erfährst, dass er an der Washington University in St. Louis lehrt, entwirfst während der kommenden Wochen einen devoten Leserbrief und bittest Meredith, die einzelnen Versionen zu redigieren. Irgendwann dankt Nemerov dir mit einem maschinegeschriebenen Brief und macht dir Mut. Als er fast zehn Jahre später in Boston einen Vortrag hält und du dich ihm vorstellst, schüttelt er dir die Hand, schaut dich verwundert an und sagt: »Mein Gott, Sie sind das kleine Mädchen aus Texas.«)

Meredith nickt dir immer wieder schweigend zu und du ihr. Ihr seid wie eingesponnen in einen Kokon des Staunens, der euch in den nächsten Jahren reichhaltiger nähren wird, als du jemals hoffen durftest. Als ein Lächeln ihr Mondgesicht erstrahlen lässt, fühlst du dich reich beschenkt.

12

Während Jungen auf der Jagd nach Schnaps oder sexuellen Abenteuern oder Schlägereien durch die Straßen streifen, um ihren jugendlichen Wagemut zu beweisen und ihrem Zorn Luft zu machen, schmiedest du mit Meredith eine Freundschaft, die fast vollständig auf Trägheit, eine geradezu mönchische Begeisterung für blankes Nichtstun gegründet ist. Vor laufender Kamera hättet ihr weder eine Handlung noch Action zu bieten – zwei Mädchen lümmeln sich in verschiedenen Stadien der Apathie auf dem Sofa herum und lesen oder reden über das, was sie gelesen haben oder noch zu lesen oder zu schreiben oder in irgendeiner nebelhaften Zukunft zu tun beabsichtigen. Oder sie starren, totenstill in wechselseitiger Lähmung, stundenlang an die Decke, um vorüberziehenden Gedanken nachzuschauen.

Du liegst schlaff auf dem Sofa ihrer Mutter, Thomas Pynchons *V.* aufgeschlagen auf der Brust. Für Meredith ist es das größte Buch aller Zeiten. Du schaffst nicht einmal das erste Kapitel. Langweilig wie nur irgendetwas. Ein Seemann leiert dümmliche Seemannslieder und was nicht alles herunter. Wenn du dir aus den russischen Büchern alle Namen und Spitznamen herausschreibst, bekommst du wenigstens irgendwann eine Ahnung davon, wer wem etwas antut, wer die Guten und wer die Bösen sind.

»Wir brauchen ein Sofa zum Abhängen«, sagst du. »Etwas in rotem Samt.«

Seit Stunden hast du nicht so viele Worte auf einmal aneinander gereiht. Du hast dem Dröhnen der Klimaanlage zuge-
hört.

»Viktorianisch?«, fragt Meredith. Sie hat Bezeichnungen für
Unterscheidungen, die du noch nie gemacht hast.

»Und was dürfen wir darunter verstehen?«

»Na sieh einer an. Das wilde Tier kann Sätze bauen!«

»Es ist mein Ernst. Erleuchte mich.«

»Ich glaube, diese geschwungenen Troddelsofas nennt man
viktorianisch. In Snooper's Paradise haben sie so was rumste-
hen. So ein Ding mit vielen Kurven. Und Fransen.«

»Ein Prunkboot hätte ich auch ganz gern. Wie Kleopatra.
Das würde mir gefallen, ein Prunkboot mit nubischen Knaben, die mir mit Palmwedeln Luft zufächeln. Unter tropfenden…«

Meredith hebt den Blick und sagt: »Elefantösen Blättern.«

»Unter tropfenden elefantösen Blättern dahingleiten«, erwiderst du. Und dann: »Dieses Buch ist das reinste Truthahn-
gegacker. Sag doch mal, was du so toll daran findest.«

»Die Sprache, vor allem. Da wird eine Welt erschaffen, nicht
beschrieben.«

»Ach, komm.«

»Er macht nicht den Versuch, Wirklichkeit abzuschreiben.«

»Also phantasiert er sich etwas zusammen.«

»Genau.«

»Und das ist angesagt?«

»Du musst es ja nicht lesen. Ich fand es toll.«

»Ich bin zu dumm dafür, willst du damit sagen. Ich bin nur
deine edle wilde Freundin.«

»Mehr wild als edel«, sagt sie. »Persönlich find ich dich hin-
reißend. Ausgesprochen klug.«

»Pudel sind klug. Ich wäre lieber dunkel und rätselhaft.«

»Du bist absolut dunkel und voll kluger Rätselhaftigkeit. Eine unerschlossene Ressource literarischen Genies.«

Solcherlei Geplänkel ist Bestandteil eines ungeschriebenen Vertrags, nach dem Meredith dir erst ein paar Mal auf die Schulter klopft, bevor sie dir hilft, ein Buch zu verstehen, das dich ratlos macht. Diese Farce verwässert die Tatsache, dass die wertvollsten Aspekte von Meredith kommen. Ohne diese versteckten Ermutigungen würde sich eure Freundschaft darauf beschränken, dass sie Vorträge hält und du dir Notizen machst.

Schließlich sagt Meredith: »Genauso ist das mit dem V. Es taucht immer wieder auf – Gänse, die in V-Formation fliegen, ein Mann mit aufgeknöpfter Hemdbrust, ein Dreieck aus Schamhaaren. Es sammelt Kraft, Bedeutungen. Es wird zu etwas.«

»Und was genau bedeutet das V?«

»Ach, eine Menge. Ich glaube, es ist der Tod, die Pfeilspitze, in der wir alle ...«

»Von der Dunkelheit in die Vergessenheit fliegen. Aus diesem Scheißnest an irgendeinen anderen Ort auf diesem gottverdammten Planeten. Sag mal, wenn du nicht an Gott glaubst, warum fluchst du dann nicht?«

»Weil ich rein bin, makellos. Weil meine Lippen von Obszönitäten unberührt sind.«

»Und ich bin die verdammte Hure von Babylon.«

»Von mir aus fluch dir die Seele aus dem Leib. Ist mir piepegal.«

»Na los, sag scheißegal.«

»Ich will nicht.«

»Mal angenommen, du spielst in einem Stück von T.S. Eliot mit, eine Figur, die *Scheiße* sagen muss, würdest du es auch dann nicht über dich bringen? Und einfach von der Bühne gehen? Deine Mitspieler allein weiterstammeln lassen?«

»Das ist nicht Eliots Vokabular.«

»Nur mal angenommen. Okay, wer *würde* Scheiße sagen? Außer einem verdorbenen Schandmaul wie mir, meine ich.«

»Weiß ich nicht. Beckett vielleicht. Aber Oscar Wilde oder Eugene O'Neill nicht...«

»Die kenn ich alle nicht.«

»Erinnerst du dich an das Zwei-Personen-Stück, bei dem dieser Stephen aus Beaumont mitgespielt hat? Endlos. Wie er und dieser andere Junge auf der Bühne herumgeschwirrt sind. Sich gegenseitig die Cowboystiefel ausgezogen und wieder angezogen haben.«

»*Warten auf Lefty?*«

»Auf Godot. *Warten auf Godot.* Das ist Beckett.«

»Da bin ich auch nicht schlau draus geworden. Und ich kann mich nicht erinnern, dass da jemand Scheiße gesagt hat. Komm, sag's wenigstens ein einziges Mal.«

Und so gehen eure Tage in einem Nebel sinnlosen Geplappers dahin, aber hin und wieder sorgen wenigstens Merediths literarische Kenntnisse für etwas Qualität.

Manchmal wollen euch andere dazu anzuspornen, etwas zu unternehmen. Mrs. Bright fragt, warum ihr nicht Minigolf spielen geht, bei der Affenhitze, und Mutter schlägt vor, ihr solltet ein bisschen malen. Auf solche Vorschläge antwortet ihr vergnügt, ihr würdet gerade »bis über die Ohren in Depressionen« stecken. Aber es handelt sich weniger um psychopathologische Depressionen als vielmehr um eine Art zerebrale Accessoires.

Langsam schleppen sich die Stunden an jedem dieser bleiernen Tage dahin für zwei Mädchen, die sich geschworen haben, ihre ganze Existenz einem, wie sie es nennen, »geistigen Leben« zu widmen, und die ungerechterweise in einer Stadt auf Grund liegen, deren Bibliothek mit Stolz darauf verweist, dass sie jede bisher erschienene Nummer des *Heimmechanikers* vorrätig hält.

Die neuen Kunstformen oder Projekte, die ihr gelegentlich ausheckt, sind ausgesprochen statisch, rein begrifflicher Natur, und verlangen nichts außer Gesprächen. Nachdem Merediths Bruder Michael einen Underground-Comic mit dem Titel *Verzweiflung* mit nach Hause bringt, denkt ihr euch stundenlang statische theatralische Szenen aus, die ihr gar nicht ernsthaft zur Aufführung bringen wollt, elaborierte, epigrammartige Szenen von etwa einer Minute Länge.

So hebt sich der imaginäre Vorhang vor einem Mann und einer Frau. Sie schaut aus einem Fenster in der Kulisse, und er krallt beide Hände in die Polster der Sessellehne. (Wohlgemerkt: beide Hände. Das ist hochdramatisch.) Auf dem Serviertisch liegen lauter leere Dosen, die einmal Wiener Würstchen enthielten, und zwei Plastikgabeln. Sie sagt: Harry, wo liegt Asien? Er sagt: Weiß ich nicht. Lass es uns auf dem Globus suchen. Sie sagt: Wo ist der Globus? Er sagt: Verbrannt, zusammen mit dem ganzen anderen Zeug. Der Vorhang fällt.

Ihr verbringt Stunden damit, euch Titel und Namen für Bücher oder Bands auszudenken, ohne jemals mit irgendetwas anzufangen. Merediths Autobiografie trägt den Arbeitstitel *Langeweile ohne Eile.* Und deine heißt *Hufe über Texas – ein munteres, rauschendes Märchen unter dem wilden texanischen Himmel.* Dann wollt ihr eine Soulband mit Namen Chicken Supremes gründen. Nicht eines dieser Projekte überdauert die erste Schwierigkeit seiner Durchführung. Aber ihr schwelgt in Möglichkeiten.

Als ihr in dem Sommer noch einmal zusammen *Franny und Zooey* lest, geratet ihr auf einen geheimnisvollen Weg, durchsucht Bibliotheken und religiöse Buchhandlungen im ganzen County nach einem christlichen Wälzer aus dem Mittelalter mit dem Titel *The Pilgrim's Way*. Darin wird das Jesus-Gebet beschrieben (»Herr, Jesus Christus, erbarme dich meiner.«), das Franny während ihres ungeheuer mitreißenden Nervenzusammenbruchs wie ein Mantra herunterleiert, einem durch dauernde Wiederholung direkt in den Atem und den Herzschlag brennt, damit alle möglichen Formen der Ruhe und Heiligkeit daraus erwachsen können.

Nachdem Mutter in mehreren Buchläden in Houston vergeblich nachgefragt hat, gebt ihr auf und gründet einen Yoga-Club. (Hatha-Yoga ist damals ähnlich weit verbreitet wie Urdu sprechen.) Ihr wollt auf direktem Weg ins Nirwana. Möglichst noch bevor die Schule wieder anfängt.

Aber auch gemeinsam mit Meredith vermag Yoga die Wogen so wenig zu glätten wie damals, als Mutter es dir empfahl, um vor Beginn der Junior-High-School deine Nerven damit zu beruhigen. Habt ihr es nach ein paar Versuchen nicht geschafft, eine Pose durchzuhalten, wird die Glotze angeschaltet, und ihr werft euch aufs Sofa und schaut euch eine Wiederholung von *Vater ist der Beste* an, um euch darüber lustig zu machen, dabei sehnt ihr euch heimlich nach solchen blitzblanken Räumen, wo man sicher sein kann, dass die Bonbons in der Milchglasschale nicht von der Luftfeuchtigkeit zu einer klebrigen, nicht mehr essbaren Masse verschmolzen werden.

Unterdessen gleitet Meredith in richtige Posen hinein. Und sie liest das Yoga-Buch, in dem du jahrelang nur geblättert und dir die Bilder angeschaut hast, von vorne bis hinten durch. Dort findet sie zahlreiche Methoden der Reinigung – Fasten, eimerweise Zitronenextrakt und auf Zimmertemperatur gebrachten grünen Tee saufen. Die Nebenhöhlen reinigt man, indem man sich lauwarmes Salzwasser ins Nasenloch schüttet und zum offenen Mund wieder herauslaufen lässt. Meredith beherrscht diese Spülung auf Anhieb, während deine Bemühungen mit demselben Schädelbrummen enden, das du immer kriegst, wenn du deine Eisbombe zu schnell gegessen hast.

Später bastelt Meredith aus einem großen rechteckigen Stück Schaumgummi eine Meditationsmatte und du schaust ihr dabei zu. Sie bezieht sie mit Madrasgewebe in den Farben Grün und Aprikose, das sie in der Resteabteilung des Stoffladens aufgetrieben hat. Bei derselben Gelegenheit ersteht sie eine Bahn schwarzen, geblümten Baumwollstoff und näht dir eine bodenlange Mönchskutte mit Kapuze daraus. (Endlich bist du angemessen gekleidet, wenn dich mal Gefühle von Transzendenz überkommen.)

Als du am nächsten Morgen zu Meredith aufbrichst, trägst du die Mönchskutte und Lecias Cäsar-Sandalen mit den langen Lederriemen, die man sich um die Waden bindet. Damit die Dinger dir nicht um die Knöchel schlenkern, musst du sie so fest zurren, dass sie dir das Blut abschnüren. Auf halbem Weg zu Merediths Haus ziehst du sie wieder aus und hängst sie dir wie ein Bündel Karpfen über die Schulter.

Und so spazierst du mit bloßen Füßen und wie ein Mönch gekleidet die klebrige Asphaltstraße entlang, das orangerotschwarze Yoga-Buch deiner Mutter unter den Arm geklemmt. Plötzlich nähert sich auf dem holprigen Seitenstreifen ein Pick-up-Truck, beladen mit Bikini tragenden Mädchen und Jungen in abgeschnittenen Jeans, und hinten auf der Klappe thront ein strahlender John Cleary, ein blaues Handtuch um den Hals gehängt. Als eins der Mädchen ruft: »He, wo geht's zur Halloween-Party«, brechen die anderen in lautes Gelächter aus. Jemand sagt (und du wünschst, dass es John Cleary ist): »Hört doch auf«, und der Truck poltert weiter, eine Wolke aus hellem Gekicher hinter sich lassend; du meinst beinahe, die zwitschernden schwarzen Vögelchen sehen zu können, die aus dem silbernen Truck zu dir an den Straßenrand geflattert kommen, wo du mit weit aufgerissenen Augen stehen geblieben bist.

Später steht Meredith in der Tür ihres auf Eiseskälte klimatisierten Hauses und sagt »He, na siehst du, wenn du jetzt nicht buddhamäßig aussiehst.«

Mit den Worten: »Lass mich rein, in dem Ding wird man lebendig gebacken«, drängelst du dich an ihr vorbei.

Du wirfst dich der Länge nach aufs Sofa und lässt die Haare vorm Gesicht herunterhängen, weil die Tränen das Kleopatra-Make-up ruiniert haben.

»Zieh mir den Reißverschluss auf«, sagst du. In dem Ding fühl ich mich wie ein Hot Dog.

»Moment«, sagt sie, zieht an der Lasche, aber der Reißverschluss lässt sich nicht öffnen.

»Du erwürgst mich«, stöhnst du, tastest selber nach der Lasche, aber deine Hände reichen nicht ganz hin.

»Das ist einer von den alten Messingreißverschlüssen«, sagt sie.

»Eine verdammte Schwanzsäge ist das«, erwiderst du.

Noch ein Ruck von hinten, der Halsausschnitt würgt dich, zieht dir wie ein Lasso die Kehle zu.

»Die Dinger muss man von Zeit zu Zeit einfetten, dann gehen sie leichter«, sagt Meredith.

Du versuchst dich zu befreien, schon kommt der nächste Ruck, und in diesem Augenblick explodiert die Kränkung durch die Kids auf dem Wagen in zehntausend einzelne Scherben.

»Ich hab's gleich«, sagt sie.

»Mach endlich oder nimm die Pfoten weg.«

Meredith lässt den Stoff los. In einer abrupten und zugleich fließenden Bewegung zieht sie sich zurück. Ihr Schatten gleitet von dir ab.

213

Du ziehst an der Kutte, zerrst sie dir über den Kopf, kommst blinzelnd wie aus einem dunklen Tunnel darunter zum Vorschein. Du hast dir ein paar Haare ausgerissen, die am Reißverschluss hängen geblieben sind, deine Kopfhaut brennt wie Feuer. In Baumwollunterhose und in deinem BH von Penney's stehst du da und kommst dir unsagbar nackt vor. Merediths leerer Blick verrät dir, dass du ihr wehgetan hast.

Sie erscheint immer so absolut unantastbar, und du bist beinahe schockiert, dass auch sie verletzbar ist. Aber sie ist ein wenig angeschlagen, wie jemand, der einen schweren Treffer bekommen hat und noch nicht weiß, ob er umkippen soll. Wie gerne würdest du alles zurücknehmen, aber das Wort »Verzeihung« gehört noch nicht zu deinem Wortschatz. Wenn du in letzter Zeit Konflikten ausgesetzt warst, bist du einfach gegangen.

»Vielleicht geh ich besser nach Hause«, sagst du.

»Vielleicht«, gibt sie zurück. Sie bedient sich des höflichen Tonfalls, den sie sonst für Lehrer und Kinokassiererinnen reserviert hat. Als du die Mönchskutte aufklaubst, weißt du nicht einmal genau, was für ein Zorn das ist, den du mit solchem Eifer kultivierst, dass du auf der Stelle gehen musst. (Viele Freundschaften enden in solch einem Augenblick – der Pattsituation, in der sich entscheidet, ob zwei Menschen tief füreinander empfinden oder auseinander laufen. Noch Jahrzehnte später zählst du eher zu denen, die gehen.)

Aber vorher versuchst du noch, den Wagen des Reißverschlusses zu bewegen, und bekommst ihn nicht an dem eingeklemmten Haarbüschel vorbei. Und irgendwie spürst du, dass Meredith dich beobachtet. Ihr Blick ruht wie der Schein einer Lampe auf deinem Gesicht. Ohne sich von der Stelle zu rühren, streckt sie die Fühler aus.

Sie sagt: »Du brauchst Hilfe.« (Eine Feststellung.) Sie nimmt den Umhang und fummelt an dem Reißverschluss herum, schaut nicht einmal hoch, als sie dich fragt: »Hast du geweint, als du gekommen bist?«

In dem Augenblick brechen heftige Schluchzer aus dir heraus. Dein Brustkasten bebt, die Nase läuft hemmungslos. Du fühlst dich wie eine Idiotin und sagst es ihr. In Unterhosen dastehen und heulen. Scheiße. Und als du ihr von dem Pick-up-Truck und dem Spott erzählst, klingt es wie eine Bagatelle, etwas, das tagtäglich in Leechfield passiert. Und wieso bleibt dir dann die Luft weg? Du weinst noch ein bisschen, und dann redest du wie ein Buch.

Und Meredith hört zu. Schließlich sagt sie: »Diese Leute sind einfach dumm.« Und du kannst ihr nicht erklären, dass sie das nicht sind, dass John Cleary sogar ein herrliches Wesen ist, obwohl er Football und Baseball spielt – denn wenn du das sagen würdest, hättest du einen Vertrag gebrochen und sie in dieser seltsamen Welt, die ihr zusammen errichtet habt, mutterseelenallein zurückgelassen.

Später näht Meredith einen neuen Reißverschluss in die Mönchskutte. Du hast ihren rosa Chenille-Morgenrock übergezogen und siehst ihr dabei zu. Es ist eine schwierige Aufgabe, den alten Reißverschluss herauszutrennen, und sie benötigt dazu einen widerlichen Haken, wie du ihn eher bei einem Zahnarzt vermutet hättest. Meredith geht geschickt damit um, öffnet Nähte, ohne Fäden zu ziehen. Über die Arbeit gebeugt, erinnert sie an ein Mädchen aus einem alten Kalender, nur die wilde Mähne ist elektrisiert von dem blassblauen Licht, das durch die Vorhänge fällt.

Ein bisschen schwer ist sie schon, denkst du, Mutter würde sie rubenshaft nennen. Aber das kann doch nicht allen anderen den Blick auf ihre Schönheit versperren. Aber es ist so. Von denen auf dem Truck hätte keiner sie zum Schwimmen oder zu einer Pyjamaparty eingeladen, obwohl sie wahnsinnig unterhaltsam und total nett ist (niemals hast du sie etwas wirklich Grausames oder Rachsüchtiges tun sehen.) Wenn jemand dich einladen würde und du würdest Meredith mitbringen, wäre niemand grob zu ihr, weil ihr Auftreten solch eine Behandlung im Keim erstickt. Aber man würde nicht viel mit ihr reden und sie kein zweites Mal einladen.

Plötzlich hörst du dich sagen: »Weißt du, wie hübsch du dabei aussiehst?«

»Danke«, sagt sie, und ihr Gesicht erstrahlt in einem Lächeln, das du ihr Rockette-Lächeln nennst. »Und ich bin teuflisch gut mit der Nadel.«

»Das stimmt«, sagst du. Und du erzählst ihr, dass die Hitzköpfigkeit bei euch in der Familie liegt. Beim geringsten Anlass explodierst du. Das ist das Äußerste an Abbitte, das vorzubringen du im Stande bist.

»Bei vielen Naturvölkern ist das so«, sagt sie. Sie nimmt eine winzige Schere, um einen Faden durchzuschneiden, den du mit den Zähnen zerrissen hättest. In dieser Hinsicht ist Meredith kultiviert. (Bald wird sie ausgezeichnet Französisch sprechen.) Sie reicht dir den alten Reißverschluss und sagt: »Da, schau's dir an. Und was sagt die Kandidatin?« Sie beugt sich wieder über ihre Arbeit, um den neuen Reißverschluss einzunähen.

Die Kandidatin sagt: »Das ist 'ne Schwanzsäge mit 'nem dicken fetten Haarbüschel drin.«

Und Meredith sagt, es erinnere sie an einen Roman von Camus, den über die Pest, und sie erzählt dir die Geschichte, und die Geschichte hält dich in Atem, und ihre Version endet mit einem Satz, den du dir in dein Notizbuch schreibst, die Stelle, wo der atheistische Arzt einem Priester entgegenruft: »Ihre Gewissheiten sind keine Strähne Frauenhaar wert.«

13

Kinder in zerrütteten Familien sind große Reservoirs des Schweigens und bergen ganze Eiswüsten an Worten, Geschichten in sich, die nicht geäußert, erzählt oder höchstens skizzenhaft umrissen, angedeutet werden dürfen. Es ist eine böse Ironie, dass es in vielen solcher Familien kein größeres Tabu gibt, als ihre Dramen zur Sprache zu bringen. Denn nur Reden verschafft Erleichterung von den lähmenden Qualen des Schweigens – stundenlanges Reden ohne Maulkorb. Die Geschichten wollen erzählt sein. Dabei ist es nicht so wichtig, wem man sie erzählt, solange Interesse in den Augen des Zuhörers leuchtet, solange er durch die Neigung seines Kopfes Aufmerksamkeit, Anteilnahme signalisiert.

Und wenn ein Kind aus einer solchen Familie nicht darüber redet, bleibt meist das Gefühl eines persönlichen Scheiterns zurück, der Unfähigkeit, die geliebten Menschen vor dem Untergang zu retten. Das Schweigen versetzt ihm in einem fort kleine Nadelstiche der Schuld – *und wenn nun, und wenn nun; hättest du bloß, hättest du bloß…*

An Meredith nimmst du die Schwere eines solchen Schweigens wahr. Eines Tages sieht sie dich mit ihren meergrünen Augen an und sagt: »Ich weiß, dass du gelitten hast.« Und die schlichte Erhabenheit der Bemerkung raubt dir den Atem.

»Stimmt«, antwortest du und nickst. »Ich habe gelitten.«

»Du hast wirkliche Verzweiflung kennen gelernt«, sagt sie. »Ich seh es dir an.«

»Ich dir auch«, erwiderst du. »Dir sieht man es auch an.« Und dann traust du dich, eine Frage zu stellen, mit der du dein Unwissen preisgibst: »Was hat das Leiden an sich, dass es Menschen wie uns so anders macht?«

Und Meredith sagt: »Es hilft dir, die Seele der Menschen zu verstehen. Leiden und Verzweiflung zwingen dich, ihnen so tief in die Seele zu schauen, wie du es unter normalen Umständen nie tun würdest. So wirst du vor deiner Zeit weise. Die meisten Menschen machen sich nicht viele Gedanken.«

»Ihr Hirn läuft nur auf einem Zylinder«, sagst du.

»Wenn überhaupt«, erwidert sie. »Es sei denn, sie haben gelitten.«

Es hat dir keiner ein Schwert auf die Schulter gelegt und dich in die Ehrenlegion derer aufgenommen, die das Leiden kennen. Und trotzdem verleiht der Gedanke dir einen bisher unbekannten Stolz. Und euch beiden gestattet er, eure Familiendramen wenigstens abstrakt zur Sprache zu bringen, als Indizien für das allgemeine Leid dieser Welt gewissermaßen, ohne das Stammesschweigen, dem ihr abgeschworen habt, wirklich zu brechen.

Die bitteren Erfahrungen, die hinter Merediths Leiden stehen, werden dir als solche nicht bewusst, weil sie so selbstverständlich darüber redet, als würde sie Episoden einer Seifenoper erzählen. Man kauft ihr die Komödie ab, so gut hält sie den Schmerz unter Verschluss, der mit solchen Lebenserfahrungen einhergeht. Einerseits schreibst du ihr einen großen Lebensmut zu (völlig zu Recht), andererseits bist du froh, ein paar der Schrecken ihrer Vergangenheit (die ein Verrat von epischen Ausmaßen war) ignorieren zu dürfen.

Das offensichtliche Elend waren die materiellen Verhältnisse der Brights. Sie bewohnten das einzige gemietete Haus im ganzen Viertel, einen Schuhkarton von einem Haus – hätte man eine Kugel auf die Eingangstür abgefeuert, wäre sie durch sämtliche Räume und zur hinteren Küchentür wieder hinausgeflogen. Es war rechteckig und schlicht, im grellen Weiß einer Eierschale gestrichen, und stand auf niedrigen Stelzen, als könnte es von der austernförmigen Zufahrt, an der es sein Leben fristen musste, davonlaufen, wenn es nur wollte. (Es hatte nicht einmal einen richtigen Garten.) Natürlich lief es nicht davon, es blieb an seinem Platz hocken, steril und schmucklos wie eine Arztpraxis. Und genau das ist es einmal gewesen.

Früher, als du Kind warst, hatte Dr. Boudreaux dort seine Praxis, und Meredith fand, dass es ein lustiger Zufall war, eine Art Verkündigung ihres Erscheinens und deiner Freundschaft mit ihr. Du hast ihr die Sonderbarkeiten des Hauses erklärt – die große Nische in der Schlafzimmerwand, wo einst das Röntgengerät befestigt war. Am Küchentisch lief man ständig Gefahr, mit dem Stuhlbein in eine der Vertiefungen zu kippen, wo früher der Behandlungstisch im Boden verankert war. (Als du fünf warst und geimpft werden solltest, bist du von diesem Tisch auf den Linoleumboden gesprungen, und drei Erwachsene – der Doktor, die Sprechstundenhilfe und deine Mutter – mussten dich wieder einfangen.) Du bist so oft in dieses Haus getragen worden, in Decken gewickelt, der Blick vom Fieber getrübt, dass es seine übernatürliche Atmosphäre behalten hat, beklemmend in seiner Vertrautheit, wenn auch die Einzelheiten – Spitzendeckchen auf Sesseln, ein blank poliertes Klavier, wo Stühle und Eisentische standen – nicht mehr stimmten.

Meredith klagte nie über das Haus oder den Mangel an Geld und bestand immer darauf, für sich selber zu bezahlen.

Sie redete nicht darüber, dass ihr Vater die Familie verlassen hatte, oder höchstens mal in einer Nebenbemerkung, als ginge es um den Entwurf zu einem Roman. Kurz nachdem die Familie nach Leechfield gezogen war, hatte er an einem Samstag, während ihre Mutter in der Wäscherei arbeitete, heimlich das Bankkonto geräumt, ihr einziges Auto voll geladen und war aus dem Haus geschlichen, den tragbaren Fernseher unter einer Decke versteckt. In seiner Eile hatte er beim Zuschlagen der Autotür die ausziehbare Antenne übersehen, und als er rückwärts die Ausfahrt herunterrollte, ragte das abgeknickte Ende aus dem Wagen, und darüber hatte Meredith sich gewundert.

Er hinterließ keine Nachricht, verschwand einfach, fiel aus ihrer Welt. Jahre später tauchte er in San Antonio wieder auf, wo er Pizzas auslieferte und mit einer Frau zusammenwohnte, die Meredith und ihr Bruder Ralph nannten. Meredith erzählt das alles mit erstaunlicher Ruhe. Nicht einziges Mal hörst du sie sagen, dass sie ihren Vater vermisst, und das kannst du nicht verstehen, denn als deine Eltern auseinander gelaufen waren – du warst in der vierten Klasse –, hast du eine ganze Serie von Wutanfällen hingelegt (bei einem besonders dramatischen war sogar ein Luftgewehr im Spiel gewesen).

Hin und wieder machte Meredith eine unbekümmerte, eher literarische Bemerkung über ihren Dad, sie zitierte zum Beispiel einen Satz aus der *Glasmenagerie* über einen verloren gegangenen Vater: »Er saß in der Fernvermittlung und hat sich in die Ferne verliebt.«

Mutter sagte immer, wer will es ihm verdenken, dass er aus diesem Drecksnest abgehauen ist.

Nachdem ihr Mann geflüchtet war, hatte Mrs. Bright, eine richtige Lady aus Mississippi, die man sich unter seidenen Sonnenschirmen vorstellte, ihren Mut zusammengenommen und versucht, ihre Familie (Meredith und ihren Bruder Michael, der gerade mit der High-School fertig war; ihr ältester Bruder Ray war in Greenville geblieben) mit den hundertzwanzig Dollar durchzubringen, die Tante Willy und Onkel Jack, die Wäschereibesitzer, ihr monatlich für ihre Arbeit zahlten.

Man muss sich das vorstellen: Mrs. Bright, eine Frau um die vierzig, mit fabelhaftem Aussehen, dezent vornehmem Auftreten und überdurchschnittlichem (nach Leechfielder Standards weit überdurchschnittlichem) Intelligenzquotienten gesegnet, läuft den ganzen Tag zwischen Heißmangeln und Unmengen zerknitterter schmutziger Wäsche hin und her. Allein der Besuch in der Wäscherei ist unendlich deprimierend, aber manchmal müsst ihr hingehen, um Mrs. Bright für dieses oder jenes um Erlaubnis zu bitten. (Eigentlich ein überflüssiges Ritual, weil sie ohnehin zu allem Ja und Amen sagt.)

An einem solchen Tag begrüßt euch ihre Kollegin Drusilla an der Hintertür, eine Schwarze mit schlohweißem Haar, die mindestens tausend Jahre alt ist. Sie hockt auf einem Schlackenstein und raucht eine handgedrehte Zigarre. Dampf und der Gestank nach Lösungsmitteln quellen zur Tür heraus und hüllen sie in einen Kokon aus Dunst. Sie steht auf, sagt hallo und klopft sich Tabakkrümel vom Rock.

Schon das hohlmundige Grinsen ist kaum zu ertragen; der Verlust vieler ungepflegter Zähne hat ihre Wangen zum Einsturz gebracht. Man hat fast den Eindruck, als würde der Schädel selber sich langsam durch das Fleisch arbeiten. Sie hält euch die Fliegentür auf und will wissen, ob ihr auch schön brav seid und fleißig lernt, damit ihr später einmal nicht wie sie und Francine (Mrs. Bright) in so einem Dampfbad arbeiten müsst.

Der Krach in der Wäscherei übertönt jeden Gedanken. Eine unsichtbare Maschine knallt blindwütig seelenlose Schläge in die düstere Atmosphäre. Metall gegen Metall. Ineinander verhakte Zähne drehen mühsame Runden, bis Sperrklinken ächzend einrasten. Dazu das ständige Zischen von Dampf, bei dem man an Vipernnester denkt.

Meredith verschwindet hinter einem Ständer mit Kleidern in glänzenden Plastikhüllen, um ihre Mutter zu suchen, und Drusilla nimmt dich am Arm und sagt, dass sie dir etwas zeigen will.

Das macht sie oft so, und jedes Mal verspürst du den Impuls, dich loszureißen, weil ihre Hand rau wie eine Krähenkralle ist und ihre wenigen verbliebenen Zähne so locker sitzen, dass du den Blick von der faszinierenden Flexibilität ihres Mundes nicht losreißen kannst. Aber du gehst mit. Die Tatsache, dass sie schwarz ist, steht weit über jedem anderen Elend, und du bist stolz, dass sie eine Verbündete in dir sieht.

Diesmal lockt sie dich tief hinein in die stampfende Maschinenhölle. Sie langt unter den Tresen, bringt ein ochsenblutrotes Portemonnaie zum Vorschein, bei dem schon das Leder abblättert, und zieht eine Ziehharmonikahülle mit Schulfotos daraus hervor.

Immer wenn du Fotos von kleinen Kindern siehst, fragst du dich, warum sie schon Erwachsenenzähne haben, obwohl das Gesicht noch gar nicht groß genug dafür ist. Ein Mädchen mit blauen Schleifen an kurzen Zöpfen grinst dich an.

»Das ist Elinor«, sagt Drusilla, »die Kleine von meiner Jüngsten. Sie hilft schon mit den anderen Enkelkindern und kriegt immer die besten Noten. Und wenn sie aus der Schule nach Hause kommt, ist das Kleid immer blitzsauber – nicht einen Tropfen verschüttet sie aus Thermoskanne.«

Automatisch erkundigst du dich nach der Mutter des Mädchens, aber Drusilla schüttelt bloß den Kopf. *Die ist traurig*, sagt sie und schiebt, als wollte sie die Traurigkeit verscheuchen, den Daumennagel unter den nächsten Falz in der Plastikhülle, auf das nächste Foto. Dem kleinen Joe in seinem überdimensionalen Osteranzug ist der Vater weggelaufen, der, wenn man Drusilla fragt, keinen Schuss Pulver wert ist, und so enthält jedes Plastikfenster das glänzende Konterfei eines Kindes, für dessen Wohlergehen auf Grund der unerklärlichen emotionalen Leere eines oder beider Elternteile Drusilla zuständig ist – und *traurig* ist der Sammelbegriff, die Kurzformel für Fehlverhalten, das von dumpfer Untätigkeit bis zu körperlicher Misshandlung mit dem Axtstiel reicht.

Du beugst dich über Drusillas Ziehharmonikaetui, bemüht, sie nicht merken zu lassen, wie sehr du Gott mal wieder dafür dankst, dass du weiß bist und es so unendlich viel leichter hast. Ganz gewiss wirst du dich nicht von einer Horde Enkelkinder, die dich aus vergilbten Plastikfenstern anglotzen, an die Leine legen lassen. Ganz gewiss wird die Welt für dich ein eleganteres Ambiente bereithalten, in dem man deine Meinungen, deine brillanten Einsichten in die Bedingungen des Menschseins reichlich honorieren wird. In einem deiner liebsten Tagträume sitzt du während einer Probe im plüschigen Parkett eines Theaters, und die Schauspieler auf der Bühne halten deinen Text in der Hand und warten auf deine Anweisungen.

Bevor ihr geht, warnt dich Drusilla noch einmal eindringlich vor den Gefahren der geschlechtlichen Vereinigung mit Männern, weil sie Schweine sind, sagt sie, einer wie der andere. Sie senkt die große Stahlplatte auf das Bügelbrett, auf dem eine graue Anzughose liegt, und ihre kleine, geblümte Gestalt wird von Dampf eingehüllt. Dann zieht sie die Hose vom Brett und trägt sie, noch dampfend, zu dir her, um dir einen der »Liebesflecken« zu zeigen, die so viele weiße Männer am Hosenstall haben.

An der Hintertür blickt Meredith stirnrunzelnd auf einen Stoß Formulare in ihrer Hand, und ihre Mutter sieht ihr dabei über die Schulter. Mrs. Bright sagt: »Mich macht das wahnsinnig, ein Prozent hier, ein Freibetrag dort. Um so was hat dein Daddy sich immer gekümmert…«

Meredith brummt zustimmend. Mrs. Bright hat die Haut und die Frisur eines Covergirls – ohne deshalb in einen Schönheitssalon zu gehen. »Meinst du, du kannst mir dabei helfen?«, fragt sie. »Ich will dich auf keinen Fall von deinen Hausaufgaben abhalten…«

Meredith sagt: »Ich seh's mir mal an, bis du nach Hause kommst. Mehr kann ich nicht tun.«

Du siehst, wie Merediths Gesicht zunehmend teilnahmslos wird, jede Linie eines Ausdrucks sich verliert. Langsam. Als würde sich eine Blume schließen.

Mrs. Brights Blicke huschen zwischen den Formularen und Meredith hin und her, schließlich sagt sie: »Wirst du überhaupt schlau daraus? Ist ja nicht gerade sehr verständlich formuliert. Ich meine, warum machen sie es einem so schwer?«

Meredith bleibt unergründlich wie ein Stein, aber du bekommst eine Ahnung davon, wie ernst Mrs. Brights Sorgen sind. Winzige Falten graben sich in ihre Augenwinkel, vielleicht auch, weil es ihr schwer fällt, Meredith diese kleinen Arbeiten aufzutragen. Ob sie den Hamburger aus dem Tiefkühlfach nehmen kann? Und nachsehen, ob das Brot schon Flecken kriegt, und wenn ja, kurz zurückrufen, damit sie im Laden vorbeigehen und ein neues Brot besorgen kann. Aber vielleicht muss sie auch erst nach Hause kommen und Pfandflaschen mitnehmen, damit das Geld reicht. Sie muss erst im Portemonnaie nachsehen.

Ihr seid schon unterwegs zur Straße, da ruft sie dir nach: »Sag mal, kleine Mary, musst du deiner Mutter auch im Haushalt helfen?« Und du antwortest: »O, ja, Ma'am.« Eine dreiste Lüge. Du bist verärgert darüber, dass Meredith ständig mit kleinen Besorgungen schikaniert wird, weil sie euer Programm ungetrübten Nichtstuns durchkreuzen. Aber in Wahrheit willst du von Mrs. Brights kleinen Kümmernissen nichts hören, weil sich dahinter ein Umstand verbirgt, der nicht zu ertragen ist und eine normale Frau dazu bringen könnte, schreiend auf die Straße zu laufen.

Ist es an diesem Tag oder einem anderen, dass du dich entschuldigst und Meredith mit ihrer Mutter allein lässt? Du rennst zum Juwelier Hanson und bleibst lange vor seinem Laden stehen, lässt den Blick über die akkurat dargebotenen Auslagen schweifen – phantastisch eingefasste Diamanten und Saphire, ein paar kantig geschliffene Smaragde, Ringe und Halsketten aus bonbonfarbenen Monatssteinen. Später einmal wirst du dich fragen, warum dieser Anblick dir so lang im Gedächtnis geblieben ist – dein verformtes Gesicht, gespiegelt im filigranen Ornament eines Silbertabletts.

14

Du erinnerst dich nicht mehr an den ersten Zug aus einem Joint. Auch nicht an den zweiten oder dritten. Nicht mal an die erste Acid-Oblate. (Alter Hippiespruch: Wer sich an Woodstock erinnert, war nicht dort.) Auch andere, vergleichbare Schlüsselmomente haben sich in Luft aufgelöst. Daran müssen nicht unbedingt die Chemikalien schuld sein. (»Koinzidenz impliziert nicht notwendig Kausalität«, hast du damals in dein Tagebuch geschrieben, ohne die Quelle dieser Weisheit zu nennen.) Der Verlust an Erinnerungen ließe sich ebenso gut auf das sexuelle Wunder schieben, dem du fassungslos und staunend gegenübergestanden hast.

Jedenfalls kamen die drei Dinge fast gleichzeitig – die Verwirrung des Denkens, die Jungen, die Drogen. Ein ursächlicher Zusammenhang lässt sich nicht mehr rekonstruieren. Es ist, als hättest du süßen Rauch inhaliert und bunt blühenden Dunst wieder ausgeatmet, der sich wie Zuckerwatte über alles legte. Gerade noch hast du an einem Joint gezogen, da erwachst du auch schon, das Bettlaken zwischen deine nackten Beine geklemmt, und vor dir sitzt so ein junger Typ und macht Stielaugen.

Eigentlich hast du Shit nie besonders gemocht und auch nicht in Unmengen konsumiert. Die wortlose, lakonische Dumpfheit, in der ein Joint dich zurückließ, war so verwirrend, dass das Rauchen – am Anfang zumindest – ein reines Zeremoniell blieb. Erwachsene stellen sich immer vor, dass irgendwelche Wesen aus der Unterwelt bedauernswerte, ahnungslose Geschöpfe wie dich in den Drogensumpf hinabziehen, aber du warst auf der Suche nach einem Ritus der Transformation – etwas, das dich aus Trübsal hinauf in luftige Höhen zauberte, wo sich Jungen tummeln, die Nietzsche lesen und sich an japanischen Kalligrafien auf Reispapier versuchen. Etwas anderes als pharmazeutische und libidinöse Erleichterung war nicht auf dem Markt.

Ein paar Jungen treten aus dieser Zeit hervor. Einen lernst du 1970 kennen und verliebst dich in ihn. Im Frühling deines ersten High-School-Jahres, deinem vierzehnt-fünfzehnten Jahr zum Himmel, wie der Dichter Dylan Thomas es vielleicht genannt hätte. In einem vergessenen Augenblick hast du mit dem Jungen deinen ersten Joint geraucht.

Nennen wir ihn Phil. Er ist hoch gewachsen und hat einen großen struppigen Blondschopf. Seine Ernsthaftigkeit wirkt auf dich französisch. Er ist drei Jahre älter als du (in Lecias Abschlussklasse) und aus einer anderen Stadt, aber als du in der Frühjahrsaufführung eine Nebenrolle ergatterst, kommst du ihm so nah, dass er zugreift – was nicht schwerer ist, als einen Apfel vom Baum zu pflücken, denn du hast auf ihn gewartet. Nach ein paar Wochen schlägt dir jedes Mal, wenn du einen Volleyball schmetterst, Phils Ring an einer dünnen Halskette gegen das Schlüsselbein.

Auch Phil machte in diesem Jahr eine gründliche Umwandlung durch. Kurz davor war er noch als Kinderevangelist auf Erweckungsveranstaltungen aufgetreten. In einer fanatischen Religionsgemeinschaft hatte er flammende Reden gehalten, Predigten, wie man sie später von dem Puritaner Jonathan Edwards zu hören bekam und in denen die Sünder wie Spinnen von der Hand eines zürnenden Gottes in die Kohlen geworfen

227

wurden. Aber irgendwann war Phil, nach den Worten seiner Mutter, vom rechten Weg abgekommen. Er hatte angefangen, Haschisch zu rauchen und gegen den Krieg protestiert und sich bei seinen Eltern genauso unbeliebt gemacht wie bei der Schulleitung, aber er durfte trotzdem mit auf das Gruppenfoto von Lecias Abschlussklasse, weil er irgendeine neue Methode erfunden hatte, etwas zu berechnen. (Und jeder wusste, dass er ein dickes Stipendium für ein piekfeines College in der Tasche hatte, da konnte man ihn nicht einfach rausschmeißen, nur weil er plötzlich die Sau rausließ. Man musste sich nur seinen Notendurchschnitt ansehen.)

In der Frühjahrsinszenierung darf er Gott spielen, und ausgerechnet Meredith beanstandet, dass er während der Rollenbesetzung nicht ein einziges Mal lacht. Diese missbilligende Bemerkung veranlasst dich, ihr während des Frühjahrs und Sommers, bis Phil im Herbst auf das College kommt, ein bisschen aus dem Weg zu gehen. An einen richtigen Streit kannst du dich nicht erinnern. Sie bleibt deine Freundin Nummer eins (wer hätte dich auch sonst ertragen?), und wenn Phil über Mittag keine Zeit hat, esst ihr immer noch Chips aus derselben Tüte. Aber es hat eine stillschweigende Abstimmung stattgefunden, und wenn Phil auftaucht, geht sie auf Abstand. (Später wirst du feststellen, dass viele frühe Liebesgeschichten diesem Muster folgen und andere vertraute Beziehungen aufs Abstellgleis schieben. Dabei kennt die so bereitwillig fallen gelassene Freundin dich oft viel besser und hat den längeren Atem.)

Bei dem Stück handelt es sich um Archibald MacLeishs Schauspiel *JB*, eine Adaptation des Buches Hiob, deren blasphemische Ironie dem Publikum zum Glück entgeht – sonst wäre Miss Lanson, die wunderbare neue Schauspiellehrerin, ein gesegnetes Antidoton gegen Miss Baird, womöglich geteert und gefiedert worden.

Oft fahrt ihr nach der Probe in Phils zweifarbigem Ford zu seinem Freund Hal, der es fertig gebracht hat, sich zum Vorsitzenden des Schülerrats wählen zu lassen, kurz bevor seine älteren Brüder aus Mexiko zurückgekehrt sind, die Matchbeutel so voll gestopft mit Shit, dass sie ihren kleinen Bruder – der für die Sitzungen des Schülerrats einen richtigen Vorsitzenden-Hammer hatte – zum ersten und führenden Kopf der Schule machen können (Übersetzung ca. 1970: Konsument illegaler Substanzen, Galionsfigur der Gegenkultur).

Das ist genau das unkonventionelle Ambiente, das eine Fünfzehnjährige sich erträumt. Hals Zimmer ist schwarz gestrichen, unter der Decke bauscht sich Fallschirmseide, und aus dem Soundsystem in der Wand dröhnen Songs wie »Yellow Submarine« (handelt von Acid) oder »Crystal Ship« (handelt von Heroin) oder »Let It Bleed« (handelt vom Absahnen) in einer Lautstärke, die jedes Gespräch verdörren lässt. Haschisch ist ein Halluzinogen, das einen auch außer Gefecht setzen kann (einem Schlag mit dem Kugelhammer auf die Großhirnrinde nicht unähnlich), ein Effekt, der deinem Bedürfnis nach dumpfer Sprachlosigkeit entgegenkommt, weil du dich neben den älteren Jungen zu klein fühlst, noch nicht vertraut genug mit deinem neuen Selbst, um die richtigen Worte zu finden. Die beiden liegen auf dem Bett, voluminöse Rauchwolken ausstoßend, während du im Schneidersitz neben der Rosenquarzlampe hockst und auf ihre schlanken bekifften Körper starrst wie die Wölfin auf zwei Schweinekoteletts.

Du bist wie erstarrt, teils von der Begierde, die ihre Nähe in dir entzündet, teils vom betäubenden Nervenkitzel des Marihuanarauchs aus zweiter Hand, aber auch, weil du so verknallt in Phil bist.

Phils mehr oder weniger ständige Rolle in deinem Leben löst so viele Probleme, dass du ihn am liebsten gar nicht mehr aus den Augen lassen würdest. Lecia findet die Affäre geschmacklos. Mutter ist amüsiert, und Daddy sagt, er scheint ja ein netter Kerl zu sein, wenn er bloß nicht so struppiges Haar hätte. Aber Phils Existenz hat die Bedeutung ihrer Meinungen verringert, ihren Einfluss reduziert, und damit deinem eben erst erwachten Freiheitsgefühl Flügel verliehen. Außerdem hat er ein Auto – und das ist nicht weniger aufregend, weil ihr nicht so recht wisst, wohin ihr damit fahren sollt. Selbst eine Autofahrt ohne Eltern in den von deinem Vater noch so genannten Kintopp hat etwas Berauschendes.

Vor allem aber hast du jetzt einen Begleiter, und dass er dich ständig anschaut, bescheinigt dir deinen romantischen und sexuellen Wert (der einzige Wert, den ein Mädchen zu dieser Zeit an diesem Ort überhaupt haben kann) so zuverlässig wie der blaue Stempel des Landwirtschaftsministeriums die Zartheit des T-Bone-Steaks, auf dem er prangt. Die meisten anderen Mädchen kommen nicht weit ohne Begleitung. Sie bleiben zu Hause, allein oder zu zweit oder zu dritt, und warten darauf, dass Jungen sie abholen und ein Abenteuer vom Zaun brechen. Wenn du an bestimmten Orten allein auftauchst, hält man dich entweder für verzweifelt oder für eine, die es wissen will. (Die Regeln erscheinen empfindlich wie Uhrwerke. Gut möglich, dass du sie gar nicht richtig begriffen hast, denn das Ignorieren von Verbotstafeln machst du – mit Hilfe der Chemie – schon bald zu deinem Spezialgebiet.)

Du hast jedenfalls den Eindruck, dass kein Mädchen aus dem Drill Team allein an den Strand geht, um zu surfen, wie es jeder Junge tut. Ebenso wenig kann ein Mädchen ohne Begleitung die »Runde« machen (in einer Endlosschleife den Gulfway rauf und runter fahren und Gleichaltrigen dabei zusehen, wie sie den Gulfway rauf und runter fahren), ohne den Eindruck zu erwecken, dass sie einem verlorenen Freund hinterherläuft oder sich einen neuen angeln will. Dafür darf sie allein zu Dairy Queen gehen, sich rasch eine Eistüte kaufen und schnell wieder verschwinden. Phil verschafft dir Mobilität, und du erlebst das als Triumph über die Langeweile und alles, was dich knebelt.

Darüber hinaus trotzt er der Dominanz der Schule, widersetzt sich in Wort, Gedanken und Tat einer grausamen Hierarchie, in der du es nicht weit gebracht hast. Er macht sich über Konventionen lustig und wird so zu deinem lange ersehnten Beschützer, einem Ritter, der unermüdlich auf die alten Ungeheuer der Orthodoxie einschlägt und an dir schätzt, was andere immer nur verdammt haben. Als eine seiner religiös fanatischen Tanten dir deine ketzerischen Moralvorstellungen vorhält, sagt er: »Sie ist eine bessere Frau als du.« Und wird dafür mit der flachen Klinge eines Schlachtermessers versohlt.

Auf der Straße provoziert seine Erscheinung die finsteren Blicke (wenn nicht dumpfen Verunglimpfungen) muskelbepackter Hohlköpfe. Wegen der ausgeflippten Klamotten und der Haare, die sich über dem Hemdkragen kringeln.

Mit einem Wort, Phil ist cool, und das willst du auch sein. (Noch kanntest du das Verdikt nicht, mit dem dich 1976 ein Punker-Freund bekannt machte: Jeder, der mehr als eine halbe Stunde täglich darauf verwendet, cool zu sein, ist es nicht.) Du willst Spiegel seiner Pose zynischer Verachtung sein. Als hinge dein Überleben davon ab.

Vor allem aber brauchst du seine Aufmerksamkeit – du sehnst dich danach, angeschaut, bewundert, zärtlich in den Arm genommen zu werden.

Nie wieder wird sich Zeit in solch seidige Längen dehnen wie in dem Frühling, als ihr fest ineinander verschlungen in Phils Auto sitzt und der schwarze Wind den Duft nach Narzissen und Jasmin und Holzapfelblüten zum offenen Fenster hereinträgt. Nie wieder werden Küsse sich zu solch barocker Formenpracht entfalten, zart wie Origami in ihren Kniffen und Bögen. Denn das Ziel dieser Nächte ist nicht Sex (jedenfalls nicht für dich, auch wenn dein achtzehnjähriger Freund vor Begehren zittert), die Küsse sind ein Ziel in sich. Und werden damit ziellos. (Du schreibst dir eine Zeile von Hopkins auf: »O der Geist, Geist hat Grate, jähe Klippen…«) Du schwebst durch eine verwässerte Halbwelt, in der die Gesetze der Schwerkraft und die Grenzen der Identität aufgehoben sind. Du schaust deine Hand an und denkst: Ja, da ist meine Hand. Oder du berührst mit namenloser Ehrfurcht die harte Schale der Kniescheibe unter seiner Jeans.

Oft überlässt du dich dem Rhythmus seines Atmens, bis du dich in der plüschigen Wärme seiner Zunge verlierst, deren Bewegungen Worte oder Satzzeichen in einem komplizierten Gespräch sind, dem du nur folgen kannst, wenn du ihm deine ganze Aufmerksamkeit schenkst. Wie eine Frage führt er seine Zunge über deine Unterlippe, und du gibst ihm die Frage zurück. Dann treffen sich eure Zungen sanft auf demselben Territorium, gleiten ein Stück weit nebeneinander her. Berühren sich, weichen zurück, schmecken und probieren. In solchen Momenten scheint alles Licht deines Seins in ihn hineinzuströmen und umgekehrt. Seine Zunge schwebt kaum spürbar über ein geschlossenes Augenlid und hinterlässt einen zarten Streifen kühler Feuchtigkeit. Oder sie fährt wie ein Zyklon durch die verschlungenen Knorpel deines Ohrs. Oder er hypnotisiert dich, indem er dir mit der Fingerspitze am Unterkiefer entlangstreicht, als wollte er dich ins Leben ziehen. (Vielleicht erinnerst du dich, dass deine Mutter es früher so gemacht hat.)

Dieselbe Macht hast du über ihn, aber du darfst als Mädchen keinen Gebrauch davon machen, sonst bist du eine Aufgeilerin (und im Grunde nicht mehr wert als, zum Beispiel, ein Streik-brecher). Aber die Fähigkeit, seine ganze Aufmerksamkeit zu gewinnen, wirkt wie eine Droge, und du verfällst dieser Macht. Du kannst ihn in deinen Bann schlagen, so lange es dir Spaß macht. Du spürst, wie sein Blick sich an deinen Formen, deinen Bewegungen weidet. Als du vor dem Kino aus dem Auto steigst, ertappst du ihn dabei, wie er deine Waden betrachtet. Oder er fasst in der Tiefe des Zuschauerraums nach deinem schmalen Handgelenk, als wollte er seinen Umfang vermessen, dreht es hin und her wie etwas Wunderbares, bis du dich leicht wie ein Vogel fühlst.

Einmal spielt ihr Poolbillard, und du beugst dich weit über den Tisch, um eine entfernte Kugel zu versenken, die braunen Beine weit gespreizt, eine Stellung, von der du schon als Kind gelernt hast, dass sie dem langen Stoß Stabilität gibt. Nach dem Stoß drehst du dich zu ihm um, und sein Gesicht spiegelt eine so leidenschaftliche Lust auf dich, dass es ansteckend ist und deine Temperatur hochschießen lässt wie auf einem Thermometer im Zeichentrickfilm. Es ist einer dieser *Ka-wumm*-Augenblicke, und du bist berauscht von dem Gefühl, Quelle und Ziel dieses Begehrens zu sein. Nach langen Jahren der Einsamkeit meißeln seine blaugrünen Blicke dich in die Luft, geben dir einen Leib. Deine sinnliche Vorstellung von dir selbst beruht auf dem, was er sieht. (Außerdem gibst du ohne Gegenwehr die Freiheit preis, dich unbefangen zu bewegen, denn du wirst dich nie wieder über einen Pooltisch beugen können, ohne wenigstens ein kryptisches Bewusstsein davon zu haben, wie es auf den Mann wirkt, der hinter dir steht.)

Erstaunlich, wie viel Kraft einer dem anderen allein mit einem Blick, einem Kuss geben kann, denn du kannst dich nicht erinnern, dass er mal die Hand auf deine Brust gelegt hätte. (Allerdings greift die Zeit manche Tatsachen wie eine Säure an, so lange, bis nur die so genannten mythischen Wahrheiten übrig bleiben.)

Es ist entweder unsagbar traurig oder unsagbar unschuldig, dass du, obwohl sich dir der Magen dreht und dein Körper vor Verlangen bebt, nicht den Wunsch hast, Phil den Hosenstall aufzuknöpfen oder anderen Kleidungsstücken zu Leibe zu rücken, dir nicht einmal in der Phantasie ausmalst, wie du mit ihm schläfst, um die schöne, weich gezeichnete Wirkung seiner Küsse bloß nicht mit brutaler Fleischlichkeit oder der profanen Mechanik des Sex zu zerstören. Es würde euch beide aus eurer Ewigkeit in die Zeit des Hier und Jetzt, des Kommens und Gehens, des Beginnens und (Gott bewahre) Schlussmachens zurückholen.

Im Rückblick erscheint es irgendwie tragisch, dass du als Fünfzehnjährige, sosehr du ihm in Leidenschaft verbunden bist, einen ganz anderen Traum vom sexuellen Paradies träumst als er mit seinen achtzehn Jahren. Er ist darauf fixiert, dich zu bumsen, es endlich hinter sich zu bringen; die Küsse, die dir in ihrer Unendlichkeit so wundervoll erscheinen, müssen sich bei ihm in qualvolle Sehnsucht verwandeln. Er sagt es dir so höflich, wie man so etwas nur sagen kann. Aber du spürst es auch selber – den enormen biologischen Druck, der auf euch lastet, auch wenn Phil sich (sei es aus Liebe oder Angst oder in seiner neu erlangten Weisheit des jungen Verführers) große Mühe gibt, deine Gunst mit Selbstbeherrschung zu gewinnen. Du bekommst das Gefühl, dass dieser zärtliche Junge, einmal losgelassen, dich zu Boden werfen und nach Strich und Faden durchficken würde. (In den Worten eines heutigen Freundes: Der Kerl hatte einen Ständer, in den er reinpusten konnte.)

Und doch wird dieses Schisma letztlich zum Sargnagel eurer Liebesgeschichte. Als du nicht »weiter gehen« willst, nimmt er seinen Ring zurück und begleitet ein begehrtes Mädchen aus der Abschlussklasse zu einem Tanzabend. Er sagt nicht, was Sache ist, spricht von eurem Altersunterschied. Er ist bald neunzehn, an der Schwelle zum Universitätsstudium, hat ein Auto (und will endlich mal eine flachlegen). Du bist fünfzehn, liegst in diesem Scheißnest auf Grund und bist weder aus moralischen noch aus religiösen Gründen eine (vermeintliche) Jungfrau – auch wenn du deine archaischen Zweifel, was diesen Umstand betrifft, gründlich aus deinem bewussten Denken verbannt hast.

Schon einen Tag nach besagtem Unglück steht Lecia wie ein toupierter und gesprayter Schutzengel in deiner Zimmertür. Sie hält einen nassen Waschlappen in der Hand und sagt: »Krieg deinen mageren Arsch endlich hoch und lass dich von ihm vögeln. Eine Klügere als dich findet er nicht.« Und es stimmt, dass eine schüchterne Rivalin um seine Gunst – eine Schönheitskönigin aus der Abschlussklasse, vor der du früher in Ehrfurcht erstarrt bist – auf dem Stadtfest bei einem Talentwettbewerb die Grenzen ihres Intellekts in eindrucksvoller Weise offenbart hat, eine Geschichte, die zu erzählen du nicht müde wirst. Zuerst notierte sie auf dem Fragebogen Nähen und Gedichte schreiben als ihre Begabungen. Und auf der Bühne zog sie sich hinter eine spanische Wand zurück, um nacheinander in die verschiedenen Kostüme zu schlüpfen, die sie zu Hause genäht hatte, und während der ganzen Zeit rezitierte sie selbst geschmiedete Verse:

> *Mein Boy will mit mir tanzen gehen,*
> *er holt mich ab um acht,*
> *damit er recht zufrieden ist,*
> *hab ich mich fein gemacht.*

Als Meredith die Verse am Mittagstisch von dir hört, fällt ihr der kurze Wortwechsel wieder ein, den du zu Beginn des Schuljahrs in der Schlange vor der Essensausgabe mit dieser Julia Osborne hattest.

»Erzähl, ich kann mich nicht erinnern«, sagst du. Deutlich hörbar tippt deine Messerspitze gegen die Tortilla.

»Anscheinend sind die Dinger aus Pappe«, stellt Meredith fest.

»Lenk nicht ab. Ich verspüre die geistige Notwendigkeit zu hören, was für eine dumme Kuh das ist«, drängst du. Und säbelst mit leidenschaftlichem Eifer auf deine Tortilla ein.

»Weißt du das wirklich nicht mehr? Als die gute Julia lauthals rumerzählt hat, wie dumm Colleen Stanley ist, hast du ihr geantwortet: ›Sprichst du von dem Topf, der vom Kessel sagt, dass er schwarz ist?‹ Julia musste eine Minute lang darüber nachdenken.«

An das Nachdenken kann ich mich erinnern. Man konnte riechen, wie das Holz zu glimmen anfing.

Und dann hat sie ein bitterböses Gesicht gemacht und gesagt: *Genau!*

Meredith ist in dein Leben zurückgekehrt, ohne sich in das Drama mit Phil einzumischen, als wäre das eine Träumerei, aus der du früher oder später von ganz alleine erwachen würdest. Ihr esst jeden Mittag zusammen, aber hinterher, wenn du Leute treffen gehst, zieht sie sich zurück, ganz egal, in welchen Kreis von Jungen Lecia dich gerade einführen will. (Oder ziehst du dich von ihr zurück? Vielleicht hast du in der Egozentrik deiner Jugend vergessen, dass sie ein Frühjahrsprojekt plante oder in Workshops ging.)

Lecia hat eine Kampagne gestartet, führt dir Schwärme von Jungen zu, ob sie dir gefallen oder nicht. Hauptsache, Phil ärgert sich, dass er mit dir Schluss gemacht hat, als wäre es ein persönlicher Affront gegen sie, den sie mit aller Gewalt korrigieren muss.

Das heißt nicht etwa, dass Lecia von deiner neuen Erscheinung in Bell Bottoms besonders angetan ist. Sie scheint ganz aus dem Holz der Fünfziger zu sein, ihr derzeitiger Freund hat dich allen Ernstes gefragt, warum Hippies sich nicht waschen. Aber Lecia gibt sich Mühe, deine Exzentrik auszuhalten und dir beizubringen, wie du mit Jungen umzugehen hast, die bei ihrem Erscheinen ganz automatisch in der Hosentasche nach Münzen fingern, um ihr eine Cola zu spendieren. Dir fehlt es noch an dem nötigen Feinschliff. Mit deinem angeborenen Enthusiasmus schießt du oft über das Ziel hinaus.

Eines Tages spielst du einem Jungen den alten Kinderstreich und zeigst so lange auf einen Hemdknopf, bis er nach unten schaut, dann reißt du den Finger hoch und gibst ihm im Spaß einen Nasenstüber. Du triffst ihn mit solcher Wucht, dass Blut fließt, und noch während du hastig Servietten zusammenklaubst, erklärt Lecia dir in aller Seelenruhe, dass solch ein Schlag ins Gesicht ihm die Lust an einem Date mit dir nehmen könnte. Du fühlst dich sicher in ihrem Schatten, mit ihren Instruktionen, und imitierst ihre schnoddrige Art, als hättest du nicht eine Träne über deinen Verflossenen vergossen.

Aber trotz all ihrer Anstrengungen, dich zu stützen, liegt Phil dir noch zentnerschwer auf dem Herzen. Wenn du dir die Jungen vorstellst, die mit dir ausgehen wollen, dann bleiben sie gesichtslos wie in Jahrhunderten von Wind und Regen ausgewaschene Schnitzereien. Du sitzt vor einer Pizza vom Umfang eines Wagenrads, starrst aus dem Fenster, weil gerade ein Auto im Farbton von Phils Blechkiste vorbeigewischt ist, und als du den Blick wieder wendest, zuckst du zusammen – erschrocken über den Anblick des Menschen, der dir gegenübersitzt. Wenn einer von denen dich abholt, machst du ihm als Erstes klar, dass du dich nicht auf den Mund küssen lässt, und seltsamerweise scheint sie das zu erregen und sie dir gleichzeitig vom Leib zu halten.

(Als du eines Tages von einem besonders hartnäckigen Burschen wissen willst, warum er dich ständig zum Essen und ins Kino einlädt, obwohl du ihn nicht mit dem kleinsten Kuss dazu ermutigt hast, erklärt er dir, dass er dich für eine Kanone im Küssen hält und dich irgendwann schon rumkriegen wird.)

In den unpassendsten Momenten taucht der verlorene Phil auf und droht, die Fassade deiner Nonchalance in Schutt und Asche zu legen. Wenn er im Korridor mit einem knappen Hallo an dir vorüberhuscht, versetzt der Mottenkugelgeruch seines Opa-Jacketts dir einen Stich. Er konnte sämtliche Dylan-Texte auswendig. Deine Kraftausdrücke fand er süß. Er hat dir Zigarren gekauft, die du auf der Mole gequalmt hast, während er und Hal Shit rauchten. (Dass die billigen Stumpen aus dem Drugstore wie Büffelscheiße gestunken haben, vergisst du in deiner Wehmut.) Lecia sagt, du sollst dich um Himmels willen endlich wieder einkriegen. Schließlich verbietet sie dir das Radiohören im Auto, weil bei jedem noch so bescheuerten Popsong (und wenn er von den Archies ist) das Gejammer von vorne losgeht.

Also bleibst du an den meisten Tagen auf der Heimfahrt stumm wie jemand, der einen unersetzlichen Seelenverwandten verloren hat. Du kannst dir nicht erklären, warum sämtliche Drüsen deines Körpers (gleichzeitig) begonnen haben, dir eine Substanz in die Lustzentren des Gehirns zu träufeln, die noch viel stärker wirkt als Opium. Und weil allein der Anblick von Phils Gesicht und sein Geruch diese heftige Reaktion auslösen, bringt dein lustgetränktes Gehirn jegliches Körpersäfte aktivierende Begehren ausschließlich mit Phil in Verbindung. (Womit du wieder einmal vergessen hast, dass du deine Muschi mitnimmst.)

Nur wenn du die Schulleitung ärgern kannst, vergisst du deinen Liebeskummer wenigstens für eine Weile. Und es wird fast zwangsläufig zur Gewohnheit, denn deine öffentlich gelebte Allianz mit Phil hat dir einen Eintrag auf so ziemlich jeder schwarzen Liste eingebracht, die im Sekretariat geführt wird. Du nimmst diese Identität an und kultivierst das Bild der verwegenen Einzelgängerin nach besten Kräften.

Lecias Ruf ist dir dabei behilflich. Sie hat jahrelange Erfahrung im Schuleschwänzen, hat sich so oft eigenhändig Entschuldigungen geschrieben, dass irgendwann einmal Mutters echte Handschrift eine misstrauische telefonische Nachfrage der leidgeprüften Schulsekretärin zur Folge hatte. Mutter gibt ihren Namen für so ziemlich jede Ausrede her, und sei sie noch so haarsträubend. Ein paar Beispiele:

> *Lecia Karrs Lepra ist wieder ausgebrochen, ich*
> *musste ihr Arme und Beine mit Salbe und Ysop einreiben.*
> *Bitte entschuldigen Sie ihr Fehlen.*
> *Stets Ihre*
> *Charlie Marie Karr*

Oder:

> *Lecia Karrs Malaria hat das Fieber letzte Woche*
> *auf über vierzig Grad ansteigen lassen, und auch wenn*
> *das Delirium heute Morgen abgeflaut ist, lässt*
> *ihr verschwommener Blick meines Erachtens eine Auto-*
> *fahrt zu riskant erscheinen. Bitte entschuldigen Sie ihr*
> *Fehlen.*
> *Mit freundlichen Grüßen*
> *Ihre Charlie Karr*

Als der stellvertretende Direktor und neofaschistische Schul-schwänzerjäger, den Meredith und du »Fürchtegott LeBump« getauft habt, es ein einziges Mal wagt, Mutter zu einem mittäg-lichen Gespräch über Lecias häufiges Fehlen in die Schule zu zitieren, bekommt er von ihr die volle Breitseite. Je weniger Zeit ihre Töchter unter seiner Ägide zubrächten, desto klüger würden sie am Ende sein, erklärt sie LeBump. Es endet damit, dass sie im Sekretariat herumbrüllt – so laut, dass die Cheer-leader, die gerade im Korridor Plakate kleben, ihre Worte am nächsten Tag auswendig hersagen können: »Nur zu, schlagen Sie mich, Sie scheinheiliger Hampelmann. Sie machen mich zur glücklichsten Frau der Welt, wenn Sie wegen mir Ihren Hut nehmen müssen!«

Im letzten Monat ihrer Schulzeit lässt Lecia sich nur noch in der Schule blicken, wenn ein Test ansteht, sonst treibt sie sich mit ihrem Freund, einem Ex-Marine, den du Grizzly Adams nennst, auf endlosen Eichhörnchen- oder Taubenjagd-Expe-ditionen in den Wäldern herum. Oder sie verschwindet im Haus seiner Tante, wo sie aus Gumboschoten eine Einbrenne fabriziert, wie sie so schwarz nur wenige hinbekommen, ohne dass das Mehl verkohlt und ein bitter schmeckender Pampf entsteht, aus dem sich keine genießbare Soße mehr herstel-len lässt. Dagegen ist dein Anwesenheitsquotient in der zehn-ten Klasse durchaus vorzeigbar – einerseits, weil du Phil so oft wie möglich sehen willst, aber auch weil es dir Spaß macht, der Schulleitung als wandelndes Beispiel für Verletzungen der Kleiderordnung zur Verfügung zu stehen.

LeBump kann ja nicht ahnen, dass die Vorladungen in sein Büro für dich schon lange keine Schmach mehr sind, son-dern willkommene Gelegenheiten, dir die nötige Feineinstel-lung für deine Rolle als Klugscheißerin zu verschaffen. Das Gespräch verläuft dann ungefähr so: »Miss Karr« (bedeutungs-

240

schwangere Pause), »beim Ankleiden heute Morgen dürfte Ihnen nicht entgangen sein, dass Ihr Rock weit oberhalb der erlaubten zehn Zentimeter über dem Knie endet.«

»Ich wachse noch, Sir«, antwortest du, dazu lächelst du das falsche Lachen, das du dir bei Meredith abgeguckt hast, und bedienst dich des breiten Südstaatenakzents von Ellie Mae Clampitt aus der Serie *The Beverly Hillbillies.* »Meine armen Eltern kommen mit dem Kleiderkaufen nicht nach.« LeBump kritzelt etwas in deine Akte, und es ist nicht zu übersehen, dass der Ordner allein in deinem zweiten High-School-Jahr erheblich an Umfang zugenommen hat. (Wie sollst du bloß von hier den Sprung auf das College schaffen?, fragt eine leise Stimme in dir. Die Entfernung erscheint ozeanisch.)

Das Schuljahr ist fast vorbei, als du zum dritten oder vierten Mal suspendiert wirst. In dem engen Raum, in den ihr eingepfercht seid, herrscht eine Hitze, die die Farbe von den Wänden blättern lässt. Ihr habt Algebra, und der einzige Ventilator surrt am anderen Ende des Klassenzimmers, als ein Sekretariatsangestellter einen Zettel schwenkend vor der gläsernen Tür auftaucht. Noch bevor deine Lehrerin – die strenge, aber gerechte Miss Gacy – den Zettel gelesen und dich zu sich gerufen hat, nimmst du deinen Ringhefter zur Hand und beginnst, dich aus der käfigartigen Sitzbank aus gebogenen Chromstangen und Kunststofflaminat zu befreien.

Miss Gacys Blick folgt dir auf deinem Weg durch das Klassenzimmer, bis sie »Moment mal« sagt. Draußen zieht sie die Tür hinter sich zu, und ihr steht allein in der schattigen Kühle des blank gebohnerten Korridors. Du hast den verächtlichen, unangreifbaren Gesichtsausdruck einer Schülerin aufgesetzt, die darauf vorbereitet ist, die nächste Nummer einer langen Reihe metaphorischer Arschtritte entgegenzunehmen.

Sie sagt: »Ich will, dass du weißt, dass sie es mit Absicht tun. Sie verfolgen ein Ziel damit, und ich finde es nicht fair.«

Du verstehst, was sie damit andeuten will: Mr. LeBump hat dich aufs Korn genommen und wird den Finger krumm machen, sobald er freie Schussbahn hat. Sie wollen dich nicht suspendieren, sie wollen dich ein für alle Mal von der Schule verweisen.

Die Ungeheuerlichkeit von Miss Gacys Freundlichkeit, dich – wie indirekt auch immer – in das Vorhaben einzuweihen, kannst du kaum begreifen. Das ist beinahe so, als würde ein Drogenfahnder während der Razzia einen Dealer beiseite nehmen, um ihn darauf aufmerksam zu machen, dass seine Menschenwürde mit Füßen getreten wird.

Miss Gacy, eine Million Jahre alt, mit dünnem, glatt gestriegeltem Haar und wie scheinbar alle Lehrer, die sich helfend zu dir herunterbeugen, mit Mundgeruch geschlagen, ist so ziemlich die Letzte, von der du eine solche Heldentat erwartet hättest. Du bist schlecht in Mathe und vermutest, dass man dich nur deshalb in der Fortgeschrittenenklasse duldet, weil Ruth Gallagher sonst das einzige Mädchen unter lauter Jungen wäre. Du müsstest Miss Gacy für ihr schockierendes Vertrauen dankbar sein. Stattdessen stellt es deinen gesamten Kosmos auf den Kopf und beweist die Zerbrechlichkeit deines zusammengebastelten Selbst, das fast ausschließlich auf Stereotypen und Schwarz-Weiß-Urteilen basiert.

»Ist schon okay«, sagst du zu Miss Gacy. Und dann servierst du ihr die uralte Lüge aller Heranwachsenden auf der ganzen Welt (die sie dir nach so vielen Jahren Erfahrung als Lehrerin beim besten Willen nicht abkaufen kann): dass es dir egal sei.

»Das sollte es aber nicht sein«, sagt sie. Und als du sie ansiehst, legt sie dir ihre steife Hand auf den Unterarm. Die Menschlichkeit dieser Berührung schießt dir wie ein dünner

Blitz durch den ganzen Arm. »Du bist kein schlechtes Mädchen«, sagt sie.

Bei so viel Freundlichkeit steigt dir ein dicker Kloß in den Hals und der Korridor verschwimmt vor deinen Augen. Nichts bringt einen in dieser Umgebung so aus der Fassung wie unerbetene Fürsorge.

Du drehst dich um und schlenderst möglichst gelassenen Schrittes in Richtung Schulleitung davon. Hinter der Ecke schlüpfst du in die verqualmte Mädchentoilette, schließt dich in die erste Kabine ein und beugst dich vor, wehrst dich gegen das Schluchzen – du spinnst wohl, jetzt reiß dich zusammen, um Himmels willen!

Später vor dem Waschbecken spülst du dir die Augen mit kaltem Wasser aus und blickst in das eingefallene Gesicht, das dich ratlos aus dem Industriespiegel anschaut. Wie wenig du dich seit der Junior-High-School verändert hast.

Und außerdem jagt Miss Gacys Mitteilung dir einen leichten Schauer über die Kopfhaut. Zum ersten Mal in diesem Jahr (vielleicht zum ersten Mal überhaupt) fürchtest du um deine Perspektive. Bisher hattest du immer angenommen, du würdest durch die High-School gleiten wie Lecia, die immer die dünnsten Bretter bohrt, die das Spiel nicht mitspielt und trotzdem lauter A's nach Hause bringt, der man angesichts der großen Erwartungen, zu denen sie Anlass gibt, jede Schnoddrigkeit verzeiht. Bei jemandem wie dir dagegen nervt Schnoddrigkeit, und Erwartungen verkümmern schnell, wenn sie zu lange nicht erfüllt werden.

Hinzu kommt, dass der bislang eher spärliche Konsum an pharmazeutischen Produkten unter der Schülerschaft bis zum Herbst sprunghaft ansteigt und in der Schulbehörde, die bisher nur mit Suspendierungen gespielt hatte, einen solchen Schrecken auslöst, dass sie ihre Methoden gegen die des Drogenmissbrauchs verdächtigten Schüler drastisch verschärft und staatliche Autoritäten zu Hilfe ruft.

Aber auch dieses leise Zittern vor der Übermacht bringt dich nicht einen Millimeter von deiner Strategie gegen Le-Bump ab.

Auf den Stühlen vor seinem Büro sitzen die üblichen Typen, in die Betrachtung ihrer Schuhe vertieft. Einer sagt *He*, ein anderer *Du schon wieder*. Meinesgleichen, denkst du mit einigem Verdruss. Mit zweien von ihnen, hoch gewachsenen Jungen mit geheimnisvollen Narben und Tätowierungen auf den Unterarmen, seid Lecia und du vor ein paar Sommern noch schwimmen gegangen und habt Wassermelonen geklaut. Keine Woche später sitzen sie hinter Gittern, weil sie mit abgesägten Schrotflinten einen Schnapsladen ausgeraubt haben, und in der Zeitung steht, sie hätten sich Butch Cassidy und Sundance Kid genannt. Anklage wegen Kapitalverbrechens. Staatsgefängnis. Zweistelliges Strafmaß.

In seinem Büro sagt LeBump zu dir: »Miss Karr, Sie sind in unangemessener Unterbekleidung in der Schule erschienen.«

Du bittest ihn, die Beschuldigung zu wiederholen. Und stellst dir insgeheim das College vor, auf das du dich bald davonmachen wirst – ein parkähnliches Gelände mit riesigen Spielfeldern, Mädchen in karierten Röcken und freundlichen irischen Gärtnern, die an Hecken herumschnipseln und dir zurufen: Einen wunderschönen guten Morgen, kleine Miss.

»Sie verdrehen den Jungen die Köpfe, Miss Karr. Angemessene Unterbekleidung ist obligatorisch.«

Du gehst die Liste der Dinge durch, die du falsch gemacht haben könntest. Rock, Steinbock-T-Shirt und Sandalen, die weder schlackern noch klappern.

»Tut mir Leid, Sir, ich weiß nicht, was Sie meinen.«

Er steht auf, verlässt das Büro und kehrt mit Miss Smith aus dem Sekretariat auf der anderen Seite des Korridors zurück. Mr. LeBump schließt die Tür. »Sagen Sie's ihr«, sagt er und schaut aus dem Fenster wie ein Gefängniswärter, der das Radio lauter dreht, bevor die Folter beginnt.

»Ein Büstenhalter, Mary«, sagt sie. »Wenn du in die Schule kommst, musst du einen ordentlichen BH tragen.«

»Damit die Jungen sich auf den Lernstoff konzentrieren können«, fügt er hinzu.

Du suchst krampfhaft nach einer Antwort, die einem *Leck-mich-am-Arsch* nahe genug käme. (Das Problem ist, dass solche Antworten sich hier sehr schnell abnutzen; sie verlieren ihre Wirkung, und man muss die Unverschämtheiten ständig steigern.) Schließlich sagst du: »Was veranlasst Sie zu der Vermutung, dass ich keinen BH trage, Mr. LeBump?«

Am nächsten Tag in der Algebrastunde sitzt Miss Gacy mit grauem Gesicht hinter ihrem stählernen Pult. Als du vorbeigehst, hebt sie den Blick nicht von den Fragebögen, die sie sortiert, auch nicht, als du dich geräuschvoll in deine Sitzbank zwängst und dein Buch polternd auf den Fußboden fallen lässt. Dale Badgett piekt dich mit dem Bleistift und fragt: »Tragen wir heute auch die vorgeschriebene Unterbekleidung, Miss Karr?«

Du warst schon immer ein bisschen verknallt in Dale. Gerade drehst du dich zu ihm um und formst mit dem Mund das Wort *Arschloch*, da kommt Miss Gacy vorbei, legt den gestrigen Test mit den üblichen hundert Prozent vor ihn auf den Tisch, und du verziehst das Gesicht zu einem Lächeln. Plötzlich schießt Dales Hand hervor, zieht am Gummizug des BHs unter deiner Bluse und lässt ihn dir zwischen die Schulterblätter schnappen. »Nur zur Probe«, flüstert er dir über die Schulter zu. Du kannst gerade noch dem Drang widerstehen, mit ausgestrecktem Arm herumzuwirbeln wie eine Querramme.

Plötzlich wird dir klar, dass Miss Gacy den gestrigen Haupttest austeilt, zwanzig Prozent der Abschlussnote, und du durftest nicht mitschreiben. Sie haben dich ausgeschlossen, weil du Titten hast, denkst du. Und für überführte Kleiderordnungsbrecher gibt es keine Nachtermine.

Sie macht eine zweite Runde durch das Klassenzimmer, um ein hektographiertes Arbeitsblatt zu verteilen, der Duft nach frisch gebackenen Brötchen und Lösungsmittel weht dir in die Nase, während du in ihrem Gesicht nach einer Spur der gestern gezeigten Menschlichkeit suchst. Aber sie sieht dich nicht einmal an, als sie das noch feuchte Blatt auf deinen Tisch legt. Der Teufel soll sie holen. Sie und ihre Polynome und Faktoren und das Scheißcollege. Deine Bitterkeit ist ein Eisberg, in dessen Kälte du dich einzurichten gedenkst.

Und dann die Enttäuschung, als du – an das Arbeitsblatt geheftet – dein unbeschriebenes Formular des gestrigen Tests entdeckst, für den du eigentlich null Punkte bekommen solltest. Schon wieder so ein Akt blinder Freundlichkeit, der dir den heiß ersehnten Status einer Märtyrerin versagt. Eine Woche lang hättest du über null Punkte jammern können. Stattdessen hat Miss Gacy oben in der Ecke mit sorgfältigen Druckbuchstaben vermerkt: *Während der Stunde nachschreiben.*

15

Im Sommer sitzt du wieder in Phils zweifarbigem Ford am Hafendamm unter einem schwarzen Seidenhimmel mit Myriaden von silbernen Punkten in allen Fenstern. Phil hat das unausgesprochene Bums-mich-oder-zieh-Leine-Ultimatum zurückgenommen und dir seine Liebe neu erklärt.

Du hast schon vor dieser Nacht beschlossen, den Einsatz zu erhöhen und das Hemd auszuziehen, aber zu diesem Zweck musst du dir erst mit billigem Apfelwein einen antrinken. Du musst Phil in dein schlummerndes Elternhaus schmuggeln und eine krumme Kerze in einer Chiantiflasche anzünden, bevor du anfangen kannst, dich zu entblättern. Es ist schon eine traurige Verdrehtheit, dass du deine eigene Lust nur zeigen kannst, indem du seine weckst. (Erst Jahre später begreifst du, dass er seine Lust nicht zeigen konnte, weil sie zu groß war.) Tatsächlich verfügst du weder über die sexuelle Freizügigkeit noch den ungezügelten Trieb, ihm das Hemd aufzuknöpfen oder seinen Körper nach den bleichen Niederungen abzusuchen, die weder du noch die Sonne jemals berührt haben. Du bist entschlossen, dein Hemd hochzuziehen, und gehst die Sache mit einer bis dahin nicht gekannten Sittsamkeit an, einer linkischen Schüchternheit, die den ganzen Raum zu erfüllen scheint. Weshalb auch Phil so etwas wie Zurückhaltung zeigt und dir nicht gleich unters Hemd langt.

Er wartet mit unverhohlener Neugier auf dem Sofa, und du

kniest vor ihm und hebst dein T-Shirt langsam wie einen Theatervorhang, um ihm deine neuen Brüste zu zeigen. Er legt seine zitternde Hand zuerst über eine, dann über die andere, und du spürst, wie deine Brustwarzen unter der Berührung schrumpfen. (Irgendwo hast du mal gehört: Brustwarzen wie Radiergummis.)

Er traut sich nicht einmal, seinen Mund auf eine deiner Brüste zu senken, und es fällt dir nicht ein, ihn darum zu bitten. Noch gibt es für dich kein Bitten, und hinter der verqueren Wahrheit, dass du den Zyklon des Begehrens in deinem Körper ignorierst, um dich seinen Wünschen zu überlassen, verbirgt sich letzten Endes auch deine Einsamkeit.

An einem anderen Abend schnallst du ihm den Gürtel auf und öffnest den silbernen Knopf am Bund seiner Jeans, aber den Reißverschluss lässt du geschlossen und schiebst die Hand nur so tief unter das Gummiband seines Jockey-Slips, dass du die Spitze seines harten Schwanzes gerade eben berührst, und als er unter deiner Berührung zusammenzuckt, erscheint er dir intelligenter und weniger stumpfsinnig als du dachtest, und die Flüssigkeit, die oben herauskommt, ähnelt der Flüssigkeit, von der dein Höschen durchtränkt ist, und so fördert diese Geste den Mythos, dass ihr euch ähnlich und füreinander geschaffen seid. Welch ein Glück, dass ihr euch schon in so jungen Jahren gefunden habt, wo der ganze Teppich eures Lebens noch vor euch ausgebreitet liegt.

Du erzählst Meredith in allen Einzelheiten von diesem Abenteuer, und sie erkennt sofort und ganz ohne die Ratlosigkeit, mit der sie deine Phil betreffenden Mitteilungen normalerweise zur Kenntnis nimmt, die Bedeutung dieses Ereignisses. Ihr ernster Tonfall ist der erste Segen, den sie eurer Verbindung erteilt, trotz eines kleinen Rückfalls in die Neckerei: Als du ihr berichtest, wie sein Schwanz vor deiner

Berührung zurückgezuckt ist, bezichtigt sie dich des Animismus.

»Und das bedeutet, o Merlin? Enzyklopädiere mich«, sagst du.

»Das weißt du doch. Beim Animismus glauben sie, alles was sich bewegt, ist lebendig und intelligent. Bäume sind lebendig und Wolken und Flüsse.« Meredith lüpft ein paar Mal den Halsausschnitt ihres T-Shirts. Sie ist schwer und leidet unter der Hitze.

»Geht's vielleicht etwas konkreter?«, fragst du.

»Angenommen, du lebst in Bali, dann stellst du dem Penisgott ein paar Mangofrüchte oder eine Schale Reis in seinen Tempel. Damit er zuckt, wenn du es willst. So funktioniert das.«

»Und wieso weißt du über dieses abartige Zeug Bescheid?«

»Ich bin ein Genie.«

»Nein, mal ehrlich«, sagst du. »Wenn ich was lese, hab ich's gleich wieder vergessen. Mein Gedächtnis ist ein Sieb.«

»Du hast meterweise Gedichte da oben drinstehen.«

»Ja, und nicht die Hälfte davon kapiert. Ich bin wie ein dressiertes Pony auf dem Jahrmarkt. Beim Zählen klopf ich mit dem rechten Vorderhuf. Aber woher weißt du das mit dem Penisgott?«

»Das mit dem Penisgott hab ich mir ausgedacht. Damit du das andere kapierst.«

»Okay, und das mit den Wolken, die sich bewegen?«

»Weiß ich nicht mehr. Michael stand in der Junior-High total auf Tarzan. Ich bilde mir ein, er hatte einen Haufen Bücher über Pygmäen. Kann auch sein, dass Ray mal Anthropologie belegt hatte.«

»Ja, aber so einen Kurs hat Mutter auch irgendwann gemacht, und ich weiß von den Pygmäen nur noch, dass die Frauen Hän-

gebrüste hatten. Und die Männer haben sich die Schwänze vor
den Bauch gebunden, wenn sie in den Krieg zogen, damit es so
aussah, als hätten sie einen Ständer.«

»Priapismus«, sagt sie.

»Irgendwo hab ich das Wort ›Animus‹ doch schon mal gehört…«

»*Mismus*. Ani-*mis-mus*. Animus ist die Seele. Und du bist also
davon überzeugt, dass sein Penis ein großer Denker ist?«

»Sag doch Schwanz, nur ein einziges Mal. Oder wenigstens
Riemen. Sag, ein monumentaler Ständer.«

»Mein Mund ist rein. Ich werde *le serpent* sagen.«

»Du macht noch aus dem dreckigsten Witz einen Franzo-
sen.«

Phil und Meredith haben in ihrer Beziehung ein entspann-
teres Stadium erreicht, jeder lässt den anderen in Ruhe, als
wäre ein Rest Misstrauen geblieben oder als wollten sie dich
schützen, indem sie auf Abstand bleiben (aber vielleicht stimmt
das gar nicht, vielleicht reflektiert es bloß deinen narzisstischen
Wunsch, Schnittpunkt aller Gedanken und Handlungen zu
sein). Phil gefällt sich in der Rolle des älteren Verführers, die
vielleicht einem älteren Verführer gut ansteht, aber nicht einem Jungen, der noch keine zwanzig ist. Dass er klüger ist als
andere, gibt ihm eine Überheblichkeit, aus der Meredith nur
zu gerne die Luft rauslässt.

Irgendwann im Lauf der Wochen vor seiner Abreise auf das
College beschließt du Knall auf Fall, dich Phil hinzugeben – als
wäre Sex das letzte Mittel, ihn gegen die Cleverness der Kommi-
litoninnen zu feien, die ihm auf der Uni zwangsläufig über den
Weg laufen werden. Du buchst deine offizielle Entjungferung
für Freitagabend in Merediths Haus, als Mrs. Bright Überstun-
den macht oder Tante Willys gute Nähmaschine nutzt, um Merediths Garderobe ein bisschen aufzupeppen.

Meredith hat eure neue Freundin Stacy eingeladen, um mit ihr im Wohnzimmer eine Partie Schach zu spielen, während du es mit Phil »hinter dich bringst«. Stacy hat weitgehend unbemerkt unter euch gelebt, bis Meredith entdeckte, dass sie mehr über T.S. Eliot weiß als ihr beide zusammen. Stacy schreibt wunderbare Gedichte, ist eine viel versprechende Fotografin und gestandene Staatsmeisterin im Volleyball. (Später auf dem College wird sie öffentlich verkünden, lesbisch zu sein, und alle werden nur sagen: Ha ha, du machst Witze.) Bevor du mit Phil nach hinten zu Michaels weißem Bett gehst, steht ihr im Wohnzimmer herum, die Arme um die Hüften gelegt, während Meredith und Stacy ihre Schachfiguren aufstellen, und plötzlich erscheint es dir äußerst plausibel, dich nicht ausgerechnet in dieser Nacht entweihen zu lassen, einfach zu sagen: Was soll's, und ihr schmeißt euch alle vier in Phils Wagen und holt euch drüben im Soft-Drink-Laden ein Schokoladeneis. Aber die Mädchen sind wegen einer Fiesta hier, und du spürst Phils Herz durch den Stoff seines T-Shirts wie eine innere Kesselpauke schlagen.

Nachdem der letzte schwarze Bauer auf seinem Feld in Stellung gegangen ist, scheint jeder ungeduldig darauf zu warten, dass etwas passiert. »Also dann«, sagst du schließlich und rührst dich nicht vom Fleck.

»Du hast das schon öfter gemacht, stimmt's?«, fragt Meredith Phil und lächelt mütterlich.

»Nicht so wahnsinnig oft, aber doch, ja.« (Eine Lüge, wie er dir später gesteht, und dann soll's doch keine Lüge gewesen sein, also wirst du nie erfahren, ob du allein über diesen Graben gesprungen bist.)

»Schade, dass ich meinen Fotoapparat nicht dabei habe«, sagt Stacy. »Das scheint mir doch ein Moment fürs Familienalbum.«

»Wie wär's mit einer kleinen Vorher-Nachher-Serie«, sagt Meredith. »Mit Unschuld und ohne.«

»Und was wäre die Überschrift?«, fragst du, und nicht nur im Scherz, denn du suchst nach einem Etikett für das Ereignis.

»Vielleicht was von Eliot: *Ich wäre froh um einen neuen Tod*«, sagt Stacy.

»Bei uns muss Thomas Stearns für alles herhalten«, erwidert Meredith.

»Was nicht zerbrochen ist, muss man nicht kleben«, sagt du.

Daraufhin starrt jede/jeder erst einmal auf ihr/sein eigenes Stück Fußboden. Niemand sagt ein Wort. Du wünschst dir eine laut tickende Standuhr. Oder dass Meredith geistesabwesend das hinreißende Chopin-Präludium herunterspielt, das ihr damals in der Junior-High-School einstudiert habt. Die Sprungbrettmelodie, der düstere Entjungferungs-Marsch, zu dem du dich ins Schlafzimmer tragen lässt. Oder du wünschst dir, ein Militärattaché käme herein, um dir eine Lizenz zu überreichen, die das alles sanktioniert. Es müsste feierlicher zugehen, findest du. Dir fehlt es an Antrieb.

Stacy zupft am Sofabezug herum, und du spürst, dass Phil dir aus sanften Höhen auf den Scheitel starrt.

»Also dann«, sagst du zum zweiten Mal, und als er dich aus dem Zimmer schiebt, ruft Meredith euch nach: *Bon voyage.*

Von der eigentlichen Episode bleiben nur Bruchstücke zurück. Er liegt in der ganzen Pracht seiner Nacktheit unter der Bettdecke, während du dich scheinbar unbeteiligt ausziehst und ihm bei der Gelegenheit erzählst, dass in der Wandnische früher einmal Dr. Boudreauxs Röntgengerät verankert war. Du fürchtest dich nicht vor dem körperlichen Akt, denn Phil ist immer lieb zu dir gewesen. Aber du hast eine Heidenangst, dass es so aussehen könnte, als wüsstest du nicht, was du tun sollst (und du weißt es ja auch nicht), und noch größere Angst, als Flittchen dazustehen, und du verschweigst, dass du die Pille nimmst, damit er sich ein Präservativ überstreift und sein intelligenter Penis nicht merkt, dass irgendein brutales Schwein dir einst die Unschuld geraubt hat. (Wie seltsam, wirst du später denken, dass du ein solches Geheimnis durch deine erste wirkliche Liebesgeschichte mitgeschleppt hast.)

Seine strahlende Wärme an deinem Körper ist wie ein volles Glas von einem Getränk, nach dem du dein Leben lang gelechzt hast. Aber die Küsse scheinen von einem fremden Jungen zu stammen. Er bemüht sich, langsam zu sein, wartet auf dein Okay, und trotzdem merkt man ihm die Eile an. Und in deinem Eifer, ihm zu gefallen, nimmst du dich zu Gunsten seiner Leidenschaft zurück, stellst deine kleinen Lüste unter ihren Scheffel, als ginge es nicht auch um dich. Du hast von Zuhause einen ganzen Stapel Handtücher mitgebracht, um sie unter dich zu legen, und ständig ziehst du die Ränder straff, damit bloß das Bettzeug nicht schmutzig wird. Außerdem hat Phil irgendwo gelesen, dass ein Kopfkissen unterm Hintern die Frau in eine günstige Stellung bringt, und jetzt liegst du auf zwei mit Handtüchern abgedeckten Kopfkissen und fühlst dich wie ein Maya-Opfer auf einem gepolsterten Scheiterhaufen.

Hinterher ist irgendwie die Luft raus; du kannst es nicht erwarten, aufzuspringen und dich anzuziehen. Diese Eile, dein öffentliches Selbst nach seiner privaten Demontage wiederherzustellen, ist vielleicht deinem Alter und deinen Erwartungen angemessen, aber irgendwie auch enttäuschend. Tatsächlich hattest du gehofft, dieser körperliche Akt würde auf magische Weise emotionale Vertrautheit herstellen. (Für lange Zeit wird Sexualität die Vertrautheit, nach der du dich sehntest, bestenfalls ersetzen, wenn nicht verdrängen.)

Du stürzt in Unterhose zur Tür hinaus, um Meredith und Stacy zu verkünden, du hättest einen Orgasmus gehabt (eine erstaunliche Lüge). Meredith sagt, das kommt von der vielen Übung allein im Bett. Später, auf der Veranda, erklärt Phil dir seine ewige Liebe und ist ungeheurer zärtlich zu dir, aber du fühlst dich ihm nicht nah. Der Mythos von absoluter geistiger Nähe, tiefer Seelenverwandtschaft, den du dir während der endlosen Küsse zusammenphantasiert hast, ist wie ausgewischt. Du hättest ewig in der seidigen Endlosigkeit eurer Nächte schwelgen können, während für ihn eure wortlosen Dialoge bestenfalls die Pfeile waren, die auf diese Nacht zielten, Vorboten, erotische Appetithäppchen.

Von nun an hast du mehr Macht über ihn. Aber du fühlst dich ausgeschlossen von der Lust, in der er zu ertrinken scheint. Du hast versucht, die Tür zu libidinösen Abenteuern aufzustoßen und hast sie zugeschlagen, du wolltest deine Nähe zu Phil besiegeln und möchtest nur noch weglaufen.

16

Im Herbst kommst du als ganz neuer Mensch in die Schule zurück.

Einmal, was das Drill Team betrifft. Dein Bedürfnis, in einer Reihe mit anderen Mädchen auf Spielfeldern herumzustehen und das Bein höher als den Kopf zu schwingen, in einem Outfit (dein Daddy hätte Montur dazu gesagt), das sich am treffendsten als eine Art verfilzter Silberfuchs beschreiben ließe – dieser einst so sehnliche Wunsch ist verflogen wie eine Wolke Haarspray.

Im August, als andere Mitglieder des Drill Teams ihre Reisetrockenhauben in die dazugehörigen Tragekoffer versenkten, um sich auf diverse Ferienlager zu verteilen, hast du a) aufgehört, dir Beine und Achselhöhlen zu rasieren, b) gelernt, wie man Shit raucht und einen Joint dreht, c) genau an dem Tag einen Trip nach Austin gemacht, an dem vierzigtausend schreiende Hippies gegen die Kent-State-Morde protestierten und von Nationalgardisten (von denen einer, der Reisbaron, ein paar Jahre später dein Schwager werden sollte) mit Tränengas beschossen wurden, und d) mit Phil geschlafen.

Als Folge all dieser Ereignisse bist du e) entweder gar nicht mehr oder bis über die Ohren voll gedröhnt zu den Proben des Drill Teams erschienen. Während die anderen Mädchen ihre Perlenstirnbänder unter den Ponyfransen tragen, sodass die Bänder nur als schmale Streifen über den Augenbrauen zu sehen sind (eine Art zerebraler Druckverband, wie du zu Meredith sagst), bindest du dir deines über das glatte lange Haar, wie es die Hippies machen, um ihren Kopf (den so genannten) zusammenzuhalten.

Während die Jungen, die du magst, zu weit entfernten Colleges aufbrechen, beeindruckst du sie zu Beginn deines vorletzten Schuljahres mit einem spektakulären Austritt aus dem Drill Team. Und löst damit einen mittleren Skandal aus. Noch nie ist eine Schülerin ausgetreten, sagt Miss Stanley in ihrem Büro, es sei denn, sie war in anderen Umständen. Entweder leidet sie an einer schlimmen Erkältung, oder deine Erklärung treibt ihr tatsächlich die Tränen in die Augen. »Bist du in der Hoffnung?«, fragt sie, und als du Nein sagst, bringst du sie damit aus dem Konzept. Als hätte sie eine ganze Rede vorbereitet, und nun verurteilst du sie dazu, mit dem Daumen an den Anwesenheitslisten des letzten Jahres herunterzufahren, um nachzusehen, wann du zum letzten Mal deine Regel als Entschuldigungsgrund angegeben hast.

LeBump in seinem Büro beäugt dich wie ein Tier, das Witterung aufnimmt. Aber dich kann nichts mehr aus der Fassung bringen. Szenen wie diese haben für dich inzwischen etwas Irreales. Er fängt an zu dozieren, stemmt sich hoch, baut sich hinter seinem fußballplatzgroßen Schreibtisch auf wie ein Trainer beim Pausensermon, und du entdeckst währenddessen seine Ähnlichkeit mit den uniformierten Quadratschädeln aus den *Big-Ass*-Comics.

»Kein Zweifel, Miss Karr«, sagt er, »irgendjemand muss zu Ihnen gesagt haben, Sie seien gescheit. Aber Gescheitheit ist kein Ersatz für Pflichtbewusstsein. Nicht an unserer Anstalt. Sie schlagen eine große Chance in den Wind, eine Ehre, für die andere Mädchen sich zerreißen würden, aber Sie haben beschlossen, die Tür zuzuschlagen. Sie zuzuschlagen und zu verriegeln. Offensichtlich ist Ihr Weg ein anderer. Und Ihre Botschaft ist vernommen worden in diesem Büro. Deutlich genug war sie ja. Seien Sie gewarnt. Diese Wände haben von nun an Augen und Ohren. Sie stehen unter Beobachtung, Miss Karr. Wir werden uns von Ihnen keine Ungehörigkeiten mehr bieten lassen.«

Er geht um seinen Schreibtisch herum und setzt sich auf die vordere Kante, um auf dich herunterzublicken, während er die nächste Unverschämtheit vom Stapel lässt: »Und wir sind auch kein Heim für ledige Mütter.«

Das ist ziemlich komisch, denn wenn sie jedes Mädchen mit einem so genannten »Braten im Rohr« der Schule verweisen wollten, wäre die Abschlussklasse nur noch halb so groß.

»Ich bin nicht schwanger, Sir«, sagst du.

»Sind Sie sicher?«

»Außer es war eine unbefleckte Empfängnis, Sir.« (Mein Gott, wie leicht die Lüge dir über die Lippen kommt.)

Er nimmt die Brille ab, durch die er auf dich heruntergeschaut hat. Dann langt er hinter sich auf den Schreibtisch und zieht auf der Suche nach einschlägigen Details deinen Aktenordner zu Rate, bevor er dich wieder aus dunklen Augen ansieht. Sein Zorn versetzt dir einen kurzen Stich der Angst. Automatisch senkst du den Blick und hasst dich dafür, ihm diesen kleinen Triumph geschenkt zu haben.

Schließlich sagt er: »Ihnen ist klar, dass ich praktizierender Katholik bin?«

»Nein, Sir.«

»Werden Sie nicht frech«, sagt er.

»Nein, Sir«, erwiderst du.

»Weil ich mir das nicht bieten lasse.«

»Nein, Sir.«

Er schaut durch die Brille hinunter auf den Aktenordner,

dann sieht er dich wieder an, mit einem Blick, der vielleicht einmal tödlich war, als er noch vom Gitter eines Football-Helms gerahmt wurde. Er sagt: »Es überrascht Sie vielleicht, dass ich mich persönlich für Spind Nr. 481 interessiere.«

»Warum, Sir?«

»Das lassen Sie meine Sorge sein.«

Die Androhung einer Spinddurchsuchung löst jugendliche Schadenfreude in dir aus, denn hinter der Tür von Spind Nr. 481 würde nicht viel mehr zum Vorschein kommen als ein ungewaschenes, pissfarbenes Turnhemd, ein Friedhof alter Zeitungen, ein paar Romane von Salinger, Bellow und Hemingway und eine Tüte mit einer Orange, deren eine Hälfte so herrlich in grünem und weißem Schimmel leuchtet, dass man sie als Experiment für den Biounterricht verkaufen könnte.

»Außerdem haben wir ein paar Korrekturen an Ihrem Stundenplan vorgenommen, Miss Karr.«

Jetzt hat er einen Trumpf aus dem Ärmel gezogen. Du hast grauenhafte Gerüchte von Arrestzellen für kriminelle Schüler gehört, hartgesottene Burschen, die Lehrer verprügeln oder Bomben legen. Der Delinquent wird von der übrigen Schülerschaft isoliert, muss das ganze Jahr in einem feuchten, verriegelten Lagerraum hinter dem Umkleidehaus zubringen, als einzige Kontaktperson ein Tabak kauender Football-Trainer, der gelegentlich hereinschaut, um die Hausarbeiten einzusammeln oder das Zeug, das der Junge tausendmal aufschreiben musste – Sätze wie »Ich darf nicht frech sein«. Einen Jungen haben sie angeblich den Sommer über dort vergessen und erst im Herbst gefunden, aufgedunsen und übersät von Maden oder geschrumpft wie eine Mumie, die knöcherne Hand um den Schreibstift geklammert.

»Was für Veränderungen?«, fragst du.

»Sir«, sagt er. »Was für Veränderungen, Sir.« Anscheinend

hat er Furcht in deinen Augen aufflackern sehen, denn er lebt auf – der Hai hat Blut gerochen. Du sagst nichts, sinkst nur ein paar Zentimeter tiefer in deinen Stuhl.

»Wir haben Sie aus Miss Parks Englischklasse und Mrs. Theriots Geschichtsklasse genommen. Sie haben jetzt Englisch bei Mrs. Wylie und Geschichte bei Coach Kryshak.«

»Geben die nicht so eine Art Förderunterricht oder so was…« (lange Pause) »…, Sir?«

»Richtig, wir haben Sie aus der Leistungsklasse in Englisch und Geschichte herausgenommen.«

»Aber warum, Sir? Ich habe immer zu den Besten gehört. Ich habe ein A in beiden Fächern, soviel ich weiß.«

»Es gibt Dinge wie Reife und Pflichtbewusstsein…«

»Was?«

»…die sich nach unserer Erfahrung auf das pädagogische Umfeld auswirken.«

Er drückt dir den rosa Passierschein in die Hand. Ende des Verhörs.

Du trottest aus dem Büro, und zum ersten Mal seit geraumer Zeit musst du gegen die Tränen ankämpfen, denn du bist soeben in das akademische Äquivalent eines Kerkers geworfen worden. Ein paar Wochen später setzt die sanft blickende Mrs. Wylie im Direktorium durch, dass man dich in beiden Fächern wieder in die Leistungsklasse einstuft – eine großherzige Tat, mit der sie sich den Missmut von LeBump zugezogen haben dürfte.

Bis dahin verbringst du zwei Wochen in der Klasse von Mr. Kryshak, der ganze Stunden damit bestreitet, laut aus Lesebüchern vorzulesen, manchmal so lange, bis er selber einschläft und im Tal der Buchseiten träumt, während in der Klasse der Teufel losbricht. Als Meredith am Moratorium Day für euch beide schwarze Armbänder stickt – euer Protest ge-

gen den Vietnamkrieg und ihr einziger Akt zivilen Ungehor-
sams –, wartet er ab, bis er sie allein erwischt, stößt sie gegen
einen Spind und sagt: »Nimm es ab, sonst nehm ich es dir ab.«
Noch auf dem Heimweg zittern ihr die Hände.

Vor Thanksgiving flüchtest du dich zu Phil auf sein College,
um dort ein konspiratives Wochenende mit Sex und verbotenen Drogen zu verleben. Wie eine Braut steigst du die stählernen Stufen des Greyhound hinunter, in der Hand den Sam-
sonite-Koffer, den du dir – trotz des grauenhaften Lachsrosa –
von Lecia ausgeborgt hast. Phil lehnt in Jeans und bester Ja-
mes-Dean-Pose an der Wand, und auf einmal kommt er dir un-
glaublich lächerlich und unerheblich vor.

Wie war das möglich? Wochenlang hast du ein Foto von
ihm mit dir herumgetragen wie katholische Mädchen ihre
Heiligenbildchen. Du hast dich nachts in Telefonzellen geschlichen, hast die Vermittlung mit falschen Kreditkartennum-
mern hinters Licht geführt und Verhaftung und Gefängnis
riskiert, um drei Minuten lang (bevor sie den Betrug bemer-
ken und die Polizei rufen konnten) seine Stimme zu hören,
deren tiefer Ton dich in sexuelle Trance versetzen konnte.

Aber in der schwülen, nach Diesel stinkenden Luft des Bus-
bahnhofs wirkt er wie eine Witzfigur. Er hat sich einen Filzhut
mit breiter Krempe gekauft, wie ihn die Rancher in Wildwest-
filmen tragen (und den du, nach dem Gemälde von Grant
Wood, seinen American-Gothic-Hut nennst.) Auf der Fahrt
knattert sein zweifarbiger Ford – noch derselbe, in dem ihr
euch einen ganzen letzten Sommer lang geküsst habt – wie die
Rostlaube des letzten Furchenscheißers aus Oklahoma. Seine
in deine verflochtenen Finger sind schweißnass.

Der abgestandene Pizzageruch in seiner Studentenbude
stürzt dich in tiefste Depression. Dasselbe gilt für all die Dinge,
die er dir vorführen will. Am schlimmsten ist eine Schallplatte,

auf der zwei Typen so lange um die Wette furzen, bis sich einer deutlich hörbar in die Hose scheißt.

(Als du zwanzig Jahre später wieder daran denkst, musst du laut lachen, und auch an seine unbeholfenen Zärtlichkeiten erinnerst du dich mit der Zuneigung, die ihnen eigentlich schon damals zugestanden hätte.)

Phil meint dich zu kennen und weiß eigentlich nichts von dir. Nach verlegenem Smalltalk als Ouvertüre wird der Blödmann, mit dem er sich das Zimmer teilt, mit einem Schlafsack fortgeschickt. Von dem Augenblick an setzt Phil den belämmerten Ausdruck des verliebten Stinktiers aus den Pepe-Le-Pew-Comics auf, dem jedes Mal, wenn er seine Liebste sieht, das einfältige Herz unter der pelzigen Brust pumpert.

In Phils Armen fühlst du dich plötzlich wieder wie ein kleines Mädchen. Als er dir das T-Shirt über den Kopf zieht, verheddert es sich in deinem Haar, du bist ein paar Sekunden lang blind, kriegst keine Luft mehr und stößt ihn zurück.

»He, langsam«, sagt er, »wir haben noch die ganze Nacht.« Aber während er das sagt, verändert sich sein Gesicht, er bekommt Zähne wie ein bockiges Maultier (ein Ausdruck, den du noch nicht kennst). In diesem halluzinatorischen Augenblick verkörpert Phil all das, wovon du dich in deinem Leben befreien willst. So gesehen verwandelt sich dein Seelenverwandter an den Hängen des Parnass (sprich: im Studentenheim der Universität) in einen devoten Köter, der in einer kalten Betonhölle vor dir im Staub kriecht.

Er ist auf jede nur erdenkliche Weise lieb. Er hält dich lange in den Armen, er hält den Atem an, als er mit schüchternen Fingern deine Brust berührt. Am Hals riecht er nach Patschuliöl und aus dem Mund nach dem Kreuzkümmel, mit dem der mexikanische Fraß gewürzt war, den ihr vorher gegessen habt. Du möchtest duschen und dir die Zähne putzen, aber es wäre verdammt uncool, sich in einem solchen Moment um Körperpflege zu sorgen. Außerdem bist du nicht sicher, dass es helfen würde. Es ist die Rohheit des körperlichen Austauschs an sich, die dir zusetzt.

Gleich nachdem ihr gevögelt habt, rollst du dich auf dem schmalen Bett in embryonaler Haltung zusammen und stellst dich eine Stunde lang schlafend, den Blick starr auf die Leuchtziffern des Weckers von seinem Zimmergenossen gerichtet. Als du meinst, Phil tief und regelmäßig atmen zu hören, schleichst du dich mit deinem zerfledderten Exemplar von *Anna Karenina* in den Waschraum auf der Mädchenetage. Du sitzt in Sweatshirt und Shorts auf den kalten Fliesen und machst dir so deine Gedanken über die Verbohrtheit des betrogenen Ehemanns, als Phil in der Tür steht. Er sieht verwuschelt und zärtlich aus. Er will schon wieder mit dir schlafen, und du schwörst dir, in den kommenden Nächten lieber bis zum Morgengrauen still zu liegen, als noch mehr seiner außertariflichen Zuwendungen zu riskieren.

Als du wieder zu Hause bist, schickt Phil dir Blumen – eine Schachtel mit pfirsichfarbenen Gladiolen. Unter den goldgedruckten Geburtstagswünschen auf der beigelegten Karte schwört er dir in seiner eigenen Schrift ewige Liebe. Deine Mutter zerstößt ein Aspirin mit dem Teelöffel, um es in das Blumenwasser zu mischen. »Damit die Blüten länger frisch bleiben«, sagt sie. Aber als das Telefon klingelt, lässt sie die Blumen Blumen sein, und du wischst das Pulver mit dem Topfschwamm vom Küchentisch.

17

Doonie kommt auf allen vieren in dein Leben gekrochen wie ein Reptil. Du übernachtest bei seiner Schwester Elizabeth (mit vollem Namen Elizabeth Louise Deets), die als schlafendes Bündel im Bett liegt, das dunkle Haar weit gefächert auf dem bleichen Laken, während du auf deiner Seite des blätterbeschatteten Zimmers an die Decke starrst und Worte durch deinen schlaflosen Schädel wimmeln wie Ameisen durch ihren Haufen.

Jede Nacht liegst du stundenlang wach und denkst dir Briefe aus, um deine über Colleges im ganzen Land verstreuten, in Ehren gehaltenen Freunde (deine Halbgötter, wie Lecia sie nennt) aus der Flutwelle bekiffter, sexbesessener Frauen zu erretten, die – schenkt man ihren Briefen Glauben – an ihren diversen Studienorten über sie hinwegzuspülen droht. Diese Briefwechsel sind für dich zum wichtigsten Medium des Ausdrucks und sozialen Kontakts geworden. Ohne sie existierst du kaum, und du wirst nie wieder mit solchem Eifer an jedem einzelnen Absatz feilen, deiner Sprache solche Zauberkraft beimessen. Den hölzernen Englischaufsatz, für den du diese Woche ausgezeichnet worden bist, hast du schneller aufs Papier geworfen als eine einzige deiner – wie du findest – brillanten Postkarten. In der Schule tauchst du ab, spielst die Brave – Teil eines raffinierten Plans, dich mit einem High-School-Abschluss auf ein möglichst weit entferntes Hippie-College zu lavieren. Mit der neuen Kleiderordnung können sie dich dieses Jahr kaum an die Luft setzen.

Jetzt also liegst du wach in Elizabeths weißem Schlafzimmer, und dein Hirn arbeitet auf Hochtouren, um den einen oder anderen Übergang noch glatter hinzubekommen, als sich der Türknauf dreht. Zuerst nach links, dann nach rechts. Die Tür geht ganz langsam auf, gelbes Flurlicht fällt herein, zuerst nur eine Messerklinge, dann immer breiter. Wie gebannt starrst du auf die Stelle, wo jeden Moment ein Gesicht erscheinen muss – Elisabeths Vater oder Mutter, denkst du, die auf dem Weg zum Klo noch einen Blick hereinwerfen. Aber da ist nichts. Absolute Stille.

Bis das Knarren des Linoleums dir plötzlich klarmacht, dass jemand auf allen vieren um das Bett herumkriecht. Du setzt dich auf und siehst Doonie über den Fußboden robben, nur die Pyjamahose am Leib.

Dann schiebt sich wie eine zottige schwarze Sonne sein Kopf über die Bettkante. Mit Flüsterstimme, beinahe atemlos sagt er: »Soll ich dir was zeigen?«

»Was denn?«, fragst du gespannt.

In dem Moment schießt Elizabeth hoch wie eine Marionette, aus tiefem Schlaf in kerzengeraden Zorn gerissen. (Sie nimmt Ballettstunden und hat eine phantastische Haltung.) »Raus hier, du perverses kleines Schwein«, sagt sie.

»Kein Mensch hat dich gefragt«, gibt Doonie zurück.

Du sagst: «Ist schon okay. Wirklich.«

Ist es ja auch. Eigentlich ist Doonie in deinem Alter, auch wenn er im Vergleich zu dir ein hosenscheißender Unterklässler ist. (Du hast eine Klasse übersprungen.) Aber sein frecher Auftritt reizt deine Neugier, und du suchst schon nach deinem Sweatshirt, um es dir überzuziehen. Was mag er haben, das so viel Heimlichtuerei rechtfertigt?

264

Elizabeth sagt: »Er will dir seinen Schwanz zeigen.«

Bei der Aussicht brichst du in schallendes Gelächter aus, und Doonie protestiert wütend: »Stimmt gar nicht! Du mit deinem Schweinkram.«

»Ich schwör's dir«, sagt Elizabeth. »Jemand hat ihm mal gesagt, er hätte einen großen Schwanz…«

»Ich hab noch nie jemandem meinen Schwanz gezeigt!«, sagt Doonie.

»…und jetzt will er ihn jedem zeigen.«

»Nur wenn jemand darum bittet«, raunt er dir zu, »nur wenn du ganz lieb darum bittest, zeig ich ihn dir.«

»Keine Angst, ich will ihn nicht sehen«, versicherst du. Und im Mondlicht siehst du in Doonies Augen die Zuversicht glitzern, dass eines Tages ganze Horden von Frauen lautstark fordern werden, seinen Schwanz sehen zu dürfen, und weil dieser glückliche Tag gar nicht mehr so fern ist, kann er heute Nacht leichten Herzens darauf verzichten, ihn dir zu zeigen. So ist er nun mal, immer Vollgas. (Und dieser Blick von ihm ist so aufmunternd, so voller Hoffnung in hoffnungslosen Lagen, dass er dich und viele andere noch durch so manchen Horrortrip tragen wird, über Bundesstaatsgrenzen hinweg, durch Abenteuer, die alle unweigerlich mit demselben Satz enden: Ein Wunder, dass die Cops uns nicht einkassiert haben.)

»Ich will dir meinen Schwanz nicht zeigen«, beharrt er. »Ich schwör's dir.«

Elizabeth sagt: »Raus hier, oder ich ruf Daddy.«

Aber inzwischen interessiert es dich brennend: Was, wenn nicht seinen Schwanz, kann Doonie so dringend vorzeigen wollen, dass er sich wie ein Dschungelkämpfer hier hereinschleicht – sogar auf die Gefahr hin, dass sein Schwesterherz seinen Arsch als Trampolin benutzt. Also sagst du zu ihr: »Lass doch, ich hab eh nicht schlafen können.«

265

Du stehst auf, während Elizabeth wieder nach hinten kippt und sagt: »Wenn er ihn rausholt, schreist du einfach. Doonie, ich ruf Daddy, wenn du ihn rausholst. Ich schwör's dir. Lass es nicht darauf ankommen.«

Als du Doonie letzten Sommer zum ersten Mal begegnet bist, hast du kaum Notiz von ihm genommen. Es war einer dieser konturlosen Sonntagnachmittage, du hast mit Elizabeth und den Jungen, die bald zur Uni abrauschen würden, Joint rauchend in einem Auto in Deets' Garten gesessen, wo Kiffer und freiwillige Arbeitslose mal wieder zusammenhockten, um Zeit totzuschlagen. Die älteren Jungen leuchteten bereits wie die Bronzestandbilder, zu denen du sie in der Erinnerung gießen würdest – Phil und Raphael, Hobbit und der blonde Raj. (Hal war schon in Mexiko.) Jeder von ihnen strahlte einen unterschwelligen Glanz aus, der dich blind für alle anderen machte, die in der frühen Dämmerung zwischen flappenden Rasensprengern um dich herumsaßen. In der Ferne leckten die ewigen Flammen der Raffinerie am aprikosenfarbenen Himmel.

Diese Jungen waren umflort vom Glorienschein des Abschieds. Im Geiste waren sie schon unterwegs, wie Entdecker, wenn die Anker gelichtet werden, oder Astronauten während des Countdowns. Sie zogen aus, das Glück zu suchen, und wenn sie zurückkehrten (Fragezeichen), würden sie dir den getöteten Drachen zu Füßen zu legen. Du warst so betört vom Charisma des Aufbruchs, dass sich schon Sätze für die Briefe formten, die du ihnen schreiben würdest. Und Doonie war nur ein Störgeräusch im Hintergrund: ein hässlicher Junge, der mit seinem Freund Hogan Kunststückchen auf dem Fahrrad vorführte.

Während er nur auf dem Hinterrad fahrend die ganze Gruppe umrundete, rief er dir zu: »Einen hübschen Arsch hast du.«

266

Du warst natürlich zu cool, um in Gegenwart der Halbgötter auf diese Bewertung deines Hinterns zu reagieren. Aber als er so dicht an Elizabeth vorbeiradelte, dass er sich von ihr einen Klaps einfing, konntest du dir ein Grinsen nicht verkneifen. Er bremste scharf, setzte mit der Bremsspur ein Ausrufungszeichen.

Jetzt, Monate später, findest du dich in Doonies Zimmer wieder, einem wahren Friedhof für wattierte Jeans und T-Shirts und mit Müsliresten verklebte Schüsseln. Surfer-Magazine breiten azurblaue Ozeane über alle freien Flächen. Er öffnet die Schranktür, und der Abfallsack, den er daraus hervorzieht, ist so schwer, dass er ihn kaum heben kann. Theatralisch knotet er den gelben Draht auf, mit dem er ihn verschlossen hat, und sagt: »Gleich wirst du Bauklötze staunen.« Der Sack steht gähnend weit offen, und zum Vorschein kommt weder der Heilige Gral noch ein Piratenschatz oder ein Bündel Blankoschecks. Nein, in dem Sack stecken Pillen und Kapseln und Pülverchen in jeder nur erdenklichen Form und Größe. Kurz gesagt, die größte Menge Arzneimittel, die du je auf einem Haufen gesehen hast, von den Fernsehberichten über Razzien bei Medikamentenschmugglern einmal abgesehen.

»Wo hast du das denn her?«, fragst du.

Als er antwortet, grinst Doonie wie einer, der einen Homerun geschlagen hat: »Hogan hat ’ne Apotheke ausgenommen.«

Im Eingang von King’s Apotheke hat dereinst – aus dekorativen Gründen – ein Apothekerglas vom Durchmesser eines Autoreifens gestanden, bis zum Rand mit Arzneimittelmustern gefüllt. Da hat Hogan schon das eine oder andere Mal die Hand hineingesteckt, aber diesmal ist er mit einem ganzen Müllsack voll von dem Zeug durch den Luftschacht gerutscht. Aber kaum hatte er wieder festen Boden unter den Füßen, ratterte der Alarm los, und kurz darauf stürmten die Cops zur Hintertür herein. Da die Vordertür verschlossen und verriegelt war, blieb Hogan nichts anderes übrig, als einen Staubsauger durch das Schaufenster zu werfen und vor den Augen gaffender und schreiender Passanten selber hinterherzuspringen.

Wenn man Hogan glauben darf, ist er wie ein Einbrecher in einem Zeichentrickfilm einmal hoch in die Luft gehüpft, hat nach links, dann nach rechts geguckt, ehe er mit schlappenden Turnschuhen davongerannt ist.

Die Beute hat er Doonie zur Aufbewahrung gegeben, weil er wusste, dass die Cops ihm auf den Fersen waren. In Doonies psychedelischer Übertreibung sind bei Hogans Verhaftung Spezialeinheiten und ein Hubschrauber eingesetzt worden, und als Hogan mit erhobenen Händen aus dem Haus gekommen ist, hat er die zwei Dutzend Fadenkreuze gespürt, in die sie seinen großen, birnenförmigen Kopf genommen hatten.

»Das heißt, er sitzt im Knast? Dein Freund?«

»Nein, halb so wild. Gatesville. Er ist ja erst sechzehn. Der sitzt nicht lange. Soll ich ihn fragen, ob er dir da drinnen einen Gürtel macht? Die machen schöne Gürtel im Kittchen. Ich hab auch einen. Die Schnalle ist so groß, da kriegste sogar kubanische Sender mit rein. Und auf die Rückseite kannste dir deinen Namen prägen lassen.«

Seit der Zeit mit Clarice hast du nicht mehr so viel gelacht wie mit Doonie. Er behauptet, ein lausiger Schüler zu sein (im Gegensatz zu seinen brillanten Schwestern) und fragt dich, ob du ihm in Geometrie Nachhilfe gibst. Aber sein Geist springt hin und her wie eine Flipperkugel, entzündet sich an den seltsamsten Stellen, und du spürst, dass an seiner Genialität kaum ein Zweifel bestehen kann.

Die schmackhafteren Pillen hat er in Frischhaltebeutel verpackt und beschriftet. Es gibt schachtelweise Valium und sogar Anti-Baby-Pillen in raumschiffförmigen Röhrchen, die du in der Hoffnung an dich nimmst, deine katholischen Freundinnen damit vor frühen Schwangerschaften bewahren zu können (zwei von ihnen haben noch vor Jahresende einen Braten im Rohr). Übrig bleiben farbige Pillen für jede Stimmung – Amphetamin (»Black Mollies« und »White Crosses«), Opiumderivate wie Kodein, Phenobarbiturate in jeder Dosierung, Nembutal (»Yellow Jackets«), Seconal (»Red Birds«).

»Wie hältst du das Zeug eigentlich auseinander?«, fragst du und schaufelst dir eine Hand voll.

»Das ist ja das Geniale an der Sache«, sagt Doonie. »Ich hab Hogan dazu gekriegt, vor seinem Prozess noch mal hinzugehen und das Buch zu klauen. ›Was soll’s‹, hab ich gesagt, ’in den Knast musst du sowieso. Ob für zehn Cents oder für’n Dollar ist doch scheißegal.‹«

Doonie zieht einen riesigen, scharlachroten Wälzer unter seinem Bett hervor, kaum weniger umfangreich als das große Lexikon in der Bibliothek und mit goldgeprägten Buchstaben auf dem Deckel wie das Hauptbuch eines Alchemisten. Das ist das erste Mal, dass du die Rote Liste in natura siehst. Doonie hat dutzende von Stellen mit flachen Zahnstochern markiert.

»Sind die nicht immer am Ladentisch festgekettet?«, fragst du.

»Aber nicht mit einer Stahlkette. Die Strippe knackst du mit einem Drahtschneider, wie Muttis ihn im Handschuhfach mit sich rumfahren. Er ist mit dem Wälzer unterm Arm aus dem Laden spaziert wie dieser Professor… wie hieß der noch gleich? Mr. Peabody.«

Doonie sitzt mit gekreuzten Beinen mitten im Zimmer, in seiner Pyjamahose, das Buch auf dem Schoß, hält eine Tüte nach der anderen hoch und beschreibt den Inhalt. Das ist sein Hobby. Arzneimittel. Andere Jungen kleben Modellflugzeuge zusammen, Doonie brütet über der Roten Liste, widmet sich dem Studium chemischer Prozesse mit einer Energie, wie er sie nicht annähernd für die Geometrie aufbringt, die du ihm einzutrichtern versuchst.

Er sagt: »Also das Zeug hier, das macht angeblich soporös. Ein geiler Jargon ist das. Reimt sich auf alles Mögliche. Du schreibst doch Gedichte oder? Wär das nicht ein Gedicht für dich? (Er grinst zur Decke hinauf.) »Meine Soporöse, ach so Pompöse, werd bloß nicht Frisöse. Na, wie klingt das?««

»Geht so«, sagst du, und dir wird langsam klar, dass du nie so recht weißt, wann Doonie Witze macht und wann nicht. Und als er sagt: »Willste 'n paar Soporöse in die Möse?«, lachst du nicht darüber, um ihn bloß nicht vor den Kopf zu stoßen. Du sagst nur: »Nein, danke.«

Bald verbindet dich und Doonie eine Freundschaft, ohne die dein Leben in Leechfield stumpfer als ein Gummimesser wäre. Er gehört zur Subkultur der Surfer und Strandgammler, der du dich sehr schnell anschließt. Ab jetzt fährst du an den Wochenenden bei jedem Wetter hinaus zum Golf. Die stillschweigende Aufnahmeprüfung in die Bruderschaft (denn es sind hauptsächlich Jungen) bestehst du, indem du dich bei einer ganzen Reihe von Chemikalien ziemlich gelehrig anstellst, denn jede Droge hat ihren Zauberkult, ihr ganz eigenes Ritual. Es dauert kein Jahr, und du hast sie fast alle drauf. Du qualmst ganze Platten Shit oder Peyote-Buttons weg, drehst Joints beim Autofahren, fährst bekifft Auto und quasselst jeden normaldurchgedrehten Acid-Neurotiker unter den Tisch. Wenn beim Surf-Festival einer der Typen einnickt, nachdem er eine teerige Opiumkugel geraucht hat, läufst du mit ihm den Strand auf und ab, wenn nötig die ganze Nacht, schüttest ihm eimerweise abgekochtes Wasser in den Hals und hältst ihn wach, damit er bloß nicht ins Koma fällt.

270

Die Ausnahme ist Heroin, das damals teuer und selten war. (Junkies erzählen mit beinahe infantiler Freude davon, wie sie das Zeug in rußigen Teelöffeln gekocht, sich den Arm abgebunden haben usw. Aber als du dir ein einziges Mal Heroin geschossen hast, hast du dich halb bewusstlos gekotzt und bist eingepennt, und als du wieder bei Sinnen warst, hast du nicht verstanden, dass es Leute gibt, die für das Zeug Fernseher klauen gehen.) Und so zieht dich nicht nur Doonies Übermut an den Strand, sondern auch die Aussicht auf Narkose, auf das »Komm Schwester, alles paletti, zieh einen mit uns durch.« Und dazu kommt deine Leidenschaft fürs Surfen.

Ein Surfer sucht sich seine Welle aus demselben Grund, aus dem der Rodeoreiter sich auf ein wildes Pferd schwingt: um sich das Ungezügelte gefügig zu machen, den rohen Willen zu brechen oder um für einen flüchtigen Augenblick in den Rausch blinder Kraft gerissen zu werden.

Deshalb also zieht es dich an den Strand, wo sonst kaum Mädchen hingehen. Nicht dass jemand dich hier blöde anmachen würde (wie ein paar Jahre später in Kalifornien, wo es *Tussi im Wasser* hieß, sobald du dich auf dem Brett hinausgewagt hast, und wo du in null Komma nix das Etikett des Strandhäschens weghattest). Als Mädchen kommt man hier nur mit seinem Freund her. Irgendwann erwählt dich ein süßer blonder Zwanzigjähriger aus Kalifornien, oder du erwählst ihn, und ihr fahrt zusammen in seinem blauen Pick-up hinaus, wenn die Gezeitenströme und Windvorhersagen es euch vorschreiben. Ihr schlaft auf der Ladefläche oder unter der Mole und erwacht von Nebel durchweicht zur ersten Flut.

Aber bis du diesen Jungen kennen lernst, gibt es tausend andere Gründe herzukommen: Weil die Halbgötter alle fort sind. Weil der ständig unter Starkstrom stehende Doonie dich gefragt hat. Weil Merediths allgegenwärtiger neuer Freund

ihre ganze Aufmerksamkeit in Anspruch nimmt, mit Liebesge-
flüster und Händchenhalten bei Mama auf dem Sofa, und weil
das in dir den Stachel einer bösen Eifersucht weckt. Dasselbe
gilt für Elizabeth Louise Deets, die ebenfalls einen Liebsten
hat, der den größten Teil ihrer freien Zeit in Anspruch nimmt.
Du gehst an den Strand, um Drogen zu nehmen, um der Öde
Leechfields zu entfliehen und dem Zustand der Leere, in den
das tagelange einsame Entwerfen von Briefen dich versetzt.

Außerdem ist es der einzige vorzeigbare Ort in Reichweite
des ausgelaugten Leechfield, und man kommt leicht hin. Du
musst nur eine halbe Stunde an den Raffinerien vorbei den
Kanal entlangfahren, und schon bist du auf der Küstenstraße.

Als Erstes kommt das Breeze Inn, wo du als Kind immer
warst. Du fährst die Straße weiter, und durch das rechte Fenster siehst du einen rostigen Stacheldrahtzaun, der alte Förder-
türme von einer dürftigen Herde fleckiger Brahma-Rinder
trennt, von denen sich jemand ein Auskommen verspricht.
Zur Linken trennt dich ein schmaler Grasstreifen von einem
flachen, seichten Strand und den Wellen. Nach einer Stunde
Fahrt erreichst du einen Ort namens (kein Witz, so steht es auf
der Karte) High Island. Am Strand neben einem Angelpier,
dessen fugenlos genagelte Latten Schutz vor Regen bieten, hat
(oder hatte bis 1998) ein Mr. Meekham seinen Köderladen.
Dort wird das Wasser jadefarben und glatt und bietet die sau-
berste Dünung östlich von Galveston.

Das Surfen hast du (wie die meisten Jungen und wenigstens
ein paar Mädchen aus der Gegend) mit dreizehn und eher
halbherzig gelernt. Da die kabbeligen Wellen in Texas weder
die Höhe noch den Druck der kalifornischen Brandung erreichen – nur in der Jahreszeit der Hurrikans sind sie wirklich
zum Fürchten –, steigt hier sogar der eine oder andere Feigling auf das Brett. Aber die kurzen Amplituden machen es

272

schwierig, eine Welle zu erwischen oder gar einen handfesten Ritt hinzubekommen. Im Sommer klappt es wenigstens mit dem Bodysurfen einigermaßen. Aber in diesem ersten Winter begleitest du Doonie und seinen Trupp nur als aufgeschlossene Beobachterin, der es an Mut und auch an der nötigen Fettschicht mangelt, um sich dem eisigen Wind auszusetzen, an den Strand. (Auch wenn das Wasser im Golfstrom lauwarm bleibt, schneidet der Wind bis auf die Knochen.) Und wenn du dir ausnahmsweise mal von einem der Typen den Thermoanzug ausleihst, fühlst du dich wie in einer Zwangsjacke aus schwarzem Gummi, und der Schaum, in den du steigst, ist zum Knöchelzerbersten kalt. Deine Lippen sind lila wie Blaubeereis, und dir schlottern die Glieder.

Also gehst du nicht zum Surfen hin – auch wenn du jedem, der fragt, das Gegenteil erzählst. Die meiste Zeit liegst du, in Sweatshirts gemummelt oder in eine Wolldecke gewickelt, am Strand und liest, oder du gehst Muscheln sammeln. Einmal findest du eine halbe Klaffmuschel und verbringst den größten Teil des Tages damit, stockbekifft nassen Sand zu schaufeln und mit Stecken und meterweise Tang ein schlossähnliches Bauwerk zu errichten, das sich am Abend, als der Mond das Wasser an den Strand lockt, wieder in Nichts auflöst.

In Wahrheit bist du so gelangweilt und festgefahren und einsam, dass du überallhin gehen würdest, um deinem Zuhause und den begrenzten Parametern deines Schädels zu entkommen.

Außerdem schaust du für dein Leben gern den Surfern zu, denn ihre Gesichter, wenn sie Wind und Wasser trotzen, strahlen eine Begeisterung und einen Eifer aus, wie man ihn in den stumpfen Gesichtern der meisten Leechfielder Bürger vergeblich sucht. Ein Junge paddelt hinaus und schaufelt verzweifelt vor der anrollenden Welle her, um ihre Geschwindigkeit zu erreichen, ehe er sich in sie hineinfallen, sich wie ein Anhalter von ihr mitnehmen lässt. Dann richtet er sich auf, mit einer seltsamen Mischung aus Staunen und zaghaftem Triumph, und steigt schräg an der Wellenfassade empor. In seltenen Winden, wenn jenseits der fernen Sandbank die Dünung glatt und weit ausläuft, kann sich gelegentlich eine Welle über einem Surfer wölben, ihn in ihrer durchscheinenden Wasserröhre mit sich tragen, dass er vom Strand aus wie ein Geist aussieht.

Surfer reden wenig, bis auf Doonie. Also überlegst du dir Weisheiten, mit denen du ihre Schweigsamkeit füllst – wie bei deinem Daddy, denkst du Jahrzehnte später, denn wie bei ihm widerspricht ihr Schweigen nur selten den Gedanken, die du ihnen unterstellst.

An den Tagen, an denen Warnungen vor Tropenstürmen die Schulen leer gefegt haben, fahrt ihr mit klappernden Scheibenwischern hinaus in den Regen, und der heulende Wind pfeift durch die porösen Gummidichtungen der Fenster. Die wenigen Male, wenn ein solcher Sturm die Wellen bis über die Flutmarken und das Strandgras treibt und die Straße überschwemmt, räumt ihr die Böcke der Highway Patrol zur Seite und pflügt durch die Gischt, wo eine Straße nur noch zu vermuten ist; Flügel aus Meerwasser zischen an den Reifen empor, und die nassen Bremsen greifen kaum noch.

Doonie sagt immer, lose Murmeln rollen bergab, und in der Tat ist der Strand nicht nur ein geografischer, sondern auch ein sozialer Tiefpunkt. Eine Art Refugium für die Unterprivilegierten; Fragen nach Herkunft oder Zukunft werden hier nicht gestellt. Von dutzenden der Wasserratten an der Mole wirst du nicht einmal den richtigen Namen erfahren, weil alle sie nur bei ihren Cliquennamen rufen: Critter, Maddog, Easy, Murph the Surf, Flash (alias Captain Flash), Skeeter, Melon-

274

head. Nur Doonies besten Freund, Gary, rufen sie bei seinem Nachnamen Foresythe.

Der nächtliche Strand mit seinen Lagerfeuern und dem Lärm bekiffter, sonnenmüder Surfer, die unter dem weiten Sternenhimmel die Joints kreisen lassen, ist für dich das Heimatdorf, das du nie hattest. Ihr schlürft V-8 Saft aus demselben dreieckigen Loch in derselben rituellen Dose oder lasst in ausgewaschenen Orangensaftflaschen mitgebrachtes Leitungswasser herumgehen, weil Salz und Wind euch austrocknen und das Wasser, das hier aus den Hähnen kommt, brackig ist. Nicht dass es irgendwo ein Haus mit einem Wasserhahn gäbe, in das man euch einladen würde. Das ums knisternde Feuer versammelte Volk muss dir Heim und Herd und Angehörige ersetzen und in den meisten Fällen tut es das auch.

Die Menschen daheim in der Stadt nennt ihr – wenn ihr überhaupt von ihnen sprecht – Spießer oder Zivilisten, als wärt ihr Soldaten in einem heimlichen Krieg. Schwer zu sagen, wer der Feind ist. Die Langeweile. Das Leben nach Plan. Die kritiklose Anpassung an den Rhythmus der Raffinerien. Darüber hinaus führt ihr eine Reihe nicht erklärter Privatkriege. Im Rückblick scheint es dir, als wäre in jedem Haus zumindest ein Elternteil alkohol- oder pillensüchtig gewesen oder wenigstens auf dem besten Wege dazu oder verkatert oder sonst wie abwesend.

Allenfalls hinter vorgehaltener Hand konnte es mal heißen: Der arme Critter, der hat vielleicht 'ne Schnapsdrossel als Mutter. Oder: Jedes Mal, wenn sein Alter voll ist, kriegt Maddog die Fresse poliert. Oder Soundso muss in der Garage schlafen, wenn seine Mutter ihren sturzbetrunkenen Freund mitbringt. Noch erstaunlicher als das Tabu, über die vom Alkohol verursachten Nöte eurer Familien zu reden, ist die Selbstgerechtigkeit, mit der ihr alle in eure Elternhäuser zurückkehrt, zugedröhnt bis über die Hutkrempe mit anderen Substanzen, als stellte der Konsum illegaler Drogen im Vergleich zum Saufen einen maßgeblichen Fortschritt dar. Als wäre das Gehirn ein Kaninchenbau, in dem jeder verschwinden kann (wie in dem Lied von Jefferson Airplane). Als wäre das Verschwinden ein Fortschritt.

Es ist das Jahr, in dem Doonie neun Unzen (Uhnzen, wie er sagt) Psilocybin erwirbt. Du hilfst ihm, die Gelkapseln mit einem Handelswert von zwei Dollar das Stück zu füllen. Während Doonie fröhlich Pilze zu Pulver zerstößt, singt er:

> *Wer hilft der kleinen roten Henne*
> *das Dope zu verpacken*
> *in die Hosen zu stopfen*
> *es vorbei an den Bullen*
> *zum Strand zu schaffen*
> *denn wir brauchen heut Nacht was zu paffen…*

Und so beginnt der Frühling des Jahres 1971 an Meekham's Pier sich mithilfe von Doonies Halluzinogenen in Rauch aufzulösen. Die Kalendertage verlieren ihre festen Grenzen, die Zeit verändert ihr Wesen, läuft nicht mehr nur in eine Richtung. Manchmal verfliegen einem ganze Wochenenden unter den Füßen, aber manch eine Zeit muss auch abgesessen werden, zum Beispiel im Gefängnis. Vielleicht zu Ehren sagenumwobener Gestalten wie Hogan – der den Aufstieg vom Jugendgefängnis in das, wie Doonie es nennt, Große Haus geschafft hat –, fängst du an, die verbleibenden Tage bis zum Beginn der Uni in den Türpfosten deines Zimmers zu ritzen wie Häftlinge Ihre Strichlisten in die Zellenwand. Du brauchst einen Halt. Irgendeinen.

Immer seltener müsst ihr den Geschichten, die ihr euch am

Lagerfeuer über Freaks und andere Leute erzählt, mit Übertreibungen die nötige Würze geben. Die Tragödien rücken näher heran. Immer häufiger gibt es von wirklichen Haftstrafen und zu Schrott gefahrenen Autos zu berichten, von Horrortrips und Bewährungshelfern. Früher haben sich zwei Jungen wegen eines Mädchens geprügelt. Heute heißt es, der Cousin von Soundso ist in einem mexikanischen Knast verschwunden.

Nach einem schief gegangenen Drogendeal fesselt Jerry McCoy deinen Freund Skeeter vor den Augen seiner Freundin an einen Stuhl und schlägt mit einer Pistole auf ihn ein (was bei ihr schlimmere Verletzungen als einen gebrochenen Unterkiefer und eingedrückte Rippen zur Folge hat). Als Jerry später bei einem Football-Match unter der Tribüne erstochen wird, lässt sich Flash – der uns die Geschichte erzählt – von Skeeter dazu überreden, eine Wagenladung von Leuten, die tiefen Hass gegen den streitsüchtigen, muskelbepackten, stets bis an die Zähne bewaffneten McCoy hegten, zusammenzutrommeln und im LSD-Rausch hinaus zum Friedhof zu fahren. Flash behauptet sogar, seine Mutter sei dabei gewesen. Sie soll Beifall geklatscht haben, als die Typen sich um das Grab stellten, um ihre Blasen über der frisch aufgeworfenen Erde zu entleeren.

Aber nicht einmal diese Scheußlichkeit findet hier irgendjemand sonderlich unzivilisiert. Seit deinen ersten zögerlichen Versuchen mit Shit hast du ganz ordentliche Fortschritte gemacht, du sitzt im Park auf der Kinderschaukel und lässt die Beine baumeln, während das Gespräch auf Simone de Beauvoir oder die aufblühende Ökologiebewegung kommt. Eine unvorhersehbare Düsternis hat sich über euren Kreis gesenkt. Die menschenfreundliche Pose der Blumenkinder ist bitterem Zynismus gewichen. Statt *Make Love Not War* steht jetzt *Sex and Drugs and Rock and Roll* auf den Buttons. Menschen in eurer

Mitte verändern sich auf eine Weise, die sich weder beeinflussen noch vorhersagen lässt.

Es kommt dir nicht in den Sinn, dass Chemikalien, die dich so zuverlässig getröstet und zerstreut haben, einen Menschen verändern können, wenn sie in ausreichenden Mengen und über längere Zeiträume genommen werden. Und nicht nur graduell, nicht nur, indem sie dich an- oder abtörnen, je nach Stimmungslage. Das ist der Mythos. Nein, es geschehen qualitative Veränderungen, regelrechte Umwandlungen, so wie Bier von Hefe umgewandelt wird. Oder wie eine verschwindend geringe Spur Arsen im täglichen Morgenkaffee, wenn sie unbedacht erhöht wird, das System zu rasch sättigt, bis nach Schaum vorm Mund und Magenkrämpfen der Tod eintritt.

Wer hat es kommen sehen?

Du stehst vor einem Lagerfeuer, das Hirn mit Psilocybin vernagelt, und hoffst, dass die Haschischpfeife, die jemand herumgehen lässt, dem nicht enden wollenden Trip die glitzernden Ränder nimmt, dich schläfrig macht, dich womöglich sogar einschlafen lässt.

Die Pfeife ist wieder bei dir angekommen, und du fragst, ob es mit Koks versetzter Shit oder Gras oder blonder Shit aus Afghanistan ist.

Flash fragt: »Seit wann bist du so scheißpingelig mit anderer Leute Haschisch?«

Jeder Zug bläst einen kleinen Ballon in deinem Schädel auf, noch ein paar Kubikzentimeter mehr, die rasende Gedanken produzieren. Egal, was für Substanzen es sind, es stellt sich jedes Mal wieder die Frage nach der idealen Kombination, dem »richtigen« Trip. Du überlegst, wie du Miss Gacy die einzelnen Variablen erklären würdest, und plötzlich siehst du sie außerhalb eures Kreises sitzen, ein Geist auf einem Balken Treibholz, die Handtasche auf dem Schoß, als wartete sie auf den Zug. Miss Gacy, wir brauchen x Kapseln Psilocybin plus y Züge an der Pfeife, und wenn wir dann noch z Gläser Apfelwein von der Boonsfarm hätten, wäre mein Zustand in perfekter Balance.

Doonie sagt: »Soll ich euch mal was zeigen, was euch die Schuhe auszieht?«

Jemand sagt: »So lange es nicht dein Schwanz ist.« Aber es besteht nicht wirklich die Gefahr, dass Doonie uns den zeigen will. Es ist nur ein Runninggag, bei dem wir wie auf Befehl loslachen. Hinter uns sagt jede Welle *Psst*, jedes Mal, wenn eine auf den Strand klappt: *Psst*.

Doonie zieht eine Fotografie aus der Bauchtasche seines Kapuzen-Sweatshirts.

»Bitte auch kein Foto von deinem Schwanz«, sagst du. Und wieder brandet Lachen auf.

Doonie reicht dir einen zerknitterten Schnappschuss und behauptet, das sei Mike Hogan, aber den Hogan auf dem Foto hast du noch nie gesehen, auch wenn der Typ die richtige Größe hat und der fiese Zug um die Lippen – als würde er den Fotografen auslachen – dir irgendwie bekannt vorkommt. Der Muskelprotz auf dem Foto steht in Bodybuilderpose neben einer Hantelbank, und auf der Hantel sind mindestens zweihundertfünfzig Pfund montiert. Seine Rückenmuskeln wölben sich vor wie riesige Flügel, die er durch schiere Willensanstrengung ausbreiten kann.

»Das ist Hogan?«, sagst du. »Du heilige Scheiße!« Du fühlst, wie das Bild dir aus den Fingern gleitet, und starrst ein paar Herzschläge lang auf die leere, rauchige Stelle, wo es eben noch war, und dann drehst du dich um und siehst, dass Forsythe es in der Hand hält. Du suchst in der kalten Dunkelheit nach Miss Gacy, weil du sie um einen Kommentar zu Hogans Metamorphose bitten willst, aber der Holzbalken ist leer, als

279

wäre in den Sekunden, in denen du nicht hingesehen hast, ihr Zug gekommen und wieder abgefahren.

Forsythe ist in eine Art Pferdedecke gewickelt, zusammen mit seiner Freundin Bianca, einer schüchternen Chicana, die so sittsam und konventionell aussieht, dass du nicht einmal sonderlich bekifft sein musst, um dir vorzustellen, dass sich um sie herum der Patio eines Country Clubs aufrichtet. In der achten Klasse hattest du mal vergeblich versucht, auf eine ihrer Schlummerpartys eingeladen zu werden. Und jetzt weckt ihre affektierte Unbeholfenheit in dieser Gesellschaft in dir eine leise Sorge, sowohl um ihr Wohlergehen als auch um den Eindruck, den du auf ein (in Anführungszeichen) so normales Mädchen machst. Also tust du alles, um ihr den Aufenthalt in dieser schrägen Welt zu erleichtern. Am Morgen hatte sie sich besorgt gezeigt, dass man von Eiern, die in einer mit Meersand ausgescheuerten Pfanne gebraten werden, Salmonellen bekommen könnte, also hast du die Pfanne zusätzlich mit Kernseife ausgewaschen, obwohl du weißt, dass die Eier dann leichter haften bleiben. Als sie sich Klopapier geben ließ, um mal eben zu verschwinden, bist du mit der Taschenlampe vor ihr hergegangen, hast laute Rufe ausgestoßen und auf das wogende Riedgras eingeschlagen, um Reptilien und Nagetiere zu verscheuchen.

Während Bianca mit ihrem wie Amors Bogen geschwungenem Mündchen an der Tonpfeife saugt, als würde sie mit einem Strohhalm Brause trinken, formt sich im Rauch des Feuers ein halsloser Homunkulus mit Hogans Gesicht. Kahl rasierter Kopf. Waschbrettbauch. Bizeps wie Luftballons. Im Feuer zischt und knackt es. Ein verkohlter Scheit fällt in sich zusammen.

»Hogan sieht Bluto verdammt ähnlich«, sagst du – eigentlich nur, um den orientierenden Klang deiner eigenen Stimme zu hören. Der Wind bläst ihn weg. Erneutes Gelächter. An der Hand, mit der sie die Pfeife weitergibt, trägt Bianca ein Tennisschweißband.

Forsythe fragt, woher er wohl die bescheuerte Tätowierung hat.

»Das ist 'n Zuchthaustattoo«, sagt Doonie. »Kannste dir selber machen. Mit 'n paar Nadeln und etwas steinharter Scheiße. Ich hab ihn gefragt, was das sein soll, und er sagt, das ist Bazooka Joe.«

Erneutes Gelächter.

»Etwa nicht?«, sagt Doonie. »Ihr erinnert euch doch an die verschmierten Tattoos, die in den Bazooka-Joe-Kaugummis drinsteckten? Dieses knochenharte rosa Zeug mit der Ritze in der Mitte, wie 'ne Arschfurche. Widerlich.«

Er setzt sich in den Schatten am Rand des Feuerscheins und schwärmt von Hogans Heldentaten im Knast, während das Foto die Runde macht. Hogan schießt sich Schreibmaschinenreiniger, und die Armvenen müssen ihm gezogen und durch neue ersetzt werden. Haftzeit verlängert. Hogan hat den größten Massenausbruch in der texanischen Justizgeschichte organisiert. Er war als Erster draußen, als Dritter wieder drinnen.

Er hockte auf einem Baum, als sie ihn gefunden haben, sagt Doonie. Und um den Baum herum lauter tote Hunde.

»Und wie will er sich da drinnen ein Schießeisen organisiert haben?«, fragt Bianca. Und wieder denkst du, sie sollte in der Stadt sein und Kreppgirlanden für einen Tanzabend falten.

»Das ist der eklige Teil«, erläutert Doonie. »Er hat sie stranguliert. Mit seinem Gürtel. Ist er deswegen kaltherzig? Einer von den kläffenden Bluthunden springt hoch, Hogan fängt ihn wie mit einem Lasso, ein Ruck, ein Knacks – Genick gebrochen. Sie haben ihn nach Huntsville gebracht. Das mit den Hunden war zu viel für sie.«

Easy sagt: »Manchem wächst so ein Köter ans Herz, wenn er mit ihm arbeitet.« In seinen klaren blauen Augen scheinen winzige Wölkchen um die stark vergrößerten Pupillen zu kreisen.

Wie schnell dieser Hogan mutiert ist, denkst du. Als du ihn das letzte Mal gesehen hast, war er ein schlaksiger Junge auf einem Fahrrad mit Bananensattel und musste sich noch nicht mal rasieren. Und der Typ auf dem Foto sieht aus, als könnte er die Tür aus einem Volkswagen reißen. Mit den Zähnen.

Du lässt dir das Foto noch einmal geben und starrst darauf, als wolltest du hinter Hogans Rüstung aus vernarbtem Fleisch den mageren Jungen finden, der an dem Sonntagnachmittag auf Deets Auffahrt herumgeradelt ist. Einen Moment lang glaubst du, einen Röntgenblick zu haben und ihn sehen zu können, einen dünnen blonden Jungen in abgeschnittenen Jeans, gefangen in der Körpermasse des anderen. Dann verändert sich das Licht, und es ist wieder der Riese auf dem Foto, und er lacht sich einen Ast über dich.

(Später erschien dir Hogans Metamorphose gar nicht so weit entfernt von dem, was manche Eltern mit Alkohol durchmachten – sie verschwanden von der Bildfläche oder tobten in der Maske von Ungeheuern brüllend durchs Haus.)

»Scheiße«, sagst du und gibst das Foto zurück. Du fühlst dich, als hättest du dir statt Haschisch geschmolzenes Blei in den Kopf gepumpt. Du wehrst dich gegen den Drang, im nassen Sand einzuschlafen. Morgen würdest du krumm und schief aufwachen, und alles täte dir weh. »Ich muss mich aufs Ohr legen«, sagst du.

Unter der Mole in deinem Schlafsack flüstern die Wellen dir kein *Psst* mehr ins Ohr, sie verebben wie tausend Seufzer, eine besiegte Armee auf dem Rückzug. Du kannst nicht begreifen, wie hart Hogan geworden ist, und fragst dich, ob er wusste, dass es in seinem Innern finster werden würde, ob er das Ansteigen der Flutmarke bemerkt hat.

Dir ist auf einmal klar, dass der heiß ersehnte Freund keines deiner Probleme lösen würde. Niemand könnte die schlechten Gefühle zurückdrängen, die dich in letzter Zeit überschwemmen. Irgendetwas läuft falsch, aber du bekommst es nicht zu fassen, kannst es nicht einmal benennen. Du betrachtest die an der Mole lehnenden Surfbretter, die vernarbt von Sand und Wachs sind, und irgendwann verwandeln sie sich in Schilde, mit denen die Bogenschützen von König Artus aus einer Schlacht zurückgekehrt sind. Die darüber gehängten Thermoanzüge werden zur abgezogenen Haut besiegter Helden. Es ist schon eine Weile her seit du Königin Ginover sein wolltest, denkst du und fragst dich, ob du jemals wieder darauf warten wirst, dass ein Ritter herbeigaloppiert kommt und dich auf sein Pferd hebt. In dem neuen Märchen, das du dir selber zusammenspinnst, spielen rettende Ritter in Rüstungen eine eher untergeordnete Rolle. Aber du hättest verdammt gerne dein eigenes Pferd, ein prächtiges Tier, mit loser Leine an den Pfeiler da drüben gebunden. Alles, um aus dieser Scheiße rauszukommen.

Am Morgen erhebst du dich mit steifen Gliedern in eine graue Feuchtigkeit. Nackenknacken. Schulterzucken. Aufstehen, Rückenstrecken: ein halbherziger Yoga-Gruß an die nicht vorhandene Sonne. Doonie, schon im schwarzen Gummianzug, kniet wie ein Postulant im Sand, um sein Brett zu wachsen. Sie alle müssen bis zum frühen Morgen Trips geschmissen oder gekokst haben, denn durch den Nebel gleichen ihre Bewegungen den ruckartigen Anstrengungen verbrauchter Menschen. Es klingelt, aber es ist niemand zu Hause. Critter hat seinen Mayakrieger-Körper in einen honigmelonenfarbenen Bademantel aus Chenille gehüllt. Er drückt Zahnpasta aus einer Tube auf die ausgestreckten Bürsten von Flash und Maddog und zwei dir unbekannten Jungen, die erst am Morgen dazugekommen sein müssen, oder spät in der Nacht, nachdem bei dir die Lichter ausgegangen waren.

Wie ein durchweichtes Cape ziehst du dir den Schlafsack um die Schultern und gehst hinunter zum Wasser, wo Melonhead im Schneidersitz auf einem selbst gebauten Thron aus Treibholz hockt, geschmückt mit Bändern aus braunem Tang. Zuerst sieht es so aus, als hätte er sich einen seltsamen Samuraihelm aufgesetzt. Erst bei näherem Hinsehen erkennst du, dass er die Tentakeln und Innereien einer kohlkopfgroßen Feuerqualle ausgeschabt und sich die gallertartige Hülle über den Kopf gezogen hat. »Brrr, Melonhead«, sagst du.

Er erwidert: »Nenn mich nicht mehr so.«

»Warum nicht?«, fragst du.

»Weil ich der nicht mehr bin«, sagt er. Er stellt sich in majestätischer Haltung gegen die Wellen. Draußen im Nebel hebt und senkt sich der skelettartige Rumpf eines Krabbenfängers.

»Für mich siehst du Melonhead noch verflucht ähnlich«, sagst du. Als er nicht mit der Wimper zuckt, wagst du dich weiter vor. »Und, wer bist du jetzt?«

»Hör auf damit«, ruft Doonie herüber.

Melonhead starrt gebieterisch in den grauen Dunst. Du wendest dich ab und stellst dir vor, du hättest die Kontrolle über dein Ich verloren. Ob du dich auch so sonderbar aufführen und blind dafür sein könntest?

Doonie ist mit dem Wachsen fertig und stellt sein Brett vorsichtig am Pfeiler auf. Du schlenderst zu ihm hinüber. »Auf was für einem Trip ist Melonhead?«, fragst du.

»Wer weiß das schon?«, sagt Doonie. »Er will, dass man ihn Robert nennt.«

»Heißt er so?«

»Keine Ahnung. Flash sagt, die Lehrer in der Schule nennen ihn nicht so.«

Dein gegenkulturelles Herz hat sich für diese Bruderschaft erwärmt, weil hier über absolut niemanden ein Urteil gesprochen wird; vielleicht liegt es daran, dass ihr zu Hause lernen musstet, das offenkundig Seltsame zu ignorieren. So zu tun, als sei es nicht vorhanden. In dieser Gemeinschaft wird jede Form von Exzentrik toleriert. In der Stadt hast du das Gefühl, ein Freak zu sein, für dessen Anblick Passanten heimlich Eintritt zahlen, aber hier ist das anders. Wen kümmert es, dass diese Surfer nicht viel lesen, die meisten nicht eine Zeile. Dafür regt sich keiner darüber auf, dass du dir seine Taschenlampe ausborgst, wenn deine nachts ihren Geist aufgegeben hat, und mehr als einmal fährt dich ein Typ, den du gar nicht kennst, ohne zu murren dreißig Meilen in den nächsten Laden, damit du dir einen Kugelschreiber oder Papier kaufen kannst, und er fragt auch nicht, was oder wem du da eigentlich schreibst, und es steckt auch keine versteckte Missbilligung darin, dass er es nicht wissen will.

Bianca sucht sich barfuß und auf Zehenspitzen zwischen messerscharfen Muschelschalen einen Weg durch den Sand. Sie hält dir einen Beutel Brot und ein Glas Erdnusscreme hin. Anscheinend war Forsythe einkaufen.

»Hast du Hunger?«, fragt sie.

Fast gleichzeitig taucht Flash aus dem Nebel auf, die Zahnbürste in die Brusttasche gesteckt, um die Lippen herum einen Clownsmund aus weißem Schaum. Mit fassungslosem Staunen starrst du ihn an. Sein seltsam kinnloser Mund mit den kleinen hervorstehenden Hamsterzähnen scheint in permanenter Verwunderung offen zu stehen, wirkt beinahe debil. In diesem Moment verstehst du, dass Flash der Inbegriff Leechfields ist, dieser Umgebung unendlich fern, geboren aus brennendem Shit und der rußigen Luft der Raffinerien. Man kann frisches Brot aus der Bäckerei nach Hause tragen und aufwärmen, aber es auf der hölzernen Schaufel direkt aus dem Backofen zu ziehen, es in der warmen Backstube mit den Händen zu brechen, noch dampfend – das ist etwas ganz anderes.

Du streichst dir Erdnusscreme auf weißes Brot und denkst diese wohlwollenden Gedanken, als Flash sein Gesicht mit dem offenen Mund zu dir herdreht.

»Darf ich dich ficken?«, fragt er. Grölendes Gelächter weht uns allen Aschenflocken um die Ohren, graue Motten, die aus einem lange nicht geöffneten Schrank flattern. Der Ozean spendet rauschenden Beifall.

»Um Gottes willen, nein«, sagst du und lachst. Und dann sagst du: »Du bist noch auf Trip. Auf Dope.« Und dabei schmierst du weiter Erdnusscreme aufs Brot, das Glas zwischen die Knie geklemmt, die offene Tüte mit den Brotscheiben zwischen den Füßen.

»Ach, komm«, sagt Flash flehentlich. Kichern bebt durch den verwilderten Kreis.

»Pass auf, dass kein Sand dran kommt«, sagt Critter, als er dich mit der Erdnusscreme hantieren sieht.

»Die ist doch im Glas, zum Teufel.«

»An das Brot, mein ich«, sagt Critter.

»Das ist in Zellophan gewickelt. Bist du der kleine Lord Fauntleroy, oder was?«

Die anderen blicken ausdruckslos.

Doonie mischt sich ein: »Also gut, Critter, du hältst dich jetzt also für James Bond und nicht mehr für einen abgefuckten Freak. Und trägst jetzt einen Smoking. Und nicht mehr das stinkende T Shirt von Penney, in dem du seit zwei Tagen rumläufst.«

»Ach komm, du siehst doch, dass sie die Arme voller Sand hat.« Critter zeigt auf dich.

286

Du gibst das Glas und das Brot an Maddog weiter und sagst: »Critter, wenn du an einem Strand was isst, dann klebt Sand dran. Knirsch mal mit den Zähnen. Das ist hier die verdammte Scheißsahara.«

Maddog gibt das Brot weiter, den kleinen Finger abgespreizt, und sagt mit zickiger Stimme: »Pass bloß auf, dass kein Sand drankommt.«

Und dann ist Flash wieder dran:«Darf ich dich ficken, wenn du tot bist?«

Dir bleibt beinahe das Brot im Hals stecken, und ein paar von den Jungen reservieren sich grölend Plätze auf der Warteliste. Aber nur so aus Spaß, damit du dich ein bisschen attraktiv fühlen kannst. (In Wirklichkeit würde keiner von ihnen jemals aus der Reihe fallen und Hand an dich legen.)

Das brüllende Gelächter verhallt, als ihr merkt, dass Bianca aufgestanden ist, eine Hand vor den Mund gepresst, als müsste sie einen Schrei unterdrücken. Forsythe flüstert eindringlich auf sie ein, aber sie reißt sich los, läuft zu seinem Wagen und kommt den ganzen Tag nicht mehr daraus hervor, es sei denn, um mal pinkeln zu gehen.

Du verspürst den Drang, ihr nachzulaufen, ihr zu erklären, dass dieser hirnlose Witz nur Zeugnis der schrecklichen Einsamkeit ist, an der Flash leidet, weil er so hässlich ist. Ein mutiges öffentliches Eingeständnis seiner Einsamkeit. Dass er die beiden Mädchen im Grunde nur davon überzeugen wollte, dass sie in seiner Gegenwart nichts zu befürchten haben, trotz seiner Hässlichkeit.

Doonie raunzt ihn an: »Siehst du, was du angerichtet hast, du Arschloch?«

Daraufhin legt Flash seinen Schädel seltsam schräg wie ein Wiedehopf. »Wie wär's«, fragt er Doonie, »darf ich *dich* ficken, wenn du tot bist?«

287

Doonie klemmt sich das Brett unter den Arm und sagt zu Flash: »Du bist ein armes krankes Arschloch.«

Flash lässt nicht locker, sagt zu Doonie: »Komm, fahren wir zur Zulassungsstelle. Sie solln es dir in den Führerschein schreiben. In Anwesenheit zweier Zeugen. Deine Mama kriegt dein Geld, und die Nieren und den ganzen Scheiß kriegt die Wissenschaft. Aber Flash darf dich ficken.«

Du fuchtelst mit beiden Händen, damit er endlich ruhig ist, und hustest eine Lunge voll frischer Seeluft durch deine vom Haschisch versengte Kehle. Noch keine achtzehn Monate bist du auf der High-School.

Wer hat das alles kommen sehen?

Erst später wunderst du dich darüber, wie schnell sich alles geändert hat, seit jenem Tag, an dem du in deinem mit Gänseblümchen übersäten Kleid mit gespielter Forschheit die Aula der High School betreten und nach einem günstigen Sitzplatz Ausschau gehalten hast. Das war eine leere Pose, nichts weiter. Aber auch die schrille Heiterkeit dieser Versammlung am Strand ist ein Ausdruck von Ruhelosigkeit. Ein dunkler, flatteriger Wind fasst unter die glatte Oberfläche. Die Veränderungen kommen jetzt schnell und blindlings, und in deinem Schädel steckt eine Sanduhr mit einer korngroßen Öffnung, durch die taube Sekunden gleiten.

18

In der ersten, verschwommenen Einstellung trotten langhaarige Jugendliche zwischen Backsteinwänden einen Korridor entlang. In der nächsten klettern sie in einen Gefangenenwagen. Ein paar ziehen das Hemd hoch, um ihr Gesicht zu verdecken, und man sieht ihre nackte Brust. Aber das Bild ist kaum zu erkennen, es fällt durch und ist übersät mit Graupeln, weil irgendwer bei einem wütenden Versuch, den beschissenen Empfang zu verbessern, die Antenne abgebrochen hat – und das Gemeine ist, dass keiner mehr weiß, wer. Also kann man in Augenblicken wie diesem nicht einmal einen Schuldigen verfluchen. Du stehst, nur mit deinem pflaumenblauen Dewey-Webber-Pig-Board-T-Shirt und Unterhose bekleidet, im Wohnzimmer, verfluchst das Scheißwetter an diesem Rattenarsch der Welt für den jämmerlichen Empfang und wackelst an dem vage in die Form von Kaninchenohren zurechtgebogenen Kleiderbügel, dessen Enden in den alten Antennenlöchern stecken, als gäbe es den idealen Winkel. Wenn es ihn gäbe, könntest du jetzt sehen, welche deiner Freunde unter den über vierzig Drogensüchtigen sind, die hier nach der größten Drogenrazzia in der Geschichte des County abgeführt werden.

»Ist das Merediths kleiner Freund?«, fragt deine Mutter.

»Woher soll ich das wissen?«, sagst du. »Bin ich eine Hellseherin? Sehe ich aus wie der große Mesmer?« Der widerspenstige Kleiderbügel rutscht erneut aus seinem Loch. Als du ihn wieder hineinrammst, nimmt das Bild für einen Augenblick so etwas wie Konturen an: Du siehst Frog Johnson mit Pferdeschwanz und Armesündermiene dastehen, während ihm ein Highway Patrolman mit Handschellen die Hände auf den Rücken fesselt. Gerade treten drei andere, auf gleiche Weise gefesselte Jungen ins Bild, als der Schneesturm wieder einsetzt.

»Eben hattest du's ganz gut«, sagt deine Mutter.

Du drehst dich um und schießt einen tödlichen Blick auf sie ab, denn es gibt keinen größeren Zorn als den einer Sechzehnjährigen auf ihre Mutter, besonders wenn du dich mit einiger Kompetenz einer Aufgabe widmest, während sie nur schläfrig vor sich hin glotzt.

»Am besten war es, als du da drüben neben dem Beistelltisch gestanden hast«, sagst du. »Stell dich da wieder hin.«

»Ich will mir erst eine Zigarette anzünden. Mein Gott, kommandier hier nicht so rum«, sagt sie. Sie stellt ihren Kaffeebecher ab, auf dem in roten Druckbuchstaben der Spruch *Schlampen aller Länder vereinigt euch* prangt.

Ganz vorsichtig, als könntest du das Bild damit locken, steckst du den Bügel hinein, und tatsächlich erkennst du vor dem Burger King am Gulfway Drive Skip Deslattes Gesicht. Dann wieder Schneesturm, und das Bild fällt durch.

Mutter sagt, sie weiß, dass Daddy vom letzten Hurrikan noch irgendwo ein Transistorradio herumstehen hat. Vielleicht sagen sie die Namen im Radio. (Es fällt dir gar nicht auf, dass es Mutter völlig kalt zu lassen scheint, dass deine Freunde bei einer Drogenrazzia reihenweise abgeführt werden.)

Du weißt, dass die Namen von Jugendlichen aus juristischen Gründen nicht im Radio genannt werden dürfen (woher weißt du so etwas eigentlich?), aber du ziehst es vor, deiner lieben Schwester eins auszuwischen. »Die Batterien hat Lecia

290

letzte Woche beim Sonnenbad im Garten runtergenudelt«, sagst du.

»Vermisst du sie eigentlich gar nicht?«, fragt Mutter mit versonnenem Blick.

»Doch, ungefähr so wie Windpocken«, antwortest du. »Oder Furunkel oder einen Kropf.« In Wahrheit vermisst du sie so sehr, dass du nachts beim Einschlafen manchmal zu heulen anfängst. Sie hat zu deinem sechzehnten Geburtstag eine Überraschungsparty organisiert, hat für den ausgeflippten Haufen, der sich in eurem Haus versammelt hat, riesige Kasserollen Lasagne gekocht. Aber wenn du sie anrufst, ist entweder besetzt, oder sie muss gerade weg. Und wenn du bei ihr vorbeischaust, staksen sie und ihre Zimmergenossin in Hotpants vor den Augen der beiden Muskelmänner herum, mit denen sie gerade gehen – Kleiderschränke mit Stroh in den akkurat frisierten Schädeln und Bügelfalten in den Bluejeans, die Corvettes fahren und Siegelringe so groß wie Halbdollarstücke tragen.

Das Telefon klingelt, und Mutter sagt: »Ich geh schon.«

Du seufzt, streckst die Arme aus, und für einen Augenblick klart das Bild auf. Kaum stehst du wieder richtig, bricht der Schneesturm los. Du hebst einen Arm, und das Bild ist stabil. Plötzlich siehst du Clifford James und Cooter Dupris aus einem Spirituosenladen kommen. Sie haben sich die Hemden über die Gesichter gezogen, aber sie sind unverkennbar.

»Für dich«, sagt Mutter.

»Ich ruf zurück«, sagst du, weil dein ausgestreckter Arm die einzige Antenne zu sein scheint, mit der sich dieser Bericht empfangen lässt.

»Es ist Meredith«, sagt sie. Und fügt flüsternd hinzu: »Sie klingt aufgeregt.«

»Ma, macht es dir was aus, dich mit ausgestrecktem Arm hier hinzustellen?«

»Für wie lange?«

»Bis ich mit Telefonieren fertig bin.« Sie schaut dich miss-mutig an, und du sagst *Bitte.* Also nimmt sie deinen Posten ne-ben dem Fernseher ein, einen Arm von sich gestreckt. Aber auf dem Bildschirm wirbeln die Flocken.

Meredith teilt dir mit, dass Michael verhaftet worden ist. Sie weint nicht, aber man hört ihrer Stimme an, dass sie geweint hat. Ihr Bruder Michael, schlank, mit grauen Augen und lan-gem, leicht gelocktem Haar, stand immer weit vorne auf der Liste deiner Schwärme.

»Weshalb?«, fragst du. Seltsam, wie gleichgültig deine Frage (in der Erinnerung) klingt, ohne jedes Entsetzen, aber Michael wirkt immer so cool, dass du gar nicht auf die Idee kommst, ihm könnte wirklich Tragisches widerfahren. Und all diese Polizei- und Gefängnisgeschichten, die stetig näher an euren Kreis he-ranrücken, klingen noch immer nach Kinoabenteuern. *Peng, peng,* knallt sie ab!

Deine Mutter haut gegen den Fernseher, und du machst ihr Zeichen, dass sie ruhig sein soll. Sie zeigt dir ihren Mittel-finger und du ihr deinen. Mein Gott!

»Sie behaupten, er hätte mit Drogen gedealt«, sagt Mere-dith, »was völliger Unsinn ist. Wenn er dealen würde, hätte er Geld. Und dann gibt's da noch diese komische Verschwö-rungsgeschichte. Er hat mal gegen den Krieg protestiert, und jetzt behaupten sie, er hätte das Kapitol in Austin in die Luft jagen wollen.« (Der SDS, dem Michael angehörte – Students for a Democratic Society – galt als politischer Arm des terroris-tischen Weather Underground, von dessen Mitgliedern einige ganz oben auf der Gesuchtenliste des FBI standen.)

»Warum? Wie kommen die darauf?«, fragst du. Aber so richtig begreifst du nichts von alledem. Stattdessen denkst du daran, wie du dich, wenn du bei Meredith übernachtet hast, manchmal auf den Rücken gedreht und das Ohr gegen den kalten Putz gepresst hast, um ihn im Nebenzimmer auf der nicht angeschlossenen Elektrogitarre seine zarten Arpeggios spielen zu hören.

»Ich weiß es nicht«, sagt Meredith. »Sie haben ein paar Kanonenschläge oder Knallkörper im Haus gefunden.«

»Gott, Daddy hat alte Kanonenschläge in der Sockenschublade herumliegen, früher jedenfalls.«

»Ich weiß«, sagt sie, und ihre Stimme wird klarer, als hätte sie sich das Gesicht gewaschen oder einen Schluck kaltes Wasser getrunken.

»Ich würde viel eher was in die Luft sprengen als Michael.«

»Erzähl das den Bullen«, sagt Meredith.

Aber du siehst dich schon in den Zeugenstand eilen. Siehst dich den Richter unter Tränen anflehen, bis Michael von einem Gerichtsdiener die Handschellen abgenommen werden und er sich kurz die Handgelenke reibt, bevor er dich in die Arme schließt. So nimmst du den Samen der nackten Tatsachen und lässt daraus das Szenario erwachsen, das dir am besten gefällt. (Im Rückblick erscheint dir dieses Ausmaß an Egozentrik im Angesicht von Michaels Lage unfassbar.)

»Weißt du, wen sie sonst noch hochgenommen haben?«, fragst du.

»Nein«, sagt sie und schweigt. Wenn sie vorhin, als sie angerufen hat, verzweifelt war, ist davon jetzt nichts mehr zu hören. Ihr beherrschter Tonfall beruhigt dich. (Wie leicht du es dir damit gemacht hast, wird dir erst Jahrzehnte später klar.)

»Kommst du zurecht?«, fragst du, dabei weißt du die Antwort schon vorher: *Na klar.* Das ist eine Erleichterung. Meredith muss nur auf einen Knopf drücken, um deine Welt wieder ins Gleichgewicht zu bringen. Dass Merediths Welt vielleicht für immer aus dem Gleichgewicht geraten ist, kommt dir nicht in den Sinn. (Wenn es dir damals gut ging, dann musste es allen, die dir am Herzen lagen, automatisch auch gut gehen.) Im Hintergrund hörst du Mrs. Bright rufen.

»Ich muss aufhören«, sagt Meredith. »Tante Wilhelmina ist gekommen.«

»Wo geht ihr hin?«

»Kannst du bitte nachschauen, ob ich irgendwo ein Lernblatt für Chemie liegen gelassen habe? Frag Stacy. Ich nehme an, wir fahren ins Gericht. Wühl meinen Spind durch, wenn's sein muss.«

»Grüß Michael von mir«, kannst du noch rufen, da jault dich schon das Freizeichen an.

Wenn du wenigstens von dir sagen könntest, du wärst sofort zum Gericht geeilt, um Meredith zur Seite zu stehen. Oder du hättest ihnen ein Huhn gebraten, damit sie bei ihrer Rückkehr etwas zu essen hatten. Oder du hättest ihr einen Brief geschrieben oder ihr angeboten, jemanden wohin zu fahren. Hast du aber nicht. Es wäre dir gar nicht eingefallen, und Meredith hätte dich niemals darum gebeten. Sie hätte dich nicht um ein Glas Wasser gebeten, und wenn ihr der Kopf in Flammen gestanden hätte, wie es im Sprichwort heißt. Sie war dazu nicht fähig. So wie du deine Eltern nicht darum bitten konntest, dass sie zu Leichtathletik-Meetings oder Schulaufführungen kamen. Als Lecia es einmal gewagt hat (in der neunten Klasse, als sie die Hauptrolle hatte), ging Mutter vorsichtshalber auf eine dreitägige Sauftour. Die Unfähigkeit, um etwas zu bitten, war Ausdruck der großen Machtlosigkeit, die euch allen die Hände band.

Tatsächlich bedeutete die scheinbare Gelassenheit, mit der Meredith alles so bewundernswert ertrug, dass sie dir verloren ging.

Als du den Hörer auf die Gabel legst, stellst du fest, dass

Mutter ein erkennbares Bild auf den Schirm gezaubert hat. Aber die Lokalnachrichten sind vorbei. Jetzt steht der dicke alte Gus Remus mit seinem Zeigestock vor der Wetterkarte. Mutter sieht dich auf einmal mit einem Blick an, vor dem du am liebsten wegrennen würdest. Schließlich fragst du: »Was ist los? Warum schaust du mich so an?«

In ihren haselnussbraunen Augen glitzern Tränen. »Mal angenommen, du wirst auch verhaftet«, sagt sie. »Ich meine, sollen wir dich verstecken, oder so?«

»Ach, um Himmels willen, Mutter. Komm«, sagst du. Sie fühlt sich erstaunlich biegsam an, als du sie in die Arme nimmst. Dann tritt sie zurück, um dich zu betrachten, mit demselben entrückten Blick, den sie auch für ihre Skulpturen hat. Sie steckt dir eine Haarsträhne hinters Ohr, streicht dir zärtlich am Kinn entlang, als würde sie Ton modellieren. Aber sie hat es längst aufgegeben, dich zu modellieren. Den Job hat sie dir selber überlassen, nur hin und wieder hält sie dir eine Scherbe ihrer Sorgen hin, damit du sie ihr abnehmen kannst.

Zunächst gehst du mit Michaels Verhaftung genauso um wie mit fast allem, was dich beunruhigt – du ignorierst sie. Meredith macht es dir leicht. Sie ist ständig fort, hat Termine beim Pflichtverteidiger oder leiht in der Bibliothek Bücher aus, um sie Michael ins Gefängnis zu bringen. Während keiner von deinen engeren Freunden in dieser ersten Runde angeklagt wird, wandern aus dem weiteren Umkreis viele, mit denen du Joints geraucht hast, in den Knast.

Aber jemand musste Doonie und seine Kohorten verpfiffen haben, denn in den nächsten Wochen ist es an der Tagesordnung, dass plötzlich Polizeiwagen mit heulenden Sirenen hinter Hecken oder Werbetafeln hervorschießen und aufwändigste Fahrzeugdurchsuchungen vornehmen. Einmal winken zwei ziemlich unbedarfte Cops eure voll beladenen Wagen an die

Seite und müssen sich von euch Langhaarigen zeigen lassen, wie man den Rücksitz entriegelt, bevor sie den Fahrzeugboden mit Vergrößerungsgläsern nach Hanfsamen oder Krümeln strafrechtlich relevanter Substanzen absuchen können, während ihr daneben steht und Sherlock-Holmes-Witze vor euch hin murmelt. Du hörst Geschichten von Haschischspürhunden, mit denen sie Autos durchsuchen, bekommst aber nie einen zu sehen, auch wenn Doonie behauptet, stets eine Dose Chappi im Wagen zu haben, um die Köter von seinem Dope abzulenken.

Kein Mensch weiß, wo Doonie seine Vorräte versteckt hat, aber bei den Cops, die ihm die Radkappen von den Felgen stemmen, nimmt er den Mund ziemlich voll: »Sie haben den richtigen Mann erwischt, Officer, aber leider nicht den richtigen Tag.«

Eines Nachts holpert ihr in Doonies überfülltem Torino über den Strandweg nach Hause, als hinter euch eine Sirene aufheult und rote Blitze durch die Heckscheibe schleudert. Du drehst dich um und glaubst zu spüren, wie die roten Klingen dir über die Kehle streichen. Das ganze Wochenende über warst du stoned, darum kommt es dir vor, als wäre dein Körper zu einem Klumpen verschmolzen und der Kopf schwebte über dem Halsstumpf wie ein mit Gas gefüllter Ballon. Jeder klopft sich auf die Taschen, um zu sehen, ob noch irgendwo etwas steckt, aber es ist Sonntagabend. Alles, was sich rauchen, schnupfen oder essen ließ, ist längst dahin.

Doonie fährt an die Seite. Die Bremsen greifen, und ihr glaubt durch den Innenraum des Autos zu fliegen, bis ihr wie von Gummibändern gezogen zurück in die Sitze schnellt. Vier oder fünf Taschenlampen leuchten herein, hüpfen wie bewegliche Sonnen auf und ab, verdunkeln die dahinter aufragenden Gestalten der Cops; nur die Messingsterne und Abzeichen auf Hemdkragen und Brusttaschen blitzen und glitzern.

Man jagt euch hinaus in die nächtliche Schwüle, und ihr schweigt, ängstlich bemüht, einen fügsamen, gesetzestreuen Eindruck zu machen. Personalausweise werden verlangt und bereitwillig vorgezeigt. Die dickfingerige Hand eines Cops senkt den Lichtstrahl seiner Taschenlampe auf deinen Führerschein und leuchtet deinem Foto direkt in die Augen. Doonie redet so schnell, als hätte er doch noch eine Acid-Tablette oder sonst was in der Hosentasche. Aber reden kann er! (Noch bevor er einundzwanzig ist, wird er als Schlepper für einen Striptease-Club arbeiten und einen kurzlebigen Gebrauchtwagenhandel mit Namen S&M Motors eröffnen, den er unter das unsägliche Motto stellt: *Lässt du dich nicht schlagen, kriegst du keinen Wagen.*) *Wie schnell bin ich gefahren, Sir? Gott, wenn ich meine Geometrieaufgaben heut Abend nicht mache, gibt Mama mir Hausarrest. Die steht jetzt schon am Herd und kocht ihre leckere Sahnesoße. Macht Ihre Mutter auch immer Hühnchen nach der Kirche…?*

Trotz Doonies Mundfertigkeit müsst ihr euch in einer Reihe neben dem Torino aufstellen. Jemand macht einen Witz über das Durchsuchen von Körperöffnungen, und die Cops scheinen eine solche Maßnahme ernsthaft zu erwägen – eine Aussicht, bei der du hysterisch zu kichern anfängst und deine ganze Selbstbeherrschung brauchst, um nicht auf die Knie zu fallen und um Gnade zu winseln. Ihr müsst euch mit gespreizten Armen und Beinen gegen das Auto stellen, und euch schlottern die Glieder, während zwei Cops euch lustlos abklopfen und dabei über Football reden.

Die Stimmung schlägt blitzartig um, als dreißig Meter hinter euch ein Streifenwagen mit kreischenden Reifen eine Vollbremsung hinlegt. Während der Staub noch fliegt, springt ein hagerer uniformierter Typ raus und brüllt etwas, das man nicht versteht. Um die grellen Scheinwerfer schwirren halluzinierte Sternengalaxien, aber der Mann scheint eine Pistole in der Hand zu halten, hochgereckt wie einen Talisman. In eurer Reihe brüllt jemand: »Hinlegen!« (später will es keiner gewesen sein), und schon werft ihr euch alle gleichzeitig auf die sandige Landstraße.

Es stellt sich heraus, dass eine solch eindrucksvoll synchronisierte Handlung seitens potenzieller jugendlicher Straftäter den gewöhnlichen kleinstädtischen Ordnungshüter dazu veranlasst, die Waffe aus dem Halfter zu ziehen. Das Geräusch flink aus weichem Leder gezogenen Stahls beschwört den Showdown eines Films über den O.K. Corall herauf. Du meinst zu spüren, wie sich Mündungen an deinen Schädel und auf die Wirbelsäule drücken – Dutzende Eindrücke kleiner, hohler Nullen. Du windest dich auf dem sandigen Seitenstreifen wie eine Schnecke, die Hände noch gehorsam hinter den Kopf gelegt, die Augen fest zugepresst. (Irgendwo in dir steckt noch immer der alte Aberglaube, dass du, wenn du sie nicht sehen kannst, auch nicht da bist.) Zehntausend Jahre vergehen kriechend langsam, bis die Cops, einer nach dem anderen, die Pistolen wieder in die Halfter schieben. *Ach, du Scheiße*, hört ihr, und: *Also echt, Leon.*

Weil nämlich dieser Leon nichts Explosiveres in die Höhe gehalten hat als die kleine Kleiderbürste, wegen der man ihn zu K-Mart geschickt hat, damit sie den Teppichflor des Torino besser ausbürsten können. Und das tut er jetzt, kniend, während alle außer dir auf der Motorhaube hocken und kleine quadratische Hamburger verzehren, die die Cops von White Castle herangeschafft haben, als Wiedergutmachung für den Schrecken, den ihr Kollege euch eingejagt hat. Du bist Vegetarierin, sagst du, aber in Wahrheit zittern dir die Hände, als hättest du Schüttellähmung. Du traust dich nicht, in die Papiertüte zu fassen, weil sie dann womöglich so laut raschelt, dass sie misstrauisch werden. Verzweifelt versuchst du, das Zit-

tern in Schach zu halten, als einer der Cops zu dir rüberge-
schlendert kommt, die Mütze mit dem Zeigefinger in den Nacken schiebt und dich fragt: »Du bist doch Pete Karrs Tochter,
oder? Komm, Mädel, ich bring dich nach Hause. Dein Daddy
zieht mir das Fell über die Ohren, wenn er hört, dass ich dich
mit diesen traurigen Gestalten hier rumsitzen lasse.«

Und so gehst du davon, ohne dich nach deinen Genossen
umzudrehen, ohne eine Keine-Angst-ich-hol-euch-gegen-Kau-
tion-raus-Geste zu machen. Du gehörst nicht zu ihnen, und du
bist froh über die Heimfahrt im Streifenwagen – eine Fahrt,
auf der du ständig das Wort »Sir« sagst. Dein Daddy ist nicht
zu Hause (Gott sei Dank), aber du versprichst dem Polizisten,
ihm Grüße auszurichten und dass sie bald mal wieder zusammen auf Barschfang gehen müssen.

Amüsiert erzählst du Meredith am Telefon oder beim Mit-
tagessen von dem Abenteuer. Aber sie ist nicht mehr die Zu-
hörerin, die sie früher war – zu sehr nimmt ihr ganz und gar
durchgeknallter Freund sie in Anspruch (den du meistens wie
Luft behandeltst, wohl in der Hoffnung, dass er verschwindet
und du wieder ihre volle Aufmerksamkeit gewinnst). Vielleicht
wartet sie auch auf neue Erkenntnisse und richterliche Ent-
scheidungen, auf das Ende der Anwaltsferien und die Anbe-
raumung von Terminen, damit Michael endlich entlastet wird
und wieder nach Hause darf.

Die Nachricht seiner Festnahme scheint sich ausschließlich mit Bemerkungen hinter vorgehaltener Hand und bedeu-
tungsvollen Blicken in der Schule zu verbreiten. Nur zweimal
wird Meredith offen darauf angesprochen, und beide Male ist
ein tiefes Erröten der einzige Hinweis darauf, dass ihre stoi-
sche Haltung nur Fassade ist.

Eine Zeit lang macht der heisere, Tabak spuckende Mr.
Wright im Sozialkundeunterricht seinen täglichen Witz über

den Knastbruder Michael, bis ein wohlmeinender Vertrauenslehrer Meredith in eine andere Klasse versetzt. Und bei einem Rollenspiel in Sozialkunde bekommt eine ihrer neuen Klassenkameradinnen, eins von diesen wiedererweckten Christenmädeln, die Rolle der Staatsanwältin, und befragt Meredith als Kandidatin für die Geschworenenbank: »Jeder weiß, dass dein Bruder im Gefängnis sitzt. Meinst du, dass du eine unvoreingenommene Geschworene sein kannst?« Daraufhin geht Meredith wortlos zurück an ihren Platz. Keine Antwort. Niemand sagt etwas, nicht einmal der Lehrer.

Noch in derselben Woche stolziert diese kleine Staatsanwältin durch die Schlange vor der Essensausgabe, und Meredith sagt ruhig, aber mit Nachdruck: *Miststück!* Und der bereits erwähnte Vertrauenslehrer, der Zeuge dieser Szene wird, beugt sich herüber und flüstert ihr zu: »Gut so, Meredith. Hätte ich dir gar nicht zugetraut.« (Nur in Leechfield konnte eine solche Attacke auch noch Lob von Seiten des Lehrpersonals einbringen.)

Du glaubst vor allem deshalb, dass Michael nichts Schlimmes passieren wird, weil in jeder texanischen Seele die genetisch verankerte Überzeugung schlummert, dass gegen das Gesetz zu verstoßen in vielen Fällen sogar gerechtfertigt ist. Des Volkes Stimme sagt, bei manchen Leuten hilft nur eine Kugel, und Schlägereien, notfalls um den Preis der Verhaftung, sind eine akzeptierte Sportart mit inoffiziellen Ranglisten, die jeder im County auswendig kennt. Jeder weiß, wer die hartgesottensten Schläger der Stadt sind, und dein Daddy ist einer von ihnen.

Und in der Bürgerrechtsbewegung war manche Verhaftung sogar eine moralische Auszeichnung. Deine Mutter ist in Selma, Alabama, mit Dr. King marschiert und wäre um ein Haar im Gefängnis gelandet. Die jesuitischen Berrigan Brothers haben Akten der Militärbehörden vernichtet, und die Zeitungen veröffentlichten täglich gezeichnete Porträts der Chicago Seven (oder waren es acht?), die gewalttätige Demonstrationen gegen den Parteitag der Demokraten angezettelt hatten. In Houston gab es T-Shirts mit einem Foto des gefesselten und geknebelten Bobby Seale zu kaufen. Für solche Aktivisten waren Gefängnisstrafen eine logische, wenngleich unerfreuliche Zäsur in einer unlogischen Welt.

Aber im Laufe der Monate verdichtet sich in dir eine andere Wahrheit über Michaels Schicksal. Wie die meisten Familien von Verhafteten bleiben die Brights mit ihrem Unglück allein. Niemand steht ihnen zur Seite, während Michaels Schicksal seinen Lauf nimmt. Für ihn gibt es keine Audienz, kein spontanes Abendessen, keine Kundgebung. Seiner Sache nimmt sich kein leidenschaftlich engagierter Anwalt an, wie Gregory Peck ihn in *Wer die Nachtigall stört* gespielt hat.

Und obwohl du das weißt, gehst du nicht zur Verhandlung. Du kannst es nicht, denn ein Teil von dir will nicht wahrhaben, dass es überhaupt einen Prozess gibt oder gar ein Gefängnis, in das man auch dich und deine Freunde eines Tages werfen könnte.

Vielleicht schockieren die Urteile dich auch deshalb so tief, versetzen dich in einen Zustand kalter, unangemessener Wut, weil nur die Jungen, die keine Kaution aufbringen können, ihre Haftstrafen absitzen müssen. Natürlich sind das die Jungen aus den ärmsten Familien – deren Eltern keine zweite Hypothek aufnehmen, keinen Zweitwagen verkaufen können. Die direkte Korrelation zwischen Einkommen und Gefängnis ist so offenkundig und grotesk, dass du es nicht fassen kannst, dass sie keine Schlagzeilen macht. Du rechnest insgeheim damit, auf eine andere mysteriöse Variable zu stoßen, die diese Diskrepanz erklärt. Aber als Michaels Zellengenosse auf Be-

301

währung freigelassen wird, während man Michael zu zweimal vier Jahren verurteilt – einmal wegen diesem Märchen von der Verschwörung, das andere Mal für den Besitz einer Menge von Marihuana, wegen der man ein paar Jahre später nicht einmal mehr festgenommen worden wäre –, weißt du, hier geht es einzig und allein um das, was Doonie Kohle hilft Kohle nennt.

Meredith berichtet von der Verhandlung so unbewegt wie ein Reporter auf der Treppe vor dem Justizgebäude, aber auf ihren Backen leuchten rote Flecken, und sie spricht mit angespannter, atemloser Stimme, als wäre sie geschlagen worden.

Wenige Tage später beugt sie sich vor und sagt über ihr pfirsichfarbenes Cafeteria-Tablett hinweg: »Ich glaube, es wird Zeit, dass du mich verdirbst.« Du bist Feuer und Flamme. Eine Pyjamaparty wird anberaumt, aber zuerst will sie ihre Unschuld – wie du es auf deine unschlagbar witzige Art nennst – ihrem jetzt allgegenwärtigen Freund Dan opfern (der ironischerweise zusammen mit ihrem Bruder festgenommen worden ist, aber eine Kaution aufbringen konnte und Bewährung bekam).

Dan hat sich in seinem hoch gewachsenen, storchenähnlichen Körper eine rührende Kindlichkeit bewahrt. (Später wird John Cleese von Monty Python dich an Dan erinnern.) Aber seine psychedelischen Spinnereien, über die du dich kaputtlachst, wenn du stoned bist, erscheinen dir auch ein wenig krank – ein hartes Verdikt in deiner gegenwärtigen Clique. Es beunruhigt dich vor allem deshalb, weil er und Meredith schon in einem Jahr, gleich nach Merediths glorreichem Einstand im College, heiraten wollen.

Dan schnappt sich gern mal den Wellensittich und küsst ihn ab. Dann reckt das Vieh außer sich vor Angst den Kopf aus seiner Faust und Meredith schreit: »Lass das, Dan, der Vogel mag das nicht!« Aber Dan wiederholt mit Fistelstimme immer wieder *Baby liebt Daddy, Daddy liebt Baby*. Einmal hat er in stundenlanger Arbeit leere Klopapierrollen aneinander geklebt, den verängstigten Wellensittich an einem Ende reingesteckt, zum anderen hineingeschaut und gerufen: *Komm zu Daddy, mein kleines Röhrenscheißerchen.*

Und das ist nicht nur Effekthascherei, denn vergleichbare Sonderbarkeiten bringt er auch, wenn er sich unbeobachtet glaubt. Auf irgendeiner Geburtstagsparty wollte er sich Kuchen nachnehmen, aber der Teller war leer. Da schnappte er sich das Zierdeckchen aus Papier und stopfte es sich in den Mund, um auch den letzten Rest Glasur herauszulutschen. Als er merkte, dass es totenstill im Raum geworden war, spuckte er sich die Kugel in die Hand, stieß einen erschrockenen Schrei aus und warf sie gegen die Decke, wo sie kleben blieb. Dann blickte er mit Unschuldsmiene um sich, als wäre nichts vorgefallen.

(Gegen Ende von Merediths glanzvoller College-Karriere brach Dans Schizophrenie voll aus, und die beiden ließen sich scheiden. Und zwanzig Jahre später, in Boston, stand er plötzlich in deinem Büro in der Universität vor deinem Schreibtisch, eine Jagdmütze auf dem Kopf, und wollte dir klarmachen, dass jeder, der eine Zipfelmütze trug, mit der CIA unter einer Decke steckte und ihn wegen der Drogen verhaften wollte, die er damals im Jahre 1970 gekauft hatte. Ein paar Jahre nach dieser Begegnung fiel er dem AIDS-Virus zum Opfer, von dem auch andere Freunde aus deinem Kreis heimgesucht wurden.)

Als Meredith glücklich entjungfert ist (ein privates Ereignis), lässt du sie Gallo-Wein gluckern, den du aus dem Schrank deiner Eltern geklaut hast. Weil es dir an Zigarettenpapier fehlt, drehst du einen Joint aus einer Tamponhülle, und ihr blast den Rauch durch das Fliegengitter hinaus. Du lachst dich kringelig, als sie zu fluchen anfängt, Drecksau sagt und von Schwanzlutschern und Leuten mit Scheiße im Hirn redet – die Worte klingen so seltsam aus ihrem Mund.

Und trotzdem wird der Abend nicht zu dem Triumph, als den du dir Merediths ersten Exzess vorgestellt hast. Seit Jahren versuchst du, sie zum Verbotenen zu verführen, vielleicht in der Hoffnung, sie damit fester an dich zu binden. (Oder steckte dahinter der unbewusste Wunsch, ein paar IQ-Punkte von diesem Wahnsinnsintellekt wegzurasieren, um besser mithalten zu können?)

Aber nachdem sie eingeschlafen ist, ihre Augenlider vor dir verschlossen hat, senkt sich trübe Einsamkeit kalt wie ein Leichentuch auf dich herab. Du hast genug Shit und Wein intus, um deine Hirnwellen auf Schlummerfrequenz laufen zu lassen, aber der instinktive Wunsch, sie zu beschützen, hält dich wach. Der Raum dreht sich so langsam, dass ihr tiefer Schlaf dich beunruhigt, dir unnatürlich und falsch erscheint, wie eine Krankheit. Hin und wieder seufzt sie, als wäre es ihr letzter Atemzug. Der Drang, Hilfe zu holen, lässt dich nicht mehr los. Du kletterst ein paar Mal aus dem Bett, um an die geschlossene Tür deiner Eltern zu klopfen, aber jedes Mal schlüpfst du wieder unter die Bettdecke, denn was solltest du ihnen sagen? Schließlich hast du sie hergebracht.

Jahrzehnte später wirst du begreifen, dass es nicht darum ging, die Kavallerie zu rufen, Rettungsmaßnahmen einzuleiten. Meredith hätte eine viel schlichtere Art der Zuwendung gebraucht, zu der du nicht fähig warst. Mit dieser späten Erkenntnis kommt dir das hohle Gefühl, sie im Stich gelassen zu haben. Nicht aus böser Absicht, sondern aus Blindheit.

Aber kaum hat dieser rhetorische Trick der Schuld den Stachel genommen, fällt dir der zerlumpt aussehende Junge wieder ein, den dein achtjähriger Sohn einmal mit nach Hause brachte. Auch dieser Junge wusste es nicht besser, und trotzdem hat er sich Papier geborgt und dir ein paar Bilder gemalt, um sich für die schöne Zeit zu bedanken, die er in deinem Haus verbringen durfte. Einmal hast du an Weihnachten aus deinem vereisten Briefkasten einen roten Bogen Papier gezogen, auf den er zwei Disney-Figuren gemalt hatte. Er war viermal gefaltet, und die Nachricht lautete: Gott liebt uns, weil wir dich lieben. Und irgendwo weißt du, dass du mit der nötigen Liebe im Herzen auch Meredith einen anderen Trost hättest spenden können als den des Vergessens.

19

Mit Hilfe von Halluzinogenen machst du dich auf wie ein Pilger, dem Bilder von Wundern durch den Kopf schwirren, von gesegneten Flüssen, aus denen du getauft und geläutert wieder auftauchen wirst. Aber das Ersehnte ähnelt in den seltensten Fällen dem, was man findet.

Am Unabhängigkeitstag sitzt du frühmorgens im Park, tierisch auf Trip, als Clyde in einem rot-weiß-blau gestrichenen Kleinbus vorfährt, auf dem an Stelle des Volkswagenemblems ein aus weißen Sternchen geformtes Friedenssymbol prangt. Clyde ist einundzwanzig und hat dir zum sechzehnten Geburtstag einen Lederbeutel mit Fransen geschenkt, den du dummerweise bei einem Who-Konzert liegen gelassen hast. Er lehnt sich aus dem Fenster und sagt: »Die Typen da drüben sind aus Colorado. Haben phantastisches Dope dabei.«

Du drehst dich um und siehst drei Frisbee spielende, ziemlich gut aussehende Jungen mit nackten Oberkörpern, die du noch nicht kennst (eine Seltenheit). Ein gelber Hund mit rotem Halstuch fliegt vertikal durch die Luft und schnappt sich die orange Scheibe.

Clyde sagt: »Wir wollen schwimmen fahren, runter nach Village Creek.« (Er zeigt auf ein paar Kleinbusse und Autos.) »Kommste mit?«

Clyde hat blaue Eulenaugen und kaut auf einem Streichholz, sein wehendes Haar ist so lang wie deins. Du bist ein bisschen verliebt in ihn und hast Lust auf gutes Dope, also erhebst du deinen dünnen Hintern und kletterst in den VW-Bus. (Als du drei Jahre später hörst, dass Clyde sich aus unbekannten Gründen das Leben genommen hat, schießt der Schock dir wie brennendes Lösungsmittel durch den Körper und verdampft – zurück bleibt das Bild von Clyde an diesem Morgen.)

Von einer Fina-Tankstelle rufst du zu Hause an; Daddy klingt missmutig und versteht nur, dass du schwimmen gehen willst, was ja stimmt, auch wenn er sich vorstellt, dass du aus dem Schwimmbad zwei Blocks weiter anrufst.

Und so schlängelt sich eine Karawane von Hippie-Fahrzeugen in die osttexanischen Kiefernwälder hinein. Nach einer holprigen Fahrt über eine Forststraße, der Generationen von Wagenrädern tiefe Furchen in den roten Lehm gegraben haben, erreicht ihr den sandigen Bach, aus dem du einmal mit einer von deinem Daddy beköderten Bambusrute einen Katzenwels gezogen hast. Inzwischen hat der psychedelische Rausch eingesetzt, die Episoden des Tages fließen ineinander, als hätten sie im Regen gelegen. Entrückt, mit dir selber beschäftigt, lässt du alles geschehen.

Die Jungen ziehen sich aus, weil sie gleich als Erstes schwimmen gehen wollen, während du auf einer warmen roten Motorhaube hockst, zu bedröhnt, um dich zu rühren. Die vielen Schwänze, die vor dir herumbaumeln, sehen für sich betrachtet seltsam aus. Wie Wesen von anderen Planeten. Wie lange glotzt du sie an, dass die Augen dir fast aus dem Kopf fallen, bestaunst diese vielfältige Herde, bevor du dich wieder einkriegst?

Ein älteres Mädchen in einem orangeroten Oberteil belegt Brote mit Mortadellascheiben aus einer Großpackung. Sie soll dir bestätigen, dass die baumelnden Glieder der Jungen in Länge und Umfang in keinster Weise mit der Körpergröße ihrer Träger korrespondieren. Aber dann siehst du ihre Hornbrille und erkennst blitzartig, dass sie eigentlich kein Hippie ist, sondern ein prüdes Hausmütterchen, direkt dem *Scharlachroten Buchstaben* entsprungen, den du jetzt eigentlich zu Hause lesen solltest. Wahrscheinlich ist das barer Unsinn, aber du hältst trotzdem lieber den Mund und hilfst ihr mit den Sandwiches, malst mit der Senftube Friedenszeichen und Sterne auf Weißbrotscheiben, bis du das Gefühl hast, so langsam müsste auch der letzte der Jungen sein Anhängsel in den Fluss getaucht haben. Erst dann hebst du den Blick und versuchst so blasiert zu schauen, als würdest du jeden Tag entblößte Schwänze sehen, als würden dich knackige Männerärsche genauso kalt lassen wie ein Vorhang aus kastanienbraunen Haaren, der auf breite Männerschultern fällt.

Als das Hausmütterchen dir ein Brot reicht, kommt es dir absolut monströs vor, mindestens einen halben Meter hoch, aber du willst nicht unhöflich sein und behältst für dich, dass Nahrungsaufnahme während des Trips dich wahnsinnig macht, weil du nicht weißt, wie oft du zubeißen, wann du runterschlucken sollst. Außerdem hast du eine so plastische Vorstellung von der Muskulatur deiner Speiseröhre und den abgesonderten Verdauungssäften, dass es dich vor der Mechanik des Essens ekelt. Aber um ihr verkniffenes Selbst zu schonen, hältst du das Sandwich lieber den ganzen Vormittag in der Hand, bis der Eisbergsalat und die Wurst und die Tomatenscheiben in den Sand fallen und von Ameisen erobert werden.

Leerzeit wird eingeschoben. Als deine Wahrnehmung wieder einsetzt, hockt einer der Jungen aus Colorado am Ufer, die Beine von sich gestreckt wie eine Puppe. Seine Füße sind auf doppelte Größe angeschwollen wie nach einem Schlangenbiss, schlimmer als die Gichtfüße alter Frauen im Altersheim in ihren engen weißen Socken. Alle stehen um ihn herum, blicken ratlos auf die aufgeblähten Füße.

»Irgendwie sehen die wie zwei Kartoffeln aus«, sagst du. Deine Stimme klingt heiser, als hättest du den ganzen Vormittag gequasselt. Der Junge schaut wie ein gequältes Tier zu dir hoch. Um ihn zu beruhigen, erklärst du ihm mit der Autorität der total Bekifften, dass es sicher nur Ameisenbisse sind. In Wirklichkeit schreckt dich der Gedanke, dass die Dinger jeden Moment explodieren können. Du gehst sogar ein paar Schritte zurück, wie um Spritzern auszuweichen, so lebhaft stellst du dir schon den Knall vor – siehst seine Lebensgeister aus den geplatzten Knöcheln rinnen, bis er leer ist und platt wie eine überfahrene Kröte. Am liebsten würdest du zur Landstraße rennen und den Daumen hochstrecken oder dich vor Lachen am Boden kringeln.

»Was für Ameisen machen solche Bisse?«, fragt der Junge, die Stimme fistelig vor Angst.

Clyde sagt, Cathy soll sich die Sache anschauen. Ihre Mutter ist schließlich Krankenschwester. Aber Cathy ist splitternackt, und weil nur sie nackt ist, wirkt ihre Nacktheit aggressiv und wild. Sie hat einen dicken Pelz drahtiger Schamhaare und halbkugelförmige Titten, die weit oben an ihrem zwergenhaften Oberkörper sitzen. Du findest es pervers, dass Clyde sie überhaupt anspricht, so losgelöst und animalisch kommt sie dir vor.

Sie sagt nur: »Vielleicht solltest du nicht ständig dran rumkratzen. Davon wird's sicher nicht besser.« Du musst dich zwingen, ihr nicht auf den Mund zu starren. Es wäre dir nicht seltsamer vorgekommen, wenn der Hund mit dem Halstuch sich zu dem Thema geäußert hätte.

»Meinst du, ich muss ins Krankenhaus?« Die Stimme des Jungen klingt inzwischen wie eine zu schnell abgespielte Schallplatte. Noch fragst du dich relativ gelassen nach dem evolutionären Stellenwert der Tatsache, dass Angst die Stimme hebt, da taucht plötzlich das Schreckensbild des Krankenhauses vor dir auf – die gläserne Drehtür saugt dich auf und spuckt dich in die Notaufnahme mit ihrem Lysolgeruch, dem dünnen Atem des Todes.

Explodierende Füße hin oder her, willst du sagen, das mit dem Krankenhaus kannst du dir abschminken, Sportsfreund. Um diese Karawane sonnenverbrannter Freaks in Richtung abendländische Schulmedizin in Bewegung zu setzen, müsste schon etwas Schlimmeres her – ein Autounfall oder eine handfeste Überdosis mit Herzstillstand.

Der Klumpfuß sagt: »Ich brauch meine Füße noch.«

Ein anderes Mädchen schlägt vor: »Vergrab sie doch einfach im Sand und warte, ob sie abschwellen.«

Einer der Jungen aus Colorado fragt hoffnungsfroh, ob das ein indianisches Heilverfahren sei, das mit dem Eingraben, und jemand sagt: »Anzunehmen«, und alle nicken dazu.

Unter dem Einfluss von Halluzinogenen wirkt jedes Kopfnicken weise, und so verwandelt sich euer wilder Haufen in einen Beduinenstamm; randvoll von den alten Weisheiten der Wüste blickt ihr auf den vom Skorpion gestochenen Eindringling herunter, dem die schwellende Zunge langsam die Luftröhre verschließt.

Der Typ ist kurz vorm Losheulen. Um ihn zu beruhigen werden Joints gedreht und die Gitarren rausgeholt. Die Jungen spielen abwechselnd Songs von Neil Young und Bob Dylan, während du so tust, als würdest du lesen – in deinem Zustand ein Ding der Unmöglichkeit. Die Sätze drehen und winden sich wie Würmer vor deinen Augen. Das Taschenbuch dient dir nur als Schutzschild gegen die unerwünschten Avancen eines der Typen aus Colorado, einem hündischen Kerl, der dich ständig Foxy Lady nennt (was dir jedes Mal Hendrix' *Wah-wah*-Gejaule durch den Kopf schrillen lässt).

310

Irgendwann findest du Spaß an der Idee, dir die Gedanken der anderen anzueignen. Vielstimmig schlängeln sie sich in dich hinein, bis dir der Kopf von dem zusammenhanglosen Geschnatter zu platzen droht. Du legst das Buch zur Seite, ziehst dich aus und watest so nonchalant, wie es einem splitternackten Menschen vor aller Augen möglich ist, in den warmen Bach. (Als Erwachsene schaffst du es an französischen Nacktbadestränden nicht, dich vor so vielen Leuten auszuziehen, also bleibst du resolut im Bikini sitzen und lässt die Nackten grinsend an dir vorüberziehen. Du bist nicht übermäßig prüde, aber so lange niemand ein dezidiertes Interesse an deiner ganz individuellen Nacktheit hat, siehst du nicht ein, warum du sie spazieren tragen solltest.)

Das Untertauchen spült dir die Stimmen aus dem Kopf. Mit kräftigen Zügen kraulst du gegen die Strömung, bis die Arme weich werden und du mit wackligen Knien auf eine Sandbank stapfst, mitten im Wald, und dein Kopf meldet dir, dass dies der älteste Wald der Welt ist. Du stellst dir Adam und Eva im Paradies vor, und plötzlich genierst du dich. Bedeck dich, befiehlt eine innere Stimme. Obwohl weit und breit kein Mensch zu sehen ist, wirfst du dich hin und klatschst dir nassen Sand auf Brüste und Scham (als könntest du einem picknickenden Freizeitangler damit vormachen, du hättest etwas an).

So bedeckt liegst du für eine nicht bemessene Weile auf dem Rücken im Sand. Vielleicht zwei Minuten. Vielleicht eine Stunde. Das Acid verschlingt den Tag. Plötzlich raschelt es im Unterholz, und etwas plumpst ins Wasser. Du setzt dich auf und siehst den Schwanz eines Alligators oder die Halluzination davon – in Kindergröße, maximal einen Meter lang – eine S-Kurve in die Strömung zeichnen. Bei dem Anblick hämmert dir das Herz gegen die Rippen. Unter jedem Pulsschlag erzittert dein Körper wie ein Gong.

Das Gedicht, das du zu schreiben beginnst, macht dein Dilemma zum Sinnbild des Menschseins schlechthin. Du schreibst große Buchstaben, läufst mit einem Stock über den Sand, fast überzeugt, dass dieses Artefakt versteinern und in einem fernen Jahrtausend wieder ausgegraben wird und die Archäologen – hingerissen von der Schönheit der Linien – dahinter einen Eingeborenritus vermuten.

Aber es kommt nur Affensprache dabei heraus. Jetzt zweifelst du auch an der Existenz des Alligators. Mittlerweile fällt die Sonne schnell hinter die Kiefern, verbrannt zum schmutzigen Rot des Gummiballs, mit dem du als Kind Boule gespielt hast.

Du watest wieder ins Wasser und schwimmst mit der Strömung. Nach ein paar Zügen springt neben dir ein Fisch, und wieder schießt dir Adrenalin durch den Körper, deine Arme wirbeln wie eine Windmühle, und mit den Füßen wühlst du ein gewaltiges Kielwasser auf.

Nach einem Wimpernschlag sitzt du wieder im Lager, in T-Shirt und abgeschnittenen Jeans. Der Fluss ist nicht mehr da, du hast ein schwereres Element betreten. Um dich herum beladen sie die Fahrzeuge.

Während deiner Abwesenheit – ganz glaubst du es nicht – soll am gegenüberliegenden Ufer so ein einheimischer Hinterwäldler mit seiner Angelrute aufgetaucht sein und herübergebrüllt haben, sie sollen sich gefälligst was anziehen, er hat Frau und seine Kinder dabei. Worauf Clyde angeblich zurückgebrüllt hat: *Zieh du dich doch aus.* Dazu hat er seinen Schwanz geschlenkert, und der Kerl hat gedroht, die Polizei zu rufen. Kaum war er weg, haben sich alle angezogen bis auf Cathy.

Die Fiesta ist aus, ohne Jongleure und mexikanische Trompeten, und du landest hart zwischen Fremden. Die eben noch so sonnengebräunten, weit gereisten Boys aus Colorado haben sich in ein ziemlich schräges Trio verwandelt. Gerade hat der Typ, der auf dich steht, sich eine Platte mit vier Schneidezähnen aus dem Mund gezogen. Du sehnst dich nach Zuhause, wo du dir den Sand aus dem Schritt rieseln lassen, ein Spitzennachthemd anziehen und dir die Katze auf den Schoß legen kannst.

Stattdessen treten die Cops auf den Plan.

Und nicht nur zwei, sondern Legionen, eine Sturmflut. Eine wimmelnde Armee von Cops fällt über euren jetzt braven und behäbigen Stamm her. (Gedanke: Margaret Meads friedliebender Stamm.) Durch dichtes Unterholz kommen sie – angekündigt vom Knacken der Zweige unter blank geputzten schwarzen Schuhen. Es sind Männer von der Highway Patrol dabei, mit flachkrempigen Hüten à la Smokey der Bär. Die Polizisten aus dem nahe gelegenen Städtchen Kountze tragen Khaki-Anzüge und Stetsons. Ein paar Typen in blassblauen Hemden und dunklen Hosen, vielleicht Leute von einem privaten Sicherheitsdienst, wie sie in Einkaufszentren herumlaufen, halten Taschenlampen statt Kanonen in der Hand. In einer tosenden Woge, brüllend, mit den Armen fuchtelnd, kommen sie über euch. Alles Blattwerk wird weggeschlagen, niedergetrampelt. Und dann treiben sie deine Kameraden zusammen, um sie festzunehmen.

Deine Reaktion auf das alles: Du bleibst stocksteif stehen, eine Marmorstatue. Die meisten von euch machen es so. Nur der Junge mit den geschwollenen Füßen versucht verzweifelt, in eine Ledersandale zu schlüpfen, die neben seinem Elefantenfuß aussieht, als wäre sie für eine Barbiepuppe geflochten. Die penetrant nackte Cathy hat es nun ebenfalls eilig, sich hinter einem der Autos in ihr Kleid aus mexikanischer Gaze zu zwängen, durch das man – weil sie triefend nass ist – alles sieht (unter anderem jede einzelne Locke ihres großen schwarzen Bären). Clyde und ein paar andere Jungen haben den Rückwärtsgang eingelegt und waten im seichten Wasser. »Ich hab Bewährung«, ruft einer von ihnen.

»Da ist der Bach«, sagt Clyde. »Probier's doch.« Der Junge steigt in seinen langen Jeans bis zum Oberschenkel hinein, während ein Cop mit Roboterstimme in seine Flüstertüte brüllt, dass alle sich auf den Boden legen oder ihre gottverdammten Pfoten hochnehmen sollen.

Du reckst die Hände in die Höhe und wartest, dass es jemand sieht.

Die Schlagstöcke lassen sie stecken, aber der Lärm ist auch so bedrohlich genug. Du bist fassungslos, dass man euch wie Vieh behandelt. Ich bin es, willst du ihnen entgegenrufen, ich, Mary Karr, die in der fünften Klasse den Van-Buren-Rechtschreibwettbewerb für die Grundstufe gewonnen hat.

Vielleicht sagst du es sogar, als sie dir die Hände auf den Rücken biegen und stählerne Bügel zuschnappen lassen. Man stößt dich auf den Rücksitz eines Streifenwagens, wirft dir die Tasche auf den Schoß. Drei andere Mädchen werden nach dir hereingestoßen, darunter Cathy, die auf achtzig ist. »Ihr Scheißbullen!«, schreit sie. Sie tritt gegen die Sitzlehne. »Wieso kassiert ihr uns ein, du Fettwanst?«

Als sie schließlich schmollend in sich zusammensackt, stößt du sie tröstend mit der Schulter an. Worauf sie dir zuflüstert: »Sag ihnen bloß nicht deinen richtigen Namen.«

»Aber er steht auf meinem Führerschein«, sagst du. »Hier, in meiner Handtasche. Mit Bild.«

»Das musst nicht du sein«, sagt sie. »Nicht unbedingt.« Damit setzt sie sich gerade hin, lässt die schweren Lider mit den schwarzen Wimpern herunterklappen wie ein Orakel bei Ladenschluss, zieht sich zurück in die Unterwelt. Ihr Körper schaukelt neben dir, während der Wagen über holprige Wege wippt.

Um eine Atmosphäre guten Willens zu schaffen, wieder gutzumachen, was Cathy mit ihrem Ausraster womöglich angerichtet hat, sprichst du den rasierten Nacken des Fahrers an, mit honigsüßer Stimme, wie du hoffst, und in untadelig konstruierten Sätzen. Mit der bangen Jovialität einer Jobsuchenden preist du deinen standhaften Charakter an. Du sattelst fünfzig Punkte auf deinen Schuleignungstest drauf und flunkerst dich zurück in die Honor Society. Du behauptest, Klassenbeste in der Junior-High-School gewesen zu sein, dabei warst du es nur in der sechsten Klasse der Grundschule und mit viel weniger Punkten. Du rühmst dich deiner Zugehörigkeit zum Drill Team, dessen Mitglieder immer noch davon überzeugt sind, dass du illegal abgetrieben hast.

Als du dich umdrehst, siehst du, dass sämtliche Autos in dieser langsamen Prozession die Scheinwerfer eingeschaltet haben.

»Wie ein Leichenzug«, sagst du in unbeschwertem Plauderton zu dem ausrasierten Nacken. Doch als der Fahrer sich an einer Ampel umdreht – seine erste Reaktion auf dein mehr oder weniger pausenloses Geplapper –, zeigt er dir eine verspiegelte Pilotenbrille und einen lippenlosen Mund, der schlicht und mit beinahe sanfter Stimme sagt: »Halt endlich deine dämliche Klappe.«

Und das tust du, auch wenn die Abfuhr dich kränkt. Du schaust zum Seitenfenster hinaus wie ein übermütiges Hündchen, das mit der Zeitung eins auf die Nase bekommen hat. Solcherlei Selbstmitleid dient ausschließlich dazu, deine Gedanken von der immer wieder aufflackernden Furcht vor dem Gefängnis abzulenken. Es wird dunkel, die ersten Sterne pieksen sich durch den Himmel wie die Scherben eines in weiter

Ferne explodierten Dings. Die Kiefern am Straßenrand verschwimmen in Tränen, von denen du hoffst, dass keiner sie sieht, weil du kein Waschlappen sein willst.

Nach einer halben Ewigkeit erreicht der Leichenzug das County Jail von Kountze. Irgendwie hattest du dir eine Menschenmenge bei der Ankunft vorgestellt, Scheinwerfer und Fernsehkameras wie bei der Razzia neulich im Fernsehen. Aber nur ein einziger Chevy mit einer Sirene auf dem Dach steht schräg in einer Parkbucht. Die Handschellen zwingen dich, seitwärts aus dem Wagen zu klettern, ein Cop greift sich deine Handtasche. Du trottest wie eine Kuh durch die Glastür, die ein magerer Deputy aufhält. »Hereinspaziert die Damen«, sagt er.

Bald wird im Kino ein Film über ein paar Farmer anlaufen, die einen Jungen aus der Stadt vergewaltigen, der sich im Wald mit seinen Freunden herumgetrieben hat. Er schreit die ganze Zeit, während sie ihn zu Boden drücken, und einer von diesen Irren sitzt auf seinem Rücken und brüllt: »Ja, quiek nur, du Schwein, quiek nur.« Als sei Sodomie der lustigste Zeitvertreib auf diesem gottverdammten Planeten. Nachdem du den Film gesehen hast, weißt du erst, wie tief die Angst sitzt, in einem solchen Kaff mit solch groben, unheilvoll aussehenden Männern allein gelassen zu werden.

Deine Gang steht an den Wänden dieses großen, schmucklosen Raums aufgereiht. Die drei Tische in der Mitte erinnern dich absurderweise an die Imbisszeit im Kindergarten, wo es einen Tisch mit Grahamcracker gab, einen zweiten für die Milch und einen dritten mit den Decken, die ihr euch für den Mittagsschlaf auf dem Boden ausrollen konntet.

Am ersten Tisch drückt ein Mann deine Fingerkuppen auf ein Stempelkissen und rollt sie anschließend in dem dafür vorgesehenen Kästchen auf der weißen Gefangenenkarte ab.

Deine Hand in seiner fühlt sich schlaff an, fremd, wie ein am Straßenrand gefundener Gegenstand.

Am nächsten Tisch sitzt ein Typ hinter einer Schreibmaschine, studiert deinen Führerschein, hackt auf ein paar Tasten ein. Als du ihn in aller Ernsthaftigkeit fragst, was man dir zur Last legt, scheinen deine Worte wie in einen Canyon hineinzuhallen. »Ach, da finden wir schon was«, antwortet der Mann. Und dann sagt er: »He, Ray, was liegt eigentlich alles gegen die Herrschaften vor?«

Ray tastet gerade die an der Wand aufgereihten Jungen ab, eine Demütigung, die den Mädchen bislang erspart geblieben ist. Er hebt den Blick von Bert Stowes muskulösem nacktem Rücken, dem in Bluejeans steckenden Hintern. »Erstens Landfriedensbruch«, sagt er. »Und zweitens Erregung öffentlichen Ärgernisses.«

»Ich war angezogen«, sagst du. Kein Grund, übermäßig stolz zu sein. Aber eigentlich sollte es Pluspunkte bringen. Vielleicht kannst du dich auf eine Ich-war-nicht-nackt-Liste setzen lassen. Deine Augen blicken bittend auf den Schreibmaschinenartisten. Du willst aufstehen, dich über den Tisch beugen und ihm verschwörerisch zuflüstern: Ich bin's doch, Mary Karr. Tochter von Pete und Charlie. Schwester von Lecia, dem Tittenwunder, die Medizin studiert. Als wäre das eine Rechtfertigung oder gar eine vollständige Entlastung.

»Und drittens Widerstand gegen die Staatsgewalt«, ruft der Kerl mit der Steckbriefkamera von der anderen Seite herüber.

»Ich habe keinen Widerstand geleistet«, sagst du.

Der mit der Schreibmaschine schlägt auf die Leertaste. Du fragst dich, ob deine Stimme überhaupt zu hören ist, weil niemand reagiert.

Vom hinteren Flur tragen Cops Pappkartons voller Zeug herein, Koffer, Rucksäcke, perlenbestickte Umhängetaschen.

317

Sogar den Coleman-Campingkocher, der einem von euch gehört, stellen sie dazu. Was wird jetzt alles zum Vorschein kommen? Ein diffuser Schweiß bricht dir zwischen den Schulterblättern aus und kondensiert zu ein paar konkreten Tropfen, die deinen Rücken herunterrollen. Schlösser schnappen auf. Behältnisse werden durchwühlt. In dir schmettert ein ganzer Opernchor los: Bloß keinen Stoff finden! Bloß keinen Stoff finden!

Aber noch glaubst du daran, dass es Anstand unter diesen Lumpen gibt. Dass jeder, der Dope dabeihatte, bereitwillig vortreten wird, wenn welches auftaucht, damit die anderen nicht zu Unrecht beschuldigt werden.

Stunden scheinen zu vergehen, während der Kerl an der Schreibmaschine auf die weiße Karte starrt. Dann plötzlich erwacht er zum Leben, zumindest so lange, bis er dir deine Adresse vorgelesen und dich gefragt hat: »Richtig?«

»Ja, Sir«, sagst du.

Mit einer schwungvollen Handbewegung langt er unter den Tisch und bringt mit der Bravour eines Illusionskünstlers deine Tasche zum Vorschein. Er stülpt sie um – Stifte und was nicht alles rollen heraus. Die Maybelline Mascara und die kleine Puderdose sind dir peinlich – ein richtiger Hippie pfeift auf solchen Firlefanz, und schon fühlst du dich wie eine Betrügerin und hoffst bloß, dass Clyde oder Bert Stowe es nicht gesehen haben. Als dein Spiralbuch mit den Gedichten herausfällt, musst du dem Impuls widerstehen, zum Tisch zu stürzen und es dir an die Brust zu pressen. Er legt es zur Seite, ohne einen Blick hineinzuwerfen. Stattdessen hält er die Schachtel mit Anti-Baby-Pillen in die Höhe. Es versetzt dir einen siedend heißen Stich.

»He, Baxter, hier haben wir ganz was Geiles für dich«, sagt er zu dem Kerl mit der Kamera.

»Bisschen jung für meinen Geschmack, Booger, ich tret sie dir ab.«

Aus der anderen Ecke ruft jemand: »Alles, was blutet, ist schlachtreif.«

Für das Verbrecherfoto drückt Baxter dir eine steife Karte mit einer Nummer in die Hand, die du dir unters Kinn halten musst. »So, jetzt spielen wir *Vorsicht Kamera*«, sagt er. Bitte recht freundlich. Einmal von der Seite. Und jetzt von vorne. Wie im Fernsehen.

Sterne blitzen auf. Als du wieder klar siehst, zieht einer der Smokey-der-Bär-Typen aus einem Pappkarton einen Ranzen, bestickt mit geometrischen Inka-Symbolen – genauso gut hätte ein Etikett draufkleben können: *Enthält Illegale Betäubungsmittel*. Aus dem Ranzen zieht er einen riesigen durchsichtigen Gefrierbeutel ungereinigten Shit, durchsetzt mit Stängeln und teerigen Klumpen und trockenen Blüten. Ein halbes Pfund, nach deiner ersten groben Einschätzung.

»Ei, ei, ei«, sagt er. »Nun seht euch das an!« Smokey-Bär hält den Beutel hoch und fragt ganz ernsthaft: »Wem gehört das?«

Na los, denkst du. Komm schon. Bevor wir alle in der Scheiße sitzen.

»Herzlichen Glückwunsch«, sagt der Sheriff, ihr habt den Jackpot geknackt. »Anklagepunkt Nummer vier lautet auf unerlaubten Drogenbesitz.«

Einer der Cops neben ihm pfeift leise durch die Zähne.

Ein dritter sagt: »Sieht verdammt danach aus, als wollten sie damit handeln, Jake.«

Inzwischen hat die Angst dich wieder gesprächig gemacht, wie vorhin im Streifenwagen. Als Erstes bittest du um das Telefonat, auf das du ein Anrecht hast. »Wann darf ich telefonieren, Sir?«, fragst du. »Mir steht ein Telefongespräch zu.«

Baxter schiebt dich in die Reihe der Mädchen – zwischen

das Hausmütterchen und Cathy, die sich am Kopf kratzt, um sich anschließend genau anzuschauen, was unter den Nägeln hängen geblieben ist. »Na, perfekt«, sagst du laut.

Weil du dich ohnehin fragst, wo dein Platz zwischen den beiden ist. Wie lautet die feministische Dichotomie für Rollen, die man uns aufzwingt? Heilige und Hure? Du sagst es laut: »Heilige und Hure.«

»Hä?«, sagt Cathy. Und das Hausmütterchen fragt: »Wie bitte?«

Du starrst auf deine schmutzigen Füße in den korallenfarbenen Sandalen und stellst dich taub. Als sie euch den Flur entlangführen, werfen die vergitterten Glühbirnen unter der Decke karierte Schatten auf eure Gesichter. Es ist nicht fair, denkst du. Es ist nicht fair.

Der Raum, in den sie euch alle zusammen sperren, ist ein steinernes Verließ. Es fehlen nur die Ketten an den Wänden und die eisernen Jungfrauen. Der kalte Betonfußboden hat in der Mitte einen Abfluss vom Durchmesser einer Kaffeedose, zu eng, um sich nach draußen zu graben, denkst du. Harte Bänke stehen an den Wänden. In der Ecke ein Klosett ohne Brille und Deckel. Eine Tür schlägt zu. *Bamm.* Eine Klappe wird aufgeschoben. Die körperlose Stimme sagt: »Die Türen haben hier Augen, meine Damen.«

Cathy fragt: »Willste meinen geilen weißen Arsch sehen, Fettwanst?«

»Warum nicht«, sagt die Stimme.

Du stellst dir den riesigen, mit Shit gefüllten Plastikbeutel vor, unter das flimmernde Neonlicht gehalten wie ein Abendmahlkelch, und irgendwo in deinem Innern weißt du, dass er ausreicht, euren ganzen Haufen vor Gericht zu bringen.

Cathy sagt: »Die knöpfen sich jeden einzeln vor. Was ihr auch tut, erzählt ihnen bloß nichts.«

»Ich weiß ja gar nichts«, erwiderst du.

»Genau«, sagt Cathy. »So musst du sie angucken. Mit großen ahnungslosen Plüschaugen.«

»Aber ich weiß doch wirklich nichts«, sagst du.

Da Cathy die Einzige ist, die schon mal – wie sie es nennt – im Bau gesessen hat, führt sie das große Wort, um euch auf alle Widerwärtigkeiten der Gefängnisstrafe vorzubereiten, zu der man euch unter Garantie verurteilen wird.

»Also, als Erstes müsst ihr das Fotzenlecken lernen«, sagt Cathy. »Und wenn's euch noch so ekelt. Wenn euch erst mal eine von den warmen Stuten beim Kragen hat, gibt's kein Zurück mehr. Immer noch leichter, als sich einen fetten alten Schwanz in den Mund zu stecken, glaubt's mir.«

Das Schweigen zieht sich so lang hin, dass du dich verpflichtet fühlst, diese Aussage nicht so im Raum stehen zu lassen. Der Gedanke, von Frauen vergewaltigt zu werden, stößt an die Grenzen deiner Vorstellungskraft. Also sagst du: »Kann man denn nicht mit ihnen reden? Ich meine, es sind doch immerhin Frauen.«

»Nur theoretisch«, sagt Cathy. Und dann, als hätte sie dir in die Gehirnwindungen geschaut: »He, jetzt halt mich bloß nicht für pervers. Ich sag ja nicht, dass wir uns hier gegenseitig abschlecken sollen.«

Das Hausmütterchen zieht die Stirn in Falten. Dann kehrt wieder Schweigen ein. Lastend. Bleischwer. Hausmütterchen sagt: »Ich leg mich ein bisschen hin.«

Während alle sich auf Bänke legen, die kaum breit genug für den Oberkörper sind, springt Cathy auf, fängt an, gegen die Tür zu trommeln und brüllt: »Ich brauch 'ne Decke, ihr Saftsäcke. Bewegt eure Pfannkuchenärsche und bringt uns Decken.«

Die Klappe öffnet sich, aber kein Auge erscheint. Die

Stimme sagt: »Aber sicher doch, Schätzchen, und vielleicht noch Kaffee und Kuchen und 'n bisschen was zu knabbern.«

Oberhalb der Klappe sind zwei zwanzig Zentimeter lange Eisenstangen an die Tür geschweißt, und Cathy macht einen Satz da hoch, hängt sich an diese Stangen wie ein Gorilla und rüttelt mit aller Kraft. Die Klappe wird wieder zugeschoben, aber Cathy bleibt da oben hängen, die Schuhsohlen gegen die Tür gestemmt.

Du legst den Arm vor die Augen, weil du nichts mehr sehen willst, weil du Cathys Anblick nicht mehr erträgst. Aus dem Nichts schießen dir Bilder wie Blitzlichter in den Kopf: Cathy mit sieben, mit zwölf, mit fünfzehn. Und zum ersten Mal wird dir klar, dass sie nicht so auf die Welt gekommen ist. Dass sie vielleicht so menschlich wie alle anderen Mädchen hier war, bevor sie in die Mühlen des Strafvollzugs geraten ist.

Du brauchst nur an Hogan zu denken. Als er dieses Jahr kurz auf Bewährung draußen war, bist du mit ihm und Doonie im Burger King gewesen, wo er sich von einem Typen einen Glimmstängel geschnorrt hat und die brennende Zigarette zum Anzünden gleich mit. Und dann hat er dem Kerl Asche auf den Kopf geschnippt und seine Zigarette auf den Boden geworfen – so schnell, so beiläufig, dass du deinen Augen nicht getraut und dich gefragt hast, ob die beiden sich kannten, oder ob sie vorher schon aneinander geraten waren, ohne dass du es gemerkt hast. Als du im Auto wissen wolltest, was da los war, hat Hogan nur gesagt: »Ich hab die Schnauze so voll, Mann.« Zwei Tage später haben sie ihn wegen Einbruchs verhaftet.

Und obwohl Merediths Bruder einigermaßen geschützt zu sein schien durch seinen Job beim Gefängnisfriseur, der ihm Zugang zu Rasiermessern verschaffte, hat er eines Tages nach Hause geschrieben, dass er mit ansehen musste, wie jeman-

322

dem der Hals von einem Ohr bis zum anderen aufgeschnitten wurde. Da hatte er längst gelernt zu sagen, er habe nichts gesehen und gehört. Konnte das Gefängnis einen so verändern? Keine Sorge. Bald kommt deine Mutter mit einem Anwalt und holt dich hier raus. Oder dein Daddy wird hereinmarschiert kommen und in ein paar Bullenärsche treten. Dabei weißt du nur zu gut, dass er von der Sache – wie von so vielen anderen – kein Sterbenswörtchen erfahren wird. Nicht dass er es wissen wollte.

Für einen kurzen Moment erscheint dir das Gefängnis sogar als passable Alternative. Malcolm X hat seine Karriere auch hinter Gittern begonnen. Du denkst an Yoga-Meditationen. An all die Bücher, die du lesen wirst.

Aber Merediths Bruder schreibt, dass es in seiner Gefängnisbibliothek nur Schulbücher, Krimis und Automagazine gibt. (Wie lange sitzt er jetzt schon? Ein Jahr? Achtzehn Monate?) Sie und ihre Mutter nutzen ihre Bibliotheks-Ausweise und bringen ihm mit dem Autobus Lesestoff ins Gefängnis. Wenn eine von ihnen Zeit hat, am Wochenende hinzufahren, kratzen sie Geld für ein billiges Motel und die Busfahrt zusammen. Manchmal fährt eure Freundin Stacy sie hin. (Du würdest sie ja gerne fahren, aber noch nicht ein einziges Mal hast du dir Mutters Wagen für einen solchen Ausflug geliehen, dabei karrst du regelmäßig ganze Wagenladungen johlender, sternhagelvollgedröhnter Hippies an den Strand oder zu Konzerten nach Houston.)

Womöglich würdest du im Gefängnis zu einer Cathy mutieren. Du siehst dich schon wie einen Klammeraffen an der Zellentür hängen.

Die Nacht wird lang und immer länger.

Vor dieser Festnahme hättest du geschworen, dass weder Brutalität noch Langeweile je deinen Willen brechen können, denn beides wissen die Menschen aus deinem Teil der Welt mit Meisterschaft zu ertragen. Das gehört zu einer Art trotzigem Regionalstolz. Anderswo verlassen Jugendliche private Eliteschulen wie St. Pauls oder Choate mit der Zulassung zu den besten Colleges und den besten gesellschaftlichen Kreisen. Leechfield verlässt man mit einem Vorrat an wüsten Geschichten, mit dem Gefühl, davongekommen zu sein, und genug Groll und Leidensfähigkeit, um eine gute Nonne oder einen furchtlosen Infanteriesoldaten abzugeben.

Weshalb du nur lachen kannst, wenn dir die Leute Jahrzehnte später auf Grund deiner Geschichten eine besonders barbarische oder kriminelle persönliche Vergangenheit attestieren – oder deine Stärke bewundern. Jeder, der in Leechfield aufgewachsen ist, weiß Furcht erregende Geschichten zu erzählen.

Oder Geschichten über lähmende Langeweile. In dieser Stadt ist der Abgrund der Langeweile tief genug, um den Schatten einer erstaunlich hohen Selbstmordrate zu werfen. Der durchschnittliche Leechfielder Teenager kann noch der trockensten Perspektive ein paar Tropfen Amüsement abpressen, und ihr standhalten kann er allemal.

Große Worte – dabei hätten dich weniger als zwölf Stunden Abstellgleis in einem Provinzgefängnis beinahe vernichtet. Selbst Haftstrafen haben ein Ende – aber die Ungewissheit vor dem Prozess, vor dem Telefongespräch und das Schreckgespenst ungeahnter Konsequenzen zwingen sogar den Hartgesottensten in die Knie. Es gibt nichts zu sehen, nichts zu lesen, nichts zu schreiben und – da die anderen längst schlafen wie die Murmeltiere – auch niemanden, mit dem du reden kannst. Noch ein Tag länger, und du wirst den Verstand verlieren. Eines deiner Lieblingsgedichte ist von John Berryman:

Zudem lehrte mich meine Mutter
als ich klein war: »Zugeben, dass du dich langweilst
heißt nur, dir fehlen

Innere Reserven.« Ich folgere jetzt, ich habe keine
inneren Reserven, denn mir ist so langweilig…

Einen großen Teil der Nacht bringst du damit zu, dir eine von Hogans Geschichten über die Einzelhaft wiederzuerzählen. Den schwersten Jungen in Huntsville – den Kopf der dortigen Black Panther, einen Lebenslänglichen – hatten sie für mehrere Monate in eine Einzelzelle geworfen, einen lichtlosen Betonkäfig – (»das Loch« nannte Hogan ihn) mit einer Matratze auf dem Boden und einem Fäkalieneimer, der zweimal täglich geleert wurde, wenn das Essen kam. Eine Zeit lang zog er sein Laufprogramm durch, lief stundenlang auf der Stelle, bis sich an den Fußballen vom ständigen Aufprall auf Beton Knochensporne bildeten und auch dieser Abwechslung ein Ende machten.

Eines Tages oder Nachts oder Tages lag er apathisch da und zupfte einen der metallenen Knöpfe aus der Matratze – einen von zweien, die übrig geblieben waren. Als er ihn fortschnipste und das Klicken auf dem Beton hörte, begriff er, dass das die größte Abwechslung des ganzen Tages war. Er tastete den Boden nach dem Knopf ab, stand auf und schleifte die nackten Fußsohlen im Dunkeln solange über den Boden, bis er mit dem Zeh dagegenstieß. Darüber war eine Stunde vergangen. Er war nass geschwitzt. Mit einem leisen Triumphgefühl wog er den Knopf in der Hand, und er fragte sich, ob er ihn beim nächsten Mal wohl schneller finden würde, wenn er ganz genau hinhörte. Und das tat er. Indem er den Fußboden in imaginäre Planquadrate einteilte, grenzte er den Bereich ein, in

325

dem der Knopf aufschlug, und konnte seine Suche darauf konzentrieren.

Irgendwann war er so weit, dass er seine Suche auf einen, dann auf einen halben Quadratmeter beschränken konnte. Jetzt musste er den Einsatz erhöhen, das Spiel schwieriger machen – den Boden in noch kleinere Planquadrate aufteilen, ein Gitter, das er der Länge nach auf der x-Achse, der Breite nach auf der y-Achse nummerierte. Er schnitt die entstehenden Fliesen kleiner und immer kleiner, bis er ein Gitter aus tausenden von Quadraten hatte und in sein Gedächtnis einbrannte, jedes Quadrat gerade groß genug, um dem Knopf Platz zu bieten. Inzwischen führte er eine Verlaufskurve seiner Fortschritte.

Je besser er wurde, desto strenger fasste er die Regeln, um die Herausforderung aufrechtzuerhalten. Er begann mit komplizierteren Würfen und Abprallern, ließ den Knopf von mehreren Wänden zurückprallen. Mit der Zeit konnte er seinen Flug genauso gut vorausberechnen wie einen erfolgreichen Bandenstoß beim Poolbillard, bei dem man die Neigung jedes Winkels berücksichtigen muss.

Als er eines Tages den Knopf warf, kam er nicht mehr herunter.

Sorgfältig tastete er jedes Quadrat innerhalb der Koordinaten ab, immer wieder. Der Boden gab den Knopf nicht wieder her. Und auch nicht der Eimer oder der weiche Rand der Matratzenpaspel, auf dem er – nach einem Zufallstreffer – liegen geblieben sein konnte. Tagelang kroch er auf allen vieren durch die Zelle wie ein Bauer, der in fingerbreiten Furchen Unkraut jätet.

Natürlich war da noch der andere Knopf an der Matratze. Damit hätte er neu anfangen können. Aber das wäre eine Art Betrug gewesen. Und außerdem: Wenn es im physischen Universum einen Falz gab, der einen Knopf verschluckte, warum sollte man ihm einen zweiten in den Rachen werfen?

Je länger sich die leere Zeit ohne Knopf und Spiel streckte, desto tiefer höhlten Zweifel über den letzten Wurf das Vertrauen in sein Gedächtnis aus. Vielleicht bildete er sich nur ein, ihn geworfen zu haben. Immer wieder ging er die Szene im Kopf durch, bis der Zweifel anfing, ihm Löcher in den Verstand zu reißen.

Mit der Zeit verhärtete sich in ihm die Gewissheit, dass er den Knopf in einem Moment geistiger Umnachtung verschluckt hatte. Er musste ihn gegessen haben – eine andere Erklärung gab es nicht. Er fing an, jeden Tag in seiner Scheiße zu rühren. Dann bat er die Wärter, ihn in den Faulraum zu lassen, damit er die Exkremente der letzten Wochen durchsuchen konnte – oder waren es schon Monate?

Noch ehe Hogan zum Ende kam, wusstest du, worauf die Geschichte hinauslief. Dieser eisenharte Mann fing an auszuklinken. Er zerlegte die Matratze, Faden für Faden, kaute die Füllung systematisch durch und spuckte sie wieder aus. Als er damit fertig war, gelangte er – weil er dem Kontrollverlust nicht länger zusehen konnte – zu dem Schluss, dass das ganze Spiel nichts als eine Kinderphantasie gewesen war. Wenn es jetzt keinen Knopf gab, hatte es nie einen gegeben.

Sie fanden ihn erhängt an einem Strick, den er sich aus den Streifen des Matratzenbezugs geknotet hatte.

»Wo war der Knopf?«, wolltest du wissen. Es musste eine Pointe geben.

Es gab auch eine. Als sie die Zelle reinigten und die mit Kot verschmierten Wände abspritzten, spülten sie ein Spinnennetz aus der obersten Ecke. Eine kleine Scheibe, in einen weißen, seidenen Kokon eingesponnen, fiel herunter und blieb in der Mitte der Zelle im Abfluss stecken.

20

»Karr«, sagt die Stimme. Jemand donnert mit dem Gummi-knüppel gegen die Tür. Du antwortest ohne die Spur eines iro-nischen Untertons: *Jawohl, Sir.*

Er holt dich aus der Zelle, sagt dir, dass es zwei Uhr nachts ist. (Du hättest gedacht helllichter Tag oder sogar zwei Tage später.) Ob es Schikane war, dass sie dich erst um zwei Uhr nachts telefonieren ließen, oder ob sie warten mussten, bis der Bezirksrichter von seinem Picknick am Unabhängigkeitstag zurückgekehrt war, wirst du nie erfahren. Jedenfalls bringt man dich in das Büro eines Mannes, dessen Kleidung ihn wie eine Witzfigur erscheinen lässt. Zu dieser unchristlichen Zeit, an diesem unsäglichen Ort trägt er einen dreiteiligen, blau-weiß gestreiften Leinenanzug, der mit einer veritablen Uhren-tasche versehen ist; den Seidenschlips ziert als Krawattennadel die amerikanische Flagge. Den Anzug muss er Anfang der Vierzigerjahre gekauft und seitdem jede Nacht darin geschla-fen haben, anders ist der verknitterte Mr.-Chips-Stil, in dem er dir entgegentritt, nicht zu erklären. Er deutet auf das Telefon, sagt:»Bitte schön, mein Kind, rufen Sie an, wen Sie anrufen müssen.«

Du wählst, und Lecia nimmt ab. Weiß der Teufel, warum sie zu Hause übernachtet, aber ohne sie – das Schlafzimmer dei-ner Eltern ist ganz am anderen Ende – wäre niemand ans Te-lefon gegangen (wenn nicht gerade jemand schlaflos im Haus

328

herumlief). Aber Lecia, Gott segne sie dafür, kann aus dem Tiefschlaf in weniger als einer halben Sekunde einen Telefonhörer zur Hand nehmen, und das tut sie jetzt, auch wenn sie verschlafen klingt.

»Lecia, bitte weck Daddy nicht auf. Ich bin im Gefängnis.«

»Du kannst mich mal«, sagt sie, und du hörst, dass sie auflegen will. Du weißt, wenn sie jetzt auflegt, zieht sie sich die Decke über die Ohren, um kein zweites Mal geweckt zu werden. Falls man dich ein zweites Mal telefonieren lässt.

Also bellst du hemmungslos und kennst deine Stimme kaum wieder: »Nicht auflegen! Nicht auflegen!« Der Richter hört auf zu schreiben und blickt hoch. Du drehst dich um, legst die Hand an die Muschel und sagst mit gedämpfter Stimme: »Ich schwör's dir, das ist kein Witz. Ich sitze hier in Kountze im Gefängnis.«

»Ich hol dich da nicht raus, du Freak.« Du weißt, dass sie die Drohung nicht ernst meint: Sie käme auf der Stelle, wenn du sie bitten würdest, auch wenn sie dir auf der Rückfahrt das Fell über die Ohren ziehen würde. Du hörst, wie sie sich aufrichtet. »Weißt du eigentlich, wie spät es ist?«, sagt sie

»Kurz nach zwei oder so. Die haben hier keine Uhren in den Zellen hängen.« Du spürst den Blick des Richters im Rücken und drehst dich zu ihm um. Natürlich schreibt er nicht mehr, sondern glotzt dich unverhohlen an.

»Bist du betrunken?«, fragt Lecia.

»Nein, ich bin nicht betrunken. Ich bin gar nichts. Im Gefängnis bin ich. Das ist mein einziges Telefonat. Erinnerst du dich an *Polizeibericht*. Ein Telefonat hatten sie frei. Dies ist meins. Bitte, Lecia. Leg nicht auf. Schleich dich zu ihnen rein und hol Mutter ans Telefon. Sie soll herkommen und sie dazu bringen, dass sie mich rauslassen. Und weck Daddy nicht auf!«

»Meinetwegen«, sagt sie. Der Hörer plumpst in weiches Bettzeug.

Was Mutter gesagt hat, weißt du nicht mehr. (Lecia hat im Hintergrund »Jetzt hast du's geschafft, du Vollidiotin!« gerufen, bevor Mutter ihr die Tür vor der Nase zumachte. Mutter lässt sich den Richter geben, und der wird geradezu liebenwürdig. Du hältst die Hand ausgestreckt, während er spricht, wartest auf den Hörer.

Schließlich sagt der Richter: »Okay, Charlie, wir warten auf Sie.« Als er dir den Hörer gibt, tutet bereits das Freizeichen.

Mutter muss ihn wohl überzeugt haben, dass du nur zur falschen Zeit am falschen Ort warst, denn kaum hast du aufgelegt, bietet er dir etwas zu trinken an (leider ist der Automat bis auf ungenießbares Kräuterbier und ein paar Flaschen Dr.-Pepper-Cola leer getrunken). Er schickt dich nicht in deine Zelle zurück, sondern lässt dich auf den unechten Eichenstühlen vor seinem Büro Platz nehmen.

Du wartest schon eine halbe Stunde, als du am Ende des Raums zwei der drei Jungen aus Colorado siehst (der mit dem geschwollenen Fuß fehlt). Das heißt, du siehst nur ihre Köpfe, die über den oberen Rand einer Trennwand zu hüpfen scheinen, und du brauchst ein paar Sekunden, um zu begreifen, wer sie sind, denn die körperlosen Köpfe sind geschoren, mit der elektrischen Haarschneidemaschine auf Stoppellänge gebracht. Du stellst dir vor, wie die Scherköpfe über ihre Schädel gefahren sind und das schöne glänzende Haar in Kaskaden zu Boden gesegelt ist. Das Ergebnis ist eine Mutation: Die Jungen wirken auf einmal offenkundig kriminell – wie die Typen auf den grobkörnigen Verbrecherfotos, die im Postamt am schwarzen Brett hängen. Wenn einer von denen als Anhalter an der Küstenstraße gestanden hätte, und sei es am helllichten Tag, hättest du die Autotüren verriegelt.

Etwa eine Stunde später kommt ein kleiner Schwarzer zur Vordertür herein, einen langen Revolver in der Hand, der dich an die Schießeisen aus *Rauchende Colts* erinnert. Er legt ihn auf den Tresen und sagt zum Hilfssheriff: »Ich hab gerade meine Alte erschossen.« Seine Augen sind wässrig und blutunterlaufen, mit gelblich verfärbten Augäpfeln. Er trägt einen beigefarbenen Freizeitanzug, der aussieht, als wäre er aus Plastik. Wie ein Puppenkleid, denkst du. Man bietet ihm einen Stuhl an. Jemand setzt sogar Kaffeewasser für den Kerl auf und geht einen Becher ausspülen. Bevor sie die Tür zu dem Raum schließen, in dem schon das Tonband läuft, kannst du einen letzten Blick auf ihn werfen. Er hat die Hände ineinander verschlungen, lässt sein weinendes Gesicht langsam hineinsinken, und der bullige Polizist, der hinter ihm steht, klopft ihm auf die Schulter und sagt: »Ist ja gut, ist ja gut.«

Als deine Mutter endlich kommt, bist du durchgefroren und zitterst bis ins Mark. Sie beugt sich zu dir herunter, um dir einen Kuss zu geben, und du klammerst dich wie ein Beuteltier an ihr fest. Sie bittet einen der Cops um eine Wolldecke, damit ihre Kleine sich nicht zu Tode friert.

Bevor sie die Bürotür des Richters hinter sich schließt, zwinkert sie dir zu. Und dann sitzt du ganz besonders still, in die grobe Wolldecke gewickelt, und spitzt die Ohren. Eigentlich erwartest du, dass sie voller Entsetzen und Zorn über dein Verhalten spricht, damit der Richter ihr abkauft, dass sie dich von nun an am kurzen Zügel halten wird – *die Grenzen aufzeigen*, blabla-bla, *ihr Vater* jap-jap-pap. Wenn sie den Mann davon überzeugen kann, dass sie wie eine Höllenhündin über dich kommen wird, lässt er dich vielleicht laufen.

Stattdessen hörst du nach zwanzig Minuten leisen Gemurmels plötzlich Gelächter durch die geschlossene Tür, heftige Ausbrüche. Und es hört nicht wieder auf, bis dir klar wird, dass sie da drinnen bei einem Thema angelangt sind, das mit deinem Unglück nicht das Geringste zu tun hat. Sie scheinen bester Laune zu sein.

Deine Mutter lacht noch aus vollem Hals, als der Richter ihr die Tür öffnet. Er hält ihre Hand fest, zweifellos der Händedruck zum Abschied, in dem er inbrünstig verharrt, und sie lässt es geschehen. Er sagt: »Charlie, Charlie, Sie haben's immer noch in sich.« In dem grellen Licht sieht er viel älter aus, als du dachtest. Achtzig vielleicht. Unter dem dünnen weißen Haar hat der glänzende Schädel braune Flecken so groß wie Vierteldollarstücke. Und auf der Krawatte sieht man noch die Andenken an jede Suppe, die er je gelöffelt hat.

Aber sie behandelt ihn wie einen Helden. Sie legt den Kopf so kokett auf die Seite, dass dir Schauer über die Haut laufen. Innerlich schreist du auf: Und ich? Was ist mit mir?

Der Richter dreht sich zu dir um, legt dir eine Hand auf die Schulter, als stündet ihr nach dem Gottesdienst auf der Treppe vor der Kirche, und sagt mit entrücktem Blick: »Ich habe deine Mutter vor zwanzig Jahren kennen gelernt, als Polizeireporterin bei der *Gazette*. Sie hatte eigentlich eine Frauenkolumne, aber der Chefredakteur saß in der Klemme, und da hat er sie losgeschickt, damit sie über diesen Mordfall berichtet – ein großer Fall damals, und ich war der Ankläger. Ein Jahrhundertprozess. Das musst du dir vorstellen! Da kommt diese Lady auf Bleistiftabsätzen die Stufen zum Gericht hochgestöckelt.«

Sein Gesicht hat einen seligen Ausdruck – wie Giottos Engel, wenn sie in das Licht von Gottes Thron hinaufblicken.

»Ich war ein junger Staatsanwalt damals«, sagt er. »Und als sie durch diese riesigen Eichentüren in den Saal trat, ist mir die Luft weggeblieben, das kannst du mir glauben, meine Kleine. *Das ist die schönste Frau, die du je gesehen hast*, hab ich gedacht.«

»Ach Quatsch«, sagt Mutter. Und grinst so selbstzufrieden, dass du ihr am liebsten einen silbernen Löffel geben würdest, damit sie sich die triefenden Schmeicheleien besser einflößen kann.

»Und sollte deinem Daddy mal etwas zustoßen«, sagt der Richter, »dann heirate ich sie vom Fleck weg.«

»Sie alter Spinner«, sagt Mutter. Sie zieht ihre Hand zurück und fügt hinzu: »Sie brauchen ja bloß jemanden, der Sie zu Tode pflegt.«

»Mutter!«, sagst du. Aber der alte Mann zuckt nicht mit der Wimper, weder vor der Zurückweisung noch vor dem taktlosen Hinweis auf seine Sterblichkeit. Wäre sein Kreislauf noch intakt, würde er rot werden.

Er führt sie zwischen Schreibtischen und Stellwänden hindurch, und du trottest ihnen nach, und mit jedem Schritt steigt die Wut, weil keiner dich beachtet. Wessen Show ist das hier eigentlich? Das schafft auch nur Mutter, dir dabei eine Nebenrolle zuzuweisen.

An der Tür begegnet euch einer der Cops, die euch zusammengetrieben haben. Er trägt einen weißen Sack voll mit irgendeinem Zeug und zwei Pappbecher Kaffee in den Händen. Seine Gegenwart verändert die Laune des Richters schlagartig. Plötzlich zieht der alte Mann die Stirn in Falten, dreht sich zu dir um und sagt mit lauter Stimme: »Sie hören von uns, Miss Karr, sobald das Gericht den Verhandlungstermin festgelegt hat.« Aber sein breites Grinsen für Mutter, als sie die Wagentür öffnet, lässt dich daran zweifeln. (Keiner von euch wurde angeklagt, allerdings vermutest du, dass die Jungen aus Colorado, die sich anscheinend in Luft aufgelöst haben, nicht so viel Glück hatten.)

In der Zelle hast du dir geschworen, der Freiheit alle Ehre zu erweisen, wenn du erst wieder draußen wärst, keinen Atemzug mehr als selbstverständlich hinzunehmen, dich in Mutters Auto zu setzen und die Besserungsabsichten nur so aus dir heraussprudeln zu lassen. Stattdessen bist du stinksauer. Du fragst, was zum Teufel da drinnen los war.

Mutter steckt sich eine Salem an und wedelt den Rauch zum Fensterspalt hinaus. »Ach«, sagt sie, »nichts weiter. Ich bin ziemlich sicher, dass da nichts mehr nachkommt, Schatz. Die Sache dürfte erledigt sein.«

Angesichts dieser Gleichgültigkeit gegenüber einer Sache, die du – das hat man dich in der Schule gelehrt – wie eine schwere Eisenkugel durch dein ganzes Leben schleppen wirst, drehst du die Lautstärke ein wenig auf. Du brüllst: »Ziemlich sicher bist du, ja? Ziemlich sicher. Aber da sie mich am Arsch kriegen, wenn du dich irrst, sollten wir vielleicht doch lieber einen Anwalt nehmen. Um noch ein bisschen sicherer zu sein. *Sehr sicher* hört sich gut an. Oder *absolut sicher.*«

»Sei nicht albern, mein Herz«, sagt sie. »Du musst dir keine Sorgen machen. Warum vertraust du mir nicht einfach?«

Das Vertrauen, das sie jetzt so leichtfertig einklagt, ist dir schon vor langer Zeit abhanden gekommen, als du sechs oder sieben warst. Seitdem bist du so ziemlich auf dich allein gestellt, erst recht, seit Daddy sich wer weiß wo herumtreibt und Lecia ihren Rechtsdrall genau in dem Augenblick bekommen hat, als du nach links abgedriftet bist.

Nichts von alledem ist bewusstes Handeln, sondern nur intuitives Ausagieren. Du kannst die Wut, die in dir aufsteigt, kaum noch im Zaum halten, dabei solltest du glücklich sein – weil du frei bist und weil deine Mutter dir nicht aufs Dach steigt. Jeder andere würde Hosianna singen.

Stattdessen tust du, was niemand besser kann als sechzehnjährige Mädchen: Du versinkst in tiefes Schmollen. Ihr seid schon halb zu Hause, da teilt sie dir plötzlich mit, was sie mit deinem Zimmer vorhat, wenn du erst auf dem College bist.

»Falls sie mich aufs College lassen«, sagst du. »Falls mein Bewährungshelfer es mir erlaubt.«

»Ach, Unsinn. Ich meine ja nur, dass du nicht mehr lange bei uns wohnen wirst, und dann könnte ich meine Malsachen in deinem Zimmer unterbringen. Du hättest doch nichts dagegen, oder?«

»Mach, was du willst«, sagst du. Obwohl du einiges dagegen hast. Du hast dir immer ein ewiges Zuhause vorgestellt, das nach dem College auf dich wartet, das Zimmer versperrt, die Möbel mit Tüchern verhängt – ein Museum zu deiner alleinigen Verfügung.

Der Wagen gleitet über die Cow Bayou Bridge. Da gibt es ein Rasthaus, wo Lecia oft hingeht, und es ist gut möglich, dass Jerry Lee Lewis dort letzte Nacht auf sein Klavier eingedroschen hat.

Wie weit ihr euch von einander entfernt habt, Lecia und du. Früher habt ihr in Badeanzügen Supremes-Nummern eingeübt, jeden Schritt vor dem Flurspiegel aufeinander abgestimmt. Und wenn du heute mal zur selben Zeit im Haus bist wie sie (was selten vorkommt), drehst du Hendrix oder die Mothers of Invention (»Suzy Creamcheese, what's got into you, nyah nyah nyah nyah nyah...«) auf volle Lautstärke, um sie zu nerven. Mutter mag die Musik, und Daddy findet es immerhin lustig, dass dir so etwas gefällt. Aber Lecia treibt es zum Wahnsinn – sie läuft Sturm dagegen. Und vielleicht ist das ja der tiefere Sinn dahinter – ihr Zorn ist das heftigste Gefühl, das du in diesem gleichgültigen Haus hervorrufen kannst. Ganz offensichtlich hat die Nachricht, dass du im Knast sitzt, den Puls deiner Mutter keineswegs in die Höhe getrieben. Nicht einmal ein kleines bisschen.

Du willst wissen, wie sie den Richter dazu gekriegt hat, dich laufen zu lassen.

»Ach, Schatz. Es war seine Idee. Ich hätte mir nie angemaßt...«

»Mutter, der alte Sack war scharf auf dich. Als wärst du keine fünfzig plus x.«

»Ah, ich verstehe. Du willst wissen, wie eine alte Schachtel wie ich es fertig bringt, dass sich überhaupt noch einer mit einem Schwanz zwischen den Beinen nach ihr umdreht?« Auf einmal funkeln spitze, scharfe Messer in ihren Augen.

»So ungefähr«, sagst du.

Du willst nur noch selten etwas von deiner Mutter wissen, also kostet sie die Gelegenheit aus und lässt sich für die Antwort Zeit. Sie schnipst die Kippe ihrer Zigarette zum Fenster hinaus. Hinter ihrem Profil stieben die Funken. »Tja, Schätzchen«, sagt sie, »entweder du hast es, oder du hast es nicht.«

Nach einer Pause sagst du: »Also Lecia hat's ja wohl.«

»Sieht ganz so aus«, sagt Mutter. »Zweifellos.«

»Und ich? Hab ich es auch?«

»Und ob. Keine Frage. Mehr als genug. Wenn du dreißig bist...«

»Dreißig! Du lieber Gott! Warum sagst du nicht gleich, wenn du tot bist?«

»Nein, ich mein ja nur... Du warst eben immer ein bisschen spät dran...«

Du hältst die Hand hoch wie ein Verkehrspolizist und sagst: »Hör auf...«

Sie sagt: »Du wirst mal eine von den Frauen sein, die nicht so in die Breite gehen. Du bleibst mager, wie dein Daddy – und kriegst keine Falten. Du wirst einfach immer schlanker und immer hübscher und kriegst keinen von diesen Elefantenärschen. Und Wasser in den Beinen und das alles.«

336

»Wenn ich dreißig bin?«, sagst du. »Dreißig? Ist ja toll. Noch dreizehn Jahre Zölibat, bis ich endlich mal einen Schwanz zwischen die Beine kriege.« (Eigentlich geht es dir nicht um Schwänze, aber dir fehlt das Vokabular für deine Wünsche.)

Jede andere Mutter hätte dir für deine Ausdrucksweise eine geknallt, aber ihr Mangel an mütterlichen Impulsen gestattet ihr ironische Distanz. Als wärst du nicht wirklich ihre Tochter, sondern nur ein interessantes junges Mädchen, mit dem sie gerade beisammen ist. O ja, sie macht sich Sorgen, gewiss, aber ohne jede Substanz, ohne die Gefahr eines Eingreifens oder auch nur einer nachdrücklichen Haltung.

Schließlich sagt sie: »Mein Gott, Mary, du wirst sie dir schon bald mit dem Knüppel vom Leib halten müssen.«

Das wird sich nicht bewahrheiten. Aber die Munterkeit, mit der sie es sagt, wirkt wie das lang ersehnte Tätscheln deines fettigen Hinterkopfes.

Und so fährst du seltsam besänftigt nach Hause. Dir fehlt es an Einsicht, um der vergangenen Nacht in der Gefängniszelle ihren richtigen Stellenwert zu geben. Hättest du dich nur ein einziges Mal umgedreht, um dir die Sache genauer zu betrachten, wäre dir vielleicht einiges von dem Ungemach erspart geblieben, das sich über dir zusammenbraut.

21

Stacy Ferone ist die ideale Freundin – angehende Dichterin, Star der Volleyball-Schulmannschaft, in die du es nie geschafft hast. Sie beklagt sich nicht, wenn du ihre John-Lennon-Platte erst nach zwei Monaten wieder herausrückst. Sie zahlt dir immer deine Pommes frites. Und sie lässt sich jederzeit überreden, mit dir die Schule zu schwänzen, selbst wenn sie eigentlich eine Chemiearbeit schreiben muss. Eine Superschülerin. Aber so viel Vollkommenheit verlangt ihren Preis. Eigentlich wollt ihr zusammen ihre Abreise auf ein erstklassiges College feiern, aber du spürst, dass eine Rate fällig ist. Von ihr verlangt wird.

Wer hat es kommen sehen?

An dem Abend bei ihr zu Hause gackert ihr hysterisch herum. Ihre Eltern sind irgendwohin ausgegangen, und ihr seid im Begriff, Unmengen von Sorgen tilgendem Dope zu konsumieren.

Aus dem kleinen Monolautsprecher des Plattenspielers schnarrt Janis Joplins sandige Stimme auf *Pearl* (Freedom's just another word for / Nothing left to loose...«) noch blecherner als sonst. Vor dem Haus hupt es. Es ist dein Daddy, der euch Tacos bringt. Als Stacy die Tür aufmacht, sagt er: »Sieht sie nicht wie ein kleiner Engel aus?«

Sie nimmt die Tüte und tritt ein Stück auf die Veranda hinaus, stellt sich Daddy als dankbares Publikum für seine

Ratschläge zur Verfügung; Daddy kann sich niemandem auf Spuckweite nähern, ohne ihn mit Ratschlägen der nervtötendsten Art zu überhäufen. Auf dem Weg zu seinem Truck sagt er: »Zieh lieber Hausschuhe an, sonst holst du dir noch was weg auf dem kalten Boden. Und esst die Dinger, solange sie warm sind. Schneidet euch eine rohe Zwiebel klein…«

Du gehst hinter der Tür in Deckung und flüsterst Stacy zu: »Komm rein. Sonst hört er gar nicht wieder auf.«

Du willst sie am Ellenbogen hineinziehen, aber sie schüttelt dich ab, wiederholt seine Worte wie kostbare Ratschläge, und krallt die Hände fest in die Papiertüte, die von zerlaufendem Fett immer dunkler wird.

Als er in seinen grünen Truck steigt, sagt er: »Schließt die Tür ordentlich zu, bevor ihr ins Bett geht.« Er setzt den Wagen um maximal eine Reifenumdrehung zurück, bevor er sich aus dem Fenster lehnt und ruft: »Siehst aus wie 'n kleines Mädchen in deinem Pyjama, Miss Stacy. Wie zehn oder so.«

Im zitternden neongrünen Licht in Stacys Badezimmer siehst du ihr zu, wie sie am Stiel des Rasierers dreht und die Sicherheitsscharniere sich öffnen.

»Wie eine Geheimtür«, sagt Stacy.

»Eher wie ein Krokodilrachen«, meinst du. »Beim Krokodil klappen beide Kiefer auseinander, oder? Und der Alligator hat einen Deckelmechanismus.«

»Ich glaub, ja«, sagt Stacy. Aber ihre Stimme klingt wie in Trance. Sie fasst die Klinge an den stumpfen Enden und zieht sie heraus, hält sie gegen das Licht, das durch die seltsam geformte Öffnung in der Mitte scheint. (War es tatsächlich eine Gillette Super Blue, oder war das nur die meistbenutzte Klinge damals?) Stacys Eltern lassen ihre Tochter so oft allein, weil sie diese angelsächsische Kompetenz ausstrahlt, was daran liegen mag, dass sie in ihrem Team den härtesten Schmetterball schlägt. Sie reißt schon auch mal das Maul auf, aber sie hat noch keinen Verweis bekommen.

Außerdem ist sie für ihre ökonomische Situation und ihren geographischen Standort ungeheuer belesen. Vielleicht überzeugt dich dein Respekt vor ihren intellektuellen und körperlichen Leistungen davon, dass sie weiß, was sie tut, auch wenn du es nicht weißt. Und Selbstmord ist nun mal integraler Bestandteil der Gespräche, die du und Stacy und Meredith miteinander führt. Ihr macht Witze darüber, wie ihr an Dachbalken baumelt oder quer über Eisenbahnschienen liegt. Ins Gras beißt.

Im Neonlicht des Badezimmers doziert sie, bei einem ernsthaften Selbstmordversuch müsse man das Handgelenk der Länge nach aufschneiden, statt leichtfertig quer herüberzusäbeln, und so will sie es jetzt machen. Der Länge nach, da gibt es nichts mehr zu nähen. Dann ist es kein blindes Gestümper. Nein, dann ist es Schneiden, und sie behauptet, es perfektioniert zu haben. Mr. Provost hat ihre Sektionen im Naturkundeunterricht immer gerühmt. Von chirurgischer Feinheit, hat er gesagt. Deine Bemühungen, Jeans zu besticken, enden jedes Mal im Garngestrüpp auf beiden Seiten des Stoffs, Knoten und losen Enden in allen Richtungen.

Eigentlich wunderst du dich nicht, dass sie dich dazu eingeladen hat. Eben weil die Idee des Selbstmords sich wie ein roter Faden durch eure Unterhaltungen zieht. Außerdem scheinen die Menschen dazu zu neigen, dich zu heimlichen Verrichtungen einzuladen, Ritualen, die den meisten Leuten den Angstschweiß auf die Stirn treiben würden. Beim Anblick ihres kräftigen Handgelenks stockt dir schon ein bisschen der Atem, denn die Aussicht, dass es aufgeschnitten wird und blutet, erscheint dir wie Metzelei. Aber irgendwie zieht die Szene dich in ihren morbiden Bann. (Vielleicht, weil sie Mutters Flirt mit dem Selbstmord wieder wachruft, aber diesmal siehst du mit dem Anschein von Beherrschung zu, ohne zu zucken, standhaft, ohne erstickten Schrei auf den Lippen. Als Kind vor der verschlossenen Badezimmertür fehlte es dir an der nötigen Gelassenheit.)

Du sagst: »Bitte versprich mir, dass du nicht der Länge nach schneidest. Und nicht zu tief. Du hast es versprochen.« Du vermeidest es, auf die schorfigen Striemen am anderen Handgelenk zu schauen, die an den Rändern entzündet zu sein scheinen, obwohl Stacy schwört, zwei verschiedene Antiseptika draufgeschmiert zu haben. Die Pflaster unter der Manschette waren dir tagsüber aufgefallen. Und dann hat sie dir vom Schneiden erzählt.

Am anderen Handgelenk liegen blassblaue Venen unter der Haut. Sie setzt die Rasierklinge auf eine dieser milchigen Stellen. Schon dabei zuckst du zusammen, und sie hält inne, wie aus Rücksicht auf dich. Du saugst Luft zwischen die Zähne. Warum nutzt du die Atempause nicht zum Protest?

Schließlich sagt sie: »Ich hab's doch noch gar nicht gemacht.«

»Tut es denn nicht weh?«, fragst du zum x-ten Male.

»Nein«, sagt sie, aber so beiläufig, als hätte sie es abgelesen. Dann: »Versuch's doch auch mal. Damit du siehst, dass nichts dabei ist.«

»Um Gottes willen, nein. Ich mach das nicht. Es tut mir schon weh, dir dabei zuzusehen.«

(Und warum warst du dabei? Später sagst du zu deiner Rechtfertigung, sie hätte drauf bestanden, dich als Zeugin dabeizuhaben, aber so genau weißt du das gar nicht mehr.)

Ein ekelhafter Geschmack steigt dir in den Mund – klebrig und bitter. Du stehst stocksteif, als sie einen leichten Streich gegen das Handgelenk führt, nicht zu tief, und eine rote Linie aus der Haut sickert. Dann schneidet sie ein paar Mal schnell hintereinander, an jedem Schnitt sammeln sich Blutperlen.

»Es reicht«, sagst du. »Ich dreh gleich durch.«

Aber Stacy scheint dich gar nicht zu hören. Ihr Kopf ist nach vorne gefallen, als würde sie beten.

Später schäumen die Wunden unter einem Spritzer reinen Peroxyds auf. Sie saugt eine orangefarbene Tinktur in eine gläserne Pipette und träufelt sie auf die Wunde. Und du hilfst ihr dabei, das übergroße Wundpflaster auf das Handgelenk zu kleben.

Als du sie zehn Jahre später fragst, welchen Sinn das Schneiden hatte, wird sie behaupten, dass es keinen anderen Weg der Erlösung gab. Zu der Zeit weißt du bereits, dass sie, wie ihr alle, unter einem Gemütszustand litt, den Churchill als seinen »schwarzen Hund« bezeichnet hatte. Ihr wisst Bescheid über Symptome wie Affektlosigkeit, den Nutzen trainings-induzierter Endorphine, ihr kennt den Unterschied zwischen exogener (durch äußeren Verlust hervorgerufener) und endogener Depression (die bereits in dem Gehirn lauert, mit dem du auf die Welt kommst).

Aber du wirst nie begreifen, was du mit sechzehn für ein Mensch warst, dass du eine deiner besten Freundinnen nicht davon abhalten konntest, sich selber zu verstümmeln. Hättest du nicht jemandem Bescheid sagen können? Oder einfach gehen? Zuschauen ist immer auch stillschweigendes Einverständnis. Wie lautet Michael Herrs elegante Selbstanklage bezüglich seiner Rolle als journalistischer Augenzeuge bei den Gemetzeln in Vietnam? *Ich war dabei, um zu beobachten...*

22

Im Herbst lassen ferne Colleges in Leechfield wieder die Sensen schwingen und halten Ernte unter den wenigen noch verbliebenen Freunden in deinem Postzustellbezirk. Letztes Jahr sind alle Jungen abgefahren, diesen Herbst sind die dir ans Herz gewachsenen Mädchen an der Reihe. Zuerst waren es noch Monate oder Wochen oder Tage, und auf einmal scheinen sie sich mit einem Wimpernschlag in Luft aufzulösen.

Nur Doonie bleibt. Er ist inzwischen so umschwärmt von Blondinen mit schwarz geschminkten Augen und so genannten Geschäftspartnern (sprich: Gangstern), dass du ihn nur noch in Bewegung siehst – entweder im Rückspiegel des Autos deiner Mutter, schlangenhaft verschlungen mit irgendeiner Teenie-Schönheit auf der Rückfahrt von einem Konzert, zu dem ihr bedröhnt gefahren seid, oder er fliegt auf dem Bock eines heißen Ofens mit einem solchen Affenzahn vorüber, dass sein Profil Kondensstreifen zieht.

Und so bleiben dir nur die verschiedenen Abschiedsszenen, die du in den leeren Tagen immer wieder wehmütig im Geiste ablaufen lässt wie ein Kinofreak, der sich bestimmte Filmszenen hundertmal und in allen Einzelheiten vorspielt.

Etwa so: Stacy steigt in verschwommenen Einzelbildern die Stufen zum Bus hinauf, und in Anlehnung an Marcel Duchamp adressierst du deinen ersten Brief an die »Nackte, eine Treppe hinaufsteigend«. Durch getöntes Glas bewegt ihre massive Silhouette sich hinter fremden Köpfen vorbei, während sich dir die Kehle zuzieht. Dan fährt mit Meredith in der Nachmittagshitze davon, während sie den Kopf zum offenen Seitenfenster hinausstreckt und die kupferbraunen Haare wie eine zerfetzte Fahne im Wind flattern lässt.

Selbst Clarice geht fort, wenn auch nur metaphorisch. Als sie sich vor dem Traualtar (du bist ihre Ehrenjungfer) zu dir umdreht und dir das überquellende Bouquet aus weißen Rosen und Schleierkraut überreicht, hast du ihr gerade ins Ohr geflüstert, es sei noch nicht zu spät, Reißaus zu nehmen, du hättest den Wagen voll getankt vor der Tür stehen. Aber sie kehrt dir schnöde den Rücken zu, um einem jungen Soldaten Liebe, Treue und Gehorsam zu geloben, der dich so schief anschaut, als rechnete er jeden Moment damit, die Hörner unter deiner Frisur oder eine Schwanzspitze unter deinem bodenlangen Kleid herausschauen zu sehen. (Natürlich ist es reine Projektion – er hat noch kein böses Wort zu dir gesagt.)

Die Einsamkeit führt dich auf einen spirituellen Pfad, denn nach so vielen Abschieden und so viel Katzenjammer am nächsten Morgen sehnst du dich nach stabileren Zuständen. *Bitte mach, dass das Boot nicht mehr so schaukelt,* schreibst du in dein Tagebuch. In dieser Zeit schwörst du auch den Drogen ab – allerdings nicht als Teil eines bewussten Reformprogramms (denn du bringst Drogengenuss weder mit deinem Geisteszustand noch mit irgendwelchen quälenden Erfahrungen in Zusammenhang). Du schreibst dich einfach an der Technischen Hochschule für einen Kurs in Transzendentaler Meditation (kurz TM) ein. Raphael behauptet in einem Brief, du wärst bloß auf der Suche nach einer selbst induzierten Dröhnung, für die kein Bulle dich in den Knast stecken kann. So ist es.

Der oberste TM-Guru bittet Anfänger, in den Wochen vor

der rituellen Initiation, dem Empfangen der Mantras, drogenfrei zu bleiben. Drogenfrei, denkst du. Wenn's weiter nichts ist.
Keinen Shit zu rauchen ist leicht, so lange du das Haus nicht
verlässt. In deiner isolierten Zuwendung zum gesunden Leben
erlegst du dir auch ein Lieber-Gott-bring-mich-auf-das-Col-
lege-Programm auf, zu dem neben mühsam formulierten Briefen an deine Freundinnen, die dir aus ihren verschiedenen
Studienorten sofort schreiben und für volle Briefkästen sorgen, auch das Wiederlesen russischer Romane gehört.

Aber du windest dich, wehrst dich händeringend und weichst
aus, wenn es um die eine, für die Aufnahme auf ein College un-
erlässliche Aufgabe geht: den College-Aufsatz, ein Dokument,
vor dem du dich so sehr fürchtest, dass du wiederholt Zu-
lassungsformulare verschiedener Schulen verlierst – manche
mehr als zweimal. Jedes Mal, wenn du ein neues Formular an-
forderst, stellst du dir einen übel wollenden Angestellten vor,
der eine Liste deiner Anträge führt und jeden Vorfall mit einer
Bemerkung in deiner Akte versieht – *schlechte Organisatorin!*

Schließlich hast du von so viel tugendhaften Anstrengungen die Nase voll, und als du an einem Samstag erwachst und
im schmutzigen Badezimmerspiegel das Rattennest aus Haar
auf deinem Kopf erblickst, denkst du dir: Scheiße, ich fahr
an den Strand. Und schon stehst du im nassen Sand unter einem nietenbeschlagenen Nachthimmel, benebelt von dem
Haschisch, das du gerade geraucht hast. (In Ermangelung eines Pfeifchens hat jemand breite Messerklingen im Feuer er-
hitzt und daumennagelgroße Haschischstückchen dazwischen
zerdrückt, sodass der Rauch zischend von den gekreuzten
Klingen aufsteigt, und ihr beugt euch darüber und saugt ihn
mit wölfischer Gier in euch hinein.)

Mit schlechtem Gewissen machst du dich auf den Weg
zur TM-Initiation, die Lecia das Nirvana-rama nennt. Aber du

schwörst, dass es absolut das letzte Mal war, dass du Drogen ohne Rezept genommen hast. Es ist der Herbst deines Abschlussjahrs, des letzten Jahres deiner langen Haftzeit in diesem geisttötenden Irrenhaus. Der Tag ist strahlend blau, nachdem in der Nacht ein plötzlicher Kälteeinbruch mit eisigem Sturm einen knochenharten Reif auf die Blätter im Garten gelegt hat.

Du hast dir ein ehrwürdigeres Ritual vorgestellt, aber der rehäugige Student, der dich einführt, hat mit seinem selbst entworfenen Altar für eine unsägliche Kulisse gesorgt – über ein Möbel, das noch am ehesten einem Servierwagen ähnelt, hat er ein gebatiktes Bettlaken geworfen. Du schüttest eine Hand voll Onkel Ben's Reis neben den Scheck deiner Mutter und stellst eine Azalee mit schwarzen Frostflecken dazu – eine jämmerliche Kombination für ein heiliges Opfer. Als der Lehrer mit verdrehten Augen unverständliches Zeug zu singen beginnt, weißt du vor Verlegenheit nicht, wo du hingucken sollst. (Erst als Erwachsene wird dir klar, dass du viele dieser bizarren Begegnungen mit mehr oder weniger Fremden in dieser Zeit hättest abbrechen müssen; du hättest einfach gehen sollen, wie du es bei so manchem Jungen gemacht hast, aber in der Situation bist du nicht auf den Gedanken gekommen.) Du fühlst dich nicht wie ein Bodhisattwa. Du fühlst dich wie ein Armleuchter.

Trotzdem probierst du es fast eine Woche lang mit Meditation, morgens zehn Minuten und abends zehn Minuten (fünfzehn bis zwanzig hätten es sein sollen). Die Erleuchtung kommt im Schneckentempo, und das letzte Schuljahr ist noch so lang, dass du vor einem der Probeläufe für den Hochschuleignungstest eine Black Molly schmeißt, um dich auf Touren zu bringen. Später musst du dich mit ein bisschen Dope zurück auf den Boden holen, und so geht das weiter.

Inzwischen hält die Polizei auf Leechfields Straßen die Augen offen nach leichtsinnigen Teenagern mit Dope in der Tasche. Jedes Mal, wenn du unter einer Überführung durchfährst und (Sieh an!) dort oben einen Streifenwagen wie eine lauernde Kobra darauf warten siehst, sich auf deine bekiffte oder mit sonst welchen Medikamenten stimulierte Wenigkeit zu stürzen, blitzt die Erinnerung an deinen kurzen Knastaufenthalt in dir auf und löst rasende Herztätigkeit aus. Du verschluckst Joints und stammelst Stoßgebete, die mit Sicherheit keinen guten Geist des Universums hinter irgendeinem Ofen hervorlocken. (Später bist du überzeugt davon, dass verzweifelte, dem eigenen Wohlergehen dienende Gebete in der Mehrzahl sind, und vielleicht ist Schützengraben-Mentalität die einzige Spiritualität, die man wirklich erreichen kann.)

Von Liebesqualen bleibst du weitgehend verschont, auch wenn du dich von ein paar Herumtreibern auf Konzerte oder Drogenpartys mitschleppen lässt.

Irgendwann stellt Doonie dich einem Gitarristen vor, den sie wegen der katzenhaften, biegsamen Bewegungen, die er auf der Bühne vollführt, und weil er (schon mit achtzehn) seine Fender Stratocaster mit den Zähnen spielen kann, »Little Hendrix« nennen. Bei der Battle of the Bands im Einkaufszentrum (die er natürlich gewinnt) lässt er deinen Namen in ein paar seiner Songs einfließen, und bald findest du dich hinter der Bühne wieder, wenn er im Vorprogramm zu Top Acts wie Johnny oder Edgar Winter auftritt. Die coole Groupie-Pose hast du schnell drauf, und du kannst dir dein mit prächtigen Hippie-Insignien geschmücktes Konterfei ohne weiteres auf dem Titelbild des *Rolling Stone* vorstellen.

Es bleibt nicht viel zurück von diesem Liebesabenteuer, denn eigentlich wart ihr die ganze Zeit benebelt von den Unmengen an Drogen, die seine Fans pausenlos spendierten. Du wirst dich später daran erinnern, dass er sich irgendein Kräuterzeug ins Badewasser geschüttet hat, dessen Duft Phantasien vom Garten Eden auslöste, und das Ganze mündete jedes Mal in ein Liebesspiel unter der Dusche, dem du den Namen Tropischer Regenwald gegeben hast. Wenn er sich im Bett über dich beugte, bildete der Kräuterduft ein kleines Separee für eure beiden Gesichter.

Du wechselst sogar illegal auf seine Schule – die rivalisierende High-School am anderen Ende der Stadt, auf die auch Doonie geht. Im Sekretariat lügst du, deine Familie sei umgezogen, und so wird deine bunt schillernde Akte per Post von der Leechfield-High-School hinübergeschickt. Nach einem Monat täglicher Autofahrten mit Doonie und Little Hendrix, die jeden Morgen um sieben mit dem ersten Joint auf dem Parkplatz enden, geht er zurück zu seiner Exfreundin, die auf dem College ist. Sie sieht aus wie Olivia Hussey in *Romeo und Julia*, fährt einen weißen Mercury Cougar und hat in Austin eine eigene Wohnung. Scheiße.

Zu allem Überfluss hat dich Little Hendrix' kleine Schwester, ein großer Fan seiner Exfreundin, im Sekretariat verpfiffen und ihnen die richtige Adresse deiner Eltern verraten, und sie haben dich schmählich wieder davongejagt. Doppelte Scheiße.

23

Deine Verliebtheit in Little Hendrix ist in einer Wolke aus Rauch und Schwefel aufgegangen, aber er hat dich für alle Zeiten mit Bock auf guten Blues gesegnet.

Und so fährst du in einer legendären Nacht zu Effie's Go-Go hinaus, einem schwarzen Musikschuppen im finstersten Beaumont, gleich hinter den Werften, einem Laden, zu dem kein minderjähriges Mädchen gleich welcher Hautfarbe Zutritt haben sollte. Auf der Hinfahrt leuchtest du so hell von Orange Sunshine, dass die dunklen Bäume am Straßenrand zurücktreten, um dir die Straße frei zu machen, und deine nackten Arme im Inneren des Wagens schimmern wie edler Marmor.

Du fährst mit dem Neuen in der Stadt – womöglich ist er noch bedröhnter als du – und seiner vermeintlichen Freundin Miss Ann dorthin. Nennen wir ihn Augustus Maurice Schuck – ein verschnörkeltes Alias, nicht weniger erstaunlich als sein richtiger Name und der dazugehörige Mensch. Augustus ist ein hoch gewachsener, pausbäckiger Junge, eine prächtige (wenn auch nicht bekennende) Schwuchtel, seine braunen Korkenzieherlocken sind so etwas wie die weiße Antwort auf Jheri-Kurl.

Am ersten Tag des letzten Schuljahrs kam Augustus in Hot Pants mit Stars-and-Stripes-Hosenträgern in die Schauspielklasse spaziert. Seine Clogs klapperten wie Pferdehufe, und alle reckten den Hals nach ihm. Er war von Houston hergezogen und teilte sich eine Wohnung mit seiner Mutter und seinem Bruder, einem Transvestiten, der sein Make-up in einer Blechdose für Fischköder mit sich herumtrug und sich die Bambiwimpern, die seinerzeit in den Diskotheken en vogue waren, schneller als Lecia auf die Lider kleben konnte.

Dass sich noch keiner der Dumpfköpfe Augustus Maurice vorgeknöpft hatte, um ihm das Hirn aus dem Schädel zu prügeln, verdankte sich seiner beträchtlichen Körpergröße und der natürlichen Brillanz seines Auftretens. Ein schulweites Ansehen war ein wirksamer Schutzschild gegen die profanen Grausamkeiten, die Leechfielder Schüler für Andersgeartete in petto hatten. (Als Meredith in ihrem Abschlussjahr mit Springerstiefeln in die Schule kommt, stürzt ein Football-Star zu ihr an den Mittagstisch und ruft: »Was sind 'n das für Scheißstiefel!«)

Vielleicht wurde Augustus die Tatsache, dass er der sahnehäutigen Miss Ann den Hof machte, die seinerzeit den so genannten Jesus-Freaks angehörte, als Schritt in die heterosexuelle Richtung angerechnet. So konnte der durchschnittliche Dumpfkopf sich sagen: Na ja, immerhin, er gibt sich Mühe. Aber Miss Ann vermochte Augustus Maurice nicht einen Deut normaler zu machen, und ihre Gegenwart nahm ihm kein einziges Watt von seinem strahlenden Glanz.

Die Tatsache, dass er seiner Wege gehen konnte, ohne Prügel zu beziehen, wirft auch ein günstiges Licht auf Texas, wo aus der Liebe zu individueller Freiheit eine vorsichtige Akzeptanz, wenn nicht gar Fürsorge erwachsen können. Ein Verrückter musste nur frech genug auftreten, um sich ein gewisses Ansehen zu verschaffen. Genug Rotz gelöffelt haben nannte man das in deiner Familie. Augustus Maurice hatte mehr als genug gelöffelt, jeden Raum, den er betrat, füllte er mit Unverfrorenheit. Wenn man Pech hatte, handelte man sich mit einer solchen Pose furchtbare Prügel ein, aber gelegentlich kam man damit weiter.

Er war der erste Mensch in deinem Leben, dessen Kleidung für eine wirkliche Ideologie stand, denn er wollte allen Ernstes mit einem Kleiderprojekt die herrschende Ordnung stürzen. Du bist schon aus den Latschen gekippt, wenn er in einem dieser erbsensuppengrünen Overalls aufkreuzte, wie sie gern von Kriegsveteranen und Rentnern getragen wurden. Allerdings hatte das Ding bei ihm seine ganz eigene Botschaft – der Hosenboden spannte sich so straff über den Hintern, dass sich das rechteckige Etikett seines Jockey-Slips abzeichnete, und die eingenähten Schulterpolster verschafften ihm ein Kreuz wie Joan Crawford oder ein Linebacker beim Football.

Eigentlich fahrt ihr wegen Miss Anns großem Bruder Chick zu Effie's Go Go hinaus. Seine Bluesband soll dort das Vorprogramm zu Lightning Hopkins und B.B. King bestreiten. (Angeblich wollten sich die beiden hier auf dem Weg von Houston nach New Orleans zu einer Jam Session treffen – ein Gerücht, an dem du schon bald mit gutem Grund zweifelst.) Chick setzt euch sogar auf die Liste der Leute, die zur Band gehören, damit ihr keinen Eintritt zahlen müsst.

Du hoffst, dass Little Hendrix samt seiner College-Freundin dort aufkreuzt, damit er sieht, dass du zur Band gehörst und er nicht. Dann kannst du ihm Haselnüsse gegen den Hinterkopf schnipsen oder mit dem Cocktailstrohhalm schlabberige Rotzfladen auf ihn abschießen.

Wenn du nur eine Spur weniger bedröhnt vor diesem Laden angekommen wärst – nur eine Viertelstunde früher –, dann hättest du vielleicht wieder kehrtgemacht. Vielleicht hättest du einen Blick auf die mit Abfällen übersäte, nach Sumpfgas stinkende Straße geworfen und gesagt: Nein, danke, lieber nicht. Aber als ihr angerauscht kommt, bist du schon voll auf dem Acid-Trip, und alle Dinge zittern in ihren Umrissen. Allein der Anblick des Ladens durch die Windschutzscheibe tötet jeden klaren Gedanken ab. Du denkst, ein derart heruntergekommener Laden beweist nur, was für eine heruntergekommene Knalltüte du selber bist.

Eine Zeit lang hältst du das Lenkrad umklammert, während der Motor wie eine Zeitbombe tickt und die Sterne in ihren Fassungen pulsieren. Du bist in einer Geisterstadt, die kahlen Straßen übersät mit den urbanen Steppenhexen aus Zellophan und Packpapier. Du musst dich mehr als nur ein paar Minuten lang am Lenkrad festhalten, um dich zurechtzufinden, weil deine inneren Navigationsinstrumente nur die gröbsten physikalischen Wahrheiten preisgeben: Meine Füße sind unten, der Kopf ist oben. Oder: Ein Stuhl ist zum Sitzen. Oder: Mit der rechten Hand male ich.

Aber draußen stimmen die Proportionen schon nicht mehr. Ein paar Straßenlaternen ragen schlank wie Wolkenkratzer in den Himmel, andere wirken zwergenhaft und geduckt. Und nirgends eine gerade Linie. Der Randstein vor dem Eingang zur Bar wölbt sich dir wie ein Proszenium entgegen, während die Tür in der erzwungenen Perspektive zurückweicht und klein und randlos wie ein Rattenloch erscheint.

Augustus Maurice sagt: »Und wegen dem Schuppen hab ich mein Partykleid aus den Mottenkugeln gezogen.« Seine Oberlippe ist von Natur aus geschwungen, sodass er permanent zu schmollen scheint.

Du erwiderst: »Das ist ein Bluesschuppen, Augustus. Wir sind nicht wegen der Jackson Five hier.

Miss Ann kratzt ein Flämmchen aus ihrem Bic-Feuerzeug, um den Lageplan zu studieren, den ihr Bruder ihr aufgemalt hat. Sie schaut hoch, reckt den Hals nach nicht vorhandenen

Straßenschildern und sagt schließlich mit einem Stimmchen, das zarter ist als Vogelgezwitscher: »Das muss der Laden sein.«

Bei einer handfesten Kneipenkeilerei wäre Miss Ann von keinerlei Nutzen, aber für jemand so Abgeflogenen wie dich hat ihre Gegenwart etwas Tröstliches – es umgibt sie die Aura der rosaroten Fee in Disneys *Cinderella.* Und als Jesus-Freak ist sie mit einiger Sicherheit nicht auf Trip. So behält wenigstens eine von euch (halbwegs) den Überblick.

Das alles denkst du in einem kurzen Moment plötzlicher Konzentration, während ihr wie von Zauberhand vor den Eingang von Effie's Go Go gefegt werdet. Als wären euch Rollen gewachsen und hätten euch wie düsengetriebene Roboter über die Straße gerollt. Es geht so schnell, dass du den Weg nicht mitbekommst – du bist da, und alles dreht sich.

Deshalb fragst du atemlos: »Was ist das?«

Augustus sagt: »Ein mit Brettern vernagelter Bums ist das, sogar mit Gittern vor den Fenstern.« Er erinnert beinah an Jack Benny, als er mit bitterer Ironie hinzufügt: »Na, das ist mal 'n hübscher Einfall.«

Mit Mühe, weil dein Mund so trocken ist, bringst du hervor: »Wenigstens sind wir sicher. Die vielen Gitter halten die Drachen draußen.«

»Oder drinnen«, sagt Augustus. Er neigt verwirrt den Kopf, weil er auch auf Trip ist. »Bei uns?«, fragt er. »Uns mit den Drachen eingesperrt – ist das korrekt? Grammatikalisch?«

Du stellst dir vor, wie ihr in der sechsten Klasse unter dem Blick von Miss Klick-Klacks Adleraugen Sätze analysieren musstet. *Wir* ist das Subjekt, denkst du, und *uns* das Prädikat. Und dabei hast du die geschlossene Tür vor Augen, die dir so winzig vorkommt, dass du meinst, dich beim Hineingehen bücken zu müssen.

Aber du kannst dich noch nicht entschließen – es scheint dir nicht gerade ein Laden für Weiße zu sein. Dann schämst du dich deines Motivs, und plötzlich wird das Hineingehen zur Pflicht. Du musst hineingehen. Deine Pose als notorische Handreicherin lässt dir keine Wahl. Außerdem steht das Auto mindestens tausend Meter weit weg hinter einem Streifen Wüstensand. Und dann siehst du, mit welcher Gelassenheit Miss Ann die geschlossene Tür anlächelt.

Plötzlich fällt dir Miss Anns Bruder und seine Band wieder ein. Euer unsägliches Trio ist dort drinnen nicht allein, plärrende Weißbrotgesichter geben euch sicheres Geleit. Und dort steht die strahlende Miss Ann. Was für Schlangen euch in dieser Wildnis auch beißen, sie ist das Gegengift. Du glaubst zu sehen, dass Schmetterlinge ihr in Achterbahnen um den Kopf flattern. Sie ist dein Talisman gegen die Zweifel, das menschliche Äquivalent einer Hasenpfote.

Aber kaum seid ihr über die Schwelle getreten und die Tür ist hinter euch ins Schloss gefallen, wird dir das Ausmaß deiner Fehleinschätzung deutlich.

Zuerst durch die flaschengrüne Atmosphäre, denn die Luft ist dick wie Schlamm, mit einem verstecktem Geruch nach etwas Verfaulendem – altem Rosenkohl vielleicht.

Am hinteren Ende des Raums siehst du eine grell beleuchtete Bühne, zusammengezimmert aus nackten Bohlen, wie man sie in einem Westernsaloon erwarten würde. Auf ihr tanzt eine riesenhafte Schwarze, bis auf Unterhose und Büstenhalter unbekleidet. Sie ist wahnsinnig groß, mindestens einsneunzig, und hat ellenlange Beine. Sie trägt eine schwarze Panoramasonnenbrille, eine von der Sorte mit bläschenblubbernder amphibischer Oberfläche und haarfeinem Sehschlitz, als könnte sie von der Welt nicht mehr ertragen als diesen schmalen Ausschnitt.

Mehr noch als ihre Halbnacktheit beunruhigt dich der jämmerliche Zustand ihrer Unterwäsche. Auf das Höschen, angegraut und völlig aus der Mode mit seinem hohen Bund, ist vorne in einem Halbkreis das Wort »Dienstag« gestickt, dabei bist du ziemlich sicher, dass Freitag ist. An einem Hosenbein ist das Gummiband gerissen und hängt herunter, als wollte es den Schenkel nicht länger umschließen. Um den schlechten Sitz zu kaschieren und weil das Höschen entschieden zu groß ist, hat sie es bis unter die Rippen gezogen. Was ihre Proportionen nur noch mehr entstellt – der Oberkörper wird kürzer, die Beine werden noch länger –, sodass sie wie eine deformierte Spinne aussieht.

Sie hat praktisch keinen Busen und trägt trotzdem einen übergroßen Push-up-BH, der dafür gebaut ist, Titten bis an den Hals zu hieven. Aber wo keine Titten sind, gibt es nichts zu hieven, bleiben die Körbchen leer. Wo Brüste schwellen sollten, verliert sich der Blick in Hohlräumen. Splitternackt wäre sie besser angezogen, denkst du. Sie schwenkt ihre schmalen Hüften, beschreibt einen Kreis erst in eine, dann in die andere Richtung, und in dieser uhrwerkartigen Bewegung beginnt die Zeit, wie du sie kennst, sich zu verformen.

Spätestens jetzt weißt du: Effie's Go Go ist nicht bloß ein Musikschuppen, etwas ausgeflippter vielleicht als die Läden am Highway 73, in denen du mit Little Hendrix warst. Effie's Go Go ist ein anderes Element, nicht weniger fremd als die Tiefen des Ozeans und mit mindestens so unverständlichen physikalischen Gesetzen.

Aber als du dich zum Türknauf umdrehst, um das Weite zu suchen, hat er sich wie Wachs verflüssigt, ist in die Tür hineingeschmolzen, und die Tür ist mit der Wand verlaufen. Es gibt keinen Türknauf und keine Tür mehr, nur eine fugenlose Fläche, die Wand eines stählernen Bunkers. Du versuchst dieser Tatsache gelassen ins Auge zu blicken, willst den wenigen Leuten deine Angst nicht zeigen, bevor du nicht besser über die Umgangsformen in dem Laden Bescheid weißt. In einer solchen Umgebung taucht man am besten ab, macht sich klein.

Wenn du dich hinsetzt, denkst du, verfliegt der Rausch und die Tür nimmt wieder Gestalt an. Und hinter der Tür steht das Auto. Und vor dem Auto erstreckt sich das Band der Straße, auf der du hergekommen bist, und an ihrem anderen Ende steht unverrückbar, eine Ikone der Sicherheit, dein Elternhaus.

Das redest du dir jedenfalls ein.

Hinter dir steht Augustus Maurice und zieht an der Kapuze von deinem Sweatshirt. Er muss jetzt gehen, sagt er. Auf der Stelle. Er hält es hier nicht mehr aus. Das konnte er ja nicht ahnen. Er muss gehen. Die Kaninchenaugen hinter der Drahtbrille treten hervor. Seine Brust wogt wie nach einem Dauerlauf. Er ist ein kleiner Junge vor seiner ersten Fahrt mit der Geisterbahn, und du legst ihm die Hand auf die fleischige Schulter.

»Ich muss mich erst mal hinsetzen«, sagst du. »Eine Cola trinken.«

Sagst du es, oder denkst du es nur? Die Membran, die deine innere Welt von äußeren Phänomenen wie dem das Sprechens trennt, hat Risse bekommen. Einbildung und Wirklichkeit laufen ineinander.

Miss Ann streichelt Augustus den Rücken und flüstert auf ihn ein wie ein Zureiter auf ein wildes Pferd, das seine erste Trense im Maul hat. Wie ablaufendes Wasser verschwindet die Röte aus Augustus' Gesicht.

Du hast das Gefühl, eine Ewigkeit im Strudel des Raums zu verharren, geschrumpft zu winziger Größe, eine Mücke in einer Bar, die immer hohler und schluchtenartiger wird. Die Decke dehnt und streckt sich bis weit hinter die Tänzerin, einem endlosen Horizont entgegen. Auf ähnliche Weise neigt der Fußboden sich abwärts, scheinbar für alle Zeiten. Du stehst im Scharnier zweier gähnender Kiefer. In die Oberflächen ist Bewegung gekommen. Die weißen Asbestplatten der Decke haben Pockennarben, schwarze Löcher, in denen es zu blubbern und zu brodeln scheint, während die falsche Marmorierung des schwarzen Linoleums zu schlingern beginnt. Und du stehst im Zentrum und fühlst dich wie der perspektivische Punkt, von dem das alles ausgeht.

Von hinten drängt Augustus sich gegen deinen Rücken. Er bohrt dir den Zeigefinger zwischen die Schulterblätter, und es ist, als hätte er auf einen Knopf gedrückt und dich in Gang gesetzt. In diesem Augenblick wirst du – ein Ausdruck von Lecias Freund, dem Ex-Marine – zur Zugführerin dieser Kommandoeinheit. Sogar seine Geschichte von einem schrecklichen Ort namens Khe San fällt dir wieder ein. Sie lagen auf einer Anhöhe, überall um ihn herum flogen blutige Fetzen, und die krächzende Stimme aus dem Funkgerät sagte immer wieder dieselben Sätze: *Bleibt stark. Haltet durch. Hilfe ist unterwegs.*

Leise wiederholst du diesen Refrain. Und wieder trägt dich eine unsichtbare Kraft – vielleicht dieselbe, die dich vorhin vom Auto vor den Eingang wehte – in einer Milliardstelsekunde quer durch den Raum. Du sitzt vor der Bühne, auf einem Stuhl an einem schwarzen Cocktailtisch.

Vor deinen Augen lässt immer noch das tanzende Mannweib mit den Stelzenbeinen und der kläglichen Dienstag-Unterhose vor einem bläulich glitzernden Schlagzeug ihr Beckenuhrwerk kreisen. Sie schraubt sich höher und höher hinaus. (Als viele Jahre später der *Krieg der Sterne* herauskommt, ruft der große haarige Wookie, der dem Helden als treuer Freund zur Seite steht, die Erinnerung an sie wieder wach.)

357

Augustus Maurice sitzt mit Schmollmund da und sieht aus wie ein kleines Schwein. Sein Bauch hebt und senkt sich. Er ist das verängstigte Schwein Wilbur aus *Wilbur und Charlotte*. Und du wirst zur kleinen Fern. Du drückst ihm kurz den verschwitzten Nacken. Unter herbem Kölnisch-Wasser-Duft und blumigem Deodorant riecht er nach Schweißfüßen. Er sagt besorgte Dinge, und sie klingen wie Geschnatter, und deine tröstenden Worte klingen wie *Kum-ba-ya, m' Lord, kum-ba-ya*.

Drinks! Das ist es. Du wirst an die Bar gehen und etwas zu trinken holen. Sicher freut sich der Barkeeper über eine Belebung des flauen Geschäfts, und… du lieber Himmel, ist der Kerl fett, ein weicher, sanft geneigter Berg aus Rundungen und Kurven. Eine Gestalt ganz ohne Ecken und Kanten, ohne jeden Hinweis auf Knochen. Unter seiner Körpermasse wirkt der Barhocker lächerlich klein. Er verzehrt gerade einen eingelegten Schweinsfuß, beugt sich wie ein wildes Tier darüber.

Wie durch knietiefen Schlamm kämpfst du dich vor bis an die Bar. Er hat den säuerlichen Knöchel abgenagt, wirft ihn in einen unsichtbaren Behälter und wischt sich mit dem Handtuch, das er sich wie ein Lätzchen vorn ins Hemd gesteckt hat, über den Mund. Hinter ihm stehen drei dickwandige Gläser gefüllt mit Mixed Pickles, gekochten Eiern und gepökelten Schweinsfüßen. Allein bei ihrem Anblick zieht sich etwas in deinem Hals zusammen, und plötzlich riechst du Formaldehyd, und in den Gläsern schwimmen keine gewöhnlichen Bar-Snacks mehr, sondern fötale Formen – Bilder, vor denen du die Augen schließt, um sie ja nicht zum Leben zu erwecken.

Du fragst nach Cola. Er wischt sich jeden Finger einzeln in seinem Handtuchlätzchen ab, dann schaufelt er Eis in drei Cocktailgläser. Er greift nach einem silbernen Barschlauch. In seiner Hand verwandelt die Düse sich sofort in einen maskierten Schlangenkopf – Augen glühen bernsteinfarben. Er drückt

auf die Maske, das Zahnfleisch schiebt sich zurück und legt Gift-
zähne frei, dann taucht er die Zähne nacheinander in jedes
der drei Gläser – eins, zwei, drei. In jedes Glas zischt eine volle
Ladung schwarzes, dampfendes Schlangengift.

Inzwischen hat die Wookie-Tänzerin sich am Ende der Bar
aufgebaut. Du siehst in ihr fast schon eine Verbündete, denn
sie ist immerhin ein Mädchen, und wolltet Clarice und du,
wenn ihr *Soul Train* gesehen habt, nicht auch so geschmeidige
Tänzerinnen sein, wie sie eine ist? Aber sie hat etwas Unnah-
bares – etwas Majestätisches im Profil, kurzes, glatt gebranntes,
in einer ausgefransten Tolle nach hinten gekämmtes Haar, No-
fretetes Haartracht nicht unähnlich. Der Barkeeper lässt dich
stehen, um ihr Kleingeld für die Musikbox zu bringen. Als sie
sich umdreht, kannst du zum ersten Mal hinter die amphibi-
sche Brille schauen. Ihr rechtes Auge ist von Schorf verkrustet, wie zerlaufenes Eigelb, das Fleisch von einer schrecklichen
Entzündung angefressen. Natürlich kannst du nicht durch
den eitrigen Morast bis auf die nackten weißen Knochen
schauen, aber du bildest es dir ein.

Meredith würde sagen, sie hat gelitten. Du hast den Blues
im Kopf, sie muss ihn leben, lautet ein anderer Spruch.

Der Barkeeper zerdrückt Limetten über eurem Schlangengift, und um dir das schleichende Unbehagen über deine
Halluzinationen nicht anmerken zu lassen, fängst du an, über
Musik zu quasseln. Laute kommen aus deinem Mund. Du
spürst, wie deine Kiefer arbeiten. Gut. Bemerkenswerte Einsichten über Albert King, Howling Wolf, Lightning Hopkins.

Als eure Blicke sich treffen, meinst du einen Funken Aner-
kennung aufblitzen zu sehen, von dem du profitieren möchtest. Gemeinsamkeiten sind tröstlich, und du willst den Augenblick festhalten. Du orderst Maischips und Bi-Fis, um ihm
deine Großzügigkeit zu beweisen. Er stellt sich dir als Effie vor

und fügt mit schroffem Stolz hinzu: »Der Laden hier gehört mir.«

Effie hält dir das Wechselgeld hin, und deine Hand klappt auf, um es zu nehmen. Aber statt Münzen hineinfallen zu lassen, packt er dich am Handgelenk, das sich in seinem rauen Griff dünn wie ein Bleistift anfühlt. Dann streicht er mit einem Finger über die Linie, die deine Handfläche teilt – die Herzlinie? Lebenslinie? Du versuchst deine Pose der Gleichgültigkeit in der schamlosen Intimität seiner flüchtigen Berührung beizubehalten, weil es unhöflich wäre, die Hand zurückzuziehen. Sie ist zum Tauschpfand geworden, dessen Wert du gerade abwägst, als er dir einen feuchten Kuss mitten auf die Handfläche drückt. Erst dann fallen die wenigen Münzen hinein.

Wie der Blitz bist du zurück am Tisch, stellst ein Glas vor Augustus ab, der dumpf und reglos dasitzt, auch wenn die Tränen auf seinem Gesicht noch nicht getrocknet sind. Du fühlst dich zu gedemütigt von Effies Kuss, um davon zu erzählen. (*Sie hat darum gebettelt.*) Augustus teilt dir schluchzend mit, wie dringend er zur Toilette muss. Aber er fürchtet sich zu sehr, selbst wenn du ihn begleitest. Er sagt immer wieder: »Ich weiß, dass ich da nicht wieder rauskomme. Ich weiß es. Ich komm da nie wieder raus.«

Ann hat ihm einen Arm um die weichen Schultern gelegt und krault ihm den Kopf wie einer Katze. Er nimmt die Drahtbrille ab, weicht zwei Servietten in seinem Glas mit schaumigem Schlangengift ein und legt sich die nassen Bäusche auf die Augen, presst sie sich in die Augenhöhlen wie ein Blinder, der Heilung sucht.

Nachdem die Drinks verteilt sind, fallen dir die Snacks auf dem Bartresen ein, für die du mit einem Kuss bezahlt hast, der jetzt noch in der Handfläche brennt. Wenn du sie nicht holst, gestehst du deine Angst vor Effie, deinen Widerwillen. Noch wägst du die Optionen ab – die Snacks holen oder nicht –, da spürst du einen neuen Blick im Rücken. Du drehst dich um. Langsam. Denn in einer solchen Umgebung können hastige Bewegungen blitzschnelle Angriffe auslösen.

Aber dort an der Bar steht ein Mann mit dunkelrotem Haar in einem frisch gestärkten Matrosenanzug mit weit ausgestellter Hose, die vorne eine Knopfleiste hat. Das viele Weiß und der tadellose Zustand seiner Uniform (der ihn in deiner gewohnten Umgebung zum dreckigen Imperialistenschwein gemacht hätte) versetzen dich in Hochstimmung, und du läufst schnell hinüber zur Bar, sammelst deine Maischips und die Bi-Fis ein, nennst ihm deinen Namen und bittest ihn an euren Tisch.

Ann stürzt sich auf die Chips und sagt: »He, ich heiße Ann.«

Augustus nimmt die colagetränkten Kompressen von den Augen und winkt – auch er durch den Anblick des Seemanns ein wenig aufgemuntert – wie ein Musketier mit der beringten Hand. Der Seemann verbeugt sich und sagt mit klarer Stimme: »Mein Name ist Cook.« Du nickst, und er fügt hinzu: »Robert Cook.«

Du nickst noch einmal verständnisvoll. Augustus fragt Mr. Cook gegen die dröhnende Jukebox an, ob er mit der Männertoilette hier vertraut sei, und Cook lehnt sich – vielleicht um nicht aufstehen und sich über den Tisch zu Augustus hinüberbeugen zu müssen – näher an dein Ohr heran und gibt das Folgende zum Besten: »Cook, Cook. Robert Cook, Robert Cook, Robert Cook. Mein Name ist Cook Cook. Robert Cook. Robert Cook ist mein Name ...«

Robert Cook zieht sich von deinem Ohr zurück und strahlt gelassene, blauäugige Zufriedenheit über seine Vorstellung aus. Für seine Verhältnisse ist es bestens gelaufen.

Ann lächelt ihr Feenlächeln.

Irgendwie haben dir die Wiederholungen des Namens gefallen, also machst du noch einen Versuch, rufst Robert-Cook-Robert-Cook zu: »Wie gefällt dir die Musik?«

»Ein bisschen flott, aber ganz okay«, antwortet er. »Ein bisschen flott. Sie ist ein bisschen flott. Okay. Okay! Okay! Sie ist ein bisschen flott…«

Seine Worte schlängeln sich durch Gehirnmasse in dein Ohr, und als du sie begriffen hast, versinkst du wieder in Sorge. Du hast hier noch längst nicht alle Gefahren ausgelotet. Du weißt nicht, wer die Schurken sind und wer die Verbündeten. In deinem unberührten Glas ist eine Limone auf ein kleines rotes Schwert gespießt. Du streifst die Frucht von seiner Klinge und denkst hochtrabend: Und muss ich damit in die Schlacht ziehen, so sei es.

Robert Cook rückt seinen Stuhl nah an deinen heran, so nah, dass du der albtraumhaften Beschaffenheit seines Gehirns gewahr wirst – einer Konstruktion ohne beleuchtete Ausgangsschilder, mit verschiebbaren Bücherregalen und Falltüren, Geheimgängen, von denen du instinktiv weißt, dass sie direkt in die brodelnden Teergruben der Hölle führen.

Da du nicht annähernd in der Lage bist, Absonderlichkeit in so großen Dosen umzuwandeln, machst du Bestandsaufnahme wie ein Lagermeister. Also: Du bist hinter vernagelten und vergitterten Fenstern eingesperrt, zusammen mit einem als freundlicher Seemann getarnten Irren, einer Nutte, der das Fleisch vom Gesicht fault, einem aufgeblasenen Barkeeper, dessen Interesse an dir eine kannibalische Komponente hat. Augustus ist in einen Schockzustand abgedriftet. Aber seine flatternde Angst erscheint dir inzwischen weniger bedrohlich als Miss Anns aalglattes Lächeln, das letzten Endes ausschlaggebend dafür war, dass du Effies Bar überhaupt betreten hast.

Augustus drückt sich wieder nasse Servietten in die entzündet aussehenden Augen, und da Ann lächelt, als hätte sie in der Tombola gewonnen (vielleicht ist sie doch high), stellt Robert Cook sich noch einmal reihum vor.

Dann verändert sich die Natur deiner Gedanken grundlegend – ein so gewaltiger Umbruch, dass er dir vulkanisch erscheint. Psychisch gesprochen sind subkontinentale Ströme in Bewegung geraten. Dein gesamtes kosmologisches Fundament wird neu gelegt. Die Zeit gehorcht nicht mehr dem Gesetz des Fortschreitens. Sie wird vom Licht der Stroboskoplampe an- und ausgeknipst. Augenblicke verschwinden, während du in ihnen lebst, als würde ein Schalter an deinem Schädel auf Pause und unbemerkt wieder auf Start gestellt.

Während dieser Unterbrechungen wirst du wie eine Figur aus dem Puppenhaus mit dem Namen Effie's Go Go herausgenommen und an anderen Stellen wieder hineingesetzt. Und so trudelst du in einem Augenblick in bodenlose Dunkelheit, und im nächsten strömt grelles Licht auf eine ganz neue Bühne, mit Akteuren, deren Gesichter das Behagen darüber spiegeln, schon eine Weile an deinem Tisch gesessen zu haben.

In der ersten Szene landest du neben einem grauhaarigen Schwarzen mit grünen Hosenträgern und Melone auf dem Kopf wie ein Barpianist. Zu seiner anderen Seite sitzt Robert Cook und redet auf den alten Mann ein, der die Hand hinters Ohr legt, um Cooks Presslufthammer-Wiederholungen besser verstehen zu können. Unter der Hutkrempe gräbt sich eine tiefe Falte in die Stirn des Alten. Augustus und Ann sitzen nicht mehr auf ihren Stühlen. (Wo sind sie? Seit wann sind sie weg?) Ein dreißig Zentimeter hoher Turm aus ineinander gestellten Schnapsgläsern steht mitten auf dem Tisch, und der kupferne Geschmack in deinem Mund verrät dir nicht, ob du mitgebechert hast, wer die Schnäpse bezahlt hat, ob du sie bezahlen musst.

Es sind Leute in der Bar, und um dich herum stehen Tische. Anstelle der Wookie-Tänzerin steht jetzt eine athletische Frau auf der Bühne, vielleicht eins fünfundsechzig groß, in geblümtem blauem Bikinihöschen und dazu passendem Oberteil. Sie ist muskelbepackt wie eine Turnerin und trägt eine grobe Langhaarperücke von billigster Machart, bei der man die Knüpflöcher sieht wie bei Puppenhaar. Die Tänzerin verfügt über die faszinierende Fähigkeit, mit jedem Zentimeter ihres Körpers gleichzeitig zittern zu können, als wäre die Haut eine Hülle, von der sie sich lösen, die sie unabhängig von der Muskulatur zum Beben bringen kann.

Robert Cook begrüßt unaufhörlich Phantome, die an euren Tisch treten, und der alte Mann sagt zu dir: »Was ist los mit dem?«

Du sagst: »Ich weiß es nicht. Ehrlich. Er gehört nicht zu uns.«

Er sagt: »So was hab ich noch nicht erlebt. Sagt immer wieder dasselbe, wie 'ne Schallplatte, die 'n Sprung hat.«

»Ich weiß«, sagst du. »Scheint ganz schön durcheinander zu sein. Vielleicht hat er was genommen.«

»Bei dem ist 'ne Schraube locker. Der hat einen an der Waffel.«

»Keine Ahnung, wieso der so ist.«

Der alte Mann hebt den Kopf und fragt: »Was hast du zu mir gesagt?«

Du antwortest: »Zu Ihnen? Nichts. Ich hab gesagt, dass wir ihn nicht kennen.«

Er legt den Kopf noch weiter in den Nacken, gekränkt, beide Hände an die Hemdbrust gelegt. Neben ihm hebt und senkt sich Robert Cooks gefangene Stimme in Kadenzen. Der

Mann mit der Melone sagt: »Du hast was gegen Schwarze, stimmt's?«

Auf diese Frage gibt es keine korrekte Antwort und trotzdem suchst du fieberhaft nach einer. Greifst du in die Schublade mit dem Spruch: Doch, ich hab für Schwarze eine Menge übrig, dann widersprichst du seiner Wahrnehmung und verleugnest den notorischen Rassismus der Weißen. Wenn du sagst: Nicht mehr oder weniger als gegen andere auch, tust du das Vermächtnis der Sklaverei leichtfertig ab. Und antwortest du: Das kannst du laut sagen, könntest du dir auch gleich die weiße Kapuze mit den Augenlöchern über den Kopf stülpen. Stattdessen fragst du: »Wo sind meine Freunde?«

»Weg«, sagt er. »Schon lange.«

Das bringt den Raum in eine leichte Schräglage, als wäre er eine geneigte, mit einer schweren Flüssigkeit gefüllte Flasche. Warst du vorher von inneren Unsicherheiten niedergedrückt, so bist du jetzt paralysiert, auf deinem Stuhl festgeschweißt.

Der alte Mann erhebt sich, streicht sich die Hemdbrust glatt und rückt seinen Hut so würdevoll zurecht, dass sogar Robert Cook sein Papageiengequassel einstellt und an ihm emporblickt. »Und du wirst auch bald weg sein«, sagt der Alte in orakelhaftem Ton zu dir.

Dieser rätselhafte Abschied setzt deine inneren Kontinente wieder in Bewegung.

Du kommst am selben Tisch wieder zu dir, mitten im Song einer weißen Band, zu der Miss Anns Bruder gehören muss: »Before you accuse me / Take a look at yourself.« Du schlägst mit den Füßen den Takt. Dein Kopf ruckt wie auf Gleitschienen vor und zurück. Dir gegenüber sitzen Ann und Augustus. Aber sie haben sich verändert. Ann strahlt weniger stark als vorher, wie eine Laterne mit zu weit heruntergedrehtem Docht. Ihr kleines Lächeln wirkt angespannt. Augustus ist bleich wie Salz. Er kaut mit großer Hingabe an seinem rechten Daumennagel, gleich wird er kleine Stückchen Fleisch ausspucken. Mit Mühe bringst du einen kurzen Satz hervor. »Wo wart ihr?«, fragst du.

Aber es dröhnt aus den schwarzen Lautsprecherkegeln, und das bläulich glitzernde Schlagzeug macht *wumm-tattaa, wumm-tattaa, wumm-tattaa* – ein aufregender Pulsschlag. Für eine Weile verliert die Melodie den Kontakt zu Tonhöhe und Rhythmus, als würde die Band so schnell hin und her getrieben, dass der Sound auf der Strecke bleibt. Schließlich gibt Ann dir einen Hinweis: »Geh bloß nicht auf die Toilette.« Als du nach dem Grund fragst, schüttelt sie nur den Kopf.

Der Raum schimmert wieder dunkel, und diesmal kommst du auf der anderen Seite des Tisches zu dir, gegenüber dem Mann mit der Melone. Er sitzt zwischen zwei großbusigen Frauen, die abwechselnd und in voller Lautstärke auf ihn einzubrüllen scheinen. Und er hält sich buchstäblich mit beiden Händen an seinem Hut fest, als könnte das kostbare Stück vom Sturm ihres Gebrülls aus einem nicht vorhandenen Fenster geweht werden.

Was die Frauen am Leib tragen, kann man nur als Kirchgangskleider bezeichnen – das eine in königlichem Purpur mit großem weißem Pilgerkragen, das andere tomatenrot mit parallelen Reihen gelber Blümchen. Vor allem aber faszinieren dich ihre riesengroßen Sonnenhüte. Jeder ist so groß wie ein mittlerer Cafétisch und hätte auf der Fensterbank einer Stadtwohnung gute Dienste als künstliches Ökosystem geleistet. Der violette Hut präsentiert lavendelfarbene Windenblüten, umschwirrt von an grünen Drähten aufgehängten Kolibris. Auf dem roten Hut scheinen flauschige Kaninchenschwänze aus einem wirren Blätterdickicht emporzuwachsen. Die beiden Damen schimpfen abwechselnd auf den Alten ein, und er erträgt es wie jemand, der weiß, dass es ihm recht geschieht.

Du schaust wie gebannt zu, fragst dich, warum sie sich den armen Kerl vorgeknöpft haben, was das für Frauen sind (seine Schwestern, seine Frau und ihre Freundin, aufgebrachte Geschäftspartnerinnen?), da hebt die tomatenrote Lady praktisch ohne Vorwarnung ihre Kunstlederhandtasche vom Boden auf und schlägt damit auf den Mann ein.

Dein Leben lang hast du diesen Ausdruck gehört – den Kopf gebügelt bekommen –, und jetzt siehst du es zum ersten Mal in natura. In diesem Fall handelt es sich um eine Variante des so genannten Zuhälterschlags, der wehtut, ohne Narben auf Gesicht oder Körper zu hinterlassen. Mit gewichtigem Gegenstand (ihrer Handtasche) und nicht unbeträchtlicher Körpermasse hinter dem Schlag trifft sie ihn – Klatsch – an der Schläfe. Der Kopf des Mannes fliegt wie ein vom Tee abgeschlagener Golfball auf die andere Seite und landet dort am riesigen Busen der Purpurroten, und wie in einem Comic schwirren Sternchen um seine Melone, die er noch mit beiden Händen festhält.

Die purpurrote Lady lässt es an der anderen Schläfe krachen, poliert ihm bei der Gelegenheit zwei Finger.

Der Mann steckt die Finger in den Mund, als wollte er eine Meute Hunde herbeipfeifen, doch die beiden Damen schauen schon wieder der Band zu, als sei nichts gewesen.

Dann wirst du zurück in die Leere gerissen, ein dämonischer Bleistift streicht das Intermezzo aus. Minuten verstreichen oder Stunden.

Du schreckst hoch, spürst sofort den immensen Druck auf der Blase, wie ein kleines Mädchen – noch vom Traum benebelt –, kurz bevor es ins Bett macht. Deine Blase muss groß wie ein Basketball sein. *Geh nicht auf die Toilette*, haben sie gesagt.

Kategorisch. Ohne Wenn und Aber. Geh nicht. *Geh nicht auf den Speicher,* heißt es im Horrorfilm, oder: *Keine Bewegung, oder ich schieße.*

Entweder sitzen bleiben und in die Hose pinkeln oder sich ohne Pistole und Machete durch die Wildnis der Damentoilette schlagen.

Draußen auf der Tanzfläche sind Becken in Bewegung geraten, rotieren Ärsche um ihre Achse. In einer Ecke führen sogar Ann und Augustus ihre gespreizten Figuren aus. Darüber denkst du nach, während du die Menschen bewunderst. Du denkst: Das ist mein Volk. Du denkst: *My country 'tis of thee.*

In deinem Rücken hackt die purpurrote Lady noch immer verbal auf dem Alten herum. Auf einem seiner Augen blüht ein Veilchen – pflaumengroß und von obszönem Blau. Der Drink der tomatenroten Lady markiert den Platz, an dem sie gesessen hat – ein Cocktailglas, gefüllt mit einer trüben rosa Brause.

Das kann nur eins bedeuten: Die tomatenrote Lady ist zur Toilette gegangen. Und weil sie ein Kirchgangskleid trägt, muss sie Baptistin sein (sind nicht fast alle Schwarzen Baptisten?), und als Baptistin wird sie dir ja wohl zu Hilfe kommen, falls jemand dir dort auflauert und dich fragt, was dein schneeweißer Hintern an einem Samstagabend hier verloren hat. Du hast das Gefühl, der ganze Raum ist heller geworden, als wäre eine ferne Sonne aufgegangen. Du kannst dir die Toilette jetzt vorstellen, vielleicht ein bisschen versifft, aber was soll's. Die tomatenrote Lady wird ihr schon die nötige Würde verleihen.

Kaum bist du aufgestanden, da legt sich dir eine warme Hand auf den verlängerten Rücken, die Finger gespreizt, ein Gefühl, als würde verschütteter Sirup in der Wölbung gleich oberhalb deines Hinterns zusammenlaufen – vertraut, aber nicht durch und durch vulgär. Du fährst herum, und der riesenhafte Effie ragt über dir, sacht vorgebeugt, und zeigt zur Tanzfläche, den anderen Arm vor die nicht vorhandene Taille gelegt. Eine beinahe galante Haltung. Du würdest lieber Linoleum fressen, als mit Effie zu tanzen, von deiner prall gefüllten Blase ganz abgesehen, aber wenn du ihm einen Korb gibst, öffnet das Interpretationen Tür und Tor. Das nächste Häkchen auf der Liste deiner rassistischen Verfehlungen, die der alte Mann mit seiner Behauptung, du würdest keine Schwarzen mögen, eröffnet hat. Du schaust Effie an und denkst – in Klischees, die längst begonnen haben, die lose dahinrollenden Augenblicke zu verbinden –: *We shall overcome.* Du denkst: *Give peace a chance.*

Und so lässt du dich (wie es viele Mädchen tun und lieber nicht tun sollten) in zwei Arme ziehen, in die du dich lieber nicht ziehen lassen würdest. Effie schwitzt und riecht wie ein nasser Bierlappen. Und er liefert die größte, die am wenigsten vorhersehbare Überraschung des ganzen Abends, einen echten Knaller.

Es stellt sich heraus, dass Effie Titten hat.

Die Rede ist hier nicht von den Fettlappen, die manche Männer von zu vielen Schweinskoteletts mit Rahmsoße kriegen. Es handelt sich um Eigengewächse, original Effie-Titten, jede mindestens so groß wie dein Kopf. Und das bedeutet, die Hand auf deinem verlängerten Rücken, groß wie ein Waffeleisen, gehört einem weiblichen Wesen.

Dieser Betrug reißt einen letzten Dreiangel in den schon zerrissenen Stoff des Abends, weil er auf jeden der hier Anwesenden den Schatten des Zweifels wirft. Augenblicklich beginnt der Raum sich langsam um das Zentrum deiner Entdeckung zu drehen. Du versuchst, die Füße auszustellen wie unter dem Korbring beim Basketball – um festen Stand im Mittelpunkt einer langsamen Rotation zu finden.

Bei einem der Umläufe wirfst du noch einen Blick auf den Tisch des alten Mannes und siehst, dass die tomatenrote Lady – ist sie überhaupt eine Lady? – noch immer fehlt. Die Verlockung der Toilette ist inzwischen übermächtig, und selbst wenn die Tomatenrote ein Mann sein sollte, ist da immer noch das Baptisten-Kirchgangskleid, an das du nach wie vor eine gewisse moralische Widerstandskraft heftest. Und sie ist noch auf dem Damenklo und wartet darauf, dir zu Diensten zu sein. Der Raum ist schließlich Frauen vorbehalten.

Du sagst: »Ich muss mal zur Toilette.«

Effie sagt: *Plätscher, plätscher, plätscher, Baby Doll.* Es klingt keine Spitze aus ihrer Stimme, aber sie zieht dich fester an sich heran, klemmt deinen schmalen Körper in die tiefe Kluft zwischen ihren Ballontitten. Du schaffst es, dich freizuschubsen und stammelst Entschuldigungen wie Cinderella, kurz bevor es Mitternacht schlägt.

Ein paar Wimpernschläge später stößt du die Toilettentür auf, überzeugt davon, die Tomatenrote in lasziv-femininer Pose über das Waschbecken gebeugt zu finden, das Netz vor dem Gesicht gelüpft, um ihr Billie-Holiday-Lippenrouge zu erneuern.

Die Tür quietscht in den rostigen Angeln, und du findest eine stinknormale Damentoilette vor. Da ist das übliche Waschbecken ohne Wasserhahn – vielleicht ein bisschen schmutziger, als du es dir vorgestellt hast. Es sieht aus, als hätte jemand hineingepinkelt. Aber der gebeugte Ellenbogen, gegen den du mit der Tür stößt, gehört der Wookie-Tänzerin, die sich in einen rostgesprenkelten Spiegel beugt. Sie sagt: »Ich muss hier was erledigen.«

Beide Hände sind auf der anderen Seite des Kopfes mit etwas beschäftigt, vielleicht klemmt sie sich das Haar zurück oder steckt sich einen Clip ans Ohr, irgendeine heikle Verrichtung. Normalerweise wärst du wieder gegangen, aber du hast schon den obersten Hosenknopf geöffnet und deiner Blase damit signalisiert, dass Erleichterung unmittelbar bevorsteht. Mit weniger gibt sie sich jetzt nicht mehr zufrieden, also drängelst du dich durch zu der türlosen Kabine, in der nur ein Eimer steht, wie du ihn früher zum Schweinefüttern gebraucht hast. Unter deinen Gummisohlen knirscht etwas, das sich wie Malkreide oder Kreidestifte anfühlt, und du fragst dich, welcher Idiot ein Kind in diesen Schuppen mitgeschleppt hat, als du dich zu gesegneter, wenngleich leicht brennender Erleichterung freischwebend über den Eimer kauerst.

Jetzt erst siehst du, was die Wookie-Tänzerin dort treibt. Sie schminkt sich nicht etwa, sie versorgt auch nicht den Abszess an ihrem Auge, der in der Tat schorfig ist und eitert. Sie hält eine Spritze leicht angewinkelt und injiziert sich den Inhalt in eine Vene an ihrem Hals. Du bist nicht auf Stifte oder bunte Stückchen Malkreide getreten, sondern auf Phiolen und Tütchen aus Pergamin. Vielleicht ein Dutzend davon glitzern auf dem Betonfußboden wie leere Patronenhülsen.

Während du in der Luft hängst, Geisel deiner eigenen Notdurft, plumpst ihr Körper zu Boden, als wäre sie gestoßen worden. Sie murmelt eine Art Singsang vor sich hin, ist also noch am Leben – nicht dass du ihr den Puls gefühlt hättest, wenn sie still dagelegen wäre. Deine einzige Sorge gilt dir selber, bloß nicht mit ihr in Berührung kommen. Du hoffst, dass dein Urin keine emsigen kleinen Spirochäten oder sonst welche venerischen Dingsdas aufspritzen lässt, die dir deinen knochigen unschuldigen Hintern verseuchen.

Vor der Kabine liegt die Frau, zusammengerollt, einen Arm schützend über das zerstörte Auge gelegt. Die Spritze hängt ihr am Hals wie ein Spielzeugspeer. Sie murmelt noch immer Unverständliches, pausenlos, in klagenden Kadenzen.

Du läufst nicht weg. Du fragst dich auch nicht, warum du bleibst, wenn du ihr doch nicht helfen willst. (*Ich war dort, um zu beobachten…*)

In der Zwischenzeit hat sie sich in ein Kind verwandelt, und es wäre deine Aufgabe, sie zuzudecken oder ihr ein Glas Wasser zu holen. Sie liegt dort in der fötalen Stellung Sterbender. Aus der langen Wölbung ihres Rückens treten Rippen hervor, die sich zur Hüfte hin sanfter riffeln. Wie elegant geformt sie ist, wir alle sind, denkst du.

Dann treibt ein unerwünschtes Bild an die Oberfläche, eine Illustration aus deiner weißen Bibel mit der Reißverschlusshülle – Jesu' Rücken, exakt im selben Bogen gekrümmt, das geschundene Fleisch in Erwartung des nächsten Striemens.

Als sie sich plötzlich umdreht, erschrickst du und rennst hinaus. Aber in dem Moment verstehst du, was sie die ganze Zeit vor sich hin gemurmelt hat, die Litanei eines vergeblichen Sehnens: *Effie sagt, ich kann singen. Effie sagt, ich kann singen…*

Du fliegst über das Labyrinth aus Tischen und Leibern, Ann und Ausgustus im Schlepptau, und siehst, dass die Stahlbunkerwand, die sich einst hinter euch geschlossen hat, nun wieder zerschmolzen ist, die Tür zur Außenwelt wieder hervorgebracht hat, mit dem Türknauf dort, wo er hingehört. Auch der alte Mann mit der zerknautschten Melone ist da, er ruft mit erhobenem Zeigefinger: »Halt, wartet einen Augenblick.« Ihm folgt der stets adrette Robert Cook, noch immer gefangen im endlosen Zyklus seiner Vorstellungen.

Der alte Mann sagt: »Der treibt mich zum Wahnsinn. Nehmt den Kerl bloß mit.«

»Wir wissen nicht, wo er wohnt«, sagst du. »Er ist nicht mit uns gekommen.«

Als er das hört, zieht der Alte die Stirn unter seiner Hutkrempe kraus. »Er gehört nicht zu euch?«, fragt er.

»Nein, Sir. Wir haben ihn noch nie gesehen.«

»Was mag ihm wohl fehlen?«

Augustus Maurice sagt mit einer gehörigen Portion Gereiztheit: »Seh ich aus wie ein Doktor? Das ist keine Weiße-Leute-Krankheit, die wir diagnostizieren können!« Und er stolziert mit Ann hinaus.

Der Mann mit der Melone berührt dich ein letztes Mal am Arm und sagt mit weinerlicher Stimme, die du jetzt nicht mehr erträgst: »Bitte, ruft nicht die Polizei. Wir tun niemandem etwas.«

»Nein, Sir«, sagst du. »Wir rufen niemanden. Wir wollen nach Hause, weiter nichts.«

Er klopft dir zum Abschied auf die Schulter und sagt: »Danke, meine Liebe, danke. Und einen schönen Abend noch.«

In dem gelben Kombi hast du das Gefühl, dass der Highway aus eigenem Antrieb wie ein Laufband unter den Scheinwerfern dahinrollt. Augustus und Ann sitzen auf der Rückbank. Sie ist wieder die gute Fee, lächelt so zuckersüß, dass du sie in lavendelfarbener Seide und rosaroten Schleiern siehst. Er hat den Kopf an ihre Brust gelegt, aber die Augen hinter der Drahtbrille sind weit aufgerissen.

Er sagt: »Ich bin total erledigt.«

Du sagst: »Ein abgedrehtes Völkchen.«

Dann füllt Schweigen das Innere des Autos, denn in solchen Nächten lassen sich die größten Wahrheiten nicht ausdrücken. Ganz bestimmt nicht gleich und vielleicht nie.

24

Zu Hause, allein in deinem Zimmer, kritzelst du in mehrere Notizbücher hieroglyphischen Unsinn, in der Hoffnung, die eine unausdrückbare Wahrheit zu finden. Du weißt, du bist ihr ganz nah, aber noch siehst du sie nicht. Gegen vier Uhr morgens spazierst du splitternackt und verrückt vor Durst in die Küche, wo die erste Wassermelone des Jahres in Plastikfolie gewickelt liegt. Du legst sie auf den Boden und kauerst dich darüber wie die erlauchte Wilde, die du in deinen Phantasien bist. Sie ist noch nicht ganz reif, aber du schaufelst das Fruchtfleisch mit beiden Händen heraus, stopfst es dir klumpenweise in den Mund, dass dir der Saft an den Armen herunterläuft und auf Brust und Schenkel tropft, während deine Siamkatze daran schnüffelt und ganz vorsichtig am Rand der Schale schleckt. Das Mantra, das dir dazu durch den Kopf tickt, lautet: *Effie sagt, ich kann singen. Effie sagt, ich kann singen…*

Irgendwann steht deine Mutter in der Tür – eine Riesin im Flanellpyjama. Sie sagt, noch ziemlich benebelt:»Was machst du da, Mary?« Die Frage hallt Millionen Meilen weit hinaus, prallt von Planeten ab, saust an Satelliten vorbei, während dein Gehirn die viertausend möglichen Antworten sortiert. Schließlich findest du, was du brauchst, um sagen zu können:»Ich esse eine Wassermelone.«

Daraufhin blickt sie einigermaßen überzeugt, sagt mit unnötigem Tadel in der Stimme: »Und räum den Dreck weg, bevor du ins Bett gehst.«

Beim Morgengrauen, in einem Augenblick psychischer Stille, wie sie nur über eine übel zugerichtete Seele kommen kann, fällt dir mit einem Funkenregen der einzig wahre Satz in den Kopf. Er ist geklaut, aber das vermindert weder die Gier, mit der du dich auf ihn stürzt, noch die kometengleiche Brillanz, mit der er dich durchschießt.

Du schreibst ihn in zwanzig Zentimeter großen Druckbuchstaben auf ein Plakat, das du mit Reißzwecken an die Wand heftest, als wäre er eine Formel von der Bedeutung der Relativitätstheorie. Dann schlüpfst du in Shorts, T-Shirt und Schlappen.

Der Morgen ist tauweiß und glänzend, das Innere einer Perle. Du holst das rostige Schwinn aus der Garage, auf dem du seit dem sechsten Schuljahr nicht mehr gefahren bist. Dein Körpergewicht drückt die rissigen Reifen platt, aber es ist das Transportmittel, das dem galoppierenden Rappen, der einer solchen Nachricht angemessen wäre, noch am nächsten kommt. Du hast das Gefühl, durch tiefen Morast zu fahren. Du brauchst die ganze Kraft deiner Oberschenkel, um auf platten Reifen und Aluminiumfelgen zu Meredith zu strampeln. Sie ist zu Ostern nach Hause gekommen. Du lässt das Rad vor ihrem Fenster fallen und kratzt am Fliegengitter, um ihre Mutter nicht zu wecken.

Ihr rundes Gesicht erscheint, leuchtend, umrahmt von Kaskaden kupferfarbenen Haars. Die rosa Passe ihres Nachthemds ist mit Kreuzstichen vernäht.

Du haspelst die Ereignisse in Effies Bar in einem Zug herunter. Beim Reden hast du das Gefühl, die Haare müssten dir in einem Strahlenkranz senkrecht vom Kopf abstehen, aber jedes Mal, wenn du hinfasst, sind sie an ihrem Platz. Die Sätze spulen sich ganz von selbst und mit rasender Geschwindigkeit aus deinem Mund. Meredith hört durch das Fliegengitter zu, den Kopf geneigt wie ein Beichtvater.

Du erzählst ihr, wie all das dazu geführt hat, dass der ultimative Satz zu Tage gefördert wurde, dieser ewig nachhallende Fetzen Sprache, dessen Konsequenzen niemand ignorieren kann. Bevor du ihn Meredith zu Gehör bringst, neigst du den Kopf, um dem inneren Trommelwirbel zu lauschen. Dann hebst du den Blick und sagst: »Zu Hause ist es doch am schönsten.«

Sie erstarrt, hält sich an ihrem Grinsen fest. Drosseln hüpfen auf den Zweigen der Chinquapín-Sträucher im Nachbargarten. Ein paar Sekunden vergehen, dann sagt sie: »Das ist alles?«

»Äh, im Grunde ja«, erwiderst du. »Vielleicht muss ich noch 'n bisschen dran feilen.«

»Du weißt schon, dass es aus dem *Zauberer von Oz* ist?«, fragt sie. Und zieht die Augenbrauen hoch.

»Aber im Zusammenhang mit Effie's Go Go hat es eine ganz neue Bedeutung«, sagst du. »Ich meine, wir saßen in diesem Laden, wo die Leute leer gesogen waren von Liebe, und ihre Hüllen stolperten herum und versuchten, sich mit Stoff zu füllen, und da waren diese schwarzen Ladys, und ich glaube, das waren Nutten. Die eine war ein riesiges Mannweib in einem Dienstag-Höschen. Ich bin in der Toilette über sie gestolpert, als sie sich was in den Hals geschossen hat…«

Wieder hört Meredith gelassen und mit uneingeschränkter Objektivität zu. Schließlich sagt sie: »Hört sich nach verflucht starkem Acid an.«

»Vielleicht doch keine so große Erkenntnis, im kalten Tageslicht betrachtet«, meinst du. »Ich hab's ja auch noch nicht aufgeschrieben.«

»Ich denke, man muss dort gewesen sein«, sagt Meredith und kommt nah an das Fliegengitter. Du siehst, welche Mühe es sie kostet, gelassen aus ihren meergrünen Augen zu schauen und nicht loszuprusten.

In diesem Moment schlägt die Idiotie deiner Einsicht – dieser heilige Scheißdreck, den du von deinem Abstieg in Effies Bar mit heraufgebracht hast – wie ein verheerender innerer Feuersturm auf dich zurück.

Du sagst: »Es ist ein total bescheuerter Gedanke, stimmt's?« Stück für Stück sackst du in dich zusammen, wie einer dieser aufgepumpten, mit Eischnee gefüllten Kuchen. Zu früh aus dem Rohr gezogen, schrumpfen sie zu einem jämmerlichen Häuflein zusammen.

»Hab ich das gesagt?«, fragt sie. Du spürst, dass hinter ihrem nächsten Atemzug das Lachen lauert.

»Du bist so rosa im Gesicht«, sagst du. »Strengt dich irgendwas an?«

Sie erwidert: »Mach dir nichts draus. Wie war das noch mit Doonies großartiger Erkenntnis damals? Ich hab sie mir irgendwo aufgeschrieben, aber es fällt mir nicht mehr ein.«

»Beim Surfen damals, als wir den vielen Schnee geschnupft haben?«, fragst du. »Das mit dem Mädchen, auf das er stand?«

Du siehst die Szene vor dir – ein Campingplatz in Mexiko. Abenddämmerung. Ihr habt sieben Tage und Nächte durchgekokst, und Doonie kommt in diesen Hawaii-Pluderhosen den Strand entlanggerannt, einen Zettel schwenkend, auf den er den Satz geschrieben hatte.

Du wiederholst ihn jetzt für Meredith: »Sie sagt, sie sucht Schimmelpilze, die Sau, nach meinem Pimmel schielt sie.«

Das ist der Auslöser für das Lachen. Die Ausbrüche sind zwerchfellerschütternd und reinigend. Sie rauben dir minutenlang den Atem. Ein Bäckerwagen rast vorbei und zieht heißen Zimtgeruch nach. In deinem Lexikon ist ein Foto von einem Zimtbaum, Männer schälen mit sonderbaren Geräten die Rinde ab.

Du sagst: »Ich will irgendwo leben, wo es Zimtbäume gibt.«

»Ich dachte, du willst in New York City leben.«

»Da auch.«

Hinter dem anderen Fenster bewegt sich etwas. Merediths Mutter ruft: »Wer ist da draußen?«, und du sagst: »Ich« und: »Hallo«, und sie sagt auch hallo.

Eigentlich solltest du gehen. Es würde sich gehören, weil sie noch nicht mal angezogen sind, und außerdem war Meredith weg, und dass du dich gleich auf sie stürzt, ist Mrs. Bright gewiss nicht recht. Du sagst: »Ich muss gehen, bevor meine Eltern das Plakat finden.«

»Welches Plakat?«

»Wo ich den Satz draufgeschrieben hab«, sagst du und schüttelst den Kopf. »In Druckbuchstaben, riesengroßen Druckbuchstaben. Die schicken mir die grüne Minna auf den Hals. Die Jungs in den weißen Kitteln.«

»Die sehen, dass deine Tür zu ist und denken, dass du gemütlich in deinem Barbie-Bettchen liegst.«

In der Raffinerie tutet das Horn zum Ende der Nachtschicht. Du fragst dich, ob Daddy im Bett liegt oder gerade in seinen Truck klettert, um nach Hause zu fahren. Vielleicht gießt Mutter schon den Kaffee auf. Irgendwie erscheinen sie dir kleiner als früher.

Du sagst: »Ich könnt was zu schlabbern vertragen.«

»Hast du noch Halluzinationen?«

»Ich höre eine mexikanische Mariachi Band, mit Trompeten und so.«

»Ist doch auszuhalten«, sagt sie. »Als Halluzination, mein ich.

Aber hältst du auch Miss Francine mit ihren rosa Schwamm-wicklern aus?«

»Her mit ihr. Teufel, ich bin die eiserne Jungfrau, das Weib aus Stahl. Ein Kinderspiel für eine, die aus Effie's Go Go lebend rausgekommen ist.«

An der Haustür erwartet Meredith dich grinsend, hält dir eine Mickey-Maus-Schüssel mit Froot Loops und Milch hin. Du nimmst sie wie einen Segen.

Du sitzt am Küchentisch, mampfst deine Zerealien, und sie sagt: »Du hast etwas Großes vollbracht.«

»Und das wäre, wenn ich fragen darf, Bwana?«, fragst du mit vollem Mund.

»Du bist du selbst geblieben.«

Diese Wahrheit schwirrt mückengleich vorüber. Jahrelang hast du dich innerlich halb fertig gefühlt, mit Büroklammern zusammengehalten, mit Kaugummi und Papierkleister verleimt. Aber jetzt beginnt ein fester Kern sich in dir zu formen. Du sagst: »Ich bin ich selbst geblieben? Das ist doch was, oder?«

Meredith nickt ihr Wahrsagerinnen-Nicken. Sie fächelt über deinen Froot Loops herum. »Ich sehe große Abenteuer auf Mary zukommen«, sagt sie. »Große Abenteuer, lange Straßen, weite Meere: Du selbst.«

»Als wäre ich ganz aus Schokolade«, sagst du. Du selbst.

Dieses eigenartige Schlagwort wird auf Jahre hinaus zu deinem Prüfstein, ein Augenblick im Leben, zu dem du immer zurückkehren kannst, und wenn du noch so weit fort warst. Wie alles andere stammt es von Meredith. Du warst dabei nur Staffage, Zuschauer. *Du warst dort, um zu beobachten.*

Der Stuhl, auf dem du sitzt, rutscht in das Loch, in dem früher der Behandlungstisch verankert war, und du stößt ein kurzes, nervöses Kichern aus. Aber du magst noch so ausgelaugt sein vom Acid, du bist nicht überdreht. Als hätte man eine dicke Decke über dich gebreitet, als Belohnung dafür, dass du der Drachenhöhle entkommen bist.

Was das tatsächliche Ziel betrifft, das hinter diesem Gedanken steht, ein festes, unverrückbares Selbst, bist du bestenfalls auf halbem Wege dorthin. Aber das ist gar nicht so schlecht, denn viele Menschen kommen nicht einmal so weit. Du verbringst Jahrzehnte mit dem Versuch, das Schlagwort mit Leben zu füllen. Aber du hörst nicht auf, in immer neue Gestalten zu schlüpfen. Wahrscheinlich ist jeder dazu verurteilt, so lange er aufrecht geht und atmet.

Wie in Bronze gegossen ist dagegen das Bild deiner strahlenden Freundin an diesem Morgen auf der Veranda, barfuß, mit Sonnen im wilden Haar. Sie streckt dir die Schale mit Froot Loops entgegen und berührt deine Schulter, als wollte sie dir den Ritterschlag erteilen, den Namen, mit dem du in die Welt hinausziehen kannst, jeder Buchstabe einzeln auf ein glänzendes Wappenschild geschmiedet.

DANKSAGUNGEN

Courtney Hodell hat dieses Buch für Viking gekauft und nicht locker gelassen, bis tatsächlich ein Buch daraus wurde. Ihre wie immer exzellenten Redaktionen waren ebenso unersetzlich wie die guten Ratschläge und Korrekturen meiner Agentin und guten Freundin Amanda Urban und Paul Slovaks, der den letzten Durchgang besorgte, und die unermüdlichen kritischen Aufmunterungen zu diesem wie anderen Projekten durch meine Assistentin Betsy Hogan. Und Don DeLillo.

Mein Sohn Dev Milburn musste den Prozess des Schreibens erdulden, während er die Junior-High-School ganz im Gegensatz zu seiner Mutter mit beneidenswerter Leichtigkeit absolvierte. Als Sohn wie als anthropologische Erscheinung war (und ist) er ein Phänomen.

Drei Familien gewährten uns während dreier langer Winter ihre Gastfreundschaft – John Holohans Clan, Jack und Mary Hogan und die Pascales (Chuck und Lynn, Neal und Deb, Tony und Millie). Vanette Atchley, Cindy Cannon und Bob Perry sind alte Freunde aus der Kindheit, die jederzeit mit Erinnerungen und Bildern ausgeholfen haben.

Und noch drei Freunde, die mir als verlässliche Prüfsteine zur Verfügung standen, seien erwähnt: Mary Ellen Blade, Patti Mora und Kent Scott.

Vor ihnen allen beuge ich mein Haupt in Dankbarkeit.

Quellenangaben
für die verwendeten Zitate

Jorge Luis Borges, *Ein Gebet und Legende.* Übersetzt von
Gisbert Haefs, S. Fischer Frankfurt/M, 1994

Michael Herr, *An die Hölle verraten.* Übersetzt von
Benjamin Schwarz, Rogner & Bernhard München, 1979

Miroslav Holub, *Ode an die Freude.* Übersetzt von
Franz Peter Künzel, Carl Hanser München, 1969

Ezra Pound, *Canto LXXXIII.* Übersetzt von
Eva Hesse, Arche Zürich, 1985

John Berryman, *77 Traumgesänge.* Übersetzt von
P. Waterhouse, C. H. Beck München, 2000